“十三五”全国高等院校经管系列规划教材

商业银行
经营与管理

陈凌白　刘尚舒◎主　编
苏晓寒　李　秋◎副主编

電子工業出版社
Publishing House of Electronics Industry
北京 • BEIJING

图书在版编目（CIP）数据

商业银行经营与管理 / 陈凌白，刘尚舒主编. 一北京：电子工业出版社，2020.1
ISBN 978-7-121-37964-2

Ⅰ. ①商… Ⅱ. ①陈… ②刘… Ⅲ. ①商业银行－经营管理－高等学校－教材 Ⅳ. ①F830.33

中国版本图书馆 CIP 数据核字(2019)第 255733 号

策划编辑：刘淑丽
责任编辑：刘淑丽　　文字编辑：孙润月
印　　刷：北京京师印务有限公司
装　　订：北京京师印务有限公司
出版发行：电子工业出版社
　　　　　北京市海淀区万寿路 173 信箱　邮编 100036
开　　本：787×1092　1/16　印张：19.75　字数：433 千字
版　　次：2020 年 1 月第 1 版
印　　次：2020 年 1 月第 1 次印刷
定　　价：59.00 元

凡所购买电子工业出版社图书有缺损问题，请向购买书店调换。若书店售缺，请与本社发行部联系，联系及邮购电话：（010）88254888，88258888。
质量投诉请发邮件至 zlts@phei.com.cn，盗版侵权举报请发邮件至 dbqq@phei. com.cn。
本书咨询联系方式：（010）88254199，sjb@phei.com.cn。

前 言

“商业银行经营与管理”作为金融专业重要的课程之一，历来是各应用型院校与财经院校金融专业的重要课程。为确保达到相关专业的课程教学质量要求，对教材的选用是其中一个重要的环节。本教材的编写团队是一支拥有多年金融专业一线教学经验，并且拥有丰富的银行从业经验的队伍，他们不但拥有深厚的理论和实践基础，对教材内容的安排与结构的设计也有着深入的了解和把握，在教学内容的选取和布局方面同样有着全面而独特的见地。在本教材的编写团队中，多名教师拥有经济学或金融学博士学位；有多位教师曾在大型商业银行的重要岗位工作过，有着丰富的银行从业经验。团队成员同时是在高校金融专业教学一线从事了多年教学工作的资深教师，在整个团队编写本教材的过程中，力求有特色和高水准；同时，编者所在的“商业银行经营与管理”教学团队一直致力于教学与教材的同步完善和提高。因此，本书的目标就是尽最大努力达到具有实践特色的时代的标准。我们坚信，本书作为面向 21 世纪高等院校的应用型本科教材，是理论与实践相结合的产物，是非常贴近金融实践的一本教材。希望得到读者朋友的喜爱，并且对读者的学习与工作有所裨益。

全书分为 4 个部分，共 14 章。第一部分是导论，即第一章，主要介绍了商业银行的起源和发展、商业银行的组织形式与组织结构，以及政府对银行业的监管；第二部分由第二章至第十二章组成，全面地介绍了商业银行的资金来源、资产运用、中间业务、证券投资业务、国际业务、私人银行业务及互联网金融业务等的操作实务；第三部分即第十三章，分析论证了商业银行风险管理的理论和内容；第四部分即第十四章，主要分析和论证了商业银行的发展趋势和业务创新前景。

本书的主要特色有：第一，在借鉴国内外最新理论的基础上有所创新，将最新的经营管理理论融入银行业的有关论述；第二，本书理论与实践联系紧密，每章都附有教师团队编写的实践案例，使读者在理论学习的基础上能够快速熟悉银行业务，并在案例阅读与理解过程中提升分析问题与解决问题的能力；第三，本书体系完整，能够体现应用型人才培养与学习的要求。

本书作者均为金融专业相关的一线教师，主要从事有关金融学、商业银行经营与管理、国际金融等专业课程的教学工作。具体编写分工如下：沈阳工业大学（辽阳分校）教授陈凌白编写第一、四、七、八、十一、十二章；沈阳工学院刘尚舒老师编写第九、十三、十四章；沈阳工学院苏晓寒老师编写第二、三章；沈阳工学院徐佳澍老师编写第十章；辽宁石油化工大学副教授李秋编写第五、六章。全书由陈凌白负责统稿。

本书在编写过程中参考了众多国内外专家学者的研究成果，在此谨表谢意。电子工业出版社的编辑在本书出版的过程中付出了辛勤的劳动，为保证教材及时与读者见面做了大量细致的工作，在此深表谢意。

尽管在编写过程中团队成员本着态度严谨、求实努力的精神，做了大量的工作以保证编写质量，但因时间、能力所限，疏漏之处在所难免，恳请广大读者批评、指正。

编者

2019 年 8 月

目　　录

第一章 导 论

本章学习目标

- 了解商业银行的起源与发展；
- 掌握商业银行的性质与基本职能；
- 了解商业银行经营的“三性”目标及其相互间的关系；
- 了解商业银行的经营目标及经营环境等。

本章能力目标

- 掌握商业银行的“三性”目标与经营原则；
- 理解商业银行的基本概念；
- 掌握商业银行管理与决策的基本组织构架。

案例引入

商业银行更改名称案例

中信银行成立于1987年,是中国改革开放以后最早成立的新兴商业银行之一，也是中国最早参与国内外金融市场融资的商业银行。中国国际信托投资公司（以下简称“中信公司”）董事长荣毅仁先生向中央专函申请在中信公司系统下成立一个银行，全面经营外汇银行业务。即中信实业银行，改名去掉“实业”二字，意味着中信银行不再是原来的定位，它成了一家真正的新公司。它以中国中信集团和中信国际金融控股有限公司为股东，正式成立中信银行股份有限公司。同年，成功引进战略投资，与欧洲领先的西班牙对外银行（BBVA）建立了优势互补的战略合作关系。2007 年 4 月 27 日，中信银行在上海交易所和香港联合交易所成功同步上市。2009 年，中信银行成功收购中信国际金融控股有限公司（以下简称“中信国金”）70.32%股权。经过 20 多年的发展，中信银行已成为国内资本实力最雄厚的商业银行之一，是一家业绩快速增长且具有强大综合竞争力的银行。改名体现了中信银行走向国际资本市场的发展动态。

原注册名称“广东发展银行股份有限公司”更改为“广发银行股份有限公司”。

1988年9月，经国务院和中国人民银行批准，广东发展银行作为中国金融体制改革的试点银行而成立，为广东经济特区的发展做出了巨大的贡献。随着改革开放的深化，中部经济崛起，为摆脱地域银行的形象，经过股份制改革的它更名为广发银行。这体现了它迈向全国，建设“一流商业银行”的品牌形象和定位。之后它与全球83个国家和地区的917家银行建立了代理行关系，初步形成了城市化大商业银行的格局。根据英国《银行家》杂志对全球1 000家大银行排定的位次，广发银行连续四年入选全球银行500强。

同广发银行类似，2003年3月4日福建兴业银行正式更名为兴业银行。这标志着福建兴业银行已经从福建走向全国，从形式上和实质上都实现了从地方银行、区域银行、全国银行到上市银行的四级跨越。

更名以求地域突破。20世纪90年代，除上海银行外，城市商业银行均采用“所在城市名称”+“市商业银行”的命名模式，这一命名充分显现出城商行的地方色彩。基于突破经营地域的考虑，直接去掉“市商业”三个字，如宁波银行；联合成为省级城商行后，以省份名称命名，如江苏银行；引入外资仍在持续，借此加快向现代商业银行转变的步伐。同时，外资银行对快速进入中国市场有着强烈的冲动，而参股投资现有中小金融机构无疑是其最佳选择。例如，2007年青岛市商业银行成功引入意大利联合圣保罗银行资本，成都市商业银行引入马来西亚丰隆银行资本。

事实上，经济形势发展状况可从银行更名案例窥见一二。我国银行业的快速发展也反映了改革开放以来我国经济的稳步增长。

资料来源：https://wenku.baidu.com/view/ef4d3cc2de80d4d8d15a4fd8.html.

血液供应中心擅自使用“银行”字样

某市一国有企业与外商合资成立一家血液供应中心，企业名称登记为“某市中外合资血液银行”。该中心经当地工商行政管理部门批准后挂牌经营。当地人民银行的派出机构闻讯后，马上与该中心取得联系，责令其更改名称，否则，以扰乱金融秩序论处。该企业经过协商后去掉“银行”字样，重新挂牌经营。

[分析提示]

根据《商业银行法》第二条的规定，“商业银行是指依照本法和《公司法》设立的吸收公众存款、发放贷款、办理结算等业务的企业法人”。鉴于银行业务的特殊性，对于商业银行的设立及业务的开展，国家都有明确的规定。而对于擅自设立商业银行、在名称中擅自使用“银行”字样或非法从事商业银行业务的，在我国相应的法律，如《中国人民银行法》《商业银行法》和《刑法》中，都规定了明确的惩罚措施。

我国《商业银行法》第十一条规定，“设立商业银行，应当经国务院银行业监督管理机构审查批准。未经国务院银行业监督管理机构批准，任何单位和个人不得从事吸收公众存款等商业银行业务，任何单位不得在名称中使用‘银行’字样”。第七十七条规定，“未经批准在名称中使用‘银行’字样的……由国务院银行业监督管理机构责令改正，有违法所得的，没收违法所得，违法所得五万元以上的，并处以违法所得一倍以上五倍以下罚款；没有违法所得或者违法所得不足五万元的，处五万元以上五十万元以下罚款”。

资料来源：https://www.douban.com/group/topic/92888965/.

思考题：

1. 某市血液供应中心的命名纠纷责任，究竟应由谁来承担？
2. 国外的银行法对“银行”一词有无特殊规定？

第一节　商业银行的起源发展与我国现行的银行体系

一、商业银行的起源发展

商业银行是在市场经济中孕育和发展起来的，它是为适应市场经济发展和社会化大生产需要而形成的一种金融企业。经过几百年的发展和演变，现代商业银行已经成为各国经济活动中主要的资金集散机构和中心，并且成为各国金融体系中最为重要的组成部分。

（一）商业银行的起源

关于“银行”一词的产生，语言学和词源学描述了它起源的背景。古代法语“banque”和意大利语“banca”在当时被用来描述“交易用的板凳”和“货币兑换商的桌子”，历史学家认为这些描述与2 000多年前的早期银行家有关。这些早期的银行家一般从事货币兑换业务，被称为货币兑换商。早期的银行通常是在某个商业区的小店铺里，而这些货币兑换商就坐在桌旁帮助顾客进行本币与外币的兑换，或者通过向那些需要流动资金的商人贴现商业票据等方式进行融资，并且收取一定的手续费。

这些早期的银行也有自己的自有资金作为经营的保证，同时有最初始的金融中介的功能，起到了资金资源的调节作用。早期的银行将资金从盈余者手中以一定的成本吸收进来，然后以一定的方式转贷给资金的需求者，以取得资金的成本和贷出资金的收益之间的差额为其利润来源。早期银行的贷款一般以6%~48%的年利率向商人、发货人、土地所有者发放。大多数早期的银行起源于希腊。

随着古希腊文明和罗马文明向北欧和西欧的渗透，银行业也迎来了大规模向欧洲扩张的时期。在此期间，银行业有了一定的扩张和发展，但是随着中世纪黑暗时期的到来，银行的发展遭到了宗教势力的抵制。这主要是由于银行以高利率向穷人发放贷款，然而在中世纪即将结束、欧洲的文艺复兴开始时，大量的存款贷款对象是富人，从而在一定程度上减轻了宗教方面对银行的压力。

随着 15—17 世纪新的陆路商品交易路线的开辟和航海技术的进步，世界的商业中心逐渐从地中海地区向银行业务比较发达的欧洲大陆和不列颠群岛转移。此时工业革命已经萌芽，而且需要发达的金融体系予以支持，因而能够满足经济发展需要的银行借此得到了飞速的发展，意大利的美第奇银行（Medici Bank）和德国的汉其斯特银行（Hochstetter Bank）便是如此。南美的殖民地建立之初，旧世界的银行业务开始转向新世界。起初，殖民者主要和本国的银行进行业务往来，到了 19 世纪，美国政府开始核准建立银行公司。这些银行公司大多是由其他银行企业集团转变而来的，银行业务原来只是其次要业务，但随着经济的发展对金融体系的要求越来越高，对银行服务种类的需求也越来越多，银行的重要性越来越显著，从而使多数银行独立了出来。美国联邦政府在美国内战期间对银行业务的发展起到了不可忽视的作用。货币监理署（OCC）于 1864 年由美国国会创立并行使核准国民银行成立的职能，由此，由联邦政府和州政府共同监管银行活动的监管体系在美国正式成立。

西方银行的原始状态可以追溯到公元前的古巴比伦时代。据英国大百科全书记载，早在公元前 16 世纪，在古巴比伦就有一家里吉比银行。人们公认的早期银行的萌芽，起源于文艺复兴时期的意大利。银行的英文“bank”，是由意大利语“banca”演变而来的。

意大利的主要商业银行有 1171 年设立的威尼斯银行和 1407 年设立的乔治银行等。从 16 世纪末开始，银行普及到欧洲其他国家，如 1609 年成立的阿姆斯特丹银行、1619 年成立的汉堡银行、1621 年成立的纽伦堡银行等，都是欧洲早期著名的银行。

早期的银行业虽具备了银行的本质特征，但它只是现代银行的原始发展阶段。现代商业银行的最初形式是资本主义商业银行，它是资本主义生产方式的产物。现代商业银行主要是通过两条途径产生的：第一条途径是从旧的高利贷银行转变而来；第二条途径是根据资本主义经济发展，按照资本主义原则以股份公司的形式组建。

（二）商业银行的发展

1. 英国式短期融通资金系统

英美国家商业银行的贷款仍以短期商业性贷款为主。英国是最早建立资本主义制度的国家，也是最早建立股份制的国家，所以英国的资本市场比较发达，企业的资金来源主要依靠资本市场的募集。另外，直到工业革命初期，企业生产设备都比较简单，需长期占用的资本在总资本中占的比重小，这部分资本主要由企业从资本市场筹集，很少从银行贷款。企业向银行要求的贷款主要用作商品流转过程中的临时性短期贷款。

就银行方面来说，早期的商业银行处在金属货币制度下，银行的资金来源主要是流动性较大的活期存款，银行本身的信用创造能力有限。为了保证经营的安全性，银行也不愿意提供长期贷款，这种银行借贷资本的供求状况使英国商业银行形成了以提供短期商业性贷款为主的业务传统。这种传统的优点是能较好地保持银行清偿能力，银行经营的安全性较好；缺点是银行业务的发展受到限制。

2．德国式综合银行系统

依据这一传统发展的商业银行，除了提供短期商业性贷款，还提供长期贷款，甚至投资于企业的股票和债券，替公司包销证券，参与企业的决策和发展，为企业并购提供财务支持和财务咨询等投资银行服务。

自 20 世纪 90 年代以来，美国、日本等国家的商业银行也开始朝着综合银行的方向改革与发展。德国式综合银行的优点是有利于银行展开全方位的业务经营活动，充分发挥商业银行在国民经济活动中的作用；缺点是会加大银行的经营风险，对银行的经营管理提出了更高要求。

20 世纪 90 年代以来，国际金融领域出现了不少新情况，直接或间接地对商业银行的经营与业务产生了深远的影响：银行资本越来越集中，国际银行业出现竞争新格局；国际银行业竞争激化，银行国际化进程加快；金融业务与工具不断创新，银行金融业务进一步交叉，传统的分业经营模式朝着综合化、全能化模式转化；金融产品管制不断放宽，金融自由化趋势日益明显；国内外融资出现证券化趋势，证券市场蓬勃发展；出现了金融全球化的趋势。

延伸阅读

威尼斯共和国是意大利北部威尼斯人的城邦，以威尼斯为中心。它的存在期为 5 世纪到 18 世纪。它有时也被称为 Serenissima，而这个名称的拉丁语意思是“最尊贵的城”。威尼斯城最初仅仅是从属于罗马帝国的一个蛮荒滨海小区域。公元 5 世纪后欧洲大动乱，犹太商业资本和金融资本因避难而在这里得到积聚。中世纪后期，威尼斯城邦由于控制了欧洲通向远东的贸易路线而变得非常富裕，并且开始向亚得里亚海方向扩张，曾统治希腊半岛及爱琴海区域的很多岛屿。

公元前 2000 年的巴比伦、公元前 500 年的希腊，都已经有了经营保管金银、收付利息、发放贷款的机构。近代银行产生于中世纪的意大利，而由于特殊的地理位置，威尼斯成了当时的贸易中心。1171 年威尼斯银行成立，这是世界上最早的银行，随后意大利的佛罗伦萨、热那亚及葡萄牙里斯本、西班牙马德里、德国汉堡、法兰克福、荷兰的阿姆斯特丹、安特卫普、英国伦敦等一些城市也先后成立了银行。

二、我国现行的银行体系

我国的银行体系由中央银行、商业银行、政策性银行和农村金融机构组成。经过 40 年的改革开放，中国金融体制发生了很大变化，以中央银行为核心，国有商业银行为骨干，多种金融机构并存的局面已基本形成。截至 2013 年年底，有大型国有控股银行 5 家，政策性银行 3 家，股份制商业银行 12 家，城市商业银行 145 家，农村商业银行 468 家、农村合作银行 122 家、农村信用社 1 803 家，农村合作（商业）银行 80 家，资产管理公司 4 家，信托投资公司 54 家，企业集团财务公司 65 家，金融租赁公司 6 家，汽车金融公司 7 家，以及遍布城乡的邮政储蓄银行机构。银行金融机构境内本外币资产约 150 万亿元人民币，银行业资产占我国全部金融机构资产的 90%以上。同时，外资银行也在我国境内得到发展和壮大。

（一）政策性银行

1. 国家开发银行

国家开发银行于 1994 年 3 月成立，直属国务院领导。目前在全国设有 32 家分行和 4 家代表处。成立以来，国家开发银行贯彻国家宏观经济政策，发挥宏观调控职能，支持经济发展和经济结构战略性调整，在关系国家经济发展命脉的基础设施、基础产业和支柱产业重大项目及配套工程建设中，发挥了长期融资领域主力银行的作用。

国家开发银行的主要任务是为国家基础设施、基础产业和支柱产业（“两基一支”）提供长期资金支持，引导社会资金投向，缓解经济发展瓶颈制约。电力、公路、铁路、石油石化、煤炭、邮电通信、农林水利、公共基础设施等始终是其主要业务领域和贷款支持重点。国家开发银行的战略重点是：①支持国家基础设施、基础产业和支柱产业建设；②促进区域协调发展和产业结构调整；③加快推进国际合作业务，交流发展经验；④以支持县域经济发展为切入点，推动社会主义新农村的建设；⑤加强对中小企业及教育、医疗等社会瓶颈领域的支持，承担社会责任；⑥加强与各类金融机构合作，促进中小金融机构的改革与发展。

2. 中国进出口银行

中国进出口银行成立于 1994 年，是直属国务院领导的、政府全资拥有的国家政策性银行，其国际信用评级与国家主权评级一致。中国进出口银行总部设在北京，目前在国内设有 10 余家营业性分支机构和代表处；在境外设有东南非代表处、巴黎代表处和圣彼得堡代表处；与 500 多家银行建立了代理行关系。中国进出口银行是我国外经贸支持体系的重要力量和金融体系的重要组成部分，是我国机电产品、成套设备和高新技术产品进出口和对外承包工程及各类境外投资的政策性融资主渠道，外国政府贷款的主要转贷行和中国政府对外优惠贷款的承贷行，为促进我国开放型经济的发展起到越来越重要的作用。

中国进出口银行的主要职责是贯彻执行国家产业政策、外经贸政策、金融政策和外交政策，为扩大我国机电产品、成套设备和高新技术产品进出口，推动有比较优势的企业开展对外承包工程和境外投资，促进对外关系发展和国际经贸合作提供政策性金融支持。

中国进出口银行的主要业务范围包括：办理出口信贷和进口信贷；办理对外承包工程和境外投资贷款；办理中国政府对外优惠贷款；提供对外担保；转贷外国政府和金融机构提供的贷款；办理本行贷款项下的国际国内结算业务和企业存款业务；在境内外资本市场、货币市场筹集资金；办理国际银行间的贷款，组织或参加国际、国内银团贷款；从事人民币同业拆借和债券回购；从事自营外汇资金交易和经批准的代客外汇资金交易；办理与本行业务相关的资信调查、咨询、评估和鉴证业务；经批准或受委托的其他业务。

3. 中国农业发展银行

中国农业发展银行是根据中华人民共和国国务院 1994 年 4 月 19 日发出的《关于组建中国农业发展银行的通知》成立的国有农业政策性银行，直属国务院领导。

中国农业发展银行的业务范围，由国家根据国民经济发展和宏观调控的需要并考虑农发行的承办能力来界定。中国农业发展银行成立以来，国务院对其业务范围进行过多次调整。中国农业发展银行目前的主要业务是：办理粮食、棉花、油料收购、储备、调销贷款；办理肉类、食糖、烟叶、羊毛、化肥等专项储备贷款；办理粮食、棉花、油料加工企业和农、林、牧、副、渔业的产业化龙头企业贷款；办理粮食、棉花、油料种子贷款；办理粮食仓储设施及棉花企业技术设备改造贷款；办理农业小企业贷款和农业科技贷款；办理农业基础设施建设贷款。支持范围限于农村路网、电网、水网（包括饮水工程）、信息网（邮政、电信）建设，农村能源和环境设施建设；办理农业综合开发贷款。其支持范围限于农田水利基本建设、农业技术服务体系和农村流通体系建设；办理农业生产资料贷款。具体业务是：农业生产资料的流通和销售环节；代理财政支农资金的拨付；办理业务范围内企事业单位的存款及协议存款、同业存款等业务；办理开户企事业单位结算；发行金融债券；资金交易业务；办理代理保险、代理资金结算、代收代付等中间业务；办理粮棉油政策性贷款企业进出口贸易项下的国际结算业务及与国际业务相配套的外汇存款、外汇汇款、同业外汇拆借、代客外汇买卖和结汇、售汇业务；办理经国务院或中国银行保险监督管理委员会批准的其他业务。

（二）大型国有商业银行

1. 中国工商银行

1983 年，国务院决定由中国人民银行专门行使中央银行的职能，同时建立中国工商银行，承办原来由中国人民银行办理的工商信贷业务。1984 年 1 月 1 日，中国工商银行正式成立。2005 年 10 月 29 日，中国工商银行整体改制为股份有限公司，并于 2006 年 10 月 27 日在上海证券交易所和香港联合交易所同步上市。作为中国资产规模最大的商业银行，经过近 30 年的改革、发展，中国工商银行已经步入质量效益和规模协调发展的轨道，连续五次入围美国《财富》全球 500 强，并且被美国《远东经济评论》评为中国高质量产品（服务）十强。中国工商银行拥有中国最大的客户群，约1亿个人客户和810万法人账户；遍布全国的2万多个营业网点和近39万名员工为客户提供优质高效的服务。截至2009年年末，中国工商银行总资产达117 850.53亿元人民币，总市值2 690亿美元，居全球上市银行之首。

2. 中国农业银行

中国农业银行的前身最早可追溯至1951年成立的农业合作银行。自20世纪70年代末至今，中国农业银行相继经历了国家专业银行、国有独资商业银行和国有控股商业银行等不同发展阶段。2009年1月15日，中国农业银行整体改制为股份有限公司，完成了从国有独资银行向现代化股份制商业银行的历史性跨越。2010年7月，中国农业银行股份有限公司在上海、香港两地挂牌上市，成功创造了当时全球资本市场最大规模的IPO，标志着农业银行改革发展进入了崭新时期。

3. 中国银行

中国银行成立于1912年，至1949年中华人民共和国成立的37年间，先后经历了国家中央银行、国际汇兑银行和外贸专业银行，并将分支机构拓展到海外。1979年，正式成为国家指定的外汇外贸专业银行，1994年转型为国有独资银行。2004年8月26日，中国银行整体改制为股份有限公司，并于2006年6月1日在香港联合交易所上市，于2006年7月5日在上海证券交易所上市。中国银行股份有限公司是中国五大国有大型商业银行之一，规模在中国大银行中位列第三。中国银行的业务范围涵盖商业银行、投资银行和保险领域，旗下有中银香港、中银国际、中银保险等控股金融机构，在全球范围内为个人和公司客户提供全面和优质的金融服务。按核心资本计算，2008年中国银行在英国《银行家》杂志“世界1 000家大银行”排名中列第10位。

4. 中国建设银行

中国建设银行原名中国人民建设银行，于1954年10月1日正式成立，曾隶属于财政部，1979年成为独立的经营长期信用业务的专业银行。2004年9月17日整体改制为股份有限公司，并于2005年10月27日在香港联合交易所上市，于2007年9月25日在上海证券交易所上市。

5. 交通银行

交通银行始建于1908年（清光绪三十四年），是中国早期的四大银行之一，也是中国早期的发钞行之一。1986年7月24日金融改革的试点，国务院批准重新组建交通银行。1987年4月1日，重新组建后的交通银行正式对外营业，成为中国第一家全国性的国有股份制商业银行，现为中国五大国有大型商业银行之一，总部设于上海。2005年6月23日，交通银行在香港联合交易所上市，2007年5月15日在上海证券交易所上市。

（三）中小商业银行

中小商业银行包括股份制商业银行和城市商业银行。

1．股份制商业银行

1987 年我国恢复设立交通银行，又陆续成立了中信实业银行、深圳发展银行、广东发展银行等 12 家全国性股份制商业银行，突破了四大银行一统天下的格局。

1988 年，深圳发展银行率先进入资本市场，截至 2011 年 6 月，除广东发展银行外的股份制商业银行已经全部上市。通过上市，建立了正常的资本金补充机制，为提高透明度、发挥市场监督功能、建立现代银行制度进行了有益的探索。2012 年，深圳发展银行重组为平安银行。

1994 年 4 月，中国人民银行又率先在招商银行等股份制商业银行开始资产负债比例管理的试点，进一步推动中小商业银行提高经营管理水平。股份制商业银行抓住改革机遇，逐步建立了灵活的管理机制和市场化的管理模式，如采取全员合同聘任制、任期目标管理责任制、个人收益与银行绩效挂钩等先进的管理方式，促进了发展。

1996 年，民生银行更是突破了商业银行原有的股权构成，成为我国第一家由非国有企业为主出资设立的股份制商业银行。

几十年来，股份制商业银行采取股份制形式的现代企业组织架构，按照商业银行的运营原则，高效决策、灵活经营，逐步建立了科学的管理机制和市场化的管理模式，自成立伊始即迅猛发展。

目前，我国已经初步形成多层次、多类型的金融机构体系。股份制商业银行已经成为我国商业银行体系中一支富有活力的生力军，成为银行业乃至国民经济发展中不可缺少的重要组成部分。

截至 2017 年年底，全国股份制商业银行有中信银行、中国光大银行、华夏银行、广东发展银行、平安银行、招商银行、上海浦东发展银行、兴业银行、中国民生银行、恒丰银行、浙商银行、渤海银行 12 家。

2．城市商业银行

城市商业银行是中国银行业的重要组成和特殊群体，是在原城市信用社的基础上组建起来的。1979 年，第一家城市信用社在河南驻马店成立，其宗旨是为城市和街道小企业、个体工商户和城市居民服务。城市信用社的业务定位是：为中小企业提供金融支持，为地方经济搭桥铺路。1986 年城市信用社数量急剧增长，从 20 世纪 80 年代初到 90 年代，全国各地的城市信用社发展到了 5 000 多家。从 1998 年开始，城市信用社普遍更名为城市商业银行。随着中国金融事业的发展，城市商业银行经批准异地设点，但在发展过程中也逐渐暴露出许多风险管理方面的问题。

（四）农村金融机构

1．农村信用社、农村商业银行和合作银行

1957 年年底，由农民自愿入股，全国成立农村信用社 8.8 万多家。1984 年，国务院提出要改革农村信用社在组织上的群众性、管理上的民主性和经营上的灵活性，把农村信用社办成真正的合作组织。1996 年，部分地区开始组建农村合作银行。2000 年 7 月，农村信用社改革试点在江苏推行。截至 2006 年年底，全国共批准 93 家农村银行类金融机构开业，其中农村商业银行 13 家，农村合作银行 80 家。

2．村镇银行和农村资金互助社

2007 年 1 月 29 日，银监会发布并正式开始施行《村镇银行管理暂行规定》《农村资金互助社管理暂行规定》。依据这两个规定，村镇银行由境内外金融机构、境内非金融机构企业法人、境内自然人出资，业务范围为：可吸收公众存款；在农村地区设立的主要目的是为当地农民、农业和农村经济发展提供金融服务；也可以发放短、中、长期贷款，办理各类银行业务。农村资金互助社由乡（镇）、行政村农民和农村小企业自愿入股组成。业务范围为：可吸收社员存款、接受社会捐赠资金和从其他银行业金融机构融入资金；为社员提供存款、贷款、结算等社区互助性银行业务；确有富余资金的可存至其他银行业金融机构或购买国债、金融债券；办理结算和代理业务；不得向非社员吸收存款、发放贷款及办理其他金融业务，不得以该社资产为其他单位或个人提供担保。

另外，我国还有花旗银行、渣打银行、汇丰银行、韩亚银行等外资银行的机构。

延伸阅读

招商银行在 1987 年成立于深圳蛇口，为招商局集团下属公司 ，是中国境内第一家完全由企业法人持股的股份制商业银行，也是中国内地市值第五大的银行、2018《财富》世界 500 强国务院国资委监管 48 个上榜中央企业之一 。

招商银行总部设在深圳市福田区。2002 年 4 月 9 日，招商银行 A 股在上海证券交易所挂牌上市。2006 年 9 月 8 日，招商银行开始在香港公开招股，发行约 22 亿股 H 股，集资 200 亿港元，并在 9 月 22 日于港交所上市。其资本净额超过 2 900 亿港元、资产总额超过 4.4 万亿港元。截至 2017 年上半年，招商银行境内外分支机构逾 1 800 家，在中国大陆的 130 余个城市设立了服务网点，拥有 5 家境外分行和 3 家境外代表处，员工 7 万余人。此外，招商银行还在境内全资拥有招银金融租赁有限公司，控股招商基金管理有限公司，持有招商信诺人寿保险有限公司 50%股权、招联消费金融公司 50%股权；在香港全资控股永隆银行有限公司和招银国际金融控股有限公司。

招商银行的发展目标是成为中国领先的零售银行。1995 年 7 月推出银行卡一卡通，1999 年 9 月启动中国首家网上银行一网通，成为众多企业和电子商务网站广泛使用网上支付工具，在一定程度上促进了中国电子商务的发展。2015 年 4 月 2 日，招商

局集团有限公司筹划重大事项，为保证公平信息披露，维护投资者利益，避免造成公司股价异常波动，经公司申请，公司股票自 2015 年 4 月 3 日开市起停牌。2016 年 8 月，招商银行在“2016 中国企业 500 强”中排名第 39 位。

资料来源：https://baike.baidu.com/item/%E6%8B%9B%E5%95%86%E9%93%B6%E8%A1%8C/379100?Fr=aladdin.

第二节 商业银行的性质与职能

一、商业银行的性质

商业银行的产生与发展及其在金融体系中的重要作用，都与它的性质密切相关。我国对商业银行的定义是依照《商业银行法》和《公司法》设立的吸收公众存款、发放贷款、办理结算业务的企业法人。但时过境迁，随着我国经济与金融业务的不断发展，商业银行的定义有了更深层次的内涵：商业银行是以经营负债业务、资产业务、中间业务等为对象，以追求最大利润为目标，向客户提供多功能、综合性服务的金融服务企业。

因为商业银行是经营货币信用商品和提供金融服务的特殊的企业组织，是特殊的金融机构。因此，它具备如下几个方面的性质。

1. 商业银行是特殊的企业

（1）商业银行首先是企业。商业银行符合一般企业的特点：一是追求利润最大化，如同一般企业，商业银行业务的开展以利润最大化为目标，其所实现的市场占有率、业务的创新、新技术的使用及吸引人才的激励机制等都是为了获取更强的竞争力、更多的利润；二是企业化管理，即在追求利润的过程中必须坚持独立核算及责、权、利的匹配，同时强调企业自身在市场竞争中的市场选择，如开展什么业务、对谁开展、如何规避风险和保证资产的安全与收益等都由企业自己依据市场供求决定，不受政府干预。

（2）商业银行又是特殊的企业。其特殊性表现在：一是经营对象的特殊，与一般企业经营普通商品不同，商业银行经营的是货币和各种金融工具，由于其以负债为主要的资金来源，因而公信力是其正常运营的关键；二是经营关系的特殊性，与企业与客户的商品买卖关系不同，商业银行的经营关系是一种以借贷为核心的信用关系，这种关系在经营活动中不是表现为等价交换，而是表现为以还本付息为条件的借贷关系；三是经营风险的特殊性，基于商业银行经营对象与经营关系的特殊性，商业银行的经营风险也与一般企业的经营风险的不同。一般企业的经营风险多表现为滞销和商品积压，而商业银行的风险多体现为信用风险和市场风险。与一般企业经营风险影响范围不同，商业银行的风险一旦形成，因其受众广泛，所以影响范围较大，严重时还会引发金融危机、经济危机，甚至社会危机。

2．商业银行是特殊的金融机构

与一般金融机构不同，商业银行的特殊性表现为其以较少的自有资本，通过吸收存款作为资金来源进行放贷并以利差收入为利润。这种特殊性也决定了其所具有的两个特点。

（1）商业银行具有内在的脆弱性。商业银行内在的脆弱性取决于其资本的高杠杆率及由此产生的以负债为重要资金来源的特点。其脆弱性主要表现为：①挤兑的出现。在经营的过程中，商业银行不需要投入很多的自有资本即可进行经营，资本的财务杠杆率很高，因此要保持正常、持续的经营，在很大程度上依赖商业银行的公信力，而一旦存款人对商业银行的清偿力产生怀疑，就会出现挤兑。商业银行一方面自有资本太少，另一方面以负债为资金来源，资产运用也很难迅速收回，所以面对挤兑往往无法应对，从而导致破产。②不良资产的产生。商业银行的资产运用只有成本较低、质量较高，才能保证良好的回报。但商业银行在资产业务的开展中信用风险无时不在，一旦出现较高的不良资产率，就会直接影响商业银行的声誉，从而加大挤兑的可能性。不良资产与挤兑的产生不受商业银行主观愿望的控制，因此商业银行的内在脆弱性也就很难消除。

（2）商业银行具有较强的风险传染性。商业银行在一国的金融体系中具有重要的地位，作为投融资的中介，承担资源配置的重要功能。商业银行的平稳运行对于国家金融运行而言尤为关键。因为业务的相似性及所面对的经营对象的普遍性，商业银行对于公众来说往往是一体的，因此，假如一国某家银行出现信用危机，就会直接影响公众对其他商业银行的判断，从而导致风险的迅速传染。而商业银行的特殊性及内在脆弱性，会使即便是正常运营的银行也无法应对强大的挤兑。一旦挤兑成为普遍现象，银行危机就难以避免，而银行体系出现混乱又会引发金融危机甚至社会危机，后果非常严重。

商业银行的性质形成了商业银行在运营中存在天生的桎梏，能否有效避免或在出现问题时能否妥善处理是商业银行在激烈的市场竞争中拥有一席之地的关键。

二、商业银行的职能

商业银行的职能是由它的性质所决定的，主要有 5 个基本职能。

1．信用中介

信用中介是商业银行最基本、最能反映其经营活动特征的职能。这一职能的实质是通过银行的负债业务，把社会上的各种闲散货币集中到银行里来，再通过资产业务，把它投向经济各部门。商业银行是作为货币资本的贷出者与借入者的中介人或代表，来实现资本的融通，并从吸收资金的成本与发放贷款利息收入、投资收益的差额中获取利益收入，形成银行利润。商业银行是买卖“资本商品”的“大商人”。商业银行通过信用中介的职能实现资本盈余和短缺之间的融通，并不改变货币资本的所有权，改变的只是货币资本的使用权。

2. 支付中介

商业银行除了作为信用中介、融通货币资本，还执行着支付中介的职能。通过存款在账户上的转移，代理客户支付，在存款的基础上为客户兑付现款等，成为工商企业、团体和个人的货币保管者、出纳者和支付代理人。以商业银行为中心，形成经济过程中无始无终的支付链条和债权债务关系。

3. 信用创造

商业银行在信用中介职能和支付中介职能的基础上，产生了信用创造职能。商业银行是能够吸收各种存款的银行。商业银行用其所吸收的各种存款发放贷款，在支票流通和转账结算的基础上，贷款又转化为存款，在这种存款不提取现金或不完全提现的基础上，就增加了商业银行的资金来源，最后在整个银行体系内形成数倍于原始存款的派生存款。长期以来，商业银行是各种金融机构中唯一能吸收活期存款、开设支票存款账户的机构，在此基础上产生了转账和支票流通。商业银行通过自己的信贷活动创造和收缩活期存款，而活期存款是构成货币供给量的主要部分。商业银行可以把自己的负债作为货币来流通，从而具有了信用创造功能。

4. 金融服务

随着经济的发展，工商企业的业务经营环境日益复杂化，银行间的业务竞争也日益剧烈化。银行由于联系面广，信息比较灵通，特别是电子计算机在银行业务中的广泛应用，使其具备了为客户提供信息服务的条件。咨询服务、对企业“决策支援”等服务应运而生。工商企业生产和流通专业化的发展，又要求把许多原来属于企业自身的货币业务转交给银行代为办理，如发放工资、代理支付其他费用等个人消费也由原来的单纯钱物交易发展为转账结算。现代化的社会生活，从多方面对商业银行提出了金融服务的要求。在强烈的业务竞争压力下，各商业银行不断开拓服务领域，通过金融服务业务的发展，进一步促进资产负债业务的扩大，并把资产负债业务与金融服务结合起来，开拓新的业务领域。在现代经济生活中，金融服务已成为商业银行的重要职能，服务的内容有咨询、代理、信托、租赁、计算机服务、现金管理等。

5. 调节经济

调节经济是指商业银行通过其信用中介职能，调剂社会各部门的资金余缺，同时在中央银行货币政策的指引下，在国家其他宏观政策的影响下，实现调节经济结构，调节投资与消费比例关系，引导资金流向，实现产业结构调整，发挥对生产的引导作用。

三、商业银行在国民经济中的作用

商业银行是一种特殊的企业，在一国金融乃至经济体系中的地位是非常重要的。从金融体系来说，商业银行是中央银行货币政策的首要传递者；从经济体系来看，商业银行是现代社会经济运转的枢纽之一。总体而言，商业银行在国民经济中的作用有：商业银行成为整个国民经济的中枢；商业银行的业务活动对全社会的货币供应具有重要影响；商业银行已经成为社会经济活动的信息中心；商业银行已经成为国家实施宏观经济政策的重要途径和基础；商业银行成了社会资本流动的中心。

第三节　商业银行的类型与内部组织结构

一、商业银行的类型

商业银行所具有的久远的历史、众多的功能使其在类型上呈现了多样化的形式。按照不同的依据，商业银行有不同的分类。

（一）依据商业银行的组织形式划分

依据商业银行的组织形式，商业银行可分为总分行制、单一制、控股公司制、连锁银行制等。这些类型在不同的国家因各国政治经济制度的不同而有所不同，不同的类型各有利弊。

1. 总分行制商业银行

总分行制是银行在大城市设立总行，在国内外各地普遍设立分支行并形成庞大的银行网络的制度。采取总分行制的优点是经营规模大、分工细、资金调度灵活，能够分散风险，具有较强的竞争力。其缺点是管理可能不灵活、效率不高。目前，世界各国的商业银行普遍采用这种制度。

2. 单一制商业银行

单一制也叫单元制，是不设任何分支机构的银行制度。推行单一制的理由是地方性强，经营自主灵活，便于鼓励竞争，限制银行垄断。但由于只是单体银行，在经济发展和同业竞争中其整体实力常处于不利的地位。以前为防止垄断，美国银行法律规定只允许采用单一制，但随着经济的发展，20 世纪 70 年代以来，禁止开设分支机构的限制逐渐有所放松。目前，美国越来越多的州放弃了这个限制，但仍有一些州继续实行。总体来讲，美国的单一制正在逐步解体，大多数州在一些限制条款的基础上，允许银行设立分支机构。

3. 控股公司制商业银行

控股公司制是指由一家控股公司持有一家或多家银行的股份，或者是控股公司下设多个子公司的组织形式。控股公司控制下的各银行具有互补性，可使整体经营实力增强。控股公司制是美国银行业规避管制的一种创新，通过控股公司这种安排可以解决银行业务发展中的两个问题：一是规避跨州设立分支机构的法律限制；二是通过设立子公司来实现业务多元化。控股公司成为 1999 年《现代金融服务法案》颁布以前绕过《格拉斯—斯蒂格尔法》（该法限制混业经营）的重要银行组织形式，有利于实现银行的综合经营。近些年来，美国银行的兼并大多数采用这一形式，例如，美国花旗银行是花旗集团的全资附属机构，花旗集团以控股公司的形式出现。

4. 连锁银行制商业银行

连锁银行制是指由某一个人或某一个集团购买若干家独立银行的多数股票，从而控制这些银行的组织形式。连锁银行制与控股公司制一样，都是为弥补单一制的不足、规避对设立分支行的限制而实行的。与控股公司制不同的是，连锁银行制没有股权公司的形式存在，即不必成立持股公司。同时，连锁银行制下的大银行对其他银行的控制不如控股公司制下的大银行控制力强，因为单个银行的资金实力一般要小于一个股份公司的资金实力。

（二）依据商业银行的业务运营范围划分

依据商业银行的业务运营范围，商业银行可分为职能分工型商业银行和全能型商业银行。职能分工型又称分业经营模式，是指在金融机构体系中，各个金融机构从事的业务具有明确的分工，各自经营专门的金融业务。在这种模式下，商业银行主要经营银行业务，特别是短期工商信贷业务。与其他金融机构相比，只有商业银行能够吸收使用支票的活期存款。全能型模式又称混业经营模式，在这种模式下的商业银行可以经营一切银行业务，包括各种期限的存贷款业务，还能经营证券业务、保险业务、信托业务等。

职能分工型商业银行专营银行业务（存贷为主），有利于资金安全，可减少混业带来的连带影响，但业务面窄、不利于竞争；全能型商业银行业务领域广阔，通过为客户提供全面和多样化的业务，可以对客户进行深入了解，减少贷款风险，同时通过各项业务的盈亏调剂，有利于分散风险，保证经营稳定，但各业务间的风险传染性也较大。两种类型各有利弊，采用何种模式，是由一国金融体系决定的。近 10 年来，随着金融业竞争日趋激烈，商业银行在狭窄的业务范围内利润率不断降低，越来越难以抗衡其他金融机构的挑战，为此，其经营不断趋向多能化和综合化；同时，许多国家金融管理当局逐步放宽了对商业银行业务分工的限制，在一定程度上强化了这种全能化和综合化的趋势。

除了上述分类，商业银行还可以有多种划分方式。这些划分的依据彼此之间会有交叉点。应该说，一种商业银行往往具有多种分类属性，如传统银行可以是批发银行、城市银行、储蓄银行、有形银行等。

二、商业银行的内部组织结构

商业银行的内部组织结构指由所有者、董事会和高级执行人员即高级经理三者组成的一种企业内部管理和组织结构。内部组织结构的安排是基于协调股东和其他利益相关者的关系建立的，它涉及激励与约束等多方面的内容。其核心是在所有权和经营权分离的条件下，由于所有者和经营者的利益不一致而产生的委托代理关系。

商业银行内部组织结构一般可分为三个系统，即决策系统、执行系统、监督系统。其特点是：产权清晰、权责明确，权力机构、执行机构和监督机构相互分离且相互制衡。

1. 决策系统

商业银行的决策系统主要由股东大会和董事会组成。股东大会是股份制商业银行的最高权力机构。购买银行发行的优先股的投资者成为银行的优先股东，购买银行发行的普通股的投资者成为银行的普通股东。股东大会的主要内容和权限包括：选举和更换董事、监事并决定有关的报酬事项；审议批准银行各项经营管理方针和对各重大议案进行表决；修改公司章程等。董事会是由股东大会选举产生的决策机构，代表股东大会执行股东大会的决议，对股东大会负责。

2. 执行系统

商业银行的执行系统由总经理（行长）和副总经理（副行长）及其领导的各业务部门组成。总经理（行长）是商业银行的最高行政负责人，主要职权是执行董事会的决议，组织领导银行的业务经营活动。在总经理（行长）的领导下，商业银行还要设置若干个业务、职能部门及部门经理。

3. 监督系统

商业银行的监督系统由监事会和稽核部门组成。监事会由股东大会选举产生，代表股东大会对商业银行的业务经营和内部管理进行监督。商业银行的稽核部门是董事会或管理层领导下的一个部门，其职责是维护银行资产的完整和资金的有效运营，对银行的管理与经营服务质量进行独立的评估。

第四节 商业银行的经营管理原则

企业的经营目标是在一定时期内生产经营活动预期要取得的成果，是企业生产经营活动目的性的反映与体现。企业的经营目标是指在既定的所有制关系下，企业作为一个独立的经济实体，在其全部经营活动中所追求并在客观上约束企业行为的目的。商业银行也是企业，其经营目标也是利益最大化；但商业银行又是特殊的企业，它的经营目标与一般企业有所区别。在现阶段，商业银行的经营目标既要满足效益性要求，又要达到安全性和流动性标准。

对于商业银行的经营管理原则，确切的表述应是：安全性、流动性和盈利性，称

“三性”原则。

1. 安全性原则

安全性原则是指商业银行在经营活动中要避免经营风险，保证资金的安全。安全是银行资产正常运营的必要保障，它要求商业银行在经营活动中尽可能防范和降低各种风险。对于商业银行而言，安全性原则十分重要。因为商业银行是高负债经营的企业，其自有资本比率低，抵御资产重大损失的能力较弱，在发生财务困难时其承受危机的时间短、能力弱。依据安全性原则，商业银行在经营管理中需要明确以下两点。

（1）注重资产质量，合理发展业务规模，注意调整业务结构。首先，注重资产质量，加强贷前调查和业务风险预警。对于有问题的贷款和高风险的投资需要审慎处理和严格管控，通过有效的客户关系管理和科学的评级，尽量规避有风险的贷款，通过信息分析和数据处理积极分散或转移投资风险，以保障资产的安全运营。其次，合理发展业务规模。商业银行具有内在的扩张要求，规模经济的收益与“大而不倒”的规律往往促使其业务发展超出其经营管理能力，而业务的扩张如果没有足够的能力匹配，往往会成为隐患。最后，注意调整业务结构。既要注意资产负债业务种类与期限上的结构匹配，又要注意同类业务中不同客户的结构安排，同时应注意通过保持一定的现金资产和持有一定比例的优质证券资产来提高商业银行的抗风险能力。

（2）强化资本实力。商业银行是高风险的企业，需要抵御与防范风险以保持清偿力。商业银行清偿力的根本保障是自有资本。自有资本的高低既是社会评价一个银行实力的主要依据，也是银行信誉的基础。因此，强化资本实力是实现银行安全的重要内容。

2. 流动性原则

强调流动性是由银行这种金融企业的特殊性质所决定的。流动性是指商业银行能够随时满足客户提取存款及应对客户获得贷款要求的能力。流动性能力是商业银行具备的一种在不损失价值的情况下的变现能力，一种能应对各种情况的资金可调用能力。流动性能力实际上能够反映商业银行的经营状况，也能体现商业银行管理的能力。这种能力具体体现为商业银行的资产流动性和负债流动性。

（1）资产流动性是指商业银行所持有的资产能随时得以偿付或在不贬值的条件下变现。从资产方面看，库存现金、在中央银行的超额准备金存款、在其他银行的活期存款是流动性最高的资产，这三项资产都可以随时用于清偿支付，所以商业银行必须保持一定比例的此类资产。此外，短期债券的期限短、易变现，又有确定的收益，尤其是信用高的国库券可随时在货币市场变现。商业银行一般把它们作为仅次于现金资产的二线准备，对保持银行支付能力而言十分重要。

（2）负债流动性是指商业银行较易以市场成本随时获得所需的资金。为获得流动性，商业银行越来越注重通过保持足够的资金来源来满足提款和支付的需要。从负债方面看，商业银行一般直接向中央银行借款、向中央银行贴现、发行可转让存单、向其他银行借款及利用回购协议等，成本相对较低，不会使银行因增加流动性而减少贷款和投资，是银行获得资金的较好选择。

3. 盈利性原则

盈利性原则是指追求利润最大化，这是商业银行的经营目的。在商业银行的各项收入与支出中，影响银行利润的因素主要有三个方面：①资产收益和资产损失。其中，资产收益水平取决于资产规模、盈利资产比率及资产收益率等，资产损失主要是由资产经营过程中的各种风险和防范风险的能力所决定的。收益与风险往往成正比，因此，对收益的判断需要考虑风险的影响。②经营成本。经营成本包括利息成本和非利息成本，为保证收益，商业银行需要严格控制成本，加强管理。③其他营业收支。商业银行只有实现盈利，才能有效地充实资本、强化激励，获得持续发展。但若一味强调盈利而忽略风险和长期发展，商业银行的利润也只能是暂时的。

商业银行经营管理的三个原则既相互统一，又有一定的矛盾。其中，流动性与安全性是相辅相成的，流动性强、安全性高；而盈利性与流动性、安全性存在冲突，高盈利性往往伴随高风险性。三个原则之间的矛盾使商业银行在经营中必须统筹考虑三者的关系，综合权衡利弊，不能偏废其一。一般应在保持安全性、流动性的前提下，追求利润的最大化。需要指出的是，为实现“三性”原则，商业银行在具体的经营管理中需要围绕它们建立健全的指标体系，加强日常的监测与相应的信息分析，从量化结果的变化中及时发现问题、积极应对，促使“三性”原则落到实处。

延伸阅读

新形势下我国商业银行的经营转型思考

当前，我国经济发展进入新常态，经济增速换挡，银行监管趋严，利率市场化改革不断深化，银行业经营呈现新形势。与此同时，互联网金融创新在金融领域发挥日益重要的作用，给传统银行业的发展带来了诸多挑战。商业银行必须探索创新，积极转变现有的经营模式，以适应新形势的发展需要。

宏观环境变化。首先，利率市场化使银行净息差收窄。随着利率市场化改革的不断深入，银行存贷款利率基本放开，各银行尤其是中小银行不断抬高存款利率吸收资金，降低贷款利率促进投放，息差降低。2017 年上半年，在上市银行营业收入中，利息净收入的贡献显著下降。其次，监管政策趋严促使银行“缩表”。2017 年 3 月末以来，银监会陆续发布多项监管文件，防控金融风险，治理金融乱象，对同业业务、理财业务、信托业务等进行专项整治。在此政策背景下，银行的相关业务规模逐渐压缩。最后，经济波动加剧经营风险。从国际上看，全球经济复苏依然存在很多不确定性，外部环境影响尚未消除，市场预期敏感多变；从国内看，随着供给侧改革的不断深化，过剩产能行业加速出清，部分企业经营困难的局面难以迅速逆转，信用风险持续暴露，银行的潜在信贷风险增加。

互联网金融迅速发展。首先，传统业务遭遇挑战，潜在客户基础受到动摇。银行产品较为同质化，而且受制于传统风险管理方式，业务准入门槛高，参与者的大众化和普及化略显不足；互联网金融产品类型丰富、设计灵活，可以根据不同类型客户的需求量身定制个性化特色产品，可为小微企业、涉农群体等被银行忽略的弱势客户提供金融支持。在当前多家银行将小额分散信贷作为未来盈利增长点的背景下，互联网金融在相当程度上动摇了银行的客户基础。其次，服务效率受到挑战。传统金融模式利用实体网点，通过柜台人员或客户经理营销，需要客户跑银行，业务拓展受到地理范围的限制。而且，收集和处理信息的方式较为原始，客户经理在调查后录入封闭系统，管理人员调阅资料层层审批，服务效率相对较低。互联网金融业务则利用科技手段替代银行的传统业务操作，利用大数据实现风险管理，业务办理便捷高效。最后，中介角色遭到弱化。传统银行以吸收存款的方式收集社会闲散资金，将这部分资金发放贷款给有资金需求的客户，发挥金融媒介的作用。而互联网使资金融通双方不再需要银行等中介机构“撮合”，依托网络平台，利用大数据即可完成信息甄别、匹配、定价和交易，弱化了银行的中介角色。

转型创新。首先，要适应新形势的发展需要，紧跟政策，调整业务重点发展方向。2017 年 7 月举行的全国金融工作会议强调银行要回归业务本源。银行应该为实体经济服务，避免违法违规套利、乱做表外业务，降低杠杆率，解决资金脱实向虚的问题；应服务于供给侧结构性改革的主线，扎实推进普惠金融服务，不断完善金融服务的短板，包括对小微、三农、精准扶贫的支持力度。其次，紧跟时代，经营方式向信息化转型。互联网金融时代，银行不仅面对来自传统同业的竞争，也面对着互联网金融新业态的挑战。银行需要不断加大对科技创新的投入力度，重塑平台、重塑数据、重塑服务，实现从满足自身经营需要到满足外部市场竞争和客户需求的转变，从借助技术手段实现业务目标到挖掘信息、创造价值的转变，提高金融服务的精准性和高效性，进一步提升金融服务实体经济的效率。最后，紧跟监管，不断加强规范化管理。商业银行应严格遵守监管要求，不断完善管理制度，确保制度全面性、完善性、合规性，以提升服务效率为切入点加强业务创新。

第五节 商业银行经营的环境与发展趋势

一、商业银行经营的外部环境

1. 宏观经济波动加剧

近几十年来，全球经济总体呈现波动幅度增大的特征。在发达国家，由于布雷顿森林体系解体，实行浮动汇率制度，美元和欧洲国家主要货币的汇率出现剧烈波动。1974年后，由于石油输出国组织发起石油禁运，发达国家的物价和利率水平大幅度上升，诱发了全球性的经济衰退。直至20世纪80年代末，发达国家的经济才摆脱退步，进入稳定增长阶段，但之后的东南亚金融危机又使发达国家的经济发展受到影响。进入21世纪后，全球性的通货紧缩使各国经济发展都遇到困难。从2006年开始，由美国住房市场和金融业疯狂投机引发的危机持续恶化，美国的次贷危机逐步演变为一场席卷全球的国际性金融和经济危机，对世界金融稳定和全球经济增长造成了严重的威胁。随着危机的深化，各方的反思也越来越多。在经济全球化的时代，高度发展的金融业既面临着机遇，也暗藏着巨大的风险。如何趋利避害是所有国家在经济发展中必须考虑的问题。

2. 同业竞争激烈

银行业发展竞争与合作并存，随着金融自由化、金融非中介化和信息技术的迅猛发展，国内外银行业的竞争日趋激烈。各大银行为获得竞争优势，运用联合、并购等经营战略，在加剧金融业竞争的同时，推动了银行业的改革与发展。20世纪90年代以来，银行业的竞争主要体现在以下三个方面：第一，商业银行的竞争对手由同业扩大到各类金融企业；第二，商业银行的竞争范围由传统业务扩展到新兴业务；第三，商业银行的竞争趋于国际化。

3. 政府监管的趋势

政府监管是指政府对银行的监督与管理，即政府或国家权力机构为保证银行遵守各项规章、避免不谨慎的经营行为而通过法律和行政措施对银行进行的监督与管理。近几十年来，国际金融监管层加强合作，建立了有效的国际金融协调监管新机制。在现代社会经济环境中，国际资本的流动速度加快，致使国际巨额游资对金融秩序的影响加大，增强了经济金融发展的不确定性，因而银行经营面临的风险范围和程度都有所扩大。为了在全球范围内有效地控制金融风险，在《巴塞尔协议》中规定银行的资本充足率的基础上，国际清算银行又先后于1996年和1999年出台了《资本协议市场风险补充规定》和《新的资本充足比率框架》，对测度和防范风险又进行了更为严格的规定。2008年全球金融危机的爆发推动了《巴塞尔资本协议Ⅲ》的颁布实施。想要避免区域性和全球性金融危机的爆发，保持国际金融秩序的稳定与安全，就需要世界各国共同努力，对现行的国际金融制度和货币体系进行改革，建立有效防范全球性和地区性金融危机的国际金融协调新机制。

二、商业银行经营的内部环境

1. 业务多元化

随着金融非中介化趋势的加剧，商业银行收存放贷、赚取息差的传统中介角色逐渐淡化。为提高盈利水平，银行设法提高非利息收入，个人银行业务及投资银行业务快速发展起来。银行开始涉足基金、信托、金融租赁、保险等业务。银行的业务多元化必然带来银行对市场主体、对企业、对经济的服务能力提升和范围扩大。

2. 自动化与电子化

在信息时代，银行需要处理海量信息，所以银行越来越重视利用新技术在自动化和电子化方面进行大量投入。西方国家商业银行投入最大的业务包括：第一，普及自动机部件，包括外币兑换机、客户风险评估和视频系统等；第二，开拓家居远程银行服务，使客户可以足不出户办理个人账务和投资事务；第三，发展电子货币，快捷地为客户处理大量信息。同时，多元化策略联盟成为开拓网上金融服务的大趋势。

3. 内部控制加强

内部控制是商业银行为实现经营目标，通过制定和实施一系列制度、程序和方法，对风险进行事前防范、事中控制、事后监督和纠正的动态过程和机制。国际监管机构着力改善银行内部控制机制。巴塞尔银行监管委员会把商业银行内部控制目标分解为操作性目标、信息性目标和合规性目标。我国《商业银行内部控制指引》将商业银行内部控制目标规定为：

① 保证国家法律法规、金融监管规章和商业银行内部规章制度的贯彻执行；

② 保证自身发展战略和经营目标的全面实施和充分实现；

③ 保证风险管理体系的有效性；

④ 保证业务记录、财务信息及其他管理信息的及时、完整和真实。

延伸阅读

中国银行业的未来发展趋势分析

银行业的获利水平将进入新常态，预计银行业的资本回报率（ROE）将下降到GDP增速的2.0~2.5倍。基于未来五年平均GDP增速为6.5%的预估，银行业的资本回报率平均在13%~16%。同时，银行经营管理能力的差距在充分竞争的市场化环境下被放大，银行的业绩显著分化，第一梯队优秀银行的资本回报率能够达到GDP增速的近3倍，而末端梯队银行的资本回报率仅能达到GDP平均增速，即6%~7%，甚至低于其资本成本。伴随着利率市场化的冲击与竞争的加剧，预计未来十年将陆续出现由存款保险机构接管、重组问题银行的案例，以及二三线城市农商行、城商行被兼并收购的案例。

金融业混业经营成为趋势。在国际上，混业经营的大型金融集团与聚焦单一行业的专业金融机构并存。通常聚焦单一行业的金融机构更容易建立专业化优势，在竞争中胜出；在估值上，专业金融机构更容易受到投资者的青睐。

在中国市场，为消费者提供一站式的综合金融服务日益重要。为了支持国家产业整合、重构、提升的经济发展战略，涵盖保险、证券、银行、资产管理的金融混业经营将成为趋势。一些大型混业金融集团已经占据了有利的竞争地位，呈现出领先的态势。而为了有效整合金融监管，监管治理制度也可能改革为准单一的监管体系；金融控股公司将是金融行业最有可能的公司治理架构。

银行业将被迫走向精细化经营与管理。在净息差收窄，人力成本、合规成本高涨的压力下，银行业将被迫从粗放式发展转向精细化经营与管理。银行必须向管理要效益，应重点专注四大领域：第一，经营模式的设计、细化与执行落地，主要涉及营销组合与风险管理；第二，大数据与信息的收集、分析与决策利用；第三，跨国、跨领域专业人才的网罗、培养与使用；第四，掌握沿着价值链创造价值的过程与定价能力。

轻资本成为高盈利银行普遍采取的经营模式。随着资本市场、大资管行业的快速发展与现代化，第一梯队的金融机构几乎都采取轻资产、高资本周转的财务运作模式。善用资本市场间接融资机会成为银行的财务部门、投资银行等业务部门的重要技能，未来很可能由投资银行或资产管理领域的专家出任几大银行的行长。

资本市场复苏与产投融结合的业务加速发展。在资本市场复苏，全国产业整合、升级与重构的大浪潮下，产投融结合的信贷与股权融资、财务咨询、资产管理将成为商业银行在公司金融领域成长最快、获利最佳的业务。随着资本市场的全面回暖，企业对于债券承销，中小板、新三板上市财务顾问等业务需求显著增加，推动商业银行的投资银行业务、中间业务收入加速增长。资本市场、产投融类业务的兴起对商业银行自身的风险管理能力、组织治理、人力资源能力，以及金融监管提出了重大挑战，在初期发展过程中可能出现重大的寻租与损失事件。

对结算与交易银行业务的要求大幅提高。卓越的交易银行产品与服务能力，成为商业银行绑定、维护企业客户关系的关键。直通式事务处理（STP），跨机构、跨企业、跨平台的无缝信息接轨，数字化和实时化的作业操作监控环境，这三项核心能力的建设将是下一代结算与交易银行业务胜出的必要条件。

出现以零售为核心的大型银行或金融集团。随着中国人均可支配收入向6 000美元（约为2013年水平的2倍）快速接近，中国将出现几个以零售、消费金融、财富管理业务为核心的大型全国性银行或金融集团。分行实体网点的边际营收贡献率急剧下降，部分网点将成为食之无味弃之可惜的鸡肋。数量庞大的实体网点将成为国有银行最大的成本负担，制约其经营优化的空间。预计未来将会产生一家纯数字化银行，其盈利水平居银行业前20名，且增长速度远超过行业平均值。

客户体验管理与改善能力将成为制胜的关键。麦肯锡最新的个人金融服务调研显示，与国际市场相比，中国个人金融服务业整体上的客户体验不佳，客户体验评价得分较低，客户对其主要银行的忠诚度持续下降。该调研发现，高性价比的服务与产品是吸引中国客户的关键。同时，越来越多的中国客户开始接受互联网金融服务，并且愿意将纯互联网银行作为其主要银行。展望未来，跨渠道、线上与线下无缝接轨的客户理解、客户体验设计、管理与改善能力将成为银行的制胜关键。少数拥有这一致胜关键的金融机构将拥有远超过市场平均水平的客户忠诚度、钱包份额与获利能力。

条线化垂直管理、大事业部制逐步成为主流。在精细化、专业化要求的驱使下，传统的银行组织形态将发生重大变革。条线化管理、大事业部制将逐步成为适应新环境管理要求的主流模式。银行的零售与对公业务将分治，将出现更加以客群细分为导向的组织分工；银行的分支行将日益虚拟化，银行管理的焦点不再以机构为单位，而是聚焦在客群、产品、渠道与流程。同时，银行将逐步向轻型组织转型，减少中间层级，以提高市场反应的灵敏度。物理性与管理性运营集中，共享中后台等组织革新举措将成为主流。

对金融机构联盟模式的探索逐步兴起。根据国际经验，在市场化的环境下，中小型金融机构将加强对多元化合作的探索，战略联盟模式可能逐步兴起，以实现中小金融机构之间的优势互补，并对抗全国性大型银行的压力。通常战略联盟由一个具备优越运营、营销、风险管理能力的大中型区域性金融机构作为轴心，由一群小型、缺乏规模经济、具备地缘优势的城商行或农商行作为辐射轴。金融机构之间可能以创新的模式在价值链上互惠互利，如共享客户与科技资源、在线远程营销、产品开发、交易与信息系统对接、风险分摊与缓解冲击等。金融机构联盟通过创新的代理银行营业模式互惠双赢，携手对抗全国性大银行以下沉经营的方式争夺客户资源。

资料来源：天地银行网，2018.8.

本章概要

本章主要介绍了商业银行的概念、性质、组织机构及运营职能和原则等内容，详细讲解了商业银行经营的主要原则和规律，并重点介绍了商业银行的主要职能，以及未来的发展趋势。商业银行的设立必须满足最低资本限额的要求。商业银行发展中面临复杂的经济环境和国内外环境，要加强监管和经营管理。

思考练习

1. 如何理解商业银行的特殊性?
2. 商业银行的职能有哪些?
3. 依据商业银行的业务运营范畴如何对商业银行进行划分?
4. 结合当前的金融形势，谈谈你对商业银行发展趋势的理解。

第二章 现代商业银行资本管理

本章学习目标

- 理解商业银行资本充足率管理的目的；
- 了解商业银行提高资本充足率的措施；
- 掌握商业银行的资本金的构成。

本章能力目标

- 正确认识《巴塞尔协议 I》《巴塞尔协议 II》《巴塞尔协议 III》中有关资本充足率的规定；
- 掌握商业银行资本充足率的计算方法。

案例引入

增加资本金，化解银行风险

一、日本政府为避免银行危机，向 15 家银行注入公共资金

在“泡沫经济”破灭后，从 1992 年开始，由于不动产价格下跌和企业破产率增加，呆坏账问题愈演愈烈，日本各银行累计处理呆坏账已经超过 49 亿日元。同时，日本的股市不断下跌。“泡沫经济”的破灭使银行所持的股票贬值，银行利润急剧下跌，从而使银行增资处于不利的地位。为了防止大银行的倒闭，协助它们改善业务，日本众议院于 1998 年 10 月 13 日通过了第二部分的银行改革法案，准备拨出 60 万亿日元的税款支撑银行发展。这是日本政府致力于避免银行危机的最后努力，也是 20 世纪 90 年代日本第二次动用公共资金处理不良贷款。银行改革法案的要点如下：①银行若自认为资本不足，必须向一个独立委员会申请拨出公款融资。②银行若要政府注资，必须收购一家亏损或需要资金的银行，预防信用紧缩危害整个社会经济。③银行的资本与资产比率超过 8%，政府可根据某些条件在这家银行投资，购买优先股；资本与资产比率为 4%~8%的银行，政府可注资购买优先股；若资本与资产比率为 2%~4%，政府可购买这家银行的普通股或优先股，但银行董事会必须辞职，分行数目也必须削减，海外分行关闭；若银行的资本与资产比率低于2%，将暂时将其国有化并关闭，然后跟另一家银行合并并减小营业规模。若倒闭后会危害当地经济，政府将施以援手。④接受公款援助的银行，必须动用本身的储备金和利润来弥补坏账。⑤独立委员会将发表银行业整顿报告书，公布银行遵守条件的情况。⑥金融监管厅将制定具有约束力的准则，强制银行根据准则评估贷款的性质。⑦在个别辅助预算案中，政府将增拨43万亿日元处理银行危机。根据一系列法案，25万亿日元将注入财务健全的银行，18万亿日元则充作清理倒闭银行的基金。另外，拨出17万亿元日元设立保护存户基金。1999年3月12日，日本金融再生委员会正式同意向15家银行注入公共资金。到1999年的3月末，申请注入公共资金的15家银行计划处理的呆坏账规模约9.3万亿日元，加上1998年9月中期因股价低迷而出现的新增损失2.68万亿日元，各银行为维护足够的自有资本充足率需要的资金总额约为11.7万亿日元。此次日本政府向15家银行注入的公共资金总额为7.459 2万亿日元，各银行营业利润和变卖资产的资金约有4万亿日元，另外，各银行还从民间筹集了约2.1万亿日元。这样，15家银行可运用的资金总规模达13.6万亿日元。从数字上看，15家银行用于增强自有资本充足率和处理呆坏账的资金已经绰绰有余。金融再生委员会认为，政府的公共资金注入各银行增强其自有资本金的努力，已经使各银行拥有足够的处理呆坏账的资金，即使今后再产生新的呆坏账，也有足够的应付能力。

二、日本樱花银行提出紧急增资要求以提高信用级别

1998年8月31日，日本樱花银行正式宣布已向丰田汽车和三井集团提出紧急增资要求。此次樱花银行提出的增资金额为3 000亿日元左右，目的是通过增资进一步改善财务状况，提高资本充足率，将樱花银行的信用评级由3个B提升至A级水平，增强抵御风险的能力。樱花银行突然提出增资的原因在于它大幅度扩大了对不良债权的处理。起初樱花银行计划在1998年度处理1 500亿~1 600亿日元的不良债权，但1998年4月以来，日本国内不景气情形加剧，亚洲经济危机迟迟不见好转，导致在樱花银行的资产中不良债权规模加大。根据测算，樱花银行因股价下跌造成的损失额近4 000亿日元。另外，日本金融监督厅在对日本各家银行进行检查后，向樱花银行提出了加大准备金积累的要求。

樱花银行的前身为太阳神户三井银行，是1990年4月由三井银行和原太阳神户银行合并而来的，于1992年改名为樱花银行。截至1998年3月底，樱花银行在日本国内拥有493家营业网点，居日本银行之首。由于在泡沫经济时代向建筑业、不动产业和非银行金融机构融资比重较大，樱花银行在不良债权处理方面行动缓慢，导致信用评级下降。为此，樱花银行近年来把处理大规模不良债权作为主攻课题。到1998年3月底，累计处理不良债权1.2万亿日元，动用准备金2 500亿日元，并接受政府公共资金援助1 000亿日元。1998年3月底决算过后，樱花银行宣布已经基本上处理完泡沫经济时代遗留下来的不良债权。

国际上的信用评级机构相继调低了日本数家银行的信用级数。美国穆迪公司对樱花银行的长期存款评级是Baa，即当前尚无问题，但今后在利息支付等方面存在不确定性。市场上樱花银行的股价下跌明显。1998 年 3 月底年度决算后，其股票价格为 440 日元，到 7 月底降至每股 334 日元，而在 8 月 28 日的全球股市动荡中，一度下跌到了 218 日元。市场上甚至传出樱花银行股票已经成为海外投机家争相炒作的对象。樱花银行可能陷入股价下跌、评级下降、股价再跌的恶性循环中。而要避免这种情况的出现，樱花银行的选择只有一个，即努力改善财务状况，这只能通过加速处理不良债权，并依靠大规模扩股筹资来实现。樱花银行是三井集团的主要交易银行，三井集团的大部分公司是樱花银行的股东，双方是联系紧密的利益整体，樱花有难，丰田自然责无旁贷。

资料来源：https://wenku.baidu.com/view/011085d5c850ad02df804155.html.

思考题：

1. 从上述案例可以看出，在亚洲金融危机后，各国普遍重视本国银行业资本金的管理，这种趋势说明了什么？

2. 资本充足率的作用有哪些？

3. 如果资本充足率达不到标准，可以通过哪些途径进行补充？各有什么利弊？应注意哪些问题？

4. 我国《商业银行法》和《商业银行资本充足率管理办法》对资本金管理有哪些明确的规定？

第一节 现代商业银行资本概述

一、商业银行资本的定义

要全面地了解和认识“银行资本”，首先要明确“资本”的概念。资本，从我们所学的西方经济学的角度来看，与劳动、土地、企业家才能等要素同属于生产的基本要素。资本既包含资金等“虚拟”概念，也包括工厂厂房、机器设备、材料等“实际”的实物概念。商业银行资本是指银行投资人所投入的资金，是银行最稳定、最核心，也是最重要的资金来源，是银行能够独立使用的资金，同时是银行对抗经营风险、保护存款人利益的屏障。这里所说的商业银行资本按照一般的理解，大致可以分为会计资本、经济资本和监管资本三个方面。

（一）会计资本

会计资本指所有者权益或自有资本或产权资本，也就是所有者在企业资产中享有的经济利益，即资产减去负债后的余额。该含义是从财务会计的角度进行分析，用银行的账面资本来衡量银行的资本规模。那么，从会计的角度来看，银行的会计资本是银行的所有者权益；从会计基本恒等式上来看，所有者权益又等于总资产减去总负债，因而可以得出如下结论：

银行会计资本=银行账面资本=银行所有者权益=总资产–总负债=净资产

从上述等式可以看出，银行会计资本也可以看作银行所有者权益或净资产。具体来说，会计资本一般由股权资本、溢价、未分配利润、贷款损失准备金等组成，即：

银行会计资本=银行总资产的账面价值–银行总负债的账面价值=股权资本+溢价+未分配利润+贷款损失准备金

由于银行与其他市场主体类似，在进行会计核算时一般采用权责发生制，这就导致银行的账面资本经常与其实际资本数量存在偏差。

（二）经济资本

银行的经济资本从本质上来说是一个统计学概念，通常直接被看作银行的风险资本。银行的经济资本是指描述在一定的置信度水平上（如 99%）、一定时间内（如一年），为了弥补银行的非预计损失（unexpected losses）所需要的资本。它是根据银行资产的风险程度的大小由银行内部评估出来的，计算公式是：

银行经济资本=风险资本=信用风险的非预期损失+市场风险的非预期损失+操作风险的非预期损失

（三）监管资本

银行的监管资本也称为法定资本，很显然，是由银行的监管者制定的银行所必须达到的资本规模，目的是保障该国家或地区金融体系的稳定，从而保证存款人的利益。1988 年，12 国央行在瑞士巴塞尔共同签署了著名的《巴塞尔协议》，规定商业银行的资本金不能低于加权风险资产总额的 8%。如今，该比例已经成为世界各国央行广为接受并进行分析比较的监管手段。同时，《巴塞尔协议》把银行资本分为两部分：一级资本（核心资本）和二级资本（附属资本）。

为规范商业银行资本金的双重性质，通常把产权资本称为一级资本或核心资本，把债务资本称为二级资本或附属资本，以提高银行吸收损失的能力，尽可能减少银行破产倒闭的风险。由于监管资本对应着银行资产负债表上的具体项目，因而它也是一种实际存在的资本。

（四）各资本之间的关系

1. 监管资本与会计资本

监管资本的设计主要是为了保护存款人的利益并维护市场主体对整个金融行业的信心。监管资本的定义比银行会计资本的定义更加宽泛。会计资本相当于监管资本当中的核心资本，也就是说，会计资本是监管资本的一部分，监管资本包含会计资本，即：

$$会计资本=监管资本-附属资本$$

2．监管资本与经济资本

经济资本的理论是确定监管资本的基础，它是监管者制定监管资本金额的依据。经济资本的重要意义在于，提出了银行吸收损失的最低数量资本金，应涵盖银行的非预期损失，以最大限度保护存款人的利益。

本章需要了解的其他重要概念

1．表外业务

表外业务是指商业银行从事的不列入资产负债表，但会影响银行当期损益的经营活动，有狭义和广义之分。狭义的表外业务是指那些虽未列入资产负债表，但同表内的资产业务或负债业务关系密切的业务；广义的表外业务除包括上述狭义的表外业务外，还包括结算、代理、咨询等业务。表外项目也称为“或有负债”和“或有资产”项目，或者叫作“或有资产和负债”。

2．头寸（position）

头寸（position），也称为“头衬”，就是款项的意思，是金融界及商业界的常见用语。如果银行在当日的全部收付款中收入大于支出款项，就称为“多头寸”；如果付出款项大于收入款项，就称为“缺头寸”；对预计这一类头寸的多与少的行为称为“轧头寸”；到处想方设法调进款项的行为称为“调头寸”；如果暂时未用的款项大于需用量，则称为“头寸松”；如果资金需求量大于闲置量，就称为“头寸紧”。

二、商业银行资本的构成

商业银行资本的构成主要包括以下几个方面。

1．普通股、优先股

普通股是股份公司最常见、最普通、最基本、最大量的股票，是银行筹集资本金的主要方式，是银行核心资本的主要部分。优先股是指享有某种特殊优先权的股票，兼有普通股与债券的特点，对声誉资产分配权优于普通股，不拥有对经营业务的表决权。优先股所谓的“优先”，即分红优先和清偿优先。优先股负债的特点使银行不能过多发行优先股，否则普通股比重会下降，而且固定利息支付会成为银行的负担。由此可见，优先股不是银行主要的资本来源。

普通股和优先股是银行最基本、最稳定的外源资本。

2．公开储备

公开储备是指通过从税后利润中提取或其他盈余的方式在资产负债表上反映的储备，包括资本盈余、留存盈余。

资本盈余（资本公积或股本盈余）是由外源资本渠道形成的盈余，即通过溢价发行股票所取得的超过股本以上的那部分筹资额及资本增值的部分。资本盈余是银行股票在市面上超过面值的溢价部分，属于权益资本，是外源资本的一种形式。它反映了银行资本的增值部分。资本盈余是调节银行资本金、制定股息政策的一个重要项目。当决定增加注册资本金时，银行可将资本盈余划转为股本，在银行没有盈利或少盈利的情况下，银行可动用资本盈余发放股息。

留存盈余（盈余公积或未分配利润）是指由内源资本渠道形成的盈余（营业盈余），即银行尚未动用的累计税后利润和公积金，包括法定盈余公积、任意盈余公积和法定公益金。留存盈余是指银行尚未以红利形式分配给股东而累积的净利润，属于银行所有者权益。留存盈余的多少与银行的盈利能力、股息政策和税率有关。与发行新股相比，留存盈余筹资成本较低，并且不会稀释股本。银行资本账户中的留存盈余与未分配利润的区别仅在于留存盈余是往年未分配利润的累积额，未分配利润是当年的数额。

3．公积金

公积金分为资本盈余公积和营业盈余公积。后者是银行按一定比例从当年营业利润中提取的，若当年营业发生亏损，则不提取，但要用往年的累积补亏并增发红利。

4．未分配利润

未分配利润是指商业银行税后利润扣除股息、红利后的余额。

5．未公开储备

未公开储备又称隐蔽储备，是指虽未公开但已反映在损益表上并为银行监管机构所接受的储备。

6．重估储备

重估储备是指对某些资产进行重估以后的资本的名义增值，包括自身房产的重估和证券资产的评估增值。

7．普通呆账准备金

普通呆账准备金是指用于弥补未来的不可确定的损失而计提的储备。

8．带有债务性质的资本工具

混合资本工具，是指带有一定股本性质又带有一定债务性质的资本工具，如可转换债；长期附属债务，指偿还顺序由于股本权益，但低于一般债务的特殊的债务形式，包括资本票据和债券两类。

9．资本票据

资本票据是一种以固定利率计息的小面额后期偿付证券，其原始到期期限相对较短，通常为 7~15 年。

10．资本债券

资本债券是一种以固定利率计息的大面额后期偿付证券。其原始到期期限为 15 年以上。

11．可转换债券

可转换债券是指在一定时期内依据约定条件可以转换为普通股的债券。这种债券赋予债权人选择权。

12．资本性票据与资本性债券

从性质上来讲只是商业银行的债务，由于其期限很长，而且如果商业银行经营状况不佳，还可以拖延对其本息的偿还，因而与存款、借款一般银行债务又有所不同。因此，许多国家金融管理机构便将资本债券也列入商业银行的资本构成中，同时，鉴于其具有要求还本付息的债务性质，有些国家规定应对其在打一定折扣后方可计入商业银行的资本之中。

三、商业银行资本的分类

在分析商业银行资本的时候，有以下两种分类方法。

（一）按所有权划分

按所有权划分的银行资本构成如表 2.1 所示。

表 2.1　按所有权划分的银行资本构成

银行资本	普通资本	普通股
		资本盈余
		未分配利润等
	优先资本	优先股
		资本票据
		资本债券
		可转换债券等
	其他资本	资本准备金
		贷款损失准备金
		证券损失准备金

（二）按资本性质划分

按资本性质划分的银行资本构成如表 2.2 所示。

表 2.2　按资本性质划分的银行资本构成

银行资本	核心资本	银行股本
		公开储备
	附属资本	未公开储备
		重估储备
		普通准备金或普通呆账准备金
		带有债务性质的资本工具

四、商业银行资本的作用

（一）营业功能：业务的启动资金

资本金是银行经营最原始、最稳定的资金来源，是银行作为金融企业做买卖的“本钱”，为银行最初的机构组建、网点建设和经营提供了所需资金。虽然一般认为吸收的存款是银行最重要的资金来源，但是存款并非银行的资本而是负债，这决定了存款很难作为新银行的启动资金来购买土地、盖新楼或租场地、购置装备设施，甚至聘请职员。而当规模逐渐扩大时，银行又需要额外的资本，用来抵御新环境和新规模所带来的风险。资本作为规范银行增长的因素，有助于保证银行实现长期可持续的增长。管理当局和金融市场要求银行资本的增长与贷款及其风险资产的增长要大体一致。因此，随着银行风险的增加，银行资本应对损失的能力也会增强。如果银行的贷款和存款规模扩大得太快，市场和管理机构会给出信号，要求它放慢速度，或者补充资本金。根据规定，发放给一个借款人的贷款限额不得超过银行资本的 10%，因此，资本增长不够快的银行会发觉自己在争夺大客户的竞争中失去了市场份额。商业银行的存款期限是较为灵活的，而资产的期限存在刚性，因此，商业银行资产和负债的期限匹配程度决定了流动性风险的大小。较高的资本金也是银行在日常经营中树立公众信息的市场声誉的必要前提。

（二）保护功能：吸收意外损失

作为“本钱”的资本金除了在创办之初供开业使用，更重要的是保障银行日常业务的正常运营，当出现存款人挤兑的情况时，银行难以拿出全部的存款，而且只要存款人需要提款，银行就必须无条件满足，甚至动用部分或全部资本金来保护存款人利益。充足的资本金可以保护银行的经营与商誉，维持公众特别是存款人对银行的信心。

商业银行作为信用中介，一方面，其资金来源主要是存款负债，其中，储蓄存款约占全部负债的 70%～80%；另一方面，作为资金运用的资产业务将资金投向各种盈利性资产，不可避免地存在各种风险，一旦风险转化为现实损失，它将面临弥补损失和满足存款人流动性要求的义务。当银行遭受损失时，银行首先使用收益进行弥补，如果不够，就要动用资本金进行抵补。若损失巨大资不抵债，银行就会破产倒闭。所以，为了应对可能发生的损失，银行必须拥有充足的资本作为保障。

（三）管理功能：控制银行业绩的增长规模

在各种风险防范措施都失效时，资本构筑了商业银行的最后一道风险防线。这个特殊性导致政府对商业银行资本充足率有明确的监管要求。监管当局在确定商业银行资本的数量时，主要考虑的是它能否有效吸收银行的损失。各个政府在确定商业银行市场准入条件时都要确定资本金的最低要求，而《巴塞尔协议》要求商业银行在日常运营中其资本金不能低于加权风险总资产的 8%。

第二节 商业银行资本充足性及其测定

近年来，资本充足性已成为商业银行经营管理中最为重要的部分之一，资本充足性是保持商业银行稳健经营的基础。

一、银行资本充足性

银行资本充足性是指：银行资本数量必须超过金融管理当局所规定的能够保障正常营业并足以维持充分信誉的最低限度；银行现有资本或新增资本的构成，应该符合银行总体经营目标或所需增加资本的具体目的。

银行资本充足性有数量和结构两个层面的内容。

1. 资本数量的充足性

资本数量的充足性受银行经营规模和金融部门管理规定等因素影响，我们很难对其适度性进行界定。一般而言，金融管理当局所规定的开业许可额是最低限额，是从维护银行安全和银行体系的稳定出发来要求的资本数量。也就是说，资本数量充足是指商业银行资本数量必须达到金融管理当局所规定的最低限度，比如《巴塞尔协议》规定准备金不能低于加权风险总资产的 8%。

2. 资本结构的合理性

资本结构的合理性是指普通股、优先股、留存盈余、债务资本等应在资本总额中占有合理的比重，以尽可能降低商业银行的经营成本与经营风险，增强经营管理与进一步筹资的灵活性。也就是说，资本结构的合理性是指各种资本在资本总额中占有合理的比重，以尽可能地降低商业银行的经营成本与经营风险，增强经营管理与进一步筹资的灵活性。

二、银行资本充足性的测定

目前，较常见的用于测量银行资本充足率的测定指标主要有以下三种。

1．资本与存款比率

资本与存款比率=资本/存款

该比率是传统上用于衡量资本充足性的指标，该指标一般要求保持在10%左右。

2．资本与资产比率

资本与资产比率=资本/总资产

该比率在一定程度上反映了银行抵御资产意外损失的能力，但是该指标并未考虑资产结构对资本的影响，忽略了风险程度不同的资产对资本需求量的不同影响。该指标一般要求保持在8%左右。

3．资本与风险资产比率

资本与风险资产比率=资本/风险资产

随着银行风险资产的增加，银行原先的资本与资产比率会显得单薄而缺乏说服力，所以该比率在当今金融市场当中发挥着越来越重要的作用，是衡量银行资本是否充足的最重要的指标。通常认为该指标不应低于15%。

案例分析

现有两家商业银行A与B，其资产和负债情况，以及资本的构成情况如表2.3所示，根据表中所提示的内容需要计算和比较分析这两家商业银行的资本充足率水平，并分析这两家银行的经营稳定性和安全性。同时，请思考当一家银行的资本规模没有达到国际银行业的最低要求，或银行的资本规模远远高于最低标准时，是否就一定意味着其经营不稳健或非常稳健？

表2.3 A、B银行的资产负债表比较　　单位：亿元

资　产	A银行	B银行	负债和资本	A银行	B银行
现金和应付款	40	30	活期存款	70	170
短期政府债券	60	15	储蓄存款	40	6
长期政府债券	60	40	定期存款	90	6
贷款	80	155	可转让存单	20	28
			资本	20	30
合计	240	240	合计	240	240

经过计算后，很显然，资本充足只是相对于银行的资产负债的状况而言，并不意味着银行没有倒闭的风险。为什么这样说呢？

下面我们来比较A、B两家银行的资产负债情况：

A、B银行资产规模相同，A的资本充足率（20/240）低于B银行（30/240），但从资产的结构来看，A银行资产流动性强，负债稳定；B银行资产流动性弱，负债稳定性差。因此相比而言，A银行的稳定性更高。从中我们可以看出，在分析商业银行资本充足性时，不应只关注银行的资本充足率，更要看到商业银行的资本流动性和负债稳定性。

三、《巴塞尔协议Ⅰ》与资本充足率

（一）《巴塞尔协议Ⅰ》的简介

《巴塞尔协议》是国际清算银行成员国的中央银行在瑞士巴塞尔达成的若干重要协议，是国际银行业风险管理的理论指导、行动指南和实践总结。协议实质是为完善与补充单个国家对商业银行监管体制的不足，减轻银行倒闭的风险与代价。据国际清算银行最新研究显示，全世界大约有100多个国家采纳了《巴塞尔协议》。

（二）《巴塞尔协议Ⅰ》出台的背景

随着20世纪70年代以来金融全球化、自由化和金融创新的发展，国际银行业面临的风险日趋复杂，促使商业银行开始重视强化风险管理。1974年年底，由十国集团中央银行行长倡议建立一个以中央银行和银行监管当局为成员的委员会，其主要任务是讨论有关银行监管的问题。20世纪80年代债务危机和信用危机后，西方银行普遍重视信用风险管理，并由此催生了1988年的《巴塞尔协议》。该协议全称《关于统一国际银行资本衡量和资本标准的协议》，即《巴塞尔协议Ⅰ》，又称《巴塞尔资本协议》，该协议规定银行必须根据自己的实际信用风险水平持有一定数量的资本。《巴塞尔协议Ⅰ》是衡量单家银行乃至整个银行体系稳健性的最重要的指标，为各国银行监管当局提供了统一的资本监管框架，使全球资本监管总体上趋于一致。20世纪90年代，金融衍生工具在银行领域迅速普及，市场风险问题日益显著，推动了巴塞尔委员会将市场风险纳入资本监管框架。

（三）《巴塞尔协议Ⅰ》的主要内容

1. 协议的一些重要规定

该协议规定各国应以国际可比性及一致性为基础制定各自的银行资本标准。商业银行资本应与资产的风险相联系，资本的主要作用是吸收和消化银行损失。商业银行资本构成应取决于资本吸收银行损失的能力，而不是银行资本的不同形式。协议的主要思想是，商业银行的最低资本由银行资产结构形成的资产风险所决定，资产风险越大，最低资本额越高。同时，该协议具有划时代的意义，它确立了全球统一的银行风险管理标准，并突出强调了资本充足率标准的意义，而且“因地制宜”地强调国家风险对银行信用风险的重要作用，明确规定不同国家的授信风险权重比例存在差异。

2. 重新界定资本

巴塞尔委员会将银行资本分为两级。

第一级是核心资本，要求银行资本中至少有50%是由实收资本及从税后利润保留中提取的公开储备所组成的。

第二级是附属资本，其最高额可等同于核心资本额。附属资本由未公开的储备、重估储备、普通准备金（普通呆账准备金）、带有债务性质的资本工具组成。

3. 风险加权制

不同种类的资产根据其广泛的相对风险进行加权，制定风险加权比率，作为衡量银行资本是否充足的依据。把资产负债表内的项目分为4类，并分别对各类资本规定风险权数，据以计算风险资产。把资产负债表外的资产规定不同的信用转换系数，据此折算成表内风险资产。

该协议规定的目标标准比率为总资本与加权风险资产之比为 8%，其中核心资本部分至少为4%。协议规定的资金比率要求如下：

（1）总资本充足比率，要求≥8%。

$$总资本充足比率 =（核心资本+附属资本）/ 风险资产总额\times100\%$$

（2）核心资本充足比率，要求≥4%。

$$核心资本充足比率=核心资本/风险资产总额 \times 100\%$$

其中，风险资产总额=表内风险资产+表外风险资产

（3）附属资本比率。

$$附属资本比率=附属资本/风险资产总额 \times 100\%$$

另外，要求普通贷款准备金不能高于风险资产的1.25%。长期次级债务额不得超过核心资本的50%。

（4）过渡期和实施安排。

过渡期从协议发布起至 1992 年年底止，所有从事大额跨境业务的银行资本金要达到8%的要求。

4.《巴塞尔协议 I》中关于资本充足率的计算

目前最具有科学性的计算方法为：

$$资本充足率=资本总额/风险资产$$

那么，计算资本充足率的关键就是资本总额与风险资产的计算，根据《巴塞尔协议 I》的相关规定，风险资产与资本总额的计算公式分别为：

$$风险资产=\sum 资产 \times 风险权重$$

$$资本总额=核心资本 + 附属资本 - 资本扣减项$$

风险资产的计算主要包括表内风险资产的计算与表外风险资产的计算。

（1）表内风险资产的计算

表内资产分成4类，其风险权数分别为0%，20%，50%，100%，如表2.4所示。

$$表内风险资产=\sum 表内资产\times 风险权重$$

表2.4 资产负债表表内资产项目风险权数

表内资产项目	风险系数
1. 现金 2. 以本币定值对中央政府或央行的债权 3. 对经济合作与发展组织（OECD）国家的中央政府或央行的债权 4. 用现金或OECD国家债券作担保，或者由OECD国家的中央政府提供担保的债权	0%
1. 对多边发展银行的债权及由其提供担保，或以这些银行发行的债券作抵押品的债权 2. 对OECD国家内注册银行的债权及由其提供担保的贷款 3. 对OECD组织内的外国公共部门实体的贷款 4. 对OECD以外国家注册的银行余期一年以内的贷款 5. 对非本国的OECD国家的公共部门机构（不包括中央政府）的债权及由其提供担保的贷款 6. 托收中的现金	20%
完全以居住为用途、作抵押的房产	50%
1. 对私人机构的债权 2. 对OECD以外国家法人银行余期一年以内的债权 3. 对OECD以外国家的中央政府的债权（以本币定值的除外） 4. 对公共部门所属的商业公司的债权 5. 行址、厂房、设备和其他固定资产 6. 不动产和其他投资 7. 对其他银行发行的资本工具，从资本中扣除的除外 8. 其他所有资产	100%

（2）表外风险资产的计算

表外风险资产分成五大类，分别给定信用转换系数。前四类系数分别为100%、50%、20%、0%，第五类须作特别处理，如表2.5所示。

$$表外风险资产=\sum 表外资产\times 信用转换系数\times 表内相对性质资产的风险权数$$

表 2.5　资产负债表表外资产项目风险系数表

表外资产项目	风险系数
初始期限 1 年以内，或在任何时候可无条件取消的承诺	0%
有自行偿付能力的与贸易有关的或有项目	20%
1. 某些与交易相关的或有项目 2. 票据发行融通和循环包销便利 3. 其他初始期限在 1 年以上的承诺	50%
1. 直接信用替代工具 2. 销售和回购协议及有追索权的资产销售 3. 远期资产购买、超远期存款、部分缴付款项的股票和代表承诺一定损失的证券	100%

案例分析

1. 某银行风险加权资产如表 2.6 所示，若该行的资本总额为 6 000 万元，则该行的资本充足率为多少（假设无表外业务）？

表 2.6　某银行风险加权资产　　单位：万元

资产类型	数　量	权　重	数量×权重
现金	5 000		
国债	20 000		
国内银行贷款余额	15 000		
个人消费贷款	5 000		
对私企贷款	75 000		
银行持有的总加权风险资产			

分析过程如表 2.7 所示。

表 2.7　某银行风险加权资产分析　　单位：万元

资产类型	数　量	权　重	数量×权重
现金	5 000	0%	0
国债	20 000	0%	0
国内银行贷款余额	15 000	20%	3 000
个人消费贷款	5 000	50%	2 500
对私企贷款	75 000	100%	75 000
银行持有的总加权风险资产			80 500

资本充足率=资本总额/风险资产，因此该行的资本充足率为 6 000/80 500= 7.45%。

2. 一家银行的总资本规模为 100 万元人民币，总资产为 1 500 万元人民币，该行的风险加权资产表如表 2.8 所示。

表 2.8　某银行风险加权资产表　　单位：万元

资产类型	资产数量	权　重	风险加权资产
现金	75		
短期政府债券	300		
国内银行存款	75		
家庭住宅抵押贷款	75		
企业贷款	975		
表内项目总资产	**1 500**		
用来支持政府发行债券的备用信用证	150		
对企业的长期信贷承诺	300		
表外项目加总	450		
资产合计			

分析过程如表 2.9 所示。

表 2.9　某银行风险加权资产分析　　单位：万元

资产类型	资产数量	权　重	风险加权资产
现金	75	0	0
短期政府债券	300	0	0
国内银行存款	75	0.2	15
家庭住宅抵押贷款	75	0.5	37.5
企业贷款	975	1.0	975
表内项目总资产	**1 500**		**1 027.5**
用来支持政府发行债券的备用信用证	150	1.00×0.2	30
对企业的长期信贷承诺	300	0.5×1	150
表外项目加总	450		180
资产合计			**1 207.5**

资本充足率=资本总额/风险资产，因此该行的资本充足率为 100/1 207.5= 8.28%。

四、《巴塞尔协议 II》

（一）《巴塞尔协议 II》（2004）提出的背景

1997 年 7 月，全面爆发的亚洲金融危机引发了巴塞尔委员会对金融风险的全面而深入的思考，特别是巴林银行、大和银行的倒闭及东南亚的金融危机，让各国银行监管当局看到了金融业存在的问题不仅是信用风险的单一风险问题，而是由多种风险共同作用造成的，而之前的《巴塞尔协议Ⅰ》有着较大的局限性，还是难以较为理想地抵御金融风险。因此，2004 年 6 月 26 日，十国集团央行行长和银行监管当局负责人一致同意公布《资本计量和资本标准的国际协议：修订框架》，即巴塞尔新资本协议，又称《巴塞尔协议Ⅱ》。

（二）《巴塞尔协议Ⅱ》的主要内容

《巴塞尔协议Ⅱ》对于统一银行业的资本及其计量标准做出了卓有成效的努力，在信用风险和市场风险的基础上，新增了对操作风险的资本要求；在最低资本要求的基础上，提出了监管部门监督检查和市场约束的新规定，形成了资本监管的“三大支柱”。

1. 支柱之一：最低资本金要求

新协议保留了对资本的定义及相对风险加权资产资本充足率为 8%的要求，但风险范畴有所拓展，不仅包括信用风险，而且覆盖市场风险和操作风险。在具体操作上与之前相同，计算风险加权资产总额时，将市场风险和操作风险的资本乘以 12.5（最低资本比率 8%的倒数），将其转化为信用风险加权资产总额。

$$\text{银行资本充足率}=\text{总资本}/[\text{信用风险加权资产}+(\text{市场风险资本}+\text{操作风险资本})\times 12.5]\geqslant 8\%$$

$$\text{银行核心资本充足率}=\text{总资本}/[\text{信用风险加权资产}+(\text{市场风险资本}+\text{操作风险资本})\times 12.5]\geqslant 4\%$$

2. 支柱之二：外部监管

目的是要通过监管银行资本充足状况，确保银行有合理的内部评估程序，便于正确判断风险，促使银行真正建立依赖资本生存的机制。在实施监管的过程中，应当遵循以下四项原则。第一，银行应当具备与其风险相适应的评估总量资本的一整套程序，以及维持资本水平的战略。第二，监管当局应当检查和评价银行内部资本充足率的评估情况及其战略，以及银行监测和确保满足监管资本比率的能力；若对最终结果不满意，监管当局应采取适当的监管措施。第三，监管当局应希望银行的资本高于最低资本监管标准比率，并且要求银行持有高于最低标准的资本。第四，监管当局应争取及早干预，从而避免银行的资本低于抵御风险所需的最低水平；如果得不到保护或恢复，就需要迅速采取补救措施。

3. 支柱之三：市场纪律

要求银行不仅要披露风险和资本充足状况的信息，而且要披露风险评估和管理过程、资本结构及风险与资本匹配状况的信息；不仅要披露定量信息，而且要披露定性信息；不仅要披露核心信息，而且要披露附加信息。

该支柱的核心内容是内部评级法，即银行将账户中的风险划分为六大风险：公司业务风险、国家风险、同业风险、零售业务风险、项目融资风险和股权风险。银行根据标准参数或内部估计确定其风险要素，并计算得出银行所面临的风险。这些风险要素主要包括以下四个方面。

① 违约概率（PD），指债务人违反贷款规定，没有按时偿还本金和利息的概率。

② 违约损失率（LGD），指债务人没有按时偿还本金和利息给银行带来损失的状况，它表现为单位债务的损失均值。

③ 违约风险值（EAD），指在交易对象违约时，对银行所面临的风险的估计。

④ 期限（M），指银行可以向监管当局提供的交易的有效合同期限。

最终，银行根据内部风险评估结果确定风险权重、计提资本。

（三）《巴塞尔协议 II》的主要特点

该协议主要有三大特点。

① 向风险管理为核心的质量监管模式过渡。

② 将信用风险、市场风险和操作风险全面纳入资本充足率计算，使资本状况与总体风险相匹配，提高了监管的全面性和风险的敏感度。

③ 推进解决信息不对称的信息披露，重点向资本充足率、银行资产风险状况等市场敏感信息集中，确保市场对银行的约束效果。

五、《巴塞尔协议 III》

（一）《巴塞尔协议 III》推出的背景

2007 年，美国次贷危机全面爆发，并且逐步发展成全球性金融危机。危机极大地冲击了银行体系，带来了全球经济的衰退。在这场危机中，有着 158 年历史的投行雷曼兄弟轰然倒塌。但从 2008 年雷曼中期报告来看，根据《巴塞尔协议 II》的监管指标，雷曼应该是安全的；截至 2008 年年中，其核心资本充足率为 11%；截至 2008 年第三季度末，“流动性池”中仍有 420 亿美元的流动储备，现金资本在剔除长期资金需求后尚余 150 亿美元。这充分说明《巴塞尔协议 II》仍有缺陷和不足。

在这种情况下，全球金融管理当局意识到，如果要建立充满活力的银行系统来应对各种重大危机、抵御金融动荡，就必须对监管的标准和方法不停顿地进行改革。2009 年，在 G20 峰会的推动下，国际社会制订了一揽子金融改革计划，其中包括《巴塞尔协议 III》。2010 年 11 月，20 国集团首尔峰会批准了巴塞尔委员会起草的《巴塞尔协议 III》，确立了银行业资本和流动性监管的新标准，要求各成员国从 2013 年开始实施，2019 年前全面达标。

（二）《巴塞尔协议 III》的主要内容

1. 最低普通股要求

根据巴塞尔委员会此次会议达成的协议，最低普通股要求，即弥补资产损失的最终资本要求，将由当时的 2%严格调整到 4.5%。这一调整将分阶段实施，到 2015 年 1 月 1 日结束。同一时期，核心资本（包括普通股和其他建立在更严格标准下的合格金融工具）也要求由 4%调整到 6%（见表 2.10）。

表 2.10 资本划分框架：资本要求和超额资本 单位：%

	普通股权益（扣减后）	核心资本	总资本
最低标准	4.5	6	8
资本留存超额资本	2.5	—	—
最低标准加资本留存、超额资本	7	8.5	10.5
反周期超额资本	0~2.5	—	—

2. 建立资本留存超额资本

在最低监管要求之上的资本留存超额资本应达到 2.5%，以满足扣除资本扣减项后的普通股要求。留存超额资本的目的是确保银行维持缓冲资金以弥补在金融和经济压力时期的损失。当经济金融处于压力时期时，银行资本充足率越接近监管的最低要求，就越要限制收益分配。这一框架将强化良好的银行监管目标并解决共同行动的问题，从而阻止银行在资本恶化的情况下仍然自主发放奖金和分配高额红利的（非理性的）分配行为。

3. 建立反周期超额资本

反周期超额资本比率在 0%～2.5%的普通股是否全部用来弥补损失的资本，将根据经济环境决定。反周期超额资本的建立是为了达到保护银行部门承受过度信贷增长的更广泛的宏观审慎目标。对任何国家来说，这种缓冲机制仅在信贷过度增长导致系统性风险累积的情况下才发挥作用。反周期的缓冲一旦生效，将被作为资本留存超额资本的扩展加以推行。

4. 运行期限的规定

上述这些资本比例要求是在风险防范措施之上建立的非风险杠杆比率。对平行运行期间 3%的最低核心资本充足率进行测试，基于平行运行期测试结果，任何最终的调整都在 2017 年上半年被执行，并通过适当的方法和计算代人 2018 年 1 月起的最低资本要求中。

5. 其他要求

对金融系统至关重要的银行应具备超过标准的弥补资产损失的能力。巴塞尔委员会和金融稳定委员会正在研发一种对这类银行非常好的，包括资本附加费、核心资金和担保金在内的综合方法。另外，加强制度决议的工作还将继续进行。巴塞尔委员会最近也发表了一份咨询文件，建议确保监管资本在非正常环境下的损失弥补能力。各国央行行长和监管机构负责人赞同加强非普通核心资本和附属资本工具的损失弥补能力。

6．过渡时期安排

各国央行行长和监管当局负责人还就执行新的资本标准进行了过渡性安排。这将有助于确保银行在通过合理的收益留存和提高资本金比率以满足更好的资本金管理要求的同时，仍能通过信贷投放支持经济的发展。

（1）2013 年达到的最低资本要求。从 2013 年 1 月 1 日开始，在巴塞尔委员会各成员国国内执行新的资本监管要求，各成员国必须在执行之前将关于资本新的要求以法律法规的形式予以确认。自 2013 年 1 月 1 日起，银行应符合以下新的相对于风险加权资产（RWAs）的最低资本要求：普通股/风险加权资产 3.5%；一级资本/风险加权资产 4.5%；总资本/风险加权资产 8.0%。

（2）普通股和核心资本的过渡期要求。最低普通股和核心资本要求在 2013 年 1 月至 2015 年 1 月逐步实施。到 2013 年 1 月 1 日，最低普通股要求由 2%提高到 3.5%，核心资本由 4%提高到 4.5%。到 2014 年 1 月 1 日，银行必须达到普通股 4.5%的最低要求。到 2015 年 1 月 1 日，银行必须达到普通股 4.5%和一级资本 6%的最低要求。总资本一直要求保持 8%的水平，因此不需要分阶段实施。

8%的总资本要求和核心资本的要求之间的区别在于附属资本和更高形式的资本要求不同。

此外，《巴塞尔协议 III》对扣减项比例、资本留存超额资本、资本中需要取消的项目及监督检测期进行了过渡期安排。

《巴塞尔协议 III》使商业银行在资本的质和量审核方面空前严格，对银行经营风险进行了全方位把控，使银行经营理念发生了根本性变化，提高了银行资本对风险的敏感度，促使监管机构对商业银行的监管内容、方式、手段更趋多样化，而且使市场主体的协同性加强。虽然目前《巴塞尔协议 III》还只对各种资本的最低限额给出了规定，但考虑到之后各项措施的相继出台，其对世界银行业乃至整个世界经济的影响是深远的。

第三节　商业银行的资本管理对策

至此，我们已经了解到目前测定商业银行的资本充足率最权威的方法是用资本总额除以风险资产。那么若想提高商业银行的资本充足率，就只有两个途径，一是增加资本总额，由于资本总额是被除数，故而称增加资本总额的方法为“分子对策”；二是降低风险加权总资产，由于风险资产为被除数，故而将降低风险加权总资产的办法称为“分母对策”。当然，银行也可以“两手都硬”，同时采取两个对策。

一、分子对策

商业银行提高资本充足率的分子对策，包括增加核心资本和附属资本两方面。核心资本的来源包括发行普通股、提高留存利润等。留存利润是银行增加核心资本的重要方式，相对于发行股票来说，其成本要低得多。如果一家银行的核心资本远离了监管当局的要求，就必须采用发行普通股或非累积优先股的形式来筹集资本。商业银行增加附属资本的方法主要是发行可转换债券、混合资本债券和长期次级债券，但附属资本不能超过资本总量的50%。

总结分子对策，就是根据《巴塞尔协议》的资本计算方法，尽量提高银行资本的总量，以改善和优化资本结构。

（一）内源资本策略

内源资本是指从银行内部充实资本金。内源资本可以使银行不必依赖于外部公开市场，从而省去发行股票或债券的费用。相对于筹集外部资本来说，使用内源资本更为划算。内源资本策略的主要渠道是该行的未分配利润，所以这就决定内部筹集资本是多数银行使用的资本筹集方式，尤其对于那些非上市银行和中小银行来说更是如此。当然，凡事都具有两面性，使用内源资本也存在不利之处。其不利之处主要是可筹集的资本数量在很大程度上受到银行自身盈利能力的限制，也会受到监管规定和外部经济环境变化的影响。内源融资的主要特点如表2.11所示。

表2.11　内源融资的主要特点

<table>
<tr><th>优　点</th><th>缺　点</th></tr>
<tr><td>• 成本低，免发行费，是最便宜的资本金来源</td><td rowspan="2">• 过多的留存盈余可能带来银行普通股股价的下跌，会影响到银行的市场价值</td></tr>
<tr><td>• 不会影响现有股东的控制权和收益</td></tr>
<tr><td>• 风险小，不受外部市场波动的影响</td><td rowspan="2">• 三大限制：
最低资本金要求
银行的创值能力
银行的股利政策</td></tr>
<tr><td>• 免交所得税</td></tr>
</table>

管理层在确定适当的留存比率和红利分配比例时需要考虑的一个主要因素，是在不损害现有资本资产比率的前提下，银行资产规模的增速最快可以达到多少。换言之，如果银行持续保持一个相同的红利分配比例，那么为了维持一个固定的资本资产比率，银行净收益的增长速度必须达到多少。这可以用一个称为“内源资本的资产增长模型”的计算公式进行说明。

内源资本的资产增长模型：

$$SG_1=\frac{ROA(1-DR)}{(EC_1/TA_1)-ROA(1-DR)}$$

式中，ROA 为银行资产收益率

DR 为银行红利分配比例

EC_1/TA_1 为资本资产比率

SG_1 为资产增长率

上述公式表明了银行资产持续增长与银行资产收益率（ROA）、银行红利分配比例（DR）和资本资产比率（EC_1/TA_1）之间的数量关系。

又 $$SG_1=\Delta TA/TA_0=\Delta EC/EC_0$$

式中，ΔEC 为银行股本增加额。

如果银行要将资本水平维持在监管部门要求的最低资本比率上，其资产增长率就要与资本增长率保持一致，即资本和资产必须保持同步增长——银行的资产持续增长率=资本持续增长率。

$$SG_1=\frac{ROA(1-DR)}{[EC_1-ROA(1-DR)TA_1]/TA_1}=\frac{ROA(1-DR)}{(EC_1/TA_1)-ROA(1-DR)}$$

式中，ROA 为银行资产收益率

DR 为银行红利分配比例

EC_1/TA_1 为资本资产比率

SG_1 为资产增长率

当资产增长率一定时，求资本：

$$EC_1=\frac{ROA(1-DR)-TA_1}{SG_1}+ROA(1-DR)\times TA_1$$

式中，EC_1 为银行资本

ROA 为银行资产收益率

DR 为银行红利分配比例

TA_1 为银行资产

SG_1 为资产增长率

案例分析

某商业银行原有资产规模为 100 亿元，计划资产增长率为 15%，资产收益率为 3%，红利分配比例为 40%，原有资本金为 12 亿元，请计算ΔEC。

综合以上公式及数据信息可得：EC_1=15.87（亿元）

ΔEC=15.87−12=3.87（亿元）

（二）外源资本策略

如果内源资本的筹措不能满足增加资本的要求，银行就需要借助权益资本或债务资本等外源资本进行补充。状况良好的银行借助外源资本支持自身的发展，状况不佳的银行则需要外源资本来补充资本。

银行在权益资本和债务资本间须仔细权衡。权益资本的优势在于：一是其可全部用来满足基于风险的资本要求；二是权益资本为永久性资金来源；三是股息并非固定支出。权益资本的缺点在于其较高的发行成本、股权稀释和潜在的每股收益降低的风险。债务资本的优点在于，总支出可以获得税收减免，而且不会像权益资本那样稀释每股收益或削弱股东对公司的控制。债务资本的缺点有三：一是存在利息支出；二是债务资本并非永久性筹资渠道，必须到期偿还；三是只有部分债务可用来满足银行的资本监管要求。

外源资本筹集的具体方式有以下几种：发行普通股、发行优先股、发行资本票据及债券、出售资产租赁设备、进行股票与债券互换等。下面选择几个具有代表性的具体方式进行分析。

1．发行普通股

发行普通股的优缺点如表 2.12 所示。

表 2.12 发行普通股的优缺点

优 点	缺 点
• 没有固定的股息负担 • 没有固定的返还期 • 发行比较容易	• 影响原有股东对银行的控制权与获得的收益率 • 普通股的发行成本与资金成本比较高

2．发行优先股

发行优先股的优缺点如表 2.13 所示。

表 2.13 发行优先股的优缺点

优 点	缺 点
• 可以避免影响普通股股东的利益	• 优先股的使用减少了银行经营的灵活性
• 对银行经营管理压力相对较小	• 发行优先股的资金成本较高
• 可以使银行获得财务杠杆效应	• 过多地发行会降低银行的信誉

3．发行资本票据和债券

发行资本票据和债券的优缺点如表 2.14 所示。

表 2.14 发行资本票据和债券的优缺点

优 点	缺 点
• 可以为普通股股东带来财务杠杆效应	• 有一定的偿还期限，限制了银行对其的使用
• 发行成本和银行的经营成本都比较低	• 是银行的一种固定负担

二、分母对策

商业银行提高资本充足率的分母对策，主要是降低风险加权总资产。具体策略就是，尽量降低风险权数高的资产在总资产中的比重，同时加强表外业务管理，尽可能选择转换系数较小且风险权数小的表外资产。虽然缩小资产总规模能起到立竿见影的效果，但会影响商业银行的盈利机会，除非资金来源急剧下降而被迫采用，否则银行一般不会主动采用这种方法。降低风险加权总资产的方法主要是减少风险权重较高的资产，增加风险权重较低的资产，其具体方法包括：贷款出售或贷款证券化；收回贷款，用以购买高质量的债券（如国债）；尽量少发放高风险的贷款等。

在具体的实施方法上主要有两个主要办法，一是压缩资产规模，对资本不足的银行，可以销售高风险或有问题或市价水平较高的金融资产，以减少资产规模；二是调节资产结构，在总资本额与总资产额度不变的情况下，提高资本充足比率。也就是说，减少、减小高风险贷款，增加低风险资产。

延伸阅读

《巴塞尔协议》在中国全面落地

自2013年1月，中国实施《商业银行资本管理办法（试行）》（以下简称《资本办》）以来，2014年4月24日，银监会发布消息称，近日已经核准工商银行、农业银行、中国银行、建设银行、交通银行、招商银行六家银行实施资本管理高级方法。

此前，工商银行和中国银行发布消息称成为首批获准实施资本管理高级方法的商业银行。银监会表示，为建成第一支柱资本计量高级方法体系，六家银行历时十年左右，经过规划设计、开发建设、应用完善，不断优化。银监会此轮核准的具体范围为第一支柱信用风险初级内部评级法、部分风险类别的市场风险内部模型法、操作风险标准法。核准实施后，六家银行将按照高级方法的要求计算风险加权资产和资本充足率。

一位股份制银行专业人士在《第一财经日报》记者采访时分析称，实施资本管理高级方法，对银行的影响将体现在以下几个方面：首先是提高资本的使用效率，精细化资本管理将减少银行不合理的资本占用；其次是可以提高资本的盈利能力，在一定程度上可以为银行资本充足率；最后是风险管理体系也将细化，风险敏感度增加将提高风险管理水平。

1. 由“干了再算”转向“算了再干”

资本管理高级方法是商业银行根据《巴塞尔协议Ⅱ》的要求，选择使用内部模型来测量风险和监管资本的方法，申请高级方法的银行需要在体制机制、计量模型、数据IT等各方面满足条件。

“实施高级方法后，要求银行由‘干了再算’向‘算了再干’转变，将资本约束贯穿于整个管理流程，实现资本管理与信贷管理的有机结合”。银监会称。

“《巴塞尔协议》的规定，其核心就是要求对风险资产进行细分，不同的风险资产其风险加权系数不一样。高级方法可以监控到每笔业务对应的资本消耗，从而使资本的使用做到‘有的放矢’。”该股份制银行专业人士告诉《第一财经日报》记者。

大部分国有商业银行的资本管理系统已经实现与核心系统、业务系统的对接，每笔资产业务的信息和实施情况可实时传输至资本管理系统，自动计算加权风险资产，可生成相关资本报表，方便管理部门及时了解资本使用情况。

银监会也要求，在实施高级方法后，银行需要在集团层面进行资本计量和分配，这将促进银行进行管理和加强资本规划。同时，对资本的计量更准确，可以让银行根据资本充足状况进行合理的资本配置，从而调整资产组合，提高资本使用效率。

2. “减压”资本补充率

近年来，银行扩张速度已经有所放缓，加上不良贷款的逐渐暴露，银行面临着更为迫切的资本补充压力。

此前多年资本高消耗业务的快速扩张，已经让银行承受了巨大的资本补充压力。银行资本监管要求提高，加上利率市场化压缩了利润空间，促使银行内源补充资本能力降低，银行依赖资本高消耗扩张的路子也亟待改变。

“实施高级方法的目的是提高银行风险管理水平，让银行通过内部模型这个统一的‘尺子’去量化风险，使银行风险管理更加系统化、一致化、精细化。”银监会表示，实施高级方法可以推动银行业风险管理从定性为主转变为定性与定量相结合，并将风险计量结果深入应用于贷款审批、定价、绩效考核等日常经营管理，从而推进银行转变发展模式。

此外，资本管理高级方法也为监管者提供了有力的监管工具箱，从定性监管转为定性定量相结合的监管；从不良比率等事后监管指标向评级分布、违约率等事先监管指标转变；从监管资本充足率的结果向计算过程转变，有效提高监管的前瞻性、客观性和主动性。

“下一步，银监会将做好后续监管工作，运用现场、非现场等多种手段督导实施银行持续满足监管标准，同时有序推动第二支柱核准、审慎推进第一支柱高级方法升级换代等工作，以实施高级方法为契机推动银行提高风险管理科学化、精细化水平。”银监会表示。

资料来源：李静瑕.《巴塞尔协议》在中国全面落地[J]. 第一财经日报，2014-04-26.

本章概要

本章从银行资本的概念入手，主要介绍了商业银行资本管理对于银行的重要性，《巴塞尔协议》的主要内容与影响等问题。商业银行的资本是商业银行的投资者投入银行的资金，它代表着对银行的所有权。《巴塞尔协议》是规范商业银行资本与风险及其相关问题的协议。从 1988 年发布的第一个协议起，至今已经出台三个协议。其核心内容主要是：合格资本的规定；风险种类及其衡量方法；监管当局的监督；充分的信息披露。资本充足性的衡量有两个标准：资本数量的充足性、资本结构的合理性。

思考练习

1．各类资本观对资本的定义和资本管理的重点有何区别？
2．简述银行资本的功能。
3．《巴塞尔协议》对国际银行业有何影响？
4．为何充足的资本能降低银行的经营风险？
5．银行如何根据自身特点选择资本监管管理策略？

第三章　现代商业银行负债管理

本章学习目标

- 了解现代商业银行负债管理业务；
- 了解现代商业银行负债的定义、分类和作用；
- 掌握现代商业银行存款负债的地位；
- 了解现代商业银行其他负债的内容；
- 掌握现代商业银行负债成本管理。

本章能力目标

- 了解现代商业银行负债管理，学会处理商业银行负债业务；
- 能够结合现代商业银行负债的理论知识进行合理的管理。

案例引入

商业银行吸收存款的难度越来越大

当前，利率市场化驱动着商业银行的贷款利率渐呈下降之势，通过存贷比息差而赢利的空间越来越窄；与此同时，受到新生的民营银行竞争及互联网金融的冲击，商业银行吸收存款的难度越来越大，金融脱媒现象不断加剧。

央行公布的数据显示，目前银行从非金融机构和储户吸收的各类存款占总负债的比例约 60%，接近历史最低水平。尤其是城市商业银行与股份制商业银行，其融资能力本来就较国有大型商业银行要弱得多，因此更希望通过同业存单这类创新业务来弥补自身的短板，最终表现出对同业负债的依赖度过高。中金公司的数据显示，目前在同业存单发行人中，股份行的同业存量占比为 46%，城商行占比为 38%，两者圈占了同业存款市场 85%的份额。

在负债端与资产端进行资金期限的错配是银行获取风险收益的主要方式。观察发现，同业存单存在着一个月、三个月、六个月、九个月和年五个期限，而且发行品种基本上以短期为主，一年以上的浮动利率产品极少。一般而言，期限越短，利率就越低，而银行作为发行人，便可利用低融资成本优势，在资产端选择配置久期较长的理财产品或委外债券，从而形成期限错配，并且借此获取高额收益。然而，这种期限错配一旦在负债端出现流动性问题，就很可能通过赎回同业理财、赎回债基等方式将流动性风险传染至债券市场，同时反向传染给投资其同业存单的其他银行。

不仅如此，作为投资人，银行往往会借用同业存单资金，在资产端加杠杆甚至多次加杠杆进行投资扩张，而一旦资产端价格急剧下跌，必会传染到负债端并诱发金融机构违约风险。值得关注的是，我国货币政策已从中性偏宽松基调转向稳健中性基调，在货币市场利率抬升过程中不排除出现同业存单借钱利率要高于资产收益率的结果。据此，穆迪发布的最新报告警示，在市场利率走高的情况下，中国中小银行增加发行同业存单将提高其整体融资成本，并加剧资金期限的错配。还有，此类工具主要向其他金融机构发行，因此对整个银行业而言，同业存单规模扩大，加大了金融体系的相互关联性，使系统性风险上升。

为了更全面地反映金融机构对同业融资的依赖程度，引导金融机构做好流动性管理，未来同业存单还会纳入央行MPA的广义信贷考核指标之中，这意味着商业银行发行同业存单的规模会影响MPA“资产负债情况”项下的同业负债占比，进而直接影响商业银行针对监管要求是否能达标的结果。

相应地，本着监管不留空白的基本原则，同业存单将从“应付债券”的口径移出，归入“同业负债”口径之下。考虑到对同业融资依存度高、同业存单增速快的城商行与股份行受到政策的冲击较大，监管政策已将资产规模5 000亿元以下的发行人暂时排除在外，并且留下了半年的过渡期。但在整改完毕后，无论是同业存单的单笔发行额度还是总量规模控制，管理层都会进行瘦身性调整，小步慢走将成为同业存单市场的长久与常规之态。

资料来源：金投网-商业银行板块，2018.10.15.

思考题：

1. 我国利率市场化对商业银行负债业务的影响体现在哪些地方？
2. 在利率市场化背景下，我国商业银行如何进一步开展好负债业务？

第一节　现代商业银行负债管理概述

商业银行与其他企业的主要区别就是其属于负债经营。信用中介是商业银行最基本的职能，而负债是商业银行实现这一职能最基本、最主要的前提。负债也是商业银行最重要的业务之一。

一、商业银行负债的概念和特点

关于负债，国际会计准则委员会给出的定义是，企业过去的交易或事项形成的、预期会导致经济利益流出企业的现时义务。我国《企业会计准则》将其定义为，企业所承担的能以货币计量、须以资产或劳务偿还的债务。

商业银行负债指的是商业银行的资金来源，是银行由于受信而承担的将以资产或资本偿付的能以货币计量的债务。负债所代表的是商业银行对其债务人所承担的全部经济责任。商业银行负债分为狭义负债和广义负债两种。狭义负债是指非资本性债务，包括存款负债、借款负债和其他负债等。其中，存款和派生存款是银行的主要负债。广义负债是指除了核心资本的一切资金来源。

商业银行负债的特点如下。

（1）现实性，是优先存在的经济义务，不论是过去发生的、已经了结的还是将来可能发生的经济义务都不属于商业银行负债。

（2）可计量性，其数量必须能用货币来计量，凡是不能用货币计量的经济义务都不属于商业银行负债。

（3）可偿付性，商业银行负债在偿付后才能抵消。

二、商业银行负债的作用

商业银行负债的作用有三个方面。

（1）负债是商业银行经营的先决条件。商业银行的主要资金源于负债，而其中约80%的负债源于存款。商业银行经营的规模取决于商业银行负债的规模，商业银行资金的运用方向和结构则取决于商业银行负债的结构（包括负债的期限、利率、币种和去向等）。

（2）负债是商业银行资金流动性的基本保障。商业银行在运用资金的过程中必须保持资金流动性。商业银行负债不仅可以为资产规模的扩大提供后续资金，还可以为到期债务的及时清偿提供经济来源。

（3）负债是商业银行提供社会资金供求信息的主要渠道。商业银行是国民经济的综合部门和社会资金运动的枢纽，是社会资金活动的集散地。商业银行不但广泛地吸纳社会闲散资金进行货币结算支付，而且不断地向社会单位和个人提供融资和投资。这样，客户的资金存量、增量、流量和流向都会反映到银行的账面上。所以，银行在为社会提供金融服务的同时，还可为宏观经济、金融决策部门反馈必要的资金信息。

三、商业银行负债管理的概念和目标

商业银行负债管理是指商业银行管理者对其持有的负债的类型、数量及其组合做出决策的一种综合性资金管理方法。这种管理方法一般分为三个阶段。

（1）资产和负债的总括管理。

（2）资产和负债各项目的分项管理，从而达到最优组合。

（3）为实现利润目标的利差管理、间接费用的控制管理、流动性管理、资本管理和税收管理。

商业银行负债管理的目标主要有两个：一是为银行争取流动性大、稳定性强、吸收存款方式灵活多样的各种资金来源，以增强银行的贷款能力；二是不断调整负债结构，以小聚大，以此适应各种资产结构的需要和利润的实现。

第二节 现代商业银行存款的管理

存款是商业银行生存的基础。没有存款，就没有贷款、没有利差、没有利润收入，也就没有银行。存款是“立行”之命脉所在，少了这一基石，银行盈利就成了空中楼阁。

一、商业银行存款的种类和构成

商业银行所提供的存款服务种类多、涵盖面广，为适应现代社会的发展、满足客户的多样化需求，存款的种类繁多而复杂，难以界定。故本书按照中西方的不同分类方式分别介绍现代商业银行存款。

（一）西方商业银行存款的种类

1. 交易账户

交易账户是客户为了交易目的而开立的支票账户，客户可以通过支票、汇票、电话转账、自动柜员机等提款或对第三者支付款项。它包括活期存款账户、可转让支付命令账户、货币市场存款账户、自动转账制度等种类。

（1）活期存款账户。活期存款是指顾客存取自由的存款，也称支票存款。银行对活期存款不支付利息，有的甚至会收取一定的手续费。活期存款是银行资金来源中最具波动性和最不可预测的部分。

（2）可转让支付命令账户。可转让支付命令账户（Negotiable Order of Withdrawal Accounts，NOW）是一种支付利息的活期存款，既具有活期存款的支付和转账结算功能，又能按平均存款余额取得利息收入，是一种对个人、非营利机构开立的计算利息的账户。

（3）货币市场存款账户。货币市场存款账户（Money Market Deposit Accounts，MMDA），是介于活期存款与储蓄存款之间的一种短期存款，任何企业和个人都可以开设此类账户。期限只能为几天、几周或几个月；开户时最低金额为 2 500 美元，平均余额也不能低于此金额；对存款最高利率无限制。

（4）自动转账制度。自动转账制度（Automatic Transfer System，ATS），由早期的电话转账制度演变而来。其特点是客户同时在银行开立两个账户——储蓄账户和活期存款账户。活期存款账户的余额始终保持1美元，其余存款存入储蓄账户可获得利息收入。当需要签发支票时，储户可电话通知开户行。该账户与可转让支付命令账户类似，都属于转账账户，储户要支付一定的服务费。

2. 非交易账户

非交易账户又称储蓄账户，是以获取利息为主要目的的存款账户，不能进行支付等业务。主要分为储蓄账户和定期存款账户。

（1）储蓄存款账户。储蓄存款一般是个人为应对未来的支出或突发情况造成的资金短缺而预先积蓄的货币，并以此取得利息收入，从而开立的存款账户。这种存款的利率一般要比交易账户的存款利率高，不使用支票，而是用存折或存单，操作方便。也就是说，储蓄存款对于银行来说利率成本高，运营和管理成本低。

储蓄存款有活期和定期两种。活期储蓄存款没有期限，凭存折提现；定期储蓄存款类似于定期存款，是一种约定存期，一次或分次存入，然后按约定的期限一次或多次取出本金或利息的储蓄方式。

（2）定期存款账户。相对于活期存款而言，定期存款是一种由储户预先约定存款期限的存款，利率高于活期存款利率。定期存款存期固定，而且期限较长，利率与期限成正比。定期存款只能凭借银行签发的定期存单，到期提取存款和利息，若提前支取，则要承受利息损失。因此，定期存款为商业银行提供了稳定的资金来源，对商业银行长期放款和投资具有重要意义。

（二）我国商业银行存款的种类

我国商业银行存款一般可以分为一般存款、协议存款和通知存款三大类。

1. 一般存款

（1）活期存款。活期存款是一种不限存期，凭银行卡或存折及预留密码可在银行营业时间通过柜面或通过银行自助设备随时存取现金的银行服务。

（2）定期存款。个人定期存款主要包括整存整取、零存整取、整存零取、存本取息、定活两便五类。整存整取是指开户时约定存期，整笔存入，到期一次整笔支取本息的一种个人存款。零存整取是指开户时约定存期，分次每月存入固定金额（由储户自定），到期一次支取本息的一种个人存款。整存零取是指开户时约定存期，本金一次存入，固定期限分次支取本金的一种个人存款。存本取息是指开户时约定存期，整笔一次存入，按固定期限分次支取利息，到期一次支取本金的一种个人存款。定活两便是指开户时不必约定存期，银行根据客户的实际存期按规定计息，可随时支取的一种个人存款种类。

2. 协议存款

协议存款是商业银行根据中国银行业监督管理委员会的规定，针对部分特殊性质的中资资金如保险资金、社保资金、养老保险基金等开办的存款期限较长、起存金额较大、利率、期限、结息付息方式、违约处罚标准等由双方商定的人民币存款品种。该存款可作为存款类金融机构的长期资金来源，不属于同业存款，应计入存贷比指标。协议存款不可以提前支取，其协议存款凭证可用作融资质押物。

3. 通知存款

通知存款是指储户在存入款项时不约定期限，支取时事先通知银行约定支取日期和金额的一种个人存款方式。最低起存金额为人民币 5 万元（含），外币等值 5 000 美元（含）。个人通知存款须一次性存入，可以一次或分次支取，但分次支取后账户余额不能低于最低起存金额，当低于最低起存金额时银行给予清户，转为活期存款。个人通知存款按存款人选择的提前通知的期限长短，分为一天通知存款和七天通知存款两个品种。通知存款的利率高于活期而低于定期，适合有资金近期闲置但可能随时使用的储户。

延伸阅读

中国银行推出智能通知存款

近日，中国银行推出个人智能通知存款产品。客户只需要与中国银行签订协议，之后，当该客户指定的人民币活期存款账户余额达到中国银行规定的个人人民币通知存款起存金额要求时，中国银行为客户提供自动转存通知存款服务，并且根据存款余额变动周期给予客户相应的一天或七天通知存款利息。

在办理个人智能通知存款后，如果客户活期账户上的资金连续七天不发生变化，则该客户按照七天通知存款利率获取利息，获得的利息收益是活期存款收益的近三倍。

资料来源：中国金融网.

二、商业银行存款的成本和定价

（一）存款的成本

存款是银行有条件占用客户资金的一种形式，相当于银行的一种负债。吸收和管理存款是存在成本的。存款的成本分为利息成本和非利息成本。

1. 利息成本

利息成本是存款最直接的成本，是银行按照约定的利率，以货币形式支付给存款人的费用。存款利率按照计息方式的不同分为固定利率和浮动利率两种。利息成本的高低主要取决于存款期限的长短，一般期限越长，存款的利息成本越高。

2. 非利息成本

非利息成本也成为经营成本，是指除利息成本以外的所有支出，如人员工资、建筑物和设备等固定资产的折旧、行政办公费用、广告宣传费用等。商业银行的经营成本与利息成本是相关的。例如，活期存款、支票存款的利息成本低，但经营成本很高；定期存款的利息成本较高，但因交易活动少，经营成本也较低。

（二）存款的定价

商业银行的存款价格实际上就是存款的利率。在一个完全竞争的市场下，银行若想在吸收存款时有一定的优势，就要给储户一个合理的价格，这个价格就是存款的利率。而银行在制定价格时，往往很难抉择。既要考虑给储户较高的利息回报来吸收和留住资金，又要避免利息过高而影响到银行的经营利润。因此，银行存款的定价显得尤为重要。

存款的定价方法主要有以下几种。

1. 成本加利润定价法

成本加利润定价法的原理是各种存款服务的价格必须能够抵消银行提供服务的全部或大部分成本，并为银行带来一定的利润。公式为：

单位存款服务的价格=单位存款服务的经营支出+单位存款所分摊的其他支出+单位存款服务的预期利润

计算的步骤是：

① 确定每种资金来源的成本比率；

② 确定每一成本比率乘以每种资金来源占银行资金的相对比重；

③ 加总各项乘积，求出银行资金的加权平均成本。

2. 边际成本定价法

虽然成本加利润定价法计算出的存款定价比较准确，但在浮动利率制度下，利率不断波动，平均成本的数值就不够准确了。此时，银行一般会选择边际成本定价法来确定存款价格。边际成本定价法通过比较存款的边际成本与边际资产回报来决定是否吸引新的存款。只有当边际成本小于边际回报时，银行才会吸引新资金来支持资产增长。公式为：

边际成本（MC）=总成本的变动=新利率×以新利率筹集的资金总额−旧利率×以旧利率筹集的资金总额

边际成本率=总成本的变动金额/筹集的新增资金总额

在存款的边际成本定价法下，商业银行可以投资边际收益率大于边际成本率的项目。

3．存款的其他定价方法

成本加利润定价法和边际成本定价法是两种较为准确的定价方法，都是银行管理者基于成本—收益分析来确定存款价格的方法。而在实际经营中，银行管理者还可以根据市场的具体情况和客户的实际需求，运用其他的定价方法进行存款定价。

（1）市场渗透存款定价。市场渗透存款定价是通过提供远高于市场水平的高利率，或向客户收取远低于市场水平的服务费用，从而吸引更多的客户，以达到市场渗透的目的。这种定价方法在短期内不注重利润和成本，通过增加存款量和相关贷款业务来弥补利润率的下降，以达到迅速扩大市场占有率的目的。

（2）根据不同客户制定不同价格。随着银行业存款竞争的加剧，银行为了吸引客户，其在存款定价时所选用的计算方法也较为灵活。银行会根据客户存款的平均余额和客户对存款的使用情况制定不同的价格。也就是说，银行为客户制定了存款平均余额的下限或使用频率的上限，只要客户存款规模或使用频率在规定范围内，就只需要支付很低的手续费甚至是不付费；否则，就要支付较高的费用。

（3）根据客户与银行的关系制定价格。这种定价方法是根据客户对银行的依赖程度和对存款价格变化的敏感程度来确定存款的价格，主要是为了留住客户，提高银行存款和客户群的稳定性。通常情况下，银行会对购买两项服务以上的客户收取较低的服务费用，甚至免费，以此来吸引客户放弃其他银行的服务。

第三节　现代商业银行的其他负债

一、同业拆借

同业拆借是银行之间短期资金的互借。借入资金叫“拆入”，出入资金叫“拆出”。同业拆借利率实行市场化。

银行间同业拆借的主要目的是弥补准备金的不足和保持资金的流动性。商业银行不需要再用大量的超额存款准备金来满足短期融资及存款支付的需要。在现代商业银行制度下，商业银行追求的是利润最大化和风险最小化。在这种情况下，商业银行必须扩大高收益资产的规模，但这样可能造成流动性不足、准备金下降的情况，影响其正常经营从而导致无法及时支付存款。反之，若保持过多的准备金，高收益的资产就会相对减少，利润就会降低。商业银行需要在不影响支付能力的前提下，尽可能地降低准备金水平，以扩大高收益资产的比重，使利润最大化。同业拆借市场可以使准备金盈余的金融机构及时借出资金，获得较高收益；使准备金不足的金融机构及时借入资金，保证支付，有利于商业银行实现其经营目标。

二、再贴现和再贷款

商业银行可以向中央银行借款，借款的形式有两种，再贴现和再贷款。再贴现是指商业银行以自己贴现以后的银行承兑汇票为质押再向中央银行申请贷款。商业银行还可以向中央银行申请贷款，叫作再贷款（区别于商业银行向社会公众的贷款），即以信用获得央行资金。

长期以来，我国商业银行向中央银行的借款主要采取的是再贷款形式。这一方面是由于我国的商业票据信用尚未真正发展起来，更重要的是我国国有商业银行在资金上对中央银行有着很大的依赖性。目前我国中央银行的再贷款有年度性贷款、季节性贷款和日拆性贷款三种，我国中央银行对再贷款的管理实行"合理供给、确定期限、有借有还、周转使用"的原则，以再贷款为主要形式，有利于国家和中央银行强化对宏观金融的计划控制。但是，再贷款并不像再贴现那样建立在经济实际运行的基础之上，再贷款规模也难以避免主观随意性。因此，随着我国票据和贴现市场的发展，商业银行的贴现业务将逐步扩大，逐步以再贴现取代再贷款，这将是市场发展的必然趋势。

三、回购协议

回购协议是指商业银行以其持有的流动性强、安全性高的优质资产（如国债）为抵押物，与其他某个金融机构约定在未来的某一日以协商的价格（本金加利息）购回这些资产的融资活动。

回购协议市场具有以下几个特点。

① 流动性强，协议多以短期为主。

② 安全性高，交易场所为规范性的场内交易，交易双方的权利、责任和义务都有法律保护，并且有安全性较高的质押品。

③ 融入资金免缴存款准备金，这是商业银行扩大筹资规模的重要方式。

虽然回购协议是一种高质量的质押贷款，但仍有一定的信用风险。当所质押的证券价格下跌时，卖方可能到期不购回证券；当所质押的证券价格上涨时，买方可能不愿意将证券回售给卖方。因此，协议双方一般通过以下三种方式降低风险：一是要求质押的证券市值大于借款额，质押证券市值与借款额之间的差额被称为保证金（margin），通常保证金为 1% ~ 3%；二是当质押证券市值上涨或下跌一定百分点时，相应调整回购协议，要求资金需求者调整质押金或资金供应者调整回购协议本金；三是资金供应者把质押证券转到资金需求者的清算银行中由资金供应者监督的账户上，其实质从质押变成了抵押，有效降低了信用风险。

四、国际金融市场融资

在国际金融市场上融资，最典型的是在欧洲货币市场上融资。

所谓欧洲货币，实际上是境外货币，指的是以外币表示的存款账户。由于各国的国际贸易大量以美元计价结算，欧洲美元也就成为欧洲货币市场的主要货币。所谓欧洲美元，就是以美元表示的、存在于美国境外银行的美元存款。当今世界的欧洲货币市场已从欧洲扩展到亚洲、非洲和拉丁美洲，形成了一个全球性的大市场。

欧洲货币市场的资金规模极其庞大。既有期限为一天及一年的短期货币市场即短期资金存放市场，也有期限 1～5 年的中期资金存放市场和期限在 5 年以上的政府公债和公司债券交易市场等。从事国际业务的商业银行的短期借款主要光顾的是短期货币市场。

欧洲货币市场之所以对各国商业银行有很大的吸引力，主要是因为它是一个完全自由开放的富有竞争力的市场。

五、发行中长期债券

发行中长期债券是指商业银行以发行人身份，通过承担债券利息的方式，直接向货币所有者举借债务的融资方式。银行发行中长期债券所承担的利息成本较其他融资方式要高，好处是保证银行资金的稳定。但是较高的融资成本又会促使商业银行去经营风险较高的资产业务，这从总体上增加了银行经营的风险。

对于商业银行发行中长期债券，各国都有自己的法规限制。一般来说，西方国家比较鼓励商业银行发行长期债券，尤其是资本性债券；我国对此有着非常严格的限制，商业银行通过发行中长期债券获得的融资比例较低。

第四节　现代商业银行负债成本管理

一、商业银行负债成本的构成

银行在进行负债成本管理时，经常使用的成本概念主要有利息成本、营业成本、资金成本、可用资金成本及相关成本等。

1. 利息成本

利息成本是指商业银行以货币的形式直接支付给存款者或债券持有人、信贷中介人的报酬。利息成本的计息方式有两种：一是以不变利率计息，二是按可变利率计息。若以固定利率计息，在市场利率下降时，银行负债成本过高，会遭受损失；当市场利率上升时，银行会受益。以可变利率计息的负债可以降低银行负债的利率风险，但会给银行的成本预测和管理带来困难。

2. 营业成本

营业成本是指在吸收负债时除利息之外的一切开支，包括广告宣传费用、银行职员的工资和薪金、设备折旧应计提额、办公费用及其他为存款客户提供服务所需的开支等。

3. 资金成本

资金成本是指包括利息在内的一切开支，即总成本和营业成本之和。它反映银行为取得负债而付出的代价。用资金成本除以吸收的资金数额，可得：

资金成本率=（利息成本+营业成本）/吸收的资金

存款资金的成本率=存款资金成本/存款资金总额

4. 可用资金成本

可用资金是指银行可以实际用于贷款和投资的资金，是银行总的资金来源扣除应缴存的法定存款准备金和必要的储备金后的余额，即扣除库存现金、在中央银行存款、在关联行或往来行的存款及其他现金项目之后的资金。可用资金成本是指相对于可用资金而言的银行资金成本。将资金成本与可用资金数额相除可得可用资金成本率。这个比率既可用于各种存款之间的对比，分析为得到各种可用资金所要付出的代价，也可从总体上分析银行可用资金成本的历史变化情况，并比较本行与其他银行可用资金成本的高低。

为保证流动性和安全性的需要，银行不可能将吸收的所有资金都用于贷款和投资，必须保留一部分作为现金准备。但这部分现金是银行花了代价才得来的，又不能运用生利，只能依靠用于贷款和投资的那部分资金带来的收益作为补偿。换言之，实际用于贷款和投资的那部分资金的成本不仅应包括这部分资金本身的成本，还应包括与之对应的不能用于贷款和投资的部分资金的成本，因为它们是为了支持可用资金而必须保持的准备金。显然，这一成本概念对于银行选择盈利资产具有十分重要的意义。

5. 相关成本

相关成本是指与增加负债有关的而未包括在上述成本之中的成本。主要有两种：一是风险成本，指因负债增加引起银行风险增加而必须付出的代价。例如，存款总额的增长会提高银行的资本风险（因为提高了负债对资本的比率）等。二是连锁反应成本。银行为了争夺更多存款，往往以增加利息和提供服务的方式来吸引顾客，这会使原有客户产生“攀比”心理，他们会要求有同样高的利息和同样多的服务，从而加大银行的成本开支。

二、商业银行负债成本分析

1. 历史加权平均成本分析

这种分析主要用于不同银行各种负债成本的对比分析和同一银行历年负债成本

的变动分析等。专项资金来源的历史平均成本等于利息费用与该项资金来源平均余额的乘积。一般情况下，银行加权平均成本的变化主要取决于四个因素：负债利息率、其他成本率、负债结构和可用资金比率。

2．单一资金的边际成本分析

边际成本是指银行增加一单位资金所支付的成本。银行在确定资产价格时，只有使新增资产的边际收益大于新增负债的边际成本，才能获得适当的利润。每项负债都有不同的边际成本，其成本随着市场利率、管理费用和该负债用于补充现金资产的比例变化而变化。这些独立的成本加在一起就可以得出新增资金的加权边际成本。在决定资产价格时，边际成本是特别有用的。如果已知边际成本，银行可以使资产收益率的目标略高于边际成本，从而保证适当的资产收益率与边际成本之差，以弥补违约风险损失和支付股东应得报酬。边际成本也可反映各种负债的相对成本，以确定新增负债的最低费用目标。当银行资金的边际成本一定时，银行只能选择那些边际收益大于或等于边际成本的资产。

某种资金的边际成本计算公式为：

$$MC_1=（新增利息+新增其他开支）/新增资金$$

如果新增资金中有 X 部分用于补充现在资产，不能算作盈利资产，则新增可用资金的边际成本为：

$$MC_2=（新增利息+新增其他开支）/（新增资金-X）$$

各种成本分析方法适用范围的比较如下：历史加权平均成本分析能够准确评价一个银行的历史经营状况；单一资金的边际成本分析可以帮助银行决定选择哪一种资金来源更合适；加权平均边际成本分析则能够为银行提供赢利资产定价的有用信息。因此，银行资金成本分析过程不应该是单一的，而应该是多种成本分析法的综合。

三、商业银行负债成本的管理

负债成本的管理包含利息支出和非利息交出的管理。另外，要搞好商业银行负债成本的控制，就需要了解存款成本控制相关的多种因素。

1．存款成本控制的特殊性

存款成本控制的特殊性体现在利息支出和非利息支出两个方面。

利息支出的多少与存款规模的大小呈正相关关系，即存款的利率越高，存款的吸引力越大，这是银行扩大存款规模的基本手段。非利息支出的控制在我国银行的存款成本控制中表现更为突出。

2．存款成本与存款总量的相关性

存款成本与存款总量之间的关系可概括为：同向组合模式，即存款总量增加，成本随之上升；逆向组合模式，即存款总量增长，成本下降；总量单向变化模式，即存款总量增加，成本不变；成本单向变化模式，即存款总量不变，成本增加。

由此可见，存款总量与存款成本并非正相关关系，存款成本还与存款结构、单位成本内固定成本与变动成本的比率及利息成本和经营成本占总成本的比重有密切的关系。

银行在经营过程中应努力实现逆向组合模式和总量单向变化模式，在不增加货币投入、不增加开支的情况下尽可能组织更多的存款，走内涵扩大再生产之路，在实践中不能单纯依靠提高存款利率、增设营业网点、增加员工的办法来扩大存款市场，而应在改善存款结构、创新存款品种、提高服务质量和服务效率方面下功夫。

3. 存款结构与成本控制

从存款的期限结构和利率结构来看，存款的期限越长，利率越高，成本也就越高；相反，存款的期限越短，利率越低，成本也就越低。在经营过程中，银行不应片面地认为低息存款好或高息存款好，并由此决定对存款成本的控制，而是需要正确处理好以下四个方面的关系。

① 正确处理低息、中息、高息存款各自占存款总量的比重关系，通过扩大低息和中息存款的吸收，降低利息成本的相对数。

② 正确处理不同存款的利息成本和营业成本的关系，力求不断降低营业成本的支出。

③ 正确处理信贷能力与活期存款之间的关系，活期存款的扩大应以不减弱银行存款的派生能力为条件。

④ 正确处理定期存款与信用创造能力之间的关系，定期存款的增加不以提高自身的比重为目标，而应与银行存款的派生能力相适应。

延伸阅读

银保监会：严禁商业银行七种违规吸收存款行为

2018 年 6 月 8 日，银保监会发布《关于完善商业银行存款偏离度管理有关事项的通知》。通知要求商业银行应进一步规范吸收存款行为，不得采取以下手段违规吸收和虚假增加存款：

（一）违规返利吸存。通过返还现金或有价证券、赠送实物等不正当手段吸收存款。

（二）通过第三方中介吸存。通过个人或机构等第三方资金中介吸收存款。

（三）延迟支付吸存。通过设定不合理的取款用款限制、关闭网上银行、压票退票等方式拖延、拒绝支付存款本金和利息。

（四）以贷转存吸存。强制设定条款或协商约定将贷款资金转为存款；以存款作为审批和发放贷款的前提条件；向“空户”虚假放贷、虚假增存。

（五）以贷开票吸存。将贷款资金作为保证金循环开立银行承兑汇票并贴现，虚增存贷款。

（六）通过理财产品倒存。理财产品期限结构设计不合理，发行和到期时间集中于每月下旬，于月末、季末等关键时点将理财资金转为存款。

（七）通过同业业务倒存。将同业存款纳入一般性存款科目核算；将财务公司等同业存放资金于月末、季末等关键时点临时调作一般对公存款，虚假增加存款。

通知提出，商业银行应完善薪酬管理制度，改进绩效考评体系，加强存款的基础性工作，强化存款日均贡献考评，从根源上约束存款"冲时点"行为。商业银行应继续加强对分支机构的绩效考评管理，合理分解考评任务。商业银行不得设立时点性存款规模考评指标，也不得设定以存款市场份额、排名或同业比较为要求的考评指标，分支机构不得层层加码提高考评标准及相关指标要求。

通知要求商业银行应加强存款稳定性管理，约束月末存款"冲时点"行为。商业银行的月末存款偏离度不得超过4%。

资料来源：http://finance.hebei.com.cn /system/2018/06/09/018865091.shtml.

本章概要

银行负债业务是银行筹集资金来源的业务。存款与借款是除资本金外的最重要的银行资金来源。银行负债从不同的角度可分为多种类型，存款是商业银行最主要的负债。同理，存款成本是商业银行经营成本的主要来源，通常由利息成本、费用成本、资金成本（可用资金成本）、相关成本等构成。主动借款是商业银行补充流动性、实现负债管理的重要手段。

思考练习

1．商业银行的负债类型有哪些？

2．存款的种类有哪些？

3．存款的成本由哪几部分组成？

4．存款的定价有哪些方法？

5．从银行负债种类和结构演变的过程，说明金融创新的动力是什么。

第四章 现代商业银行现金资产管理

本章学习目标

- 掌握商业银行现金资产的内涵与构成；
- 了解商业银行现金头寸的计算与预测；
- 掌握商业银行贷款现金资产的管理。

本章能力目标

- 掌握商业银行现金资产的构成方式；
- 掌握商业银行现金资产管理的主要方法；
- 掌握商业银行现金头寸的测算与调度。

案例引入

挪用库款被开除的案例

案例经过

2017 年，某支行运行督导员和营业室主任进行履职（突击）检查时，发现网点主钱箱柜员保管的现金账实不符，存在重大嫌疑，立即将情况报告主管行长。经进一步清点核实确认短款 20 多万元。次日下班前此柜员将挪用的款项全部退回。调阅监控录像发现，此柜员在短短一个多月的时间内，采取将主钱箱现金装入自己外套及裤兜内的方式，多次将现金带出营业场所。

案例处理

根据《员工违规行为处理规定》，给予其行政开除处分；对履职不到位的管理人员根据《员工违规行为处理规定》，给予营业室值班经理行政记大过处分；给予营业室主任、副主任行政警告处分；给予支行运行管理部经理通报批评；给予支行主管运行的行长告诫谈话、通报批评；给予支行行长、纪委书记告诫谈话、通报批评；给予支行运行督导员通报批评的处理。

案例分析

本案例反映出该行在管理上存在以下几个问题。一是该柜员法治观念淡薄。

此柜员放松了学习和自我提升，在金钱面前不能自持，在家庭经济拮据的情况下，不寻求其他解决途径，而是置职业道德与法规法纪于不顾，将银行库款挪为己用。二是管理人员履职不到位。该行部分管理人员在履职检查过程中玩忽职守，在此柜员长达一个多月并多次挪用主钱箱现金期间，值班经理每天两次对主钱箱的款项核查、营业室主任每周检查、运行督导员及运行管理部经理的履职检查，均未按制度规定对库存现金实物核验大数、清点细数，使检查流于形式，从而留下隐患。对本应容易发现的重大违规事件，却在多位检查人员的眼皮底下溜过。

案例启示

一方面，要强化管理人员的履职效果。各级管理人员应严格按照制度规定履行职责，通过履职，将各项规章制度原原本本、不打折扣地落实到每一个部门、每一个管理人员和每一个员工和岗位；通过情况反馈、检查通报督促各级管理人员、各岗位员工更好地履职。另一方面，要切实加强员工思想教育，以内控文化引导员工树立正确的世界观、人生观和价值观，珍惜工作岗位、珍惜职业生涯、珍惜家族幸福。用案例教育员工筑牢思想防线，增强拒腐防变能力。

资料来源：https://wenku.baidu.com/view/da5eff953b3567ec102d8ad8.html.

思考题：

1. 商业银行现金资产管理的重要意义是什么？
2. 商业银行现金资产的主要类别有哪些？
3. 商业银行现金资产管理的主要方法和手段有哪些？

资产业务是商业银行的资金运用业务，它既是商业银行最主要、最基本的盈利来源，又是其信誉高低的重要标志。本章要讨论的是商业银行最基础的资产业务管理内容，即现金业务的管理与测算。商业银行经营的是货币资金，为应付存款提取及贷款需求，商业银行需要对日常头寸进行有效的测算和管理，以便能够直接满足商业银行日常流动性的需求，因此，它是商业银行最基本的业务内容之一。

第一节 商业银行现金资产的分类与管理

一、商业银行持有现金资产的动因

银行持有的现金，即所谓的现金资产，既包括其业务库存现金，如银行拥有的纸币与铸币；也包括其他各种与现金作用等同、可随时用于支付的银行资产，如保存在其他银行的存款等，后者也被为准现金。银行持有现金资产的主要目的是应付各种日常支付的需要，满足银行的流动性需求。

（一）现金资产对于银行业务及资金运营的重要意义

1．保持清偿能力的需要

在追求盈利的过程中，商业银行必须保有一定数量的、可直接用于应付提现和清偿债务的资产，现金资产正是可以满足这种需要的资产准备。持有一定数量的现金资产，对于商业银行保持经营过程中的债务清偿能力、防范银行风险，尤其是应付风险，具有十分重要的意义。

2．保持流动性的需要

由于银行是信用中介企业，流动性的保持对于商业银行来讲具有特别重要的意义。保持适当的流动性，是商业银行扩大业务、增强实力、提高经营效率的重要手段；是商业银行降低经营风险，维护和提高其信誉的保证。中外银行经营管理的实践证明，注重商业银行的流动性是十分重要的。

（二）在业务运营过程中，银行必须满足下列几方面的现金需要

1．客户提取存款进行日常交易的需要

如果银行不能满是客户提取存款的需要，其信誉会严重受损，严重时会引起“挤兑”，引发银行危机，进而导致银行破产，甚至可能引发更大规模的、全局性的金融危机。

2．金融监管当局的要求

主要是应对各种准备金方面，如法定存款准备金、超额准备金的要求。

3．各种票据的清偿与结算需要

作为社会资金清偿与结算的中心，商业银行必须在中央银行或其他商业银行存有足够的现金，以此来维护其业务的正常运作。

4．银行代理业务的需要

银行需要向代理行支付一定的现金，以获取代理行所提供的服务。

二、商业银行现金资产的基本类型

商业银行的现金资产，也称为现金头寸（money positions），主要包括库存现金、在中央银行存款、存放同业存款和在途资金四个主要项目。

（一）库存现金

库存现金（cash），是指商业银行保存在金库中的现钞（纸币和硬币）。库存现金的主要作用是用来应付银行客户提现及银行其他的日常零星开支。由于库存现金是银行的非营利性资产，并且保存库存现金需要花费各种大量的相关费，因此，如果银行的库存现金太多，可以将其存到在中央银行或其他商业银行的商业账户中，或者将用于其他用途。

（二）在中央银行存款

在中央银行存款（due from the central bank），是指商业银行存放在中央银行的资金，也称为存款准备金。商业银行在中央银行开立的存款账户，是使用与银行支票清算、资金转账等的基本存款账户。商业银行由于同业拆借、回购、向中央银行借款等业务而出现的资金划转及库存现金的增减等，均需要通过这个账户进行。商业银行在中央的存款，由两部分构成：一是法定存款准备金，二是超额准备金。

1．法定存款准备金

其是按照法定比率向中央银行缴存的存款准备金。规定缴存存款准备金的最初目的是使银行备有足够的资金，以应付存款人的提存；避免因为流动性不足而产生流动危机，导致银行破产。目前，存款准备金已经演变为中央银行调节信用规模的一种政策手段与工具，正常情况下一般不得动用。显然，按法定比率缴存的法定存款准备金具有强制性。

2．超额准备金

广义的超额准备金是指商业银行吸收的存款中扣除法定存款准备金以后的余额，即商业银行的可用资金；狭义的超额准备金是指在存款准备金账户中，超过了法定存款准备金的部分存款。这部分存款犹如工商企业在商业银行的活期存款一样，是商业银行在中央银行账户上保有的用于日常支付和债权债务清算资金。

超额准备金是商业银行的可用资金，因此，其数量多少也直接影响着商业银行的信贷扩张能力。在银行准备金总量不变的情况下，超额准备金与法定存款准备金之间存在此消彼长的关系。即当法定准备金率提高时，法定准备金增加，商业银行的超额准备金相应减少，其信用或信贷的扩张能力下降；反之，存款准备金率下降时，商业银行的信贷扩张能力就增强。因此，超额准备金是货币政策的近期中介指标，直接影响社会信用总量。

（三）存放同业存款

存放同业存款，也称为在其他商业银行的存款（due from other commercial banks），是指商业银行存放在代理行和相关银行的存款。在其他银行存款的目的是便于银行在同业之间开展各种代理业务，如结算收付、贷款参与、投资咨询等。此类存款也称为铺底资金。存放同业的存款一般属于活期存款，可以随时支用，因而被视为商业银行的现金资产。

（四）在途资金

在途资金，也称托收未达款或托收中的现金（cash item in process of collection），是指本行通过对方银行向外地付款单位或个人收取的票据款项。在途资金未收妥之前，是一笔他行占用的资金。由于其在途时间较短，收妥后即成为存放同业存款，所以银行一般将其视为现金资产。

三、商业银行现金资产的管理

现金资产对于商业银行的业务经营具有重要的意义，为此，银行需要加强对现金资产的管理，以满足其流动性需求。

（一）现金资产管理的原则

基于业务特点与资产用途，银行在现金资产的管理中，应当坚持总量适度原则、适时调节原则和安全保障原则。

（1）总量适度原则。是指银行现金资产的总量必须保持在一个适度规模上，只有坚持现金资产的适度规模，才能实现银行经营安全性和盈利性的统一，促进银行经营总目标的实现。

（2）适时调节原则。是指银行要根据业务过程中的现金流量变化，及时调节资金头寸，确保现金资产的规模适度。

（3）安全保障原则。商业银行现金资产主要由其在中央银行和同业的存款及库存现金构成。因此，在现金资产，特别是库存现金管理中，银行必须健全安全保卫制度，严格业务操作规程，确保资金的安全无损。

（二）合理计算资金头寸，为有效进行现金资产的管理打下基础

资金头寸是指商业银行能够运用的资金，主要包括时点头寸和时期头寸。时点头寸是指银行在某一时点上的可用资金，而时期头寸是指银行在某一时期的可用资金。另外，依据层次来划分，商业银行的资金头寸又可以分为基础头寸和可用头寸。

（1）基础头寸，是指商业银行的库存现金与在中央银行的超额准备金之和。在基础头寸中，库存现金和超额准备金是可以相互转化的，商业银行从其在中央银行的存款准备金账户中提取现金，就可以增加库存现金，同时减少超额准备金。

（2）可用头寸，是指商业银行可以动用的全部可用资金，包括基础头寸和银行存放同业的存款。法定存款准备金的减少和其他现金资产的增加，表明可用头寸的增加；相反，法定存款准备金的增加和其他现金资产的减少意味着可用头寸的减少。

（三）采取相应措施，对现金资产实施分类管理

1. 对库存现金进行合理的计算与调配

由于库存现金是银行的业务备用金，其管理基本要求遵循现金资产管理的原则。但库存现金与银行的其他现金资产不完全相同。影响库存现金的因素主要包括以下几个方面。

（1）银行所处经济区域的经济发展状况。

（2）银行的现金收支规律。银行的现金收支在时间和数量上有一定的规律性。银

行需要根据历年的现金收支变化情况总结规律，同时结合当年的变化因素综合考虑，预测符合实际的现金需要。

（3）银行营业网点的布局情况。一般来说，面对大量个人客户的银行分支机构比面对企业客户的银行分支机构的库存现金的需要量要大些。

（4）银行后勤保障条件状况及与中央银行发行库之间的关系。一般来说，银行的后勤保障条件越好，就越没有必要存放大量的现金；反之相反。银行与中央银行发行库之间的关系，也会对其库存现金的数量产生影响。

（5）商业银行内部管理的要求。为此，商业银行需要综合考虑各方面的因素，对库存现金进行科学合理的分析与预测，同时应当采用科学的计算方法，如经济批量法等对库存现金的数量进行测算，以在保证库存现金使用的基础上，满足银行对于资金“三性”的需要。

2. 满足法定存款准备金的要求

商业银行需要按照法定比例向中央银行上缴存款准备金，并且根据存款的变化状况，适时调整存款准备金的额度。

由于存款类型的不同，关于法定存款准备金，在西方国家有以下两种主要的计算方法。

（1）同步准备金计算法，也称同步准备金记账法（Contemporaneous Reserve Accounting，CRA）。主要适用于对商业银行的交易性账户，即对所有为了向第三者付款，账户持有人可以通过可转让工具、付款指令、电话及事先授权提取的账户存款计算准备金。交易行账户主要包括银行活期存款、可转让支付命令账户等。由于交易性存款的存款余额变化幅度较大，商业银行应该根据本期存款余额的实际状况，计算需要上缴的准备金数额。因此，同步准备金计算法的基本原则是：以本期的存款余额为基础计算本期的准备金需求量。

同步准备金计算法的基本做法是：以两周为一个准备金计算周期，如从本周的星期二（假设为2月5日）到13天后的星期一（根据前面假设，即2月18日），计算在这14天内银行交易性存款账户的日平均余额。此时，准备金的保持期（也称准备金维持期从本计算周期开始的第三天算起（应为星期四，即2月7日），到计算期结束后的第二天（应为星期三，即2月20日）为止。在这14天的计算周期内，应上缴的存款准备金的平均余额，以准备金计算周期内的存款平均余额为基础来计算。

（2）滞后准备金计算法，即根据前期存款负债的余额确定本期准备金需要量的计算方法。由于非交易性存款账户如银行的定期存款等，余额的变动幅度较小，因此这种方法主要适用于银行对非交易性账户存款计算存款准备金。

按照这种方法，一般地，银行应根据两周前的非交易性存款负债余额，来确定目前应当持有的存款准备金数量。此时，银行可以以两周前的7天作为基期，以基期的实际平均存款余额作为基础，计算准备金持有期间应持有的准备金平均数。

在计算了交易性存款款账户的准备金及非交易性存款账户的准备金以后，将两部分相加，就可以得出银行的法定存款准备金总额。

3. 正确计算存放同业存款的数额

存放同业存款是商业银行为了便于在同业之间开展各种代理业务等，而将其存款存放于代理行和相关银行的业务活动。

商业银行将存款存放于其他银行的存款账户中，主要目的是开展银行间的各种代理银行业务（correspondent banking）。所谓银行间的代理银行业务，是指银行间出售和购买金融服务的业务。向其他商业银行提供金融服务的银行为代理行或上游代理行，购买其他商业银行金融服务的代理行为被代理行或下游代理行。多数银行既是代理行，又是被代理行，具备双重身份。作为代理行，商业银行接受其他银行的存放同业款；作为被代理行，商业银行需要将资金以活期存款形式存入在其他银行开立的存款账户中。商业银行在同业的存款余额需要量，主要取决于以下几个因素。

（1）使用代理行服务的数量与项目。商业银行使用的代理行服务与业务数量越多，服务与业务类型就越复杂，则需要付出的费用越大，同业存款的数量就越大；反之，若商业银行使用的代理行服务与业务数量越少，服务与业务类型相对简单，则同业存款的数量就可以越少。

（2）代理行的收费标准。代理行的收费标准是决定代理行存款数量的主要因素。显然，代理行服务项目的收费标准越高，则银行在代理行需要存入的款项就越多；反之越少。

（3）可投资余额的收益状况。如果同业存款的投资收益越高，同业存款的数量就越少；如果同业存款的投资收益越低，同业存款的数量就需要越多。

随着金融服务行业市场竞争越来越激烈，商业银行既可以根据银行间的代理业务收费标准，与代理行进行讨价还价，同时可以根据具体情况及自身需要，选择合适的代理行与适当的代理项目。在具体的同业存款管理中，银行应详细进行成本与效益的分析和比较，以达到将同业存款数量控制在最小范围内的目标。

（四）合理调度资金头寸

商业银行的头寸调度，是指银行在正确预测资金头寸变化趋势的基础上，及时灵活地调节头寸余缺，以保证在资金短缺时能以最低的成本和最快的速度调入所需的资金头寸；反之，在资金头寸富余时，能及时调出头寸，并且保证调出资金的收入能高于筹资成本，从而获取较高的收益。

1. 资金头寸调度的原因

商业银行经营管理的前提是头寸调度，其原因在于以下几个方面。

① 头寸调度是商业银行扩大业务、增强实力的基本手段；

② 头寸调度是维护和提高商业银行信誉的保证；

③ 头寸调度是避免和减少经营风险的重要手段；

④ 头寸调度是商业银行提高经营效益的重要途径。

2．资金头寸调度的渠道

头寸调度包括调进和调出两方面，无论是哪一方面，都需要有相应的渠道。商业银行头寸调度的主要渠道有以下几个方面。

① 同业拆借；

② 短期证券回购及商业票据交易；

③ 总行与分支行之间的资金调度；

④ 通过中央银行融通资金；

⑤ 出售中长期证券；

⑥ 出售贷款和固定资产。

第二节　商业银行现金资产流动性预测的方法

现金资产流动性预测的常用方法主要包括因素法、资金结构法及流动性指标法。

1．因素法

影响商业银行现金资产流动性变化的主要因素是存贷款业务的变化。由于未来流动性需求取决于未来资金来源和资金需求的相互影响，银行对未来流动性的预测也应从这两方面加以考虑，即根据计划期间贷款额度和存款额的变化，预测未来一定时期内现金资产的流动性。银行流动性供给与存款成正比，与贷款成反比。通常来说，影响存贷比变化的客观因素包括宏观经济金融状况及货币政策导向；主观因素包括微观个体的行为特征及个人偏好等因素。通过对各种因素变动趋势的数量分析，结合已有数据，决策者可以依照个人经验及对流动性的主观偏好，预测未来一段时期内存款、贷款和应缴准备金的变化情况。一定时期内银行需要的资金头寸量可表示为：

资金头寸需要量=预计贷款增量+应缴存款准备金增量−预计存款增量

2．资金结构法

资金结构法是通过分析存贷款资金结构及其变化趋势来预测未来的流动性需求的方法。资金结构法是根据商业银行资金来源稳定性的高低，对应提取不同比例的流动性准备金，同时结合实际银企关系，推测新增合理贷款金额，以上两部分结合起来就是一定时期内商业银行的总流动性需求。

商业银行存款及其他各项资金来源主要分为以下三种。

第一，游动负债，也称游资负债，这种负债受利率影响极大。

第二，易变负债，近一段时期内有可能被取走的存款。

第三，稳定性资金，也称核心负债，在近一段时期内被取走的概率极低。

根据上述三类负债的稳定性程度，相应提取不同比例的流动性准备金。例如，对游资负债提取90%的流动性准备金；对易变负债持有40%的流动性准备金，对稳定性资金保持10%以下的流动性准备金。此时，负债流动性准备金公式为：

负债流动性准备金=90%×（游资负债–法定准备金）+40%×（易变负债–法定准备金）+10%×（稳定性资金–法定准备金）

3. 流动性指标法

流动性指标可以很好地反映商业银行的流动性状况，银行可以通过对比分析自身的流动性指标与同行业的平均水平来估算其流动性需求。这些指标主要包括以下几个：

a. 现金指标：（现金+同业存款）/总资产；

b. 无风险资产比率：（现金+同业存款+政府证券）/总资产；

c. 同业拆借净值率：（同业拆出–同业拆入）/总资产；

d. 流动证券比率：政府证券/总资产；

e. 流动资产比率：（现金+政府证券+同业拆借净值）/总资产；

f. 能力比率：贷款和租赁净额/总资产；

g. 游动性货币率：货币市场资产/货币市场负债；

h. 短期投资比率：（短期同业存款+同业拆出+短期证券）/总资产；

i. 短期投资与敏感性负债率：短期投资/敏感性负债；

j. 核心存款比率：核心存款/总资产；

k. 存款结构比率：活期存款/定期存款；

l. 交易性存款率：交易性存款/非交易性存款。

需要注意的是，只有选取相同环境下的同类银行的平均值，流动性指标法得出的结论才更有效。同时，只有注意所有流动性指标的变化，才能更加全面地了解银行的流动性状况，从而更好地制定银行的流动性管理政策。

案例分析

1. 超额准备金的测算

某商业银行的存款总额为4 000万元，其在中央银行的存款为380万元，库存现金为90万元。若法定存款准备金率为6%，则其超额准备金是多少?

解析：

380+90–4 000×6%=230（万元）

2. 某商业银行当日头寸的匡算

（1）已知某商业银行法定准备金存款为100万元，超额准备金存款为200万元，自留准备金占超额准备金的2%，则其超额准备金可用量为多少万元?

解析：

200−200×2%=196（万元）

（2）设某商业银行的初始头寸为 440 万元，该行经匡算当日有关资料为：现金收入超过现金支出 25 万元；联行应付大于应收的汇差为 50 万元；同城票据清算应收资金 1.5 万元；到期的由金融机构净拆（借）入差额为 40 万元。

解析：

当日可用头寸=440+25−50+15−40=390（万元）

延伸阅读

邯郸农行金库 5 000 余万元被盗案两主犯被执行死刑

中国农业银行邯郸分行金库被盗案主犯任晓峰、马向景于 31 日下午被河北省邯郸市中级人民法院执行死刑。据介绍，任晓峰、马向景在担任中国农业银行邯郸分行现金管理中心金库管库员期间，于 2007 年 3 月中旬至 4 月中旬，利用看管金库的职务便利，多次从金库盗取现金共计人民币 5 095.605 万元。二人将其中的 4 535 万元用于购买彩票，余款用于购买车辆等物品供个人使用。案发后，检察机关追缴赃款和用赃款购买的物品共计折合人民币超过 500 万元。任晓峰还伙同时任金库管库员的赵学楠、张强（均已被判刑），于 2006 年 10 月中旬两次盗取金库现金共计人民币 20 万元，用于购买彩票。

资料来源：新华网，2007.3.

本章概要

本章从现金资产的内涵入手，主要介绍了商业银行现金资产管理对于银行的重要性，及其头寸测算的方法、现金资产管理的原则与方法等问题。商业银行的现金资产是商业银行的基础资产，包括库存现金、在中央银行存款、存放同业存款、在途资金等。现金资产的管理要遵循总量适度、适时调节和安全保障的原则。

思考练习

1．试说明商业银行为什么要持有现金资产。
2．简述商业银行法定存款准备金的功能。
3．商业银行的现金资产包括哪几种主要类型？
4．商业银行现金资产管理的原则是什么？
5．商业银行应如何进行现金资产的管理？

第五章 现代商业银行信贷资产管理

本章学习目标

- 掌握商业银行贷款及程序；
- 了解我国商业银行的贷款政策；
- 掌握商业银行贷款的定价；
- 了解商业银行贷款的信用分析；
- 了解不良贷款及处理。

本章能力目标

- 掌握贷款的种类及划分、贷款的程序；
- 掌握贷款政策的主要内容；
- 掌握商业银行贷款的定价及主要方法；
- 掌握商业银行贷款信用分析；
- 掌握问题不良贷款的处理方法。

案例引入

××集团有限公司信贷案例分析

××集团有限公司（以下简称××集团公司）成立于2005年1月，注册资本为3 000万元，法人代表汤××。该公司主营信息咨询服务、房屋租赁、酒店管理、贸易等业务，公司下属和控股甲、乙、丙、丁四个公司。2017年8月8日，质押担保人甲公司由于违规经营被证监会查处。2018年6月19日××证券正式收购接管甲公司财务，其控股人××集团公司抽逃注册资本、挪用客户保证金、违规经营等违规事件随之暴露。截至此时，该集团在银行的负债为中行800万元、交行1 800万元（资产抵押）、信用社1 980万元，另有负债500万元，公司已严重资不抵债。经办行贷款本金人民币800万元，利息215 940元，形成可疑类不良贷款，已经处置划转。

2017年2月22日，××集团公司以虚构资产、伪造财务报表与供销合同向××

分行申请贷款800万元，用于城陵粮库和北京东郊粮库之间50 000吨米的购销贸易。××分行在权限内将其信用等级核定为A。负责贷前调查的信贷员章××、科长吴××在贷前调查中偏听企业情况汇报，既未对资产的真实性予以核查，也未就合同的可靠性进行核实，以至于供销合同载明的账号明显是虚构的、合同章私刻痕迹明显，经营现金流一直呈流出状态等，贷前调查均未察觉，反而在报告中提出"公司现金流量充足、盈利性强、偿债能力强、授信风险小、发展前景广阔"等，从而影响了各授信审批环节的决策。

该项目在2017年3月3日第一次上会评审，由于该公司主营业务不突出，银行贷款过多，担保人担保能力不足等原因被否决。此后，信贷科长吴××（2017年5月辞职）先后找多个评委和行领导做工作，并就评委提出的问题逐一进行解释。在公司经营情况未发生任何好转也未请示问责审批人的情况下，擅自于2017年3月7日进行第二次评审，以一票否决其他全部赞成的结果通过评审，并报问责审批人核准。批贷条件为落实××集团公司在甲公司的80%股权质押和平江××繁殖有限公司连带担保。公司部门在仅落实50%股权质押且未办妥登记手续的情况下即向该公司发放了800万元贷款。2017年5月16日又向××分行提出将担保单位变更为湖南××电力建设有限公司，××分行批准更换担保，但再次要求足额落实80%的股权质押，并办妥登记手续，公司业务部门仍未按批复要求办理。

在贷款发放后，信贷员章××未按要求监控资金用途，公司于贷款发放当日即以银行汇票的形式向广西柳州××置业公司汇款620万元，2017年3月19日和3月26日向××集团公司下属的B公司支付160万元。800万元贷款中只有20万元于3月20日向省粮油工业公司购货，其他资金去向不明，贷后资金监控形同虚设。

2017年8月8日，××集团公司由于违规经营被证监会查处，××分行在调查中才发现该公司资产虚构、贸易背景不实、贷款挪作他用、担保人能力不足、股权质押未办妥足额有效登记等问题，最终造成贷款全部形成可疑类不良。2017年上半年，××分行对该司的不良贷款以可疑类方式划转处置。

资料来源：https://www.taodocs.com/p-5825747.html.

思考题：

1. 该案例中××分行对××集团公司发放的贷款，最终只能以可疑类不良贷款方式划转处置的原因是什么？

2. 银行信贷资产管理应注意哪些问题？

第一节 现代商业银行信贷资产管理概述

一、信贷资产的基本概念

1. 信贷资产的含义

信贷，即信用与借贷的合称。“信”是指货币持有者授予信用给货币需求者。“贷”是指货币持有者将约定数额的资金按约定的利率暂时借出。信贷就是债权人有偿让渡资金使用权、债务人按期偿还本金并支付一定利息的信用活动。

信贷资产又称为信贷业务，是指银行所发放的各种贷款所形成的资产业务。贷款是按一定利率和确定的期限贷出货币资金的信用活动，是商业银行资产业务中最重要的项目，在资产业务中所占比重最大，在我国商业银行该比例为80%左右。这类资产风险较大，资产收益较高。

2. 信贷资产的构成要素

信贷资产的构成主要包括以下几方面的要素。

（1）借款用途。首先借款用途必须合法，符合国家、地方和所属行业、部门有关法律、法规和政策的规定。其次是合理，能够实现切实的经济效益、社会效益和满足借款人需求。借款人在获得贷款后必须按约定的用途使用信贷资金，挤占、挪用资金的行为将受到贷款人的经济制裁。

（2）还款来源。借款人必须具有可靠的还款来源。在放贷之前必须明确还款来源是项目本身创造的效益还是其他来源，以及还款来源是否可靠等问题。

（3）贷款币种。借款是贷本币还是外币？或贷外币加配套人民币？根据《贷款通则》的规定，未经中国人民银行批准，不得对自然人发放外币币种的贷款。

（4）贷款金额。即实际贷款的额度。贷款金额必须满足贷款人的业务规则，必须在贷款人的承贷能力之内，必须与借款用途保持一致。

（5）贷款期限。贷款期限经贷款人同意后可以适当延长，进行贷款展期，但原则上只有一次。贷款期限根据借款人的生产经营周期、还款能力和贷款人的资金供给能力由借贷双方共同商议后确定，并在借款合同中载明。自营贷款期限最长一般不得超过10年，超过10年应当报中国人民银行备案。票据贴现的贴现期限最长不得超过6个月，贴现期限为从贴现之日起到票据到期日止。不能按期归还贷款的，借款人应当在贷款到期日之前，向贷款人申请贷款展期，是否展期由贷款人决定。申请保证贷款、抵押贷款、质押贷款展期的，还应当由保证人、抵押人、出质人出具同意的书面证明。已有约定的，按照约定执行。短期贷款展期期限累计不得超过原贷款期限；中期贷款展期期限累计不得超过原贷款期限的一半；长期贷款展期期限累计不得超过3年。国家另有规定者除外。借款人未申请展期或申请展期未得到批准的，其贷款从到期日次日起，转入逾期贷款账户。

（6）贷款利率。贷款人应当按照中国人民银行规定的贷款利率的上下限，确定每笔贷款利率，并在借款合同中载明。贷款人和借款人应当按借款合同和中国人民银行有关计息规定按期计收或交付利息。贷款的展期期限加上原期限达到新的利率期限档次时，从展期之日起，贷款利息按新的期限档次利率计收。逾期贷款按规定计收罚息。

根据国家政策，为了促进某些产业和地区经济的发展，有关部门可以对贷款补贴利息。对有关部门贴息的贷款，承办银行应当自主审查发放，并根据法律有关规定严格管理。除国务院决定外，任何单位和个人无权决定停息、减息、缓息和免息。贷款人应当依据国务院决定，按照职责权限范围具体办理停息、减息、缓息和免息。

（7）担保方式。借款人向贷款人提供的担保方式是抵押、质押或保证。

（8）发放方式。分一次发放、多次发放和循环发放。

（9）还款方式。分利随本清、定期还息到期还本和分次还本付息，其中分次还本付息又分为等额还款法、递减还款法和等比递增还款法等多种形式。

（10）还款手段。可以用现金、支票，也可以委托扣款。委托扣款指借款人在贷款行开立活期储蓄账户，并委托贷款行按月从该账户扣款的形式。

（11）违约责任。在借款人不能按合同约定归还贷款本息时，贷款人有权终止发放贷款，提前收回已发放的贷款本息。借款人无力清偿债务的，贷款人有权处分抵押、质押物或要求保证人履行担保义务。处分抵押、质押物的费用需要借款人承担；抵押物的价款清偿贷款人的本息罚金及其他费用后有剩余的，归抵押人所有；处分抵押物不足以清偿贷款人债务的单位借款人（和保证人）以其全部财产承担有限责任；个人借款人（和保证人）则须承担无限责任。

3．信贷资产的基本特征

（1）增值性。有偿让渡和还本付息。资金需求者为了预期目的而希望取得资金使用权；资金所有者为了获得收益而有偿让渡资金使用权；银行以资金按期收回使用权为前提，以获取利息收益为目的。银行一方面对所有债务（存款、借款）必须支付利息，另一方面对所有债权（贷款）必须收回本息，而贷款利息就是贷款资金增值性的体现。

（2）偿还性。偿还责任和收债权利。商业银行是信用中介，把存款授信和贷款授信集于一身。偿还责任（偿还存款、偿还借款）和收债权利（收回贷款本金、利息）必须对称集中于银行。银行的贷款自主权必须受保护，不允许外部干预。

（3）风险性。承担风险和分散风险。存款者把钱存到了银行，银行就要承担保证存款者“存取自由”的风险；同时把资金贷给别人，就要承担收回本金利息的风险。银行作为存款者和借款人之间的信用中介，承担着双重风险，必须分散配置资金和严格风险控制，以最大限度地降低风险。

4．信贷资产的来源与运用

银行组织的各项存款形成商业银行的主要负债，是商业银行信贷资金的主要来源；银行发放的各类贷款形成商业银行的主要资产，是商业银行负债资金的主要运用。

（1）信贷资金的来源。

① 各类存款：以被动性存款为主；

② 资本金：所有者权益中的主要部分，用于贷款的仅是其中一部分；

③ 发行银行债券：向社会募集资金；

④ 证券回购：以国债变现；

⑤ 向央行借款：向央行的再贷款、再贴现；

⑥ 同业拆入：同业拆借中的拆入款；

⑦ 同业存放：同业往来中的同业存入款；

⑧ 代理性存款：代理财政性存款、委托存款与委托投资基金、代理金融机构委托贷款基金（专项贷款基金）。

（2）信贷资金的运用。

① 专项贷款：银行资产的主要部分；

② 现金资产：保持资金流动性、低盈利的资产；

③ 证券投资：投资债券、股票等；

④ 同业拆出：同业拆借中的拆出款；

⑤ 存放同业：同业往来中存放于他行的款项；

⑥ 其他资产：固定资产、无形资产、递延资产等。

（3）信贷资金运用的特殊性。

① 特殊的信用主体：银行吸收存款时是债务人，发放贷款时是债权人，银行集债权债务于一身，既承担偿还债务的义务，又享有发放债权的权利。一般的信用往往有两个主体，并且债权人和债务人是分离的。

② 特殊的资金来源：商业银行是典型的负债经营型企业，信贷资金的 90%以上都是借来的资金，银行用借来的钱放债，用收回的钱偿债。对存款人本息支取的保证又取决于借款人的还本付息。

③ 特殊的信用创造：贷款资金在转账支付机制作用下可以转化为派生性存款，从而成为新的信贷资金来源。

④ 特殊的交易工具：银行的信用工具是虚拟性、法定性、公共性相统一的转移支付工具，各类账户、票据、支付凭证具有代替现金流通的功能。

二、信贷资产的种类

1．按保障程度（风险程度）划分

按保障程度（风险程度）不同，贷款可分为信用贷款、担保贷款和抵押（贴现）

贷款。信用贷款是指银行完全凭借客户信用，无须提供担保品而发放的贷款；担保贷款是银行凭借客户担保人的双重信誉而发放的贷款；抵押贷款（包括贴现）要求客户提供具有一定价值的商品物质或有价证券作为抵押发放的贷款。这种划分标准有利于银行加强贷款安全性管理。银行在选择发放贷款方式时，应视贷款对象、贷款风险程度来确定。

2．按信贷资产的期限划分

商业银行的贷款按期限可分为活期贷款、定期贷款和透支三类。

活期贷款也称通知贷款，是指没有确立贷款期，银行可随时通知收回或借款人可以随时偿还的贷款。对银行来讲，活期贷款流动性好，银行可视银根松紧随意发放或收回，是银行营运资金的良好途径。

定期贷款是指有固定偿还期限的贷款，即在贷款合同规定的期限到来之前，只要贷款人没有违反贷款合同的行为，商业银行不得要求其偿还贷款。定期贷款是商业银行贷款的主要形式，活期贷款仅在银行贷款总额中占很小的一部分。

透支是银行的一种放款形式，银行允许其往来存款户在约定的限额范围，超过其存款金额开发支票并予以兑付。存款户有抵押品的，称“抵押透支”；无抵押品的，称“信用透支”。对于透支部分的金额，银行按透支日期及贷款利息率计收利息。

在我国《贷款通则》中，按照贷款期限的长短，贷款可分为短期、中期和长期贷款。1 年以内为短期贷款，主要针对季节性客户临时的资金需求；1~5 年为中期贷款，这类贷款不具有自动清偿的性质，一般是项目借款；5~10 年为长期贷款，主要用于大型工程、固定资产投资和重大设备改造等，消费贷款中的住房抵押贷款通常是长期贷款。以贷款时间来划分贷款，有利于银行掌握资产的流动性，便于银行短、中、长期贷款保持适当比例。

3．按贷款的规模划分

根据贷款的规模不同，贷款可分为批发贷款和零售贷款两类。

批发贷款是指对工商企业借款人、金融机构等发放的数额较大的贷款，借款人的借款目的是经营获利。批发贷款可以采用抵押贷款也可以是信用贷款，贷款期限也可以是短期的、中期的或长期的。批发贷款主要包括工商业贷款、对金融机构贷款、不动产贷款（消费者不动产贷款除外）、经纪人或交易商证券交易贷款和农场贷款（农业生产贷款）等。

零售贷款是指商业银行以个人为对象发放的贷款。主要包括对消费者个人发放的、用于购买耐用消费品或支付各种费用的消费贷款；向个人（不包括经纪人和证券交易商在内）发放购买或储存证券贷款；为消费者个人提供的用于购买住宅等不动产的不动产贷款。零售贷款一般采用抵押贷款方式。

4．按贷款的质量划分

根据贷款的质量不同，贷款分为正常贷款、关注贷款、次级贷款、可疑贷款和损失贷款五类。

（1）正常贷款。正常贷款的借款人能够履行合同，有充分把握按时足额偿还贷款本息。正常贷款的特征是借款人能正常还本付息，银行对借款人最终偿还贷款已有充分把握，各方面情况正常，不存在任何影响贷款本息偿还的消极因素，没有任何理由怀疑贷款会遭受损失。

（2）关注贷款。关注贷款指尽管借款人目前有能力偿还贷款本息，但存在一些可能对贷款偿还产生不利影响的因素。关注贷款的特征是借款人偿还贷款本息没有问题，但是存在潜在的缺陷，继续存在下去将会影响贷款的偿还。其具体特征包括：

① 宏观经济、市场、行业外部环境的变化对借款人的经营产生不利影响，并且可能影响借款人的偿债能力，如借款人所处的行业呈下降趋势；

② 借款人改制（如分立、租赁、承包和合资等）对银行债务可能产生不利影响；

③ 借款人的主要股东、关联借款人或母子公司发生了重大不利变化；

④ 借款人的一些关键财务指标，如流动性比率、资产负债率、销售利润率和存款周转率低于行业平均水平或较大幅度下降；

⑤ 借款人未能按规定使用贷款；

⑥ 固定资产的项目出现重大的、不利于贷款偿还的调整，如机械项目工期延长或概算调整幅度较大；

⑦ 借款人还款意愿差，不与银行积极合作；

⑧ 贷款抵押品、质押品价值下降，或者依法对抵押品失去控制；

⑨ 贷款保证人的财务状况出现疑问；

⑩ 银行对贷款缺乏有效监督；

⑪ 银行信贷档案不齐全，重要文件遗失，并且对于贷款构成实质性的影响；

⑫ 违反贷款审批程序，如超越授权发放贷款。

这类贷款的损失概率一般不会超过5%，逾期90天以内的贷款至少划分为关注类贷款。

（3）次级贷款。次级贷款指借款人的还款能力出现明显问题，完全依靠其正常营业收入无法足额偿还贷款本息，即使执行担保，也可能造成一定损失。次级贷款的特征是借款人缺陷已经很明显，正常经营收入不足以保证还款，需要通过出售、变卖资产和对外融资，乃至执行担保来偿还。次级贷款具体的特征包括：

① 借款人支付出现困难，并且难以获得新的资金；

② 借款人不能偿还对其他债权人的债务；

③ 借款人内部管理问题未能解决，妨碍债务及时足额清偿；

④ 借款人采用隐瞒事实等不正常手段获取的贷款；

⑤ 借款人经营亏损，净现金流量为负值；

⑥ 借款人不得不寻求拍卖抵押品、履行担保等还款来源。

（4）可疑贷款。可疑贷款指借款人无法足额偿还贷款本息，即使执行担保，也肯定会造成较大损失。可疑贷款的特征是贷款已经肯定会发生一定损失，只是因为存在借款人重组、兼并、合并、抵押物处理和未决诉讼等待定因素，损失金额还不能确定。可疑类贷款具体特征包括：

① 借款人处于停产、半停产状态；

② 贷款项目，如基建项目处于停缓状态；

③ 借款人已资不抵债；

④ 借款人借改制之机，逃避银行债务；

⑤ 贷款经过了重组，仍然逾期或仍然不能正常归还贷款本息，还款状况未明显改善。

这类贷款损失的概率为 40%~60%，逾期 180 天以上的贷款至少划分为可疑类贷款。

（5）损失贷款。损失贷款指在采取了所有可能的措施或一切必要的法律程序之后，本息仍然无法收回，或者只能收回极少部分。损失贷款的特征是贷款要大部分或部分发生损失。具体表现为：

① 借款人和担保人依法宣告破产，经法定清偿后仍不能还清的贷款；

② 借款人死亡，或依照《民法通则》的规定，宣告失踪或死亡，以其财产或遗产清偿后，未能还清的贷款；

③ 借款人遭受重大自然灾害或意外事故，损失巨大且不能获得补偿、确实无力偿还的部分或全部贷款；

④ 经国务院专案批准核销的逾期的贷款；

⑤ 贷款借款人虽未破产，工商行政管理部门也未吊销其执照，但借款人企业早已关停或名存实亡；

⑥ 由于计划经济体制等历史原因造成的，债务人主体已经消亡，悬空的银行贷款。

这类贷款的损失率基本上是 95%~100%，如果贷款逾期天数在 720 天以上，一般要划为损失类贷款。

这种分类有利于加强银行贷款质量管理，找出产生贷款风险的原因，以及相应的措施和对策。

5．按贷款的利率划分

按贷款的利率划分，贷款可分为浮动利率贷款和固定利率贷款。

浮动利率贷款是利率在贷款期内根据事先约定的时间间隔，以某种选定的市场利率作为基础利率，然后在基础利率上加上银行确定的某个百分点计算，利率随选定的基础利率的变动而浮动的贷款。作为基础利率的可以是中央银行再贴现利率、国库券利率、市场同业拆借利率、次级可转让定期存单利率或其他金融市场利率。

固定利率贷款是指在贷款期限内，不论银行利率如何变动，借款人都将按照合同签订的固定利率支付利息，不会因为利率变化而改变还款数额。

6. 按贷款的自主权划分

根据贷款人对贷款的自主权划分，商业银行贷款可分为自营贷款和委托贷款两类。

自营贷款是指商业银行以合法方式筹集的资金自主发放的贷款，其风险由商业银行自己承担，并由商业银行收取本金和利息。委托贷款是指由政府部门、企事业单位及个人等委托人提供资金，由商业银行（受托人）根据委托人确定的贷款对象、用途、金额、期限、利率等代为发放、监督使用并协助收回的贷款。

这种分类方法有利于分清贷款的管理权限，明确责任，实行不同的管理方法，有利于促进商业银行的商业化运作。

此外，按照贷款偿还的方式，贷款可分为一次性偿还贷款和分期偿还贷款；按照贷款的对象不同，可分为个人贷款和企业贷款。

三、贷款的对象——借款人和贷款条件

借款人，是指从经营贷款业务的金融机构取得贷款的法人、其他经济组织、个体工商户和自然人。贷款的发放和使用应当符合国家的法律、行政法规和中国人民银行发布的行政规章，应当遵循效益性、安全性和流动性的原则。借款人应当是经工商行政管理机关（或主管机关）核准登记的企（事）业法人、其他经济组织、个体工商户或具有中华人民共和国国籍的具有完全民事行为能力的自然人。

借款人申请贷款，应当具备产品有市场、生产经营有效益、不挤占挪用信贷资金、恪守信用等基本条件，并且符合以下要求：

① 有按期还本付息的能力，原应付贷款利息和到期贷款已清偿，没有清偿的，已经做了贷款人认可的偿还计划；

② 除自然人和不需要经工商部门核准登记的事业法人外，应当经过工商部门办理年检手续；

③ 已开立基本账户或一般存款账户；

④ 除国务院规定外，有限责任公司和股份有限公司对外股本权益性投资累计额未超过其净资产总额的50%；

⑤ 借款人的资产负债率符合贷款人的要求；

⑥ 申请中期、长期贷款的，新建项目的借款人法人所有者权益与项目所需总投资的比例不低于国家规定的投资项目的资本金比例。

同时，商业银行对借款人的借贷行为有严格的限制，主要有：不得在一个贷款人同一辖区内的两个或两个以上同级分支机构取得贷款；不得向贷款人提供虚假的或隐

瞒重要事实的资产负债表、损益表等；不得用贷款从事股本权益性投资，国家另有规定的除外；不得用贷款在有价证券、期货等方面从事投机经营；除依法取得经营房地产资格的借款人以外，不得用贷款经营房地产业务，依法取得经营房地产资格的借款人不得用贷款从事房地产投机；不得套取贷款用于借贷牟取非法收入；违反国家外汇管理规定使用外币贷款；采取欺诈手段骗取贷款。

四、贷款的流程

贷款流程是银行贷款的操作规程和实施顺序，以银行客户信息与银行业内部资源信息为加工对象，共同为客户创造价值，相互关联的按照一定顺序组合的一系列信贷业务活动。一般情况下，商业银行的贷款操作规程包括以下几个方面。

1. 贷款申请

贷款申请是借款人根据自身资金需求向银行提出贷款请求，提供必要的材料，银行根据借款人的申请、相关资料及掌握的信息对借款人的申请做出判断，并且决定是否接受贷款申请的过程。贷款申请是贷款全流程管理的首要环节，是拓展客户开拓市场、提高客户满意度和忠诚度的重要途径。

（1）客户申请。可以是客户主动到银行申请贷款，也可以是银行主动向客户营销；借款人申请贷款必须填写贷款申请书。

（2）与客户面谈。面谈主要了解客户的基本情况，以决定是否可以受理贷款业务、是否要投入更多的时间和精力进行后续工作。

（3）借款人主体资格审查。企业法人必须依法办理工商登记取得营业执照和有效年检手续；事业法人依照事业单位登记管理条例的规定办理登记备案；个人应该为具有完全民事行为能力的自然人。

（4）内部受理审核。在完成面谈和主体资格审查之后，业务人员按银行内部规定及时、准确、全面地向上级报告了解到的情况以决定是否受理贷款请求。

（5）受理意见反馈。如果客户的贷款申请可以考虑，业务人员应当向客户收集进一步的信息资料准备后续的工作；如不受理，应向客户耐心解释。

（6）申请资料准备与初步审查。

2. 贷款调查

银行在接到借款人的贷款申请后由分管客户关系管理的信贷人员采取现场调查和非现场调查方式调查借款人的信息。一是借款人及其关系人的情况，如公司治理、领导人素质、行业地位、专业能力、企业资质信用状况、财务状况经营情况等，评估项目效益和还本付息能力；二是项目本身的情况，如项目的规模技术水平、市场竞争力、政策和规定、环境影响、产品市场容量、潜在市场竞争力等；三是贷款担保情况，包括担保的合法性、抵（质）押物变现能力。信贷人员根据调查内容写出书面报告，提出结论和意见。

贷款调查的程序主要包括：制订调查计划、确定调查内容提要；与客户沟通；约谈公司客户的相关管理人员；实地查看经营场所设施和项目调查借款人的经营管理情况、财务状况；收集与核实其他资料；测算借款人的资金需求量；撰写调查报告。

3. 贷款风险评估确定信用评级

贷款风险评估属于贷款决策过程，是贷款全流程管理的关键环节之一。信贷人员将贷款调查结论和初步贷款意见提交审批部门，由审批部门对调查报告及贷款资料进行全面风险评估、设置定量或定向指标，并对借款人的情况、还款来源、担保情况等进行审查，全面评估风险因素，在此基础上，确定信用评级、实行统一授信、实行风险限额管理。

4. 贷款审批

对经过审查评估符合贷款条件的借款，申请银行应当遵循审贷分离、分级审批的制度，对贷款投向、金额期限、利率等进行最终决策。贷款审批依据国家的有关信贷政策，从银行的安全与利益出发，审查贷款的可行性分析，申报材料的主要风险点及风险规避措施，根据该笔贷款业务给银行带来的效益和风险来决定是否批准贷款。

5. 签订贷款合同

借款申请经审查批准后，必须依据《合同法》，银行与借款人签订借款合同。合同中除约定常规内容及权利义务之外，还要求借款人对提交材料信息真实有效性、借款用途真实性、贷款支付方式等进行承诺。对于保证贷款，保证人须向银行出具“不可撤销担保书”，由银行保管人签订“保证合同”；对于抵押贷款和质押贷款，银行与借款人签订抵押合同和质押合同；须办理公证和登记的应依法办理公证和登记手续。

6. 贷款发放与贷款支付

（1）贷款发放实行贷放分控。将贷款审批和发放作为两个环节，设立独立于贷款营销部门和审批部门的放款执行部门或岗位，明确职责和业务流程，建立放贷部门的考核和问责机制。充分发挥放款部门和人员对借款人按约定用途使用贷款的约束作用，防止贷款挪用带来的风险。

（2）贷款支付推行实贷实付。银行根据贷款项目进度和对资金的有效需求，在借款人需要支付贷款资金时，贷款银行将贷款资金主要以委托支付的方式支付给借款人的交易对象。

7. 贷后管理

贷后管理作为贷款管理的最后阶段，是从贷款发放到收回的期间银行对贷款进行动态管理的过程。贷后管理是贷款活动中的重要环节，是保障贷款安全收回的一种必要手段。

（1）贷款检查。贷款发放以后，银行要对借款人执行借款合同的情况进行定期和不定期的检查，检查的主要内容包括借款人和项目发起人的履约情况、借款人的现金流情况、固定资产贷款项目的建设和营运情况、借款人资产负债结构变化情况、借款人还款能力、还款资金来源的落实情况、宏观经济变化和市场波动情况、贷款担保变动情况等。

（2）贷款质量与风险预警。根据贷款质量分类管理要求和分类标准，定期对贷款进行五级分类并适时调整，同时银行要建立风险预警机制，设定科学的检测预警信号和指标。对违反国家有关法律法规政策制度和借款合同规定使用贷款的，检查人员应及时启动应急预案；对问题突出、性质严重的要及时上报，主管领导甚至上级银行采取紧急措施，以尽量减少贷款的风险和损失。

（3）贷款本息收回。短期贷款到期前一周、中长期贷款到期前一个月，银行贷款人员应向借款人发送还本付息通知单，提醒借款人备足资金，按时偿还贷款。贷款到期，借款人应主动及时归还贷款本息。一般可由借款人开出结算凭证归还本息，银行也可以直接从借款人账户中扣收贷款本息。如果借款人因故不能偿还贷款，可以向银行提出贷款展期申请，银行同意展期的，应办理展期手续，确定合理的展期期限，并做好展期贷款的后续管理。

（4）不良贷款管理。对于不能按时偿还的贷款，银行可通过债权维护、贷款重组、清收、盘活和保全方式处理。对已经形成银行损失的贷款，可依据法律法规，按规定程序予以冲销。

（5）贷款评价报告。贷款过程结束以后，要对贷款进行评价，以总结经验、吸取教训。

最后，在完善贷款档案管理阶段，要做到分段管理、专人负责、按时交接。

第二节　现代商业银行贷款政策

在开展贷款业务之前，商业银行必须确定自己的贷款政策。商业银行贷款政策指商业银行为实现其经营目标而制定的指导贷款业务的各项方针和措施的总称，也是商业银行为贯彻安全性、流动性、盈利性三项原则的具体方针与措施。制定贷款政策有利于指导贷款管理人员遵守各项法规，维持适当的授信标准，确保贷款质量，防范和控制贷款风险。

一、商业银行制定贷款政策的目的

商业银行制定贷款政策的目的，首先是保证其业务经营活动的协调一致。贷款政策是指导每一项贷款决策的总原则。理想的贷款政策可以支持银行做出正确的贷款决策，对银行的经营做出贡献。其次是保证银行贷款的质量。正确的信贷政策能够使银行的信贷管理保持理想的水平，避免风险过大，并且能够恰当地选择业务机会。此外，贷款政策是一种在全行建立的信用诺言。通过明确的政策建立的信用诺言是银行共同的信用文化发展的基础。贷款政策的科学性、合理性及实施状况，必然会影响到商业银行的经营绩效。

二、制定贷款政策应考虑的因素

商业银行制定贷款政策考虑的因素主要体现在以下几方面。

（1）有关法律、法规和国家的财政、货币政策。如果某一时期的货币政策和财政政策是紧缩的，那么高利率就会抑制商业银行的信贷规模，这时通过增加贷款投放，以争取更多利益的做法显然难以实施。这种情况下，合理选择贷款的对象对商业银行来说就显得特别重要。

（2）银行的资本充足性及负债结构。商业银行必须根据自身资本的状况考虑贷款的总量和结构，以满足金融监管机构对资本充足性的要求，或者满足《巴塞尔协议》的要求。例如，在《巴塞尔协议》中，对商业银行的不同资产业务设置了不同的风险权数，因此对于贷款业务种类的选择将直接影响到银行风险资产的总量和资本的充足性，所以贷款政策应对银行资本状况有所反应。

商业银行的负债结构及负债的稳定性也是制约贷款政策的一个重要因素。存款是商业银行贷款业务的基础，尤其是在资产负债联合管理的条件下，存款状况更是决定银行贷款的根本因素。一般来说，商业银行的定期存款越多、时期越长，它就越能安全地发放中长期贷款，从而获取更多利息收益。

（3）商业银行的风险态度和业务习惯与特点。如果商业银行管理人员主观上较重视收益而愿意承担较大的风险，那么在确定放款政策时他们往往会采取比较激进的策略，即为利率较高的中长期贷款制定较高的限额，而相对压低短期贷款在总贷款额中的比重。侧重于自己所熟悉的、能够发挥人员特长的贷款领域无疑有益于降低贷款风险和贷款成本，即使要拓展新贷款业务也应循序渐进，逐步地增加新业务的比重。

（4）服务地区的经济条件和经济周期。在经济萧条、市场不景气的时候，银行大量发放中长期贷款，往往要承担较大的风险。在经济结构的调整期间，银行对贷款资金的流向特别要注意与国家的产业政策相协调。银行还应注意不同行业及不同贷款种类的盈利水平及其在产业结构调整和市场变动中的变化趋势。在贷款政策文件中，应根据经济发展的不同阶段及产业结构的变动状况，对贷款的结构、投向等及时调整，以确保信贷资金的安全性、流动性和盈利性。

（5）地区经济环境。商业银行所处地区的经济环境是制定贷款政策的重要依据。例如，某一地区的农业比较发达，那么农业贷款就理应成为该地区商业银行的重点业务方向。

在对以上因素进行研究与分析之后，商业银行董事会下属的贷款委员会、银行最高管理人员、贷款部门的负责人、财务部门的代表等就可以一起研究决定下一时期商业银行的贷款政策了。

三、贷款政策的主要内容

1. 贷款业务发展战略

银行贷款政策首先应当明确银行的发展战略，包括开展业务应当遵循的原则、银行希望开展业务的行业和区域、希望开展的业务品种和希望达到的业务规模和开展速度。在银行的贷款政策文件中都开宗明义地指出，贷款业务的发展必须符合银行稳健经营的原则，并对银行贷款业务开展的指导思想、发展领域等进行战略性的规划。贷款业务发展战略，首先应明确银行开展贷款业务须遵循的基本方针。在明确了银行贷款应遵循的经营方针的基础上，还必须根据需要和可能，确定银行贷款发展的范围（包括行业、地域和业务品种）、速度和规模。

2. 贷款工作规程及权限划分

为了保证贷款业务操作过程的规范化，贷款政策必须明确规定贷款业务的工作规程。贷款工作规程是指贷款业务操作的规范。贷款审批的分级授权是商业银行信贷管理的一个重要方面。授权的安排由董事会提出统一原则，由商业银行的最高管理层负责具体操作并将贷款审批分级授权的安排报董事会批准。

贷款审批的授权是根据信贷部门的层次、每一层次信贷部门信贷人员的职务、工作能力、工作经验和工作业绩及所负责的具体贷款业务的特点，决定每个信贷部门层次和每位信贷人员的贷款审批品种和贷款审批权限。

商业银行的贷款审批通常由三个层次组成。最高层次是商业银行董事会的贷款审批权。董事会一般对金额特别大、期限特别长的贷款和一些特别的贷款进行审批；第二层为银行信贷委员会的贷款审批权，信贷委员会一般对金额大和期限长的贷款进行审批；第三层为一般信贷人员的贷款审批权，一般信贷人员通常对大量的日常贷款进行独立或集体审批。

贷款程序通常包含三个阶段。

第一阶段是贷前的推销、调查及信用分析阶段，这是贷款科学决策的基础。

第二阶段是银行接受贷款申请以后的评估、审查及贷款发放阶段，这是贷款的决策和具体发放阶段，是整个贷款过程的关键。

第三阶段是贷款发放以后的监督检查、风险监测及贷款本息收回的阶段。这一阶段也是关系到贷款能否及时、足值收回的重要环节。

3. 贷款的期限结构和品种结构

商业银行贷款的期限结构是指短期贷款、中长期贷款和长期贷款在商业银行贷款总额中的比重。商业银行贷款期限结构的确定，主要受资金来源的期限构成及借款人的生产周期两个因素影响。贷款的品种结构是指各类贷款在商业银行贷款总额中的比重，贷款的品种结构主要取决于商业银行的市场定位。

4. 贷款的种类及地区

贷款的种类及其构成，形成了银行的贷款结构。而贷款结构对商业银行信贷资产的安全性、流动性、盈利性具有十分重要的影响。因此，银行贷款政策必须对本行贷款种类及其结构做出明确的规定。

贷款的地区是指银行控制贷款业务的地域范围。银行贷款的地区与银行的规模有关。大银行因其分支机构众多，在贷款政策中，一般不对贷款地区做出限制；中小银行往往将其贷款业务限制在银行所在城市和地区，或者该银行的传统服务地区。

5. 关系人贷款政策

银行关系人是指商业银行的董事、监事、高级管理人员、信贷人员及其近亲属，以及上述人员投资或担任高级管理职务的公司、借款人或其他经济组织。《商业银行法》中明确规定“商业银行不得向关系人发放信用贷款；向关系人发放担保贷款的条件不得优于其他借款人同类贷款的条件”。商业银行应在金融监管当局关系人贷款管理规定的基础上，制定具体的关系人贷款政策，防止银行关系人以权谋私，损害银行利益。

6. 信贷集中风险管理政策

信贷集中风险是指商业银行的贷款过分集中于一个或一组关系密切、风险特点相同的借款人，给商业银行带来的额外风险。商业银行的信贷集中风险主要表现为：贷款集中于一个借款人或一组相互关联的借款人；贷款的抵押品单一；贷款集中于某一行业。《商业银行法》中规定“商业银行对同一借款人的贷款余额与商业银行资本余额的比例不得超过 10%”。商业银行应当在监管当局有关防范信贷集中风险规定的基础上，制定本行具体的风险管理政策。

7. 贷款定价政策

银行贷款的价格一般包括贷款利率、贷款补偿性余额（回存余额）和对某些贷款收取的费用，因此，贷款定价已不仅是一个确定贷款利率的过程。

在贷款定价过程中，银行必须考虑资金成本、贷款风险程度、贷款的期限、贷款管理费用、存款余额、还款方式、银行与借款人之间的关系、资产收益率目标等多种因素。

商业银行贷款定价政策主要由贷款定价方法和贷款定价策略两部分构成。商业银行在长期的经营实践中，形成了多种多样的贷款定价方法，主要有成本相加定价法、价格领导模型定价法及客户盈利性分析定价法等。商业银行贷款的定价策略主要有高定价策略、渗透性定价策略、竞争性定价策略、亏损性定价策略及差别定价策略等。商业银行制定贷款定价政策的目的是将贷款定价的方法与策略结合起来，以指导一定时期内商业银行对各类贷款的定价工作。

8. 贷款的担保政策

《商业银行法》中规定“经商业银行审查、评估、确认借款人资信良好，确定能偿还贷款的可以不提供担保”。商业银行为防范信贷风险，在办理信贷业务时，通常要求借款人提供相应的担保。贷款政策中应根据有关法律确定贷款的担保政策。贷款担保政策一般应包括以下内容。

（1）明确担保的方式，如《担保法》规定的担保方式有：保证人担保、抵押担保、质押担保、留置及定金。

（2）规定抵押品的鉴定、评估方法和程序。

（3）确定贷款与抵押品的价值的比率、贷款与质押品的比率。

（4）确定担保人的资格和还款能力的评估方法与程序，等等。

9. 贷款的审批程序和审批政策

贷款审批程序是指商业银行从接到借款人的贷款申请书到决定是否贷款之间的整个过程。贷款的审批政策与贷款的分级授权相联系，指当基层信贷员接到信贷请求时，应遵循的贷款的审批程序、审批标准等方面的政策。

10. 贷款的分类政策

贷款的分类方法有很多种，不同国家、不同商业银行对贷款的分类方法也不完全相同。目前在贷款管理中，比较流行的分类方法是按照贷款的风险程度对贷款进行分类。我国 2001 年公布的《商业银行贷款风险分类指导原则》中明确说明了商业银行贷款风险分类的具体方法，即将商业银行的贷款具体分为正常、关注、次级、可疑和损失五类。

11. 贷款的日常管理和催收政策

在贷款发放出去之后，贷款的日常管理对保证贷款的质量尤为重要，故应在贷款政策中加以规定。同时，银行应制定有效的贷款回收催收制度。

高效的贷款日常管理和贷款到期前的积极催收工作是保证贷款安全的基本前提。在贷款发放以后，信贷人员应与借款人保持密切的联系，了解借款人的业务经营情况和财务状况，定期进行信贷分析，及时发现影响贷款偿还的潜在不利因素，采取措施以最大限度地保证贷款本息的及时收回。对于即将到期的贷款，商业银行应制定有效的贷款催收政策，保证贷款本息的安全性。

12. 不良贷款的管理政策

对不良贷款的管理是商业银行贷款政策的重要组成部分。贷款发放以后，如果在贷后检查中发现不良贷款的预警信号，或在贷款质量评估中被列入关注级以下贷款，都应当引起充分的重视。

商业银行在经营过程中力争保证所发放贷款的及时收回，但由于受各种因素的影响，总有一定比例的贷款逾期无法安全收回。因此，不良贷款也是商业银行贷款的必然组成部分。商业银行不良贷款管理政策是商业银行贷款管理政策的一个重要组成部分。商业银行的不良贷款管理政策主要由不良贷款的认定政策、不良贷款形成原因分析及不良贷款的处理措施等构成。严格按照《商业银行法》及《商业银行不良资产监测和考核暂行办法》的规定，制定相应的管理政策对不良资产进行管理。

13．贷款呆账准备金的提取和损失类贷款的核销政策

在稳健性原则的指导下，商业银行在经营过程中，应计提一定比例的贷款呆账准备金，以防在核销已发生的贷款呆账时，影响到商业银行经营结果的真实性。商业银行应制定严格的损失类贷款核销标准、核销程序及核销的审批制度，以保证商业银行及利益相关者的利益不受损失。

14．贷款规模控制政策

商业银行贷款规模是受其资金来源情况限制的。如果贷款规模过大，超过其资金来源，虽然盈利性会相应提高，但风险也会相应增大。因此，商业银行应根据资金来源情况制定贷款的规模控制政策。评判银行贷款规模是否适度和结构是否合理，可以用一些指标来衡量，主要有以下几个方面。

（1）贷款/存款比率。这一指标反映银行资金运用于贷款的比重及贷款能力的大小。我国《商业银行法》规定银行的这一比率不得超过75%。

（2）贷款/资本比率。该比率反映银行资本的盈利能力和银行对贷款损失的承受能力。我国中央银行根据《巴塞尔协议》规定的国际标准，确定商业银行资本总额与加权风险资产之比不得低于8%，核心资本与加权风险资产之比不得低于4%。

（3）单个借款人贷款比率。该比率是指银行给最大一家客户或最大十家客户的贷款占银行资本金的比率，它反映了银行贷款的集中程度和风险状况。我国中央银行规定，商业银行对最大客户的贷款余额不得超过银行资本金的15%；最大十家客户的贷款余额不得超过银行资本金的50%。

（4）中长期贷款比率。这是银行发放的一年期以上的中长期贷款余额与一年期以上的各项存款余额的比率。它反映了银行贷款总体的流动性情况，这一比率越高，流动性越差；反之，流动性越强。根据目前我国中央银行的规定，这一比率必须低于120%。

15．贷款档案管理政策

贷款档案是银行贷款管理过程的详细记录，体现银行经营管理水平和信贷人员的素质，可反映贷款的质量，在一些情况下，甚至可以决定贷款的质量。一套完整的贷款档案管理制度通常应包括以下内容。

（1）贷款档案的结构及其应包括的文件。

（2）贷款档案的保管责任人。

（3）明确贷款档案的保管地点，对法律文件要单独保管，应保存在防火、防水、

防损的地方。

（4）明确贷款档案存档、借阅和检查制度。

第三节 商业银行贷款的定价

贷款的定价主要是指确定贷款的利率、补偿余额，以及对某些贷款收取手续费。贷款如何合理定价是银行长期以来颇感困扰的问题。定价过高，会驱使客户从事高风险的经济活动以应付过于沉重的债务负担，或是抑制客户的借款需求，使之转向其他银行或通过公开市场直接筹资；定价过低，银行无法实现盈利目标，甚至不能补偿银行付出的成本和承担的风险。随着许多国家金融管制的放松，贷款市场的竞争日趋激烈，对贷款进行科学定价较以往更为重要。

一、贷款价格的构成

商业银行贷款的价格，除了向欠款人按照预先商定的利率收取利息以外，商业银行还往往要求借款人支付如承诺费、贷款发起费等手续费用；或者可以通过合同条款，对借款人的行为进行约束，间接地增加了贷款价格，即要求借款人承担隐性价格。

（1）贷款利息。贷款利息是商业银行贷款价格的主要方面，也是贷款定价的主要对象。贷款利息是由贷款金额与贷款利率决定的，而且商业银行除了要考察贷款利率的高低，还要确定利率是固定的还是浮动的。现代商业银行浮动利率贷款的比重已经大大增加，尤其在中长期贷款和国际贷款中更是大量采用浮动利率。

（2）手续费。手续费是商业银行提供贷款时在贷款利息之外向借款人收取的费用，尤其在大型的贷款项目中，这些费用的金额更大。一般来说，商业银行向借款人征收的手续费用包括贷款发放费、贷款服务费、贷款回收费、承担费或称承诺费、罚金，等等。

（3）隐性贷款价格。隐性贷款价格是指商业银行为了保障贷款的安全性和提高贷款的收益，往往对借款人的行为做出某种限制性规定，这种限制性规定间接地增加了借款人的贷款成本与商业银行的贷款收益，因而也是贷款价格的一部分，其中最常见的是贷款回存。因为贷款回存使得借款人可用的贷款金额降低，贷款的实际利率上升，又使商业银行的资金来源增加，可以利用回存额再行放贷。此外，贷款的隐性价格还包括商业银行对借款人在贷款期间经营活动的某些约束，如要求借款人将其与银行有关的业务都移到该行办理等。

因此，在进行贷款定价时，不应仅注意贷款的利息，还要将手续费与隐性贷款价格综合起来考虑，才能把握贷款的真实价格。

二、贷款定价原则

1. 利润最大化原则

商业银行是经营货币信用业务的特殊借款人。作为借款人，实现利润最大化始终是其追求的主要目标。信贷业务是商业银行主要的传统业务，存贷利差是商业银行利润的主要来源。因此，银行在进行贷款定价时，首先必须确保贷款收益足以弥补资金成本和各项费用，在此基础上，尽可能实现利润的最大化。

2. 扩大市场份额原则

在金融业竞争日益激烈的情况下，商业银行要求生存、求发展，就必须在信贷市场上不断扩大其市场份额。同时，商业银行追求利润最大化的目标，也必须建立在市场份额不断扩大的基础上。影响一家银行市场份额的因素非常复杂，但贷款价格始终是影响市场份额的一个重要因素。如果一家银行贷款价格过高，就会使一部分客户难以承受，从而最终失去这部分客户，缩小银行的市场份额。因此，银行在进行贷款定价时，必须充分考虑同业、同类贷款的价格水平，不能盲目实行高价政策，除非银行在某些方面有着特别的优势。

3. 保证贷款安全原则

银行贷款业务是一项风险性业务，保证贷款的安全是银行贷款经营管理过程的核心内容。除了在贷款审查发放等环节要严格把关，合理的贷款定价也是保证贷款安全的重要方面。贷款定价最基本的要求是使贷款收益能够足以弥补贷款的各项成本。贷款成本除了资金成本和各项管理费用，还包括因贷款风险而带来的各项风险费用，如为弥补风险损失而计提的呆账准备金、为管理不良贷款和追偿风险贷款而花费的各项费用等。可见，贷款的风险越大，贷款成本就越高，贷款价格也应越高。因此，银行在进行公司贷款定价时，必须遵循风险与收益对称的原则，以确保贷款的安全性。

4. 维护银行形象原则

作为经营信用业务的借款人，良好的社会形象是商业银行生存与发展的重要基础。商业银行要树立良好的社会形象，就必须守法、诚信、稳健经营，要通过自己的业务活动维护社会的整体利益，不能唯利是图。在贷款定价中，要求银行严格遵循国家有关法律、法规和货币政策、利率政策的要求，不能利用贷款价格搞恶性竞争，破坏金融秩序的稳定，损害社会整体利益。

三、影响贷款定价的因素

在宏观经济运行中，影响贷款利率一般水平的主要因素是信贷市场的资金供求状况。从微观层面上考察，在贷款业务的实际操作中，银行作为贷款供给方所应考虑的因素是多方面的。

第一，银行提供信贷产品的资金成本与经营成本。资金成本有历史平均成本和边

际成本 两个不同的统计口径，后者更宜作为贷款的定价基础。而经营成本是银行因贷前调查、分析、评估和贷后跟踪监测等所耗费直接或间接费用。

第二，贷款的风险含量。信贷风险是客观存在的，只是程度不同，银行需要在预测贷款风险的基础上为其承担的违约风险索取补偿。

第三，贷款的期限。不同期限的贷款适用的利率档次不同。贷款期限越长，流动性越差且利率走势、借款人财务状况等不确定因素越多，贷款价格中应该反映相对较高的期限风险溢价。

第四，银行的目标盈利水平。在保证贷款安全和市场竞争力的前提下，银行会力求使贷款收益率达到或高于目标收益率。

第五，金融市场竞争态势。银行应比较同业的贷款价格水平，将其作为本行贷款定价的参考。

第六，银行与客户的整体关系。贷款通常是银行维系客户关系的支撑点，故银行贷款定价还应该全面考虑客户与银行之间的业务合作关系。最后，银行有时会要求借款人保持一定的存款余额，即存款补偿余额，以此作为发放贷款的附加条件。存款补偿余额实际上是一种隐性贷款价格，故而与贷款利率之间是此消彼长的关系。银行在综合考虑多种因素的基础上，开发出了若干种贷款定价方法，每种方法体现着不同的定价策略。

四、贷款定价的基本方法

1. 成本加成定价法

成本加成定价法是指在借入资金的成本和其他经营成本、风险成本的基础上加一个加成（银行的预期利润）来确定贷款利率的方法，即应用商业银行贷款的成本来确定贷款价格的方法。任何商业性贷款均应包括四个部分：银行筹集可贷资金的成本；银行的非资金性经营成本（包括贷款人员的工资以及发放和管理贷款时使用的设备、工具等成本）；对银行由于贷款可能发生的违约风险做出的必要补偿；为银行股东提供一定的资本收益率所必需的每一贷款项目的预期利润水平。成本加成定价法的公式如下：

贷款利率=筹集资金的边际成本+银行的其他经营成本+预计违约风险的补偿费用+银行预期的利润水平（资产净利率）

例如，假设有一钢铁制造公司要求银行给予500万美元的银行贷款，如果银行为了筹款必须在货币市场上以10%的利率卖出大额可转让存单，筹集资金的边际成本就是10%。银行分析、发放及监管这项贷款的非资金性经营成本大约为500万美元的2%，银行信贷部门建议为了补偿贷款不能及时全额偿付的风险再加上500万美元的2%。最后，银行要求在该项贷款的财务、经营和风险成本之上再加上1%的利润水平。

这家银行就以 15%（10%+2%+2%+1%）的利率水平来发放这笔贷款。

成本加成定价法假设银行能够精确地计算其成本，并且将其分摊到各项业务中去，而且这种定价方法以银行为核心，未考虑竞争因素。事实上，满足这些条件的可能性较小，于是价格领导模型定价法便产生了。

2. 价格领导模型定价法

价格领导模型定价法也称基准利率定价法，是以若干大银行统一的优惠利率（基准利率）为基础，考虑违约风险补偿和期限风险补偿所制定的利率。商业银行在对各类贷款定价时，以各种基准利率为标准，根据借款人的资信、借款金额、期限、担保等方面的条件，在基准利率上确定加息率或某一乘数来对贷款进行定价。基准利率可以是国库券利率、大额可转让存单利率、银行同业拆借利率、商业票据利率等货币市场利率，也可以是优惠贷款利率，即银行对优质客户发放短期流动资金贷款的最低利率。

由于国库券、大额可转让存单、银行同业拆借等金融工具或借贷合约的共同特征是违约风险低，所以它们的利率往往被称为无风险利率，是金融市场常用的定价参照系，故也被称为基准利率。对于所选定的客户，银行往往允许其选择相应期限的基准利率作为定价的基础，附加的贷款风险溢价水平因客户的风险等级不同而有所差异。

根据价格领导模型定价法的基本原理，银行对特定客户发放贷款的利率公式一般为：

贷款利率=基准利率+借款人的违约风险溢价+长期贷款的期限风险溢价

公式中后两部分是在基准利率基础上的加价。违约风险溢价指是对非基准利率借款人收取的费用，期限风险溢价则是对长期贷款的借款人所收取的费用。违约风险溢价的设定可使用多种风险调整方法，通常根据贷款的风险等级确定风险溢价。不过对于高风险客户，银行并非采取加收较高风险溢价的简单做法，因为这样做只会使贷款的违约风险上升。因此，面对较高风险的客户，银行大多遵从信贷配给原则，对此类贷款申请予以回绝，以规避风险。如果贷款期限较长，银行还须加上期限风险溢价。

例如，假如一家大公司欲借数百万美元的贷款，期限为 3 个月，那么它从国内银行或国外银行借入的这笔贷款的利率报价可能是这样的：

以伦敦银行同业拆借利率为基准的贷款利率=伦敦银行同业拆借利率+违约风险溢价+利润=5.91%+0.125%+0.125%=6.16%

延伸阅读

基准利率的选择

在 20 世纪 70 年代以前，西方银行业在运用基准利率定价法时普遍以大银行的优惠利率作为贷款定价基准。进入 70 年代，由于银行业日趋国际化，优惠利率作为商业贷款基准利率的主导地位受到伦敦银行同业拆借利率的挑战，许多银行开始使用 LIBOR 作为基准利率。LIBOR 为各国银行提供了一个共同的价格标准，并为客户对各银行的贷款利率进行比较提供了基准。20 世纪 80 年代后，出现了低于基准利率的贷款定价模式。短期商业票据市场迅速崛起，加上外国银行以接近筹资成本的利率放贷，迫使许多银行以低于优惠利率的折扣利率（通常是相当低的货币市场利率加一个很小的价差）对大客户发放贷款。不过，对中小型客户贷款仍然以优惠利率或其他基准利率（如 LIBOR）为定价基础。

资料来源：中华文本库.

3. 成本—收益定价法

在成本—收益定价法下，需要考虑的因素有三个：贷款产生的总收入；借款人实际使用的资金额；贷款产生的收入与借款人实际使用的资金额之间的比率（银行贷款的税前收益率）。

例如，假设一个客户要求 500 万美元的信用额度，贷款合同规定的利率为 20%，客户一年期内实际使用 400 万美元。按规定，客户对其未使用的信用额度要支付 1% 的承诺费，同时，银行要求客户必须存入相当于实际贷款额 20%和未使用额度 5%的存款数（补偿余额）。假定中央银行要求的存款准备金率为 10%。根据这些条件，我们可得到：

估算的贷款总收入=400（贷款的使用部分）×0.20+100×1%（贷款的未使用部分）=81（万美元）

借款人实际使用的资金额=400–（400×0.20+100×5%）=315（万美元）

银行贷款估算的税前收益率=81/（315+85×10%）=25%

由此，银行的管理层必须判定该笔贷款 25%的税前收益率是否足够补偿银行的筹资成本、贷款风险及除去各种费用（包括税收）后的银行预期利润率。

4. 客户盈利性分析定价法

成本—收益定价法实际上是客户盈利性分析定价法的一个简化形式。客户盈利性分析定价法首先假设银行在对每笔贷款申请定价时考虑银行与客户的整体关系。具体来说，客户盈利性分析定价法注重银行从与客户的整体关系中获得收益率，其收益率的计算公式如下：

银行从整个客户关系中获得的净税前收益率=（对某一客户提供贷款和其他服务的收入–对该客户提供贷款和其他服务的费用）/可用于超出该客户存款的净贷放资金

客户付给银行的收入包括贷款利息、承诺费、现金管理服务费用和数据处理费用等。

银行为客户服务所引起的费用包括银行雇员的工资和报酬、信用调查费用、存款利息、账户调整和处理费用（包括支付的支票、贷款和存款记录保持和收集费用、保险箱服务等）、筹集可贷放款资金成本。

可贷资金净额是客户使用的信用额度减去该客户存入该银行所有存款的平均数（经过法定准备金调整）的资金额。

实际上，客户盈利性分析定价法就是银行对每位客户所使用的超过其向该行所供资金的那部分银行资金的定价。如果从客户的所有关系中得到的净收益为正，那么这项贷款就有可能被批准，因为银行在所有费用支出之后仍有盈余；如果算出的净收益为负数，则银行可能否决该笔贷款申请，或者可能提高贷款利率，或者提高该客户所要求的其他服务收费价格以便能在盈利的基础上继续与该客户维持往来。

第四节　信用分析与贷款项目评估

一、信用分析的意义和方法

信用分析是对债务人的道德品格、资本实力、还款能力、担保及环境条件等进行系统分析，以确定是否给予贷款及相应的贷款条件。信用评估分析是商业银行针对贷款风险而对贷款借款人（项目）的信用度进行评估分析，以防止、控制贷款风险为目的，而对贷款风险度进行量化管理的一种预防性的事前控制方法。

商业银行的资产主要是对借款人发放的各种贷款，贷款风险构成了商业银行经营风险的主体，商业银行对贷款风险的管理显得尤为重要。信用评估分析是商业银行贷款风险管理的重要方法。它是为了避免和减少贷款风险而采取的一种预防性的事前控制的重要措施。商业银行为了减少贷款损失、降低贷款风险、提高信贷资金使用效益，必须对贷款对象进行认真的分类、筛选，确保贷款投向、投量的准确。在贷款发放出去后，借款人的经营管理如何、资金周转是否正常，直接关系到贷款能否正常归还。商业银行进行信用评估分析，按统一标准对贷款对象进行客观分类，对不同信用级别的借款人采取不同的贷款方针，从而增强贷款管理的科学性，降低贷款风险程度，提高贷款经营效益。

二、信用分析的信息来源

银行对借款人信息分析的资料来源，最初是从借款人申请贷款所提供的资料开始的。这些资料包括可以度量的数字资料和用于定性分析的情况资料。数字资料主要源于借款客户定期报送的计划、统计、会计等各种报表；情况资料一般源于信贷管理人员的日常工作积累收集，包括国家的政策制度、法律法规、借款人的有关情况、与借款人有关的其他资料。这些资料从不同的途径、通过运用不同的方法获得。

1. 进行直接调查

一是查阅银行的贷款记录与信用档案。通过对有借款历史的借款人的信用档案的分析，可以了解借款人企业的性质、业务概况、管理层情况、过去的借款情况、履约情况、整个银行的放款情况。二是信贷管理人员直接会见借款人，与借款企业的负责人、财务负责人和经办人员了解有关情况。三是实地查看账簿、报表、实物。借款人向银行提交财务报表，包括资产负债表、利润表、现金流量表。对于借款人提供的这些报表，商业银行要根据国家颁布的会计准则与财务准则和制度，审查财务报表是否经过了审计。如果经过审计，银行应当审查会计师事务所的意见；如果没有经过审计，商业银行就要注意财务数据的真实性与准确性。四是了解借款人的经营利润情况。在市场上的竞争能力与市场份额，了解借款目的与还款来源、借款人的诚信状况。

2．进行间接调查

从侧面了解企业的信用情况，主要通过了解与调查借款人的关系人提供的有关信息资料，这些关系人包括借款人的其他信用往来银行、信用评估机构、借款人的客户、相关行业、证券交易机构、政府机构等。

三、借款人信用的一般分析

贷款是否能按期收回，取决于借款人的还款意愿和还款能力，信用评估应该从这两方面着手。信用一般评估分析指标有不同的体系，如 5C 分析，分析借款人品格（Character）、经营能力（Capacity）、资本（Capital）、担保（Collateral）和经济环境（Condition）；5W 分析，即借款人（Who）、借款用途（Why）、还款期限（When）、担保物（What）、如何还款（How）；5P 因素，即个人因素（Personal）、目的因素（Purpose）、偿还因素（Payment）、保障因素（Protection）、前景因素（Prospective）。这里我们重点介绍 5C 分析的内容。

商业银行 5C 贷款分析法中的 5C 包括以下五个方面。

（1）借款人品格（Character）。要求借款人必须诚实可信、善于经营。通常要根据过去的记录结合现状调查来分析，包括经营者的年龄、文化、技术结构、遵纪守法情况，开拓进取及领导能力，有无获得荣誉奖励或纪律处分，团结协作精神及组织管理能力。

（2）经营能力（Capacity）。要分析借款人的经营能力及获利情况，管理制度是否健全，管理手段是否先进，产品生产销售是否正常，在市场上有无竞争力，经营规模和经营实力是否逐年增长，财务状况是否稳健。

（3）资本（Capital）。借款人资本往往是衡量借款人财力和贷款金额大小的决定因素，借款人资本雄厚，说明借款人具有强大的物质基础和抗风险能力。因此，信用分析必须调查了解借款人资本规模和负债比率，反映借款人资产或资本对于负债的保障程度。

（4）担保（Collateral）。资产可以用作贷款担保和抵押品，有时申请贷款也可由其他借款人担保。有了担保抵押，信贷资产就有了安全保障。信用分析必须分析担保抵押手续是否齐备，抵押品的估值和出售有无问题，担保人的信誉是否可靠。

（5）经济环境（Condition）。经济环境对借款人发展前途具有一定影响，也是影响借款人信用的一项重要的外部因素。信用分析必须对借款人的经济环境，包括借款人发展前景、行业发展趋势、市场需求变化等进行分析，预测其对借款人经营效益的影响。

四、信用评估分析要求

信用评估分析是一件比较复杂烦琐的工作，不仅要了解借款人的历史和现状，还需要预测借款人的未来；不仅需要了解借款人的自身经营，还要了解借款人的社会往来。为了使信用评估分析能全面地、客观地反映借款人（项目）的真实情况，有效地防范贷款风险，信用评估分析必须符合一定的要求。

（1）信用评估机构要有权威性。信用评估分析不仅关系到借款人信用级别的高低，而且直接影响到借款人的筹资能力和经营活力，从而关系到借款人的生存和发展。较高级别的借款人，能够获得较高的知名度，从而使借款人在市场竞争中处于有利的地位。所以对借款人的信用评估必须坚持公正、客观、全面的原则，以维护投资者和筹资者、授信者和受信者双方合法权益。为此必须建立权威性的、独立的信用评估机构。

（2）信用评估标准要有统一性。对借款人信用评估的标准要做到统一，要运用系统的观点，确定若干可以综合、全面、具体反映借款人经营管理要素、经济要素，财务要素、组织要素的指标，并合理地确定各项指标的分析标准。只有这样，才能真实地反映借款人的信用状况，才能真正发挥信用评估分析的作用。

（3）信用评估分析要有动态性。市场经济条件下，竞争机制必然被引入借款人生产和管理的各个环节。技术的推陈出新、产品的更新换代、借款人的优胜劣汰，都是竞争变化的结果。可以说借款人每日每时都在发生量的变化。因此，在评估分析时应以动态的眼光、发展的观点去调查分析借款人的情况。只有对借款人进行全面了解和动态分析，才有可能做出符合实际情况的正确评价。即使一时对借款人有了比较正确评价，但不能评定“终身”，须根据客观实际，确定有效期（一般为一年），若有效期之后发生较大变化，则应另行评估，确定新的级别，以保证信用评估的时效性、可靠性和权威性。

（4）信用评估分析的规范性。信用评估分析的规范性包括两个方面：一是信用评估内容、计算公式、理论数据、划级标准、评估程序、组织管理要有章可循，有据可依，并具有一定的稳定性，做到评估内容具体、概念清楚、内涵明确、数据真实、标准统一，能被社会各方面所接受。二是在定量的基础上，做好定性分析，这就要求做好充分的调查研究，仅研究借款人报送的会计报表和统计报表是不够的，还必须深入掌握借款人的第一手资料，并和财税、审计、主要客户等沟通情况，要把调查了解到的情况与借款人报表资料进行分析比较，比较的结果应作为评定信用等级的一个重要参考因素。

（5）信用评估分析内容的全面性。为了真实、客观地反映借款人的信用状况，在进行信用评估分析时，内容必须全面，把有形资产评估和无形资产评估相结合，借款人的有形资产包括厂房、机器设备、产品等，其价值一般可以通过货币价值从账面上反映出来；无形资产指那些无法或难以精确估算其价值的东西，如借款人的产品商标权、专利权，借款人的经营战略、领导者的能力、职工素质、借款人的凝聚力等。借款人所拥有的这些无形资产左右着借款人的经营状况，对借款人的发展前景有着不可估量的影响。因此在信用评估分析时，内容要全面、切实。

五、贷款项目评估

1．贷款项目评估的含义

贷款项目评估是以项目可行性研究报告为基础，根据国家现行方针政策、财税制度及银行信贷政策的有关规定，结合调研得来的有关项目生产经营的信息材料，从技术、经济等方面对项目进行科学审查与评价的一种理论与方法。

2．贷款项目评估的内容

（1）项目建设的必要性评估。①项目所属行业当前整体状况分析，国内外情况对比，发展趋势预测，项目所生产产品的生命周期分析。②贷款项目是否符合国家产业政策，是否符合国家总体布局和地区经济结构的需要。③项目产品市场情况分析和项目产品的竞争力分析。国内外市场的供求现状及未来情况预测，生产同类产品的厂家竞争情况及项目的竞争能力分析，项目产品销售渠道分析。

（2）项目建设配套条件评估。项目建设配套条件评估要考虑以下情况：厂址选择是否合理，所需土地征用落实情况；资源条件能否满足项目需要，原辅材料、燃料供应是否有保障，是否经济合理；配套水、电、气、交通、运输条件能否满足项目需要；相关及配套项目是否同步建设；环保指标是否达到有关部门的要求，环境影响报告书是否已经由权威部门批准；项目所需资金的落实情况。

（3）项目技术评估。项目所采用的技术是否先进、适用、合理、协调，是否与项目的其他条件相配套。项目设备选择是否合理，所采用的设备能否与生产工艺、资源条件及项目单位的工人技术平和管理者的管理水平相协调；引进设备的必要性，引进设备后对国外配件、维修材料、辅料的依赖程度和解决途径；引进设备与国内设备是否相协调。

（4）借款人的人员情况及管理水平。借款单位是否有健全的机构、完善的规章制度、团结的领导班子、胜任的借款人负责人，职工的技术素质能否满足项目的需要。

（5）项目财务评估。项目财务评估包括项目投资估算与资金筹措评估、项目基础财务数据评估、项目的盈利能力和清偿能力评估，以及不确定性评估四个方面。

① 项目投资估算与资金筹措评估。项目投资（含建设投资和流动资金）估算是

否合理，是否存在高估、低估和漏估问题；所需资金如何筹集，落实程度如何，自有资金比例是否符合国家的有关规定。

② 项目基础财务数据评估。基础数据的取值是否有理有据，所采用的财税制度是否符合国家现行规定。

③ 项目的盈利能力和清偿能力评估。采用规范的方法，计算反映项目盈利能力和还款能力的相关指标，分析项目的还款资金来源，了解项目的盈利能力和还款能力。

④ 不确定性评估。了解项目将面临的风险及抗风险的能力。

（6）贷款担保评估。贷款担保评估主要是对担保方式、担保能力、担保资格及担保法律文件的完善性进行评估。

（7）银行效益评估。银行效益评估包括盈利性效益评估、流动性效益评估和银行效益动态分析三个方面。

3. 项目评估的要求和组织

项目评估是投资决策的重要手段，投资者、决策机构和金融机构以项目评估的结论作为实施项目、决策项目和提供贷款的主要依据。到目前为止，国内银行在对项目进行评估时，基本上是采用以银行本身人员为主进行评估的模式，很少邀请与项目有关的技术及管理专家参加评估工作，这种评估模式在相当程度上影响了项目评估质量。因此，应邀请有关专家和银行工作人员一起组成项目评估小组，这将有利于提高银行项目评估的质量。

4. 项目评估的意义

银行通过对贷款项目的评估，可以剔除非客观因素，从而可以较真实地对项目进行评价。银行在发放贷款前对申请贷款的项目进行制度化的评估，可以为银行客观地了解和评价项目、提高信贷资产质量打下基础。

作为债权人，银行对项目评估的角度和取舍标准与设计院、政府和借款人的标准存在差异，银行通过对贷款项目的评估，可以从维护银行权益的立场出发，根据自己的标准评价项目、为贷款决策提供科学依据。

第五节 不良贷款的成因与处理

一、不良贷款与不良贷款率

不良贷款是指借款人未能按原定的贷款协议按时偿还商业银行的贷款本息，或者已有迹象表明借款人不可能按原定的贷款协议按时偿还商业银行的贷款本息而形成的贷款。2002 年以前，商业银行不良贷款指《贷款通则》中规定的逾期贷款、呆滞贷款和呆账贷款（简称“一逾两呆”）。《贷款通则》中“一逾两呆”的划分标准是认定不良贷款的基本标准，商业银行必须严格遵守。2000 年 9 月 25 日，中国人民银行印发《不良贷款认定暂行办法》，规范不良贷款的认定标准和程序，加强对信贷资产质量的监控，防范和化解信贷风险。2012 年 1 月 4 日，中国人民银行公告〔2012〕第 1 号决定，废止《不良贷款认定暂行办法》。目前，贷款五级分类制度中次级、可疑、损失三类贷款统称为不良贷款。

金融机构不良贷款率是评价金融机构信贷资产安全状况的重要指标之一。不良贷款率高，可能无法收回的贷款占总贷款的比例越大；不良贷款率低，说明金融机构不能收回贷款占总贷款的比例越小。不良贷款率的计算公式如下：

不良贷款率=（次级类贷款+可疑类贷款+损失类贷款）/各项贷款×100%

=贷款拨备率/拨备覆盖率×100%

二、不良贷款的产生原因

不良贷款的形成原因多种多样，不外乎来自银行外部的原发性因素和银行内部管理的内生性因素。

1. 银行外部的原发性因素

（1）借款人的因素。借款人可能内部经营不善、产品市场萎缩，也有可能借款人借改制之机故意逃废银行债务，缺乏还款意识。借款人不愿意按原协议偿还贷款的本金和利息。有些借款人尽管具有偿还贷款的能力，但就是拖而不还。由此因素造成的不良贷款除了银行缺乏对借款人品格等的了解，还与一个社会的体制、信用意识有关，从而形成一种“赖债”机制、“逃债”机制。这种情况的大量存在，将给银行的经营管理带来极大的困难，也会对社会信用关系产生破坏性影响。

（2）宏观环境因素。外部环境的改变使借款人偿还贷款的能力受到影响。包括外部宏观经济条件的改变、借款人经营环境的变化，以及其他的借款人无法控制的自然灾害等都可能削弱借款人的还款能力。由于宏观经济政策缺乏连续性，经济波动的频率高、幅度大，使信贷扩张和收缩的压力相当大，在宏观紧缩、经济调整时期，往往会形成大量贷款沉淀。

（3）行政干预因素。主要表现为地方政府压，地方财政挤，迫使银行发放大量指使性贷款、救济贷款，贷款行为行政化，信贷资金财政化，直接削弱了贷款产生经济效益的基础。

2. 银行内部管理的内生性因素

（1）决策失误。银行的高级管理人员对借款人的现状及市场形势的判断偏差或失误引起重大信贷决策上的失败，导致不良贷款的形成。银行自身对借款人的信用和还款能力的分析不正确，或者没有获得足够的信息来进行分析，从而做出了错误的贷款决定。这种因素属于银行的可控因素。

（2）信贷人员素质。部分人员素质不高，难以进行贷款的科学决策和有效管理，违规放贷时有发生。在执行信贷政策方面，有的信贷人员随意性很大，存在“人情代替制度”的现象。

（3）贷款结构不合理。贷款组合结构性失衡，如贷款投向不合理引起贷款过度集中等导致不良贷款的形成。

（4）道德因素。信贷人员除了必须具备一定的金融理论、企业财务管理、法律制度等业务知识，还必须具有诚实的品格和强烈的责任心。部分信贷员“在其位而不谋其职”，工作主动性差、缺乏开拓创新精神，不能干好自己的本职工作，甚至蓄意营私舞弊、违规违纪、违法犯罪，引起不良贷款的形成。

延伸阅读

不良示例——企业不良贷款玩起“大转盘”

因不良贷款产生的坏账，总让银行心慌慌，为了避免更多的贷款归入坏账造成利润下降，有些银行绞尽脑汁，开始玩起了坏账“大转盘”。某商业银行的分行为一笔5亿元的房地产开发贷款困扰不已。借款的开发商在开盘后销售情况很差，造成资金回笼困难，无法按时偿还该银行的贷款。

按照银行贷款五级分类规定，这笔贷款从利息违约开始就计入五级分类中的关注类贷款。如今，这笔贷款就要下滑至不良类贷款。一旦下滑至不良类，该分行受到的压力可想而知。行长及相关责任人肯定会被问责，整个分行上下也会受到严厉的批评。因此，该分行千方百计为这笔不良贷款找寻“大转盘”的下家。

不久后，某资产管理公司得知此事。由于临近年末，各家银行都尽量压低不良贷款。在贷款变成不良贷款后，银行会让资产管理公司收购，这样就能在财务报表上让不良贷款“消失”。

具体操作手法是：银行与资产管理公司签订债权转让合同，银行卖断这笔贷款；资产管理公司与开发商签订债权重组合同，资产管理公司通过下设的公司以委托贷款形式、以20%的年利率向开发商授信，让开发商偿还银行贷款，但款项直接划给银行，不由开发商经手。资产管理公司当然不会做赔本的买卖，它一方面从银行获得基准利率下浮10%的贷款，另一方面将资金借给开发商，获得超过基准利率一倍多的收益率。

可以看出，这笔贷款从银行转让给资产管理公司，后者可以借此大赚一笔。同样5亿元的贷款，银行的年利率为7%，而转手到资产管理公司后，利率高达20%，翻了一倍多，对开发商的财务压力可想而知。

面对强势的银行，房地产开发商也只能配合，因为一旦进入银行授信“黑名单”，所有融资渠道基本都会被关上。面对资产管理公司近乎苛刻的贷款条件，“大转盘”中的输家也只能继续玩下去。

业内专业人士指出，虽然银行通过这种卖断贷款的方式掩盖了坏账风险，有助于让资产质量显得“干净清透”，但实质上是将风险从银行转移到信托公司、资产管理公司等“影子银行”的金融体系中。

国际货币基金组织（IMF）日前对中国日益膨胀的“影子银行”风险及可能引发的信贷风险、流动性错配和道德风险提出警告。IMF 表示，一些估算显示，通过“影子银行”提供的借贷总额占中国 GDP 的比率高达 40%，加强监管和防范风险十分必要。

三、不良贷款的处置

银行不良贷款，是中国金融业最大的风险所在。国际通行标准认为，金融机构不良资产率警戒线为 10%。中国不良贷款率呈逐年下降趋势，但不良贷款仍然威胁着金融的安全稳定。如何采取合理的清收办法化解不良资产一直是银行业急需解决的主要问题。

我国国有商业银行在降低不良贷款方面的确下了不少功夫，如尝试制定严格的信贷管理制度，信贷业务的完全程序化改革，规定降低不良贷款的指标等。但是国有商业银行的不良资产仍严重偏高，其中以四大商业银行为最。银行发放贷款总是有风险的，因而不良贷款不可能彻底被消灭。建立对不良贷款的高效处理机制、实施对贷款的有效管理，能最大限度地减少银行的损失，提高银行的实力与信誉。

1. 建立管理不良贷款的专门部门或机构

为了保证对不良贷款的有效管理，必须有相应的组织程序作为保障。银行应当成立专门的机构，配备充足的专业的人员，按照有效的处理程序，明确责任，在其他部门的配合下，对不良贷款进行管理。银行总行应有管理全行风险贷款的审批决策机构，有专门的职能部门，如资产保全部，具体管理与办理；各分行与支行设有风险贷款化解小组，逐级对风险贷款进行管理。

2. 建立发现不良贷款的预警机制

银行不良贷款的出现往往有一个过程。在一笔贷款出现问题之前总有一些可能出现问题的迹象。因此，通过设立信贷员、贷款复核、外部检查三道防线，建立预警机制，有助于银行及早发现问题，切实采取措施解决问题，防止贷款质量的进一步恶化。

要建立预警机制，就必须建立一套预警指标体系。这些指标可分为定性指标与定量指标两类，也可以分为财务指标与非财务指标。

（1）财务指标，可以从两方面获得。一是通过对借款人的财务报表的全面的、系统的、连续的分析，可以发现借款人的盈利能力、偿债能力、现金流量等方面存在问题。二是对借款人的财务活动进行监测，如借款人在银行存款、从银行取得的贷款及偿还情况、应收账款等信息，了解借款人财务活动中出现的问题。具体分析的内容与方法在本书第七章详细讲解。

（2）非财务指标。例如，借款人的经营策略改变、经营范围变更、管理层出现问题、公司性质变化、良好客户流失、行业发展前景有变等。

3. 不良贷款的处理

（1）会晤借款人。如果发现贷款出现或即将出现问题，银行应当马上通知借款人并会晤借款人，本着沟通与协商的原则，寻找解决问题的办法。

（2）对贷款进行重组。有些时候借款人在贷款期限内确实没有足够的现金流量偿还贷款，如果银行硬性要求借款人还贷，就有可能适得其反，反而不能实现银行的目的。在此情况下，如果借款人具有较好的发展前景，银行与借款人可以重新协商借款合同条款，进行贷款重组，如贷款展期、调整借款利率、输入封闭贷款，以恢复借款人的偿还债务的能力。需要特别指出的是，贷款重组需要银行的财务实力，更取决于借款人管理层的诚信状况、贷款的担保状况等因素。对重组的贷款，银行必须加强监督。

（3）执行限制条款。大多数贷款协议都有限制性条款，包括要求银行采取一定行动的肯定条款和限制借款人未经银行许可不得做出某些行为的否定条款。执行限制条款对借贷双方都有利：对银行来说，执行限制条款，对借款人的行为予以限制，增加了贷款偿还的可能性，银行处于主动地位，可以防止借款人彻底违约；对借款人来说，借款人可以维持对其资产的所有权与控制权，避免担保资产被处置，从而有时间纠正企业存在的问题。

（4）执行担保。如果银行在采取上述措施仍不奏效，不指望借款人会恢复还款能力收回贷款时，银行就可以依法执行担保。就担保方式而言，首先按保证合同约定的保证方式，要求保证人承担一般保证责任和连带保证责任。其次依法处理抵押物或质物，变现偿付银行的贷款。虽然清算抵押品可以缩短还款时间，但对银行来说的可能遇到难以预料的困难。银行在处理资产时，有时会花费大量的时间与精力。特别是在借款人不配合的情况下，往往会滥用抵押品，导致银行失去抵押品或只能收回部分抵押品的价值。

（5）诉诸法律收回贷款。如果借款人拖欠贷款，贷款没有担保或清算抵押品之后仍不足还款，银行可以对借款人、担保人提起诉讼，请求法庭依法判决，责令借款人在规定的时间内偿还银行的贷款本息。但债务的判决终究需要一定的时间，特别是在法制环境不够健全的情况下，通过司法程序解决问题可能旷日持久，赢了官司赢不了钱的事时有发生。

（6）破产收回贷款。采取上述措施后，如果贷款依然得不到偿还，就只能宣告企业破产以清偿债务。银行一般处于优先受偿之列，但不能保证贷款的足额收回。

（7）损失贷款的核销。贷款核销要对外界及客户保密，防止助长借款客户的赖账心理。同时银行仍应做继续催收的努力。

延伸阅读

2018年年末中国商业银行不良贷款余额2万亿元，不良贷款率1.89%

中国银保监会2019年1月11日举行发布会，银保监会统信部副主任刘志清通报了2018年银行业的经营和运行情况。据初步统计，截至2018年12月末，银行业境内总资产261.4万亿元，同比增长6.4%。

刘志清表示，当前我国银行业运行稳健，风险总体可控。银行业规模持续增长，贷款占比稳步上升。据初步统计，2018年12月末，银行业境内总资产261.4万亿元，同比增长6.4%。其中，各项贷款140.6万亿元，同比增长12.6%，债券投资45.2万亿元，同比增长14.1%。贷款和债券投资占总资产的比重分别较上年末上升3个和1.2个百分点。2018年前11个月，人民币贷款增量占社会融资规模增量的83.4%，为实体经济提供较多资金。银行业境内总负债239.9万亿元，同比增长6%。其中，各项存款164.2万亿元，同比增长6.7%。

目前，我国信贷质量基本稳定，核销力度加大。商业银行不良贷款余额2万亿元，不良贷款率1.89%；关注类贷款余额3.4万亿元，关注类贷款率3.16%，较2016年高点下降了1个百分点；逾期90天以上贷款与不良贷款比例为92.8%，较2017年末下降6.9个百分点。2018年，商业银行累计核销不良贷款9 880亿元，较2017年多核销2 590亿元，从而腾出更多空间服务民营企业和小微企业。

银行业拨备水平较高，风险抵御能力增强。商业银行贷款损失准备余额3.7万亿元，较2017年末增加6 762亿元。拨备覆盖率和贷款拨备率分别为185.5%和3.5%，较2017年末分别上升5.1个和0.24个百分点，在已经调整贷款损失准备监管要求的情况下，两项指标仍保持上升态势。总体上看，目前流动性总体稳健，同业负债继续收缩。商业银行人民币超额备付率为2.64%、存贷款比例为74.3%，均在合理区间，优质流动性资产占比明显高于国际平均水平。同业负债同比下降9.1%，部分中小机构过度依赖短期批发性融资问题有所缓解。

资料来源：银保监会网站.

本章概要

本章从商业银行贷款的种类入手，重点分析了商业银行的贷款程序、商业银行的贷款政策、贷款的定价、贷款及贷款项目信用分析；在了解信贷风险分类的基础上，重点讲解信贷风险五级分类法，并对不良贷款及处理进行深入分析。

思考练习

1．简述商业银行信贷资产的种类。
2．试述商业银行贷款价格的构成及主要的定价方法。
3．试分析商业银行信用分析的要点。
4．试述贷款风险的分类及不良贷款的处理方法。

第六章 现代商业银行企业贷款管理

本章学习目标

- 掌握企业贷款的种类及含义；
- 了解企业贷款管理的过程；
- 掌握企业贷款的理由；
- 掌握企业贷款的定价方法；
- 了解企业贷款信用分析的内容。

本章能力目标

- 掌握各种企业贷款的应用；
- 掌握企业贷款的信用调查分析；
- 掌握企业贷款的定价方法；
- 掌握企业借款的原因分析。

案例引入

工信委与 A 银行联合行动，解决中小企业融资难题

为加快推动中小企业转型升级，解决企业融资难问题，工信委与 A 银行联合行动，建立合作机制，重点为快速发展急需资金的中小企业解决融资难题。A 银行于 2016 年开办小微企业贷款业务，为其中符合贷款条件的百余户企业提供了信贷支持，切实解决了小微企业轻资产的融资难题。

B 公司成立于 2015 年 2 月，注册资金 50 万元，主要研究、开发、生产聚酰亚胺薄膜等绝缘材料。企业实际控制人于某有一定的管理、实践经验。2017 年 11 月该公司新购进一条生产线，耗资近 200 万元，造成公司流动资金短缺，经营遇到瓶颈。

2018 年 1 月，B 公司联系到 A 银行，寻求资金支持。A 银行客户经理经过审查客户资料、实地调查分析，发现该客户 2016 年总纳税额 74.66 万元；2017 年纳税额 65.05 万元，且经查询人行征信，B 公司及实际控制人信誉良好，无不良记录，

基本满足该行的贷款要求。A 银行客户经理立即与客户联系，详细讲解了贷款条件与支用要求，并与客户达成共识，向该行提交了贷款申请。A 银行经过录入系统、初审、复审和实地面签，于 2018 年 4 月 7 日向 B 公司发放贷款 160 万元，缓解了客户的燃眉之急。

贷款发放后，B 公司资金短缺问题得以解决，经营稳步发展，近 12 个月纳税额达 79.54 万元。贷款临近到期，该公司已提出申请，要求与 A 银行继续合作。A 银行客户经理根据该客户的实际经营及纳税情况进行测算，计划后续向该客户发放贷款 200 万元。

资料来源：http://www.sohu.com/a/228124373_119798.

思考题：

1. 简要分析 B 公司申请贷款的原因。
2. A 银行在决定放贷之前，对 B 公司做了哪些信用分析？

第一节　企业贷款的主要类别

企业贷款是指企业为了生产经营的需要，向银行或其他金融机构按照规定的利率和期限借款的一种方式。在商业银行经营管理实务中，按照不同的分类标准，企业贷款分为不同的类别。如按照贷款币种不同，可以分为本币贷款和外币贷款；按照银行发放贷款的自主程度不同，分为自营贷款和委托贷款，等等。但主要还是按贷款在社会再生产中占用形态不同划分，分为流动资金贷款和固定资产贷款。

一、流动资金贷款

流动资金贷款是指贷款人向企（事）业法人或国家规定可以作为借款人的其他组织发放的用于借款人日常生产经营周转的本外币贷款。流动资金贷款作为一种高效实用的融资手段，具有贷款期限短、手续简便、周转性较强、融资成本较低的特点。

流动资金贷款按贷款期限分，分为临时流动资金贷款、短期流动资金贷款和中长期流动资金贷款。

（1）临时流动资金贷款。临时流动资金贷款是指期限在 3 个月（含 3 个月）以内的流动资金贷款，主要用于企业一次性进货的临时需要和弥补其他季节性支付的资金不足。

（2）短期流动资金贷款。短期流动资金贷款是指期限为 3 个月至 1 年（不含 3 个月，含 1 年）的流动资金贷款，主要用于企业正常生产经营周转的资金需求。

（3）中长期流动资金贷款。中长期流动资金贷款是指期限为 1 年至 3 年（不含 1 年，含 3 年）的流动资金贷款，主要用于企业正常生产经营中经常性的周转占用和铺底流动资金贷款。

按流动资金贷款品种分类，流动资金贷款可分为流动资金循环贷款、流动资金整贷零偿贷款和法人账户透支三种情况。

（1）流动资金循环贷款。贷款人与借款人一次性签订借款合同，在合同规定的有效期内，允许借款人多次提取贷款、逐笔归还贷款、循环使用贷款的流动资金贷款业务。

（2）流动资金整贷零偿贷款。客户可一次提款，分期偿还的流动资金贷款。

（3）法人账户透支。根据客户申请，核定账户透支额度，允许其在结算账户存款不足以支付时，在核定的透支额度内直接透支取得信贷资金的一种借贷方式。

二、固定资产贷款

固定资产贷款也称长期贷款项目，是指银行向借款人发放的用于固定资产项目投资的中长期贷款。项目贷款的主办人只是项目单位的发起人，其财力与信誉不再是贷款的主要担保对象，资金由贷款人直接提供给项目单位。

1. 固定资产贷款的种类

固定资产贷款主要包括以下几类。

（1）基本建设贷款。基本建设贷款是指用于经有权机关批准的基本建设项目的中长期贷款。基本建设项目是指按一个总体设计，由一个或几个单项工程所构成或组成的工程项目的总和，包括新建项目、扩建项目、全厂性迁建项目、恢复性重建项目等。

（2）技术改造贷款。技术改造贷款是指用于经有权机关批准的技术改造项目的中长期贷款。技术改造项目是指在企业原有生产经营的基础上，采用新技术、新设备、新工艺、新材料，推广和应用科技成果进行的更新改造工程。

（3）科技开发贷款。科技开发贷款指用于新技术和新产品的研制开发、科技成果向生产领域转化或应用而发放的贷款。

（4）商业网点贷款。商业网点贷款指商业、餐饮、服务企业，为扩大网点、改善服务设施，增加仓储面积等所需资金，在自筹建设资金不足时向银行申请的贷款。

2. 固定资产贷款的特点

与其他贷款相比，固定资产贷款具备以下特点。

（1）贷款支持的项目本身需要按照国家规定的审批程序进行审批。固定资产投资项目一般要经过立项、可行性研究、初步设计和开工等几次审批，才能进入施工建设。项目建成后还要由政府有关部门组织竣工、决算、验收等工作。

（2）固定资产贷款必须考虑其他建设资金的配套。国家规定建设项目必须具有资本金，即投资人的非债务资金。不同行业的项目所要求的资本金占总投资的比例不同，银行贷款不能作为项目资本金。

（3）固定资产贷款期限较长，往往是一次审批，多次发放贷款；利率一年一定。固定资产贷款以整个项目的全部资金需求为评审对象，一次审批、承诺。而放款阶段是根据工程进度和年度贷款计划，逐年、逐笔发放。固定资产贷款合同期限是指自对项目发放第一笔贷款起至最后一笔贷款还清为止的期限。合同利率为贷款第一年利率，以后每年要根据人民银行的利率变动进行调整。

（4）固定资产贷款是一次性的。一笔固定资产贷款只能用于借款人的一次固定资产投资活动。从项目建设时投入，项目竣工投产产生效益开始归还借款，到银行逐步收回全部贷款本息，贷款即退出企业生产活动。新的固定资产投资活动需要按规定重新立项报批。

（5）固定资产贷款的还款来源主要是借款人的税后利润、固定资产折旧，以及其他自有资金。

（6）固定资产贷款专业性强，管理过程复杂，对客户经理的素质要求较高。

第二节　企业贷款的理由分析

一、企业贷款的理由

客户申请贷款可以有很多原因，可能是需要购买机器设备，可能是需要增加流动资金，也有可能是过桥贷款，借新还旧。对于客户不同的贷款原因，需要做不同的分析，从而确保其贷款资金能够真正匹配上其资金用途，当然还要设置合理的贷款期限，确保能够在约定的时间内顺利还款。

1. 销售增长导致的贷款

企业销售的增长可能帮助企业获得更高的利润，但同时需要更多的资金支持，应收账款和存货也会成比例的成长。企业的销售增长有两种类型：短期或季节性的增长（一年以内）和长期的销售增长（一年以上）。

季节性的销售增长是指一个企业在一年内的某些月份或季节内，销售快速增长，在达到高峰后又快速回落的增长模式。如代理商的年底返点进货，月饼的秋季销售等。一个季节性企业会经历在销售高峰接近和来临时增加库存，并因销售高峰持有较多的应收账款的情况。长期持续的销售增长是指一个企业随着业务的正常稳定发展，呈持续或波动向上的一个增长趋势。

2. 营业周期减慢导致的贷款

营业周期减慢包括存货周转减慢和应收账款回收减慢两类。

（1）存货周转减慢可以用存货周转次数（销货成本/存货）和存货周转期（存货/销售成本）来衡量。

（2）应收账款回收减慢可以用应收账款周转率（销售收入净额/应收账款平均余额）或应收账款回收期（应收账款净额/销售收入净额）来测量。

3. 固定资产购买引起的贷款

固定资产购买引起的贷款有两种形式：一是更新固定资产而产生的贷款需求；二是固定资产扩大引起的贷款需求。

4. 其他原因引起的贷款

其他原因引起的贷款主要有资产增长增加的支出、债务重组增加的支出、低效经营增加的支出、股息支出或所有者提款引起的支出及不正常的或其他费用支出等。

延伸阅读

企业流动资金贷款申请流程

1. 企业向银行提出流动资金贷款申请，并提供企业和担保主体（若有必要）的相关材料。

2. 签署借款合同和相关担保合同。企业的贷款申请经深圳发展银行审批通过后，银行与企业需要签订所有相关法律性文件

3. 按照约定条件落实担保、完善担保手续。根据银行的审批条件和签署的担保合同，如果需要企业提供担保的，则需要进一步落实第三方保证、抵押、质押等具体的担保措施，并办妥抵押登记、质押交付（或登记）等有关担保手续，若需要办理公证的还需要履行公证手续等。

4. 发放贷款。在全部手续办妥后，银行将及时向企业办理贷款发放，企业可以按照事先约定的借款用途合理支配贷款资金。

资料来源：中国建设银行等商业银行网站.

二、企业贷款评审主要过程

1. 机会评估

（1）借款人。在银行贷款管理过程中，机会评估主要评价借款企业是否符合借款要求。如果是新客户，则要考虑他与银行的关系是否会进一步发展。

（2）确认机会。在确认机会时考察借款人的战略目标和财务结构，并分析企业的贷款需求，即借款人需要什么样的短期或长期信贷与信贷服务。

2. 初步分析

此过程主要分析贷款企业是否有特殊的贷款需求，贷款的主要原因是什么，以此判断贷款是否具有合法性，是否满足国家的相关政策，是否具有风险性等。如借款用途是否合规合法，是否符合国家有关政策；贷款的用途、期限、方式、利率或费率等是否符合银行的授信政策。同时，对贷款企业提交的材料的重点项和异常项进行重点审查。

3. 还款来源分析

还款来源包括第一还款来源和第二还款来源。对第一还款来源进行分析，主要分析企业的财务状况，包括资产负债表、利润表、现金流量表等；对第二还款来源进行分析，主要分析企业担保、抵押、质押状况等。

（1）行业和企业风险分析。主要分析在借款人所处行业中所有竞争者面临的风险是什么、需要控制哪些风险。

（2）财务报表分析。财务报表可以说明借款人的管理能力如何、其中哪些趋势将影响还款能力。

（3）现金流量表分析和预测。分析借款人是否有足够的现金按约定的方式偿还贷款、最大的风险是什么。

4. 贷款评价

（1）总结和建议。主要分析该笔贷款的主要优点是什么、是否应该发放；如果发放，可能存在哪些风险、隐患等。

（2）贷款结构和协议。该笔贷款中有哪些适当的贷款工具、协商贷款金额、还款期限、还款方式、贷款支持（担保）、利率、价格支付方式证明文件和契约条款。在银行审批同意后，签署合同，授信即可生效。

5. 贷款管理

主要指对贷款企业的贷后管理，是指从贷款发放或其他信贷业务发生后直到本息收回或信用结束的全过程的信贷管理。贷后管理是控制风险、防止不良贷款发生的重要一环。客户的经营财务状况是不断变化的，可能在审批授信时客户经营财务状况良好，但由于行业政策的影响、客户投资失误的影响及上下游的影响（负面影响表现在原材料涨价和产品降价或需求减少等）可能引起客户的经营财务状况发生较大不利变化。贷后管理就是要跟踪客户所属行业、客户的上下游和客户本身的经营财务状况包括其商业信用的变化，及时发现可能不利于贷款按时归还的问题，并且提出解决问题的措施。

三、企业贷款的利率及其种类

1. 优惠利率

优惠利率是商业银行向其信用最佳客户提供贷款的利率，是商业银行确定其他贷款利率的主要利率。对于风险不同的贷款，商业银行通常用“优惠加成”“优惠加倍”的方式确定利率，以弥补该项交易所具有的风险。采取优惠加成法时，商业银行根据贷款风险度，在优惠利率之上加上一定百分点；优惠加倍则是根据风险大小使优惠利率按同方向成比例增加。

由于优惠利率相对低于其他商业贷款利率，故商业银行仅对少数关系密切、资信高的大公司提供优惠利率贷款。在中国，优惠利率贷款又指商业银行或中央银行根据国家政策向特定的借款人发放的在利率方面具有照顾性质的低息贷款，其利率一般低于中央银行制定的各个时期的基准利率。

2. 固定利率

固定利率是指在借贷期内不进行调整的利率。实行固定利率，对于借贷双方准确计算成本与收益十分方便，是较常采用的传统方式。例如，光大银行南京分行推出的"固定利率住房贷款"所确定的利率档次共分四种，招商银行推出的结构性固定利率产品共分 6 档，且有的档可分段执行不同的利率标准，如 5 年固定利率房贷可在贷款前 2 年固定执行一个利率，后 3 年执行另一个利率。3 年、5 年和 10 年三个固定房贷利率分别定为 5.91%、6.03%和 6.39%，以避免刚付完首付的市民的还款压力过大。

3. 浮动利率

浮动利率是指在借贷期限内利率随物价或其他因素变化相应调整的利率。借贷双方可以在签订借款协议时就规定利率可以随物价或其他市场利率等因素进行调整。浮动利率可避免固定利率的某些弊端，但计算依据多样，手续繁杂。

4. 惩罚利率

惩罚利率是银行等金融机构对客户不遵守有关信贷政策和原则使用贷款时所征收的高于基准利率的利率。

第三节 企业贷款的财务分析

企业贷款的财务分析是指银行以客户财务报表和其他资料为依据和起点，系统地分析、衡量和评价企业财务状况，预测未来发展趋势，对其偿债能力做出基本判断，从而决定是否提供贷款的分析活动。

财务分析的资料就是三大财务报表，即资产负债表、利润表和现金流量表。

资产负债表反映了公司在特定时点的财务状况和债务情况，是公司经营管理活动的集中体现。通过对资产负债表进行分析可以解释企业资金的来源与运用，但并不能直接反映企业的财务业绩。利润表反映企业一定会计期间的经营成果，可用来评价企业的经营效益。现金流量表则反映企业现金的流动状况，解释企业货币资金流动方向及原因。

从贷款银行的角度，通过企业财务报表分析，可以了解贷款企业近期的财务状况、盈利能力，借以预测贷款企业归还贷款的能力。财务比率分析可以反映财务报表的不同项目之间，或同一年度不同财务报表之间的相互关系。通过对财务比率进行分析，最重要的是了解其偿债能力。

一、偿债能力分析

偿债能力是企业如期偿付债务的能力。当企业的资本利润率高于借入款项的利率时，企业就要举债经营，通过财务杠杆以负债融资获得收益。然而债务到期需要偿还，企业的偿债能力根据其债务到期时间的长短分为短期偿债能力和长期偿债能力。

1．短期偿债能力分析

短期偿债能力指企业流动资产对流动负债及时足额偿还的保障程度，是衡量流动资产变现能力的重要指标。企业短期偿债能力衡量指标主要有流动比率、速动比率和现金比率。

（1）流动比率。

流动比率=流动资产/流动负债

流动资产一般包括现金、有价证券、应收账款和存货，是企业一年之内能够变现的资产，它代表了企业一年之内的资金来源。因此，流动比率反映了企业短期偿债能力的强弱。

一般来说，流动比率越高，企业的短期偿债能力越强。如果企业遇到了财务困难，它将会拖欠和延缓支付应付账款，增加短期银行贷款等，这会使企业的流动负债增加的速度超过流动资产的增加速度，导致流动比率下降。因此，较低的流动比率通常表明企业在偿还短期债务方面可能存在某些问题。

（2）速动比率。速动比率也称快速比率或酸性测验比率，是公司速动资产与流动负债之比。其计算公式为：

速动比率=（现金+可转让证券+应收账款金额）/流动负债

速动资产是指能迅速变现的流动资产，即流动资产减去存货。存货通常是公司流动资产中最缺乏流动性的。由于速动资产中扣除了存货，保留了流动性较高的资产，因此更能精确地测量一个企业的短期偿债能力。

对那些存货价值值得怀疑的企业来说，速动比率比流动比率更可靠。一般速动比率越高，企业的短期还债能力就越强。

（3）现金比率。现金比率是指企业现金类资产与流动负债的比率。现金比率是最稳健的短期偿债能力衡量指标，它反映了企业随时偿还债务的能力。现金类资产包括企业所拥有的货币资金和持有的有价证券，是速动资产扣除应收账款后的余额，其计算公式为：

现金比率=（现金+交易性金融资产）/流动负债

2．长期偿债能力分析

长期偿债能力是指企业对债务的承担能力和偿还债务的保障能力。其分析指标主要有三项：资产负债率、负债自有资本比率和利息保障倍数。

（1）资产负债比率。这一比率是用总负债除以总资产而得出的，它说明了企业借款购买资产的情况，可用于衡量企业的财务风险。银行作为债权人，特别关心这一指标，因为企业负债越多，能够完全清偿的可能性就越小。

这一比率越低（一般在 50%以下），表明企业的偿债能力越强。对于债权人来说，资产负债率越低越好，企业偿债有保证，贷款风险不会太大。如果该比率过高，则意味着企业贷款违约的可能性大，银行承受的信用风险较高。

（2）负债自有资本比率。这一比率是用负债除以总自有资本进行计算，反映了企业债务与股东提供的资金在资本结构方面的分配比率，也说明了股东对经营风险所承担的份额和债权人可能承担的份额。一般来说，这一比率越低越好。负债自有资本比率低表明企业的偿债能力强，可以依靠本身的资本经营业务。

（3）利息保障倍数。利息保障倍数又称偿还能力比率，它是用息税前利润（EBIT）除以利息支出而得出的。

该比率反映企业利用盈利支付贷款年利息费用的能力，其数值相当于企业收益在扣除各项生产经营费用后与全年利息费用之比。这一比率越大，企业偿还利息的能力就越强；反之，说明企业经营收益连维持支付利息都很困难。利息保障倍数一般大于1，比率越高，公司就越有充足的能力偿付利息；若比率过低，企业可能面临亏损，偿债的安全性没有保障。

二、营运能力分析

企业的营运资产主要指流动资产和固定资产。企业营运能力从根本上决定了企业的经营状况和经济效益。

企业营运能力主要指企业运营资产的效率和效益，反映企业的资产管理水平和资产周转状况。对企业营运能力的分析实质上就是对各项资产的周转速度进行分析。一般来讲，资金周转速度越快，说明企业资金管理水平越高，资金利用效率越高。对企业营运能力进行分析的主要目的是：评价企业资产的流动性；评价企业资产的利用效率；发现企业资产的利用潜能。对企业营运能力的分析主要有流动资产周转情况分析、固定资产周转率分析和总资产周转率分析。

1. 流动资产周转情况分析

反映流动资产周转情况的指标主要有平均应收账款周转率、平均存货周转率和流动资产周转率。

（1）平均应收账款周转率。这一比率是以应收账款除以平均每天的销售额而得出，得出的数字即为该企业在销售产品后收回赊销货款所必需的平均天数。

该比率是反映企业在以赊销方式销售产品后收回现金速度的指标，它反映了企业的应收账款变现速度及对应收账款的管理效率。

（2）平均存货周转率。这一比率也称为存货利用率，它是以产品销售成本除以平均存货而得出，是企业在一个时期中的存货周转或更新次数。

其中，平均存货=（期初存货+期末存货）/2。这一比率反映了企业存货的适销性和管理存货的效率。一般来说，企业存货的周转率越高越好，说明企业的存货周转快，用在存货上的资金少；而存货周转率低说明企业积压了大量不适销的存货，资金占用浪费，并且可能给企业带来降价处理的损失。

（3）流动资产周转率。流动资产完成从货币到商品再到货币这一循环过程，表明周转了一次，以产品实现销售为标志。流动资产周转率也称流动资产周转天数，是一个会计期间销售收入净额与企业流动资产平均余额之间的比率，反映企业流动资产周转的速度。

一般而言，流动资产周转率越高，流动资产周转天数越短，说明流动资产周转得越快。流动资产周转天数越少，表明流动资产经历生产销售各阶段所占用的时间越短，相对节约流动资产，增强了企业盈利能力。

2. 固定资产周转率分析

固定资产周转率也称固定资产利用率，是企业营业收入与固定资产平均余额的比率，反映了企业固定资产的周转状况，是衡量固定资产利用效率的指标。

固定资产周转率越高，说明企业固定资产投资结构合理，利用效率高。

3. 总资产周转率分析

这一比率是以销售净额除以资产总额而得出，该比率表示每一单位的资产在一定时期内所带来的销售收入，它是一个反映企业生产能力的指标。在同行业中该比率越大，说明企业生产能力越强。该指标还可以用来衡量全部资产的管理水平和利用效率。

三、盈利能力分析

盈利能力指企业在一定时期内获取利润的能力。对于债权人来说，利润是企业偿债资金的重要来源，盈利能力的强弱直接影响企业的偿债能力。当企业决定向银行贷款时，银行一定会审查企业的偿债能力，而一个企业偿债能力的强弱最终取决于其盈利能力。因此，对于商业银行而言，分析企业的盈利能力是十分有必要的。企业盈利能力的分析主要包括生产经营盈利能力分析、资产经营盈利能力分析及资本经营盈利能力分析。

1. 生产经营盈利能力分析

生产经营盈利能力是指企业生产经营创造利润的能力，主要包括营业收入利润率、营业收入毛利率、营业收入净利率及营业成本利润率。

（1）营业收入利润率。营业收入利润率是营业利润与营业收入之间的比率，是衡量企业生产经营盈利能力的指标。

营业收入利润率越高，说明企业营业活动获得的利润越高，盈利能力越强。

（2）营业收入毛利率。营业收入毛利率指营业毛利润与营业收入之比，反映企业每百元营业收入中有多少毛利。营业毛利润等于营业收入扣除营业成本。

营业收入毛利率的数值越大，说明在营业收入中营业成本占的比重越低，企业盈利能力越强。在比较营业收入毛利率时，要注意与同期同行业的平均毛利率进行比较，这样才可能准确地反映企业主营业务在整个行业中的地位、企业的盈利变动情况。

（3）营业收入净利率。营业收入净利率是净利润与营业收入之间的比例，反映了每百元营业收入获得的净利润是多少，表明企业营业收入创造净利润的能力。

该指标越高，说明企业经营盈利能力越强。但需要注意的是，该指标受行业特点的影响较大。一般来讲，资本密集型企业营业收入净利率高。因此，债权人要具体情况具体分析。

（4）营业成本利润率。营业成本利润率是营业利润与营业成本之间的比率。

营业成本利润率越高，说明企业营业成本的投入产出比率越高，企业的盈利能力越强。

2. 资产经营盈利能力分析

资产经营盈利能力是指企业资产运营创造利润的能力，这里主要介绍总资产报酬率。总资产报酬率也称资产所得率，是企业息税前利润与企业资产平均总额的比率，表示企业全部资产获取收益的能力，全面反映企业的盈利能力和投入产出状况，是评价企业资产运营效率的重要指标。

该指标越高，表明企业的资产利用效率越高。

3. 资本经营盈利能力分析

资本经营盈利能力是指企业所有者投入资本创造利润的能力，反映资本经营盈利能力的主要指标是净资产收益率。净资产收益率又称所有者权益收益率，是净利润与所有者权益平均余额的比率。

净资产收益率越高，说明所有者投资带来的收益越高，企业的盈利能力越强，对债权人常在的保证越高。因此，商业银行会着重考察企业的净资产收益率。

四、借款企业的现金流量分析

1. 净利润不能偿还贷款

净利润不是现金，只是会计报表上的数字。只有现金才能偿还贷款。现金可能来自各种渠道，利润只是其来源之一，其他来源包括出售财产、注入资本、借款和从贷款人那里获得信用展期。

2. 现金流量分析的内容

现金流量包括现金流入量、现金流出量和现金净流量。现金净流量为现金流入量与现金流出量之差。计算方法为：

现金净流量=经营活动的现金净流量 + 投资活动的现金净流量 +
融资活动的现金净流量。

3. 借款人现金流问题的预警信号

（1）信息披露的不完全。借款人刻意隐瞒有问题的支票、账户透支、大笔交易、过期贷款、不完全担保贷款、最近的财务报表等。

（2）若有频繁的小笔贷款要求，对现金如饥似渴，就表明公司不能产生足够的现金。同样，如果在利率很低的时候，借款人公司信用卡账户上的未偿余额仍很高，就会令人怀疑借款人为何不在利率较低时还清余额。如果只有少量的现金流，即使公司的净资产价值很大也难以按期偿还本金和利息。

（3）多次改变贷款计划。在贷款需求方面的多次变化，可能意味着公司财务的失控，或者不明确下一步怎样做。

五、财务综合分析

企业的财务活动是一个有机的整体，而前面的财务分析通常从某一特定角度就企业某一方面的经营活动进行分析，这样很难对企业的总体财务状况得出综合性结论。为弥补这一缺陷，就要进行财务综合分析。财务综合分析是指以企业财务报告等核算资料为基础，将对企业营运能力、偿债能力和盈利能力等方面的分析纳入一个有机的分系统中，全面、系统地对企业的财务状况、经营成果及现金流量进行分析判断。

（一）杜邦财务分析法

1. 杜邦财务分析法的基本结构与特点

杜邦财务分析法（DuPont Analysis）利用几种主要的财务比率之间的关系来综合地分析企业的财务状况。具体来说，它是一种用来评价公司盈利能力和股东权益回报水平，从财务角度评价企业绩效的一种经典方法。其基本思想是将企业净资产收益率逐级分解为多项财务比率的乘积，这样有助于深入分析比较企业经营业绩。由于这种分析方法最早由美国杜邦公司使用，故名杜邦财务分析法。

杜邦财务分析法的基本结构如图 6.1 所示。

杜邦财务分析法最显著的特点是将若干个用以评价企业经营效率和财务状况的比率按其内在联系有机地结合起来，形成一个完整的指标体系，并最终通过净资产收益率来综合反映。采用这一方法，可使财务比率分析的层次更清晰、条理更突出，为报表分析者全面仔细地了解企业的经营和盈利状况提供方便。

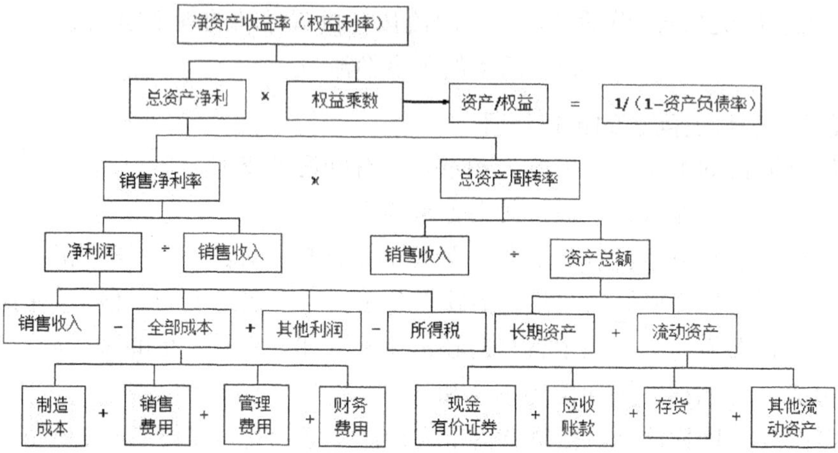

图 6.1　杜邦财务分析法的基本结构

2. 杜邦财务分析法的基本思路

杜邦财务分析法的基本思路可以表述为以下几个方面。

（1）权益利率，也称权益报酬率，是综合性最强的一个财务分析指标，是杜邦财务分析系统的核心。

（2）总资产净利是影响权益利率最重要的指标，具有很强的综合性，而总资产净利又取决于销售净利率和总资产周转率的高低。总资产周转率反映总资产的周转速度。对总资产周转率的分析，需要对影响资产周转的各因素进行分析，以判断影响公司资产周转的主要问题在哪里。销售净利率反映销售收入的收益水平。扩大销售收入，降低成本费用是提高企业销售利润率的根本途径，而扩大销售也是提高资产周转率的必要条件和途径。

（3）权益乘数表示企业的负债程度，反映了公司利用财务杠杆进行经营活动的程度。资产负债率高，权益乘数就大，这说明公司负债程度高，公司会有较多的杠杆利益，但风险也高；反之，资产负债率低，权益乘数就小，这说明公司负债程度低，公司会有较少的杠杆利益，但相应所承担的风险也低。

3. 杜邦财务分析法中的几种主要的财务指标关系

净资产收益率=总资产净利（净利润/总资产）×权益乘数（总资产/总权益资本）

其中，总资产净利（净利润/总资产）=销售净利率（净利润/销售收入）×总资产周转率（销售收入/资产总额）

即净资产收益率=销售净利率（NPM）×总资产周转率（AU）×权益乘数（EM）

在杜邦财务分析体系中，包括以下几种主要的指标关系。

（1）净资产收益率是整个分析系统的起点和核心。该指标的高低反映了投资者的净资产获利能力的大小。净资产收益率是由销售净利率、总资产周转率和权益乘数决定的。

（2）权益乘数表明了企业的负债程度。该指标越大，企业的负债程度越高，是资产权益率的倒数。

（3）总资产净利是销售利润率和总资产周转率的乘积，是企业销售成果和资产运营的综合反映。要提高总资产收益率，就必须增加销售收入，降低资金占用额。

（4）总资产周转率反映企业资产实现销售收入的综合能力。在分析时，必须综合销售收入分析企业资产结构是否合理，即流动资产和长期资产的结构比例关系。同时要分析流动资产周转率、存货周转率、应收账款周转率等有关资产使用效率指标，找出总资产周转率变化的确切原因。

4．杜邦财务分析法的局限性

从企业绩效评价的角度来看，杜邦财务分析法只包括财务方面的信息，不能全面反映企业的实力，有很大的局限性。在实际运用中需要加以注意，必须结合企业的其他信息进行综合分析。其局限性主要表现在以下几个方面。

（1）对短期财务结果过分重视，有可能助长公司管理层的短期逐利行为，忽略企业长期的价值创造。

（2）财务指标反映的是企业过去的经营业绩，衡量工业时代的企业能够满足要求，但在信息时代，顾客、供应商、雇员、技术创新等因素对企业经营业绩的影响越来越大，而杜邦财务分析法在这些方面是无能为力的。

（3）在市场环境中，企业的无形知识资产对提高企业长期竞争力至关重要，而杜邦财务分析法不能解决无形资产的估值问题。

（二）沃尔评分法

1928 年，亚历山大·沃尔出版的《信用晴雨表研究》和《财务报表比率分析》中提出了信用能力指数的概念，他选择了 7 个财务比率，即流动比率、产权比率、固定资产比率、存货周转率、应收账款周转率、固定资产周转率和自有资金周转率，分别给定各指标的比重，然后确定标准比率（以行业平均数为基础）；将实际比率与标准比率相比，得出相对比率；将此相对比率与各指标比重相乘，得到总评分。提出了综合比率评价体系，把若干个财务比率用线性关系联系起来，以此来评价企业的财务状况。

沃尔评分法的原理是指将选定的财务比率用线性关系联系起来，并分别给定各自的分数比重，然后通过与标准比率进行比较，确定各项指标的得分及总体指标的累计分数，从而对企业的信用水平做出评价的方法。

沃尔比重评分法的基本步骤包括以下几个方面。

（1）选择评价指标并分配指标权重。

盈利能力的指标：资产净利率、销售净利率、净值报酬率。

偿债能力的指标：自有资本比率、流动比率、应收账款周转率、存货周转率。

发展能力的指标：销售增长率、净利增长率、资产增长率。

按重要程度确定各项指标的评分值，评分值之和为 100。

三类指标的评分值约为 5：3：2。盈利能力指标三者的比例约为 2：2：1，偿债能力指标和发展能力指标中各项具体指标的重要性大体相当。

（2）确定各项指标的标准值，即各该指标在企业现时条件下的最优值。

（3）计算企业在一定时期各项指标的实际值。

资产净利率=净利润/资产总额×100%

销售净利率=净利润/销售收入×100%

净值报酬率=净利润/净资产×100%

自有资本比率=净资产/资产总额×100%

流动比率=流动资产/流动负债×100%

应收账款周转率=赊销净额/平均应收账款余额×100%

存货周转率=产品销售成本/平均存货成本×100%

销售增长率=销售增长额/基期销售额×100%

净利增长率=净利增加额/基期净利×100%

资产增长率=资产增加额/基期资产总额×100%

（4）形成评价结果。

沃尔评分法的公式为：实际分数=实际值/标准值×权重。

当实际值>标准值为理想情况时，此公式正确，但当实际值<标准值为理想情况时，实际值越小得分应越高，用此公式计算的结果却恰恰相反。另外，当某一单项指标的实际值畸高时，会导致最后总分大幅度增加，掩盖情况不良的指标，从而给管理者造成一种假象。

沃尔评分法从理论上讲有一个明显的问题，就是未能证明为什么要选择这 7 个指标，而不是更多或更少些，或者选择别的财务比率，以及未能证明每个指标所占比重的合理性。这个问题至今没有从理论上得到解决。

第四节　企业贷款的非财务分析

要更准确地考察借款人的偿债能力，一个重要的方面就是非财务因素对借款人的影响。非财务分析是指对企业财务因素之外的其他变动因素的分析。非财务因素虽然不能像财务因素一样通过财务指标量化，但它对企业贷款起着至关重要的作用。企业的非财务分析主要包括借款人所处的行业风险因素分析、企业内部分析、自然社会因素分析、偿还意愿分析等。

一、行业风险因素分析

每个企业都处在某一特定行业当中，每个行业都有其特定的风险。通过对借款人的行业趋势和风险进行全面客观的分析把握，结合借款人在行业中所处的地位，可以从行业的基本状况和发展趋势判断借款人的行业基本风险，为综合分析借款人的还款能力提供依据。

1．行业的成本结构分析

行业的成本结构分析主要是成本性态分析。所谓成本性态是指成本总额对产销量的依存关系。当产销量变化后，各项成本由于形态不同（大体上分为固定成本和变动成本），它们对收入和利润的影响也不同。一般情况下，高经营杠杆企业的特点是高固定成本、低变动成本；低经营杠杆的企业表现为低固定成本、高变动成本。假设所有其他风险相同，当销售量波动且难以预测时，经营杠杆高的公司比经营杠杆低的公司更危险。

2．行业的生命周期分析

行业的生命周期指行业从出现到完全退出社会经济活动所经历的时间。行业的生命发展周期主要包括四个阶段：幼稚期、成长期、成熟期和衰退期。

幼稚期的市场增长率较高，需求增长较快，技术变动较大，行业主要致力于开辟新用户占领市场。此时，企业技术上有很大的不确定性，在产品市场服务等策略上有很大的上升空间；行业特点、行业竞争状况、用户特点等方面的信息掌握不多，企业进入壁垒较低。

成长期的市场增长率很高，需求高速增长，技术渐趋定型；行业特点、行业竞争状况及用户特点已比较明朗；企业进入壁垒提高，产品品种及竞争者数量增多，如电子工程、生物医药、手机游戏和环保行业就处于此阶段。

成熟期的市场增长率和需求增长率不高，技术上已经成熟，行业特点、行业竞争状况及用户特点非常清楚和稳定，买方市场形成，行业盈利能力下降，新产品和产品的新用途开发更为困难，行业进入壁垒很高。

衰退期的市场增长率和需求下降，产品品种及竞争者数目减少。

3．行业与经济周期性关系分析

借款人的行业经济周期性是判断贷款风险程度的重要因素。周期性行业的经营状况受经济周期影响波动幅度较大，在经济衰退时，许多企业都会因销售迟缓、成本增加及利率上升等原因出现利润下降和现金流短缺问题。

增长型行业的运动状态与经济活动总水平的周期及其振幅无关。这些行业收入增长的速率相对于经济周期的变动来说并未出现同步影响，因为他们主要依靠技术的进步、产品推出及更优质的服务，从而使其经营呈现增长态势，如计算机、复印机等行业。

周期型行业的运动状态与经济周期直接相关。当经济处于上升时期时，这些行业会紧随其扩张；当经济衰退时，这些行业也相应衰退。产生这种现象的原因是当经济上升时，对这些行业相关产品的购买增加，如消费品业、耐用品制造业及其他需求收入弹性较高的行业，都属于典型的周期性行业。

还有一些行业被称为防御型行业。这些行业运动形态的存在是因为其产业的产品需求相对稳定，并不受经济周期处于衰退阶段的影响。正是因为这个原因，对其投资属于收入投资而非资本利得投资。有时候当经济衰退时，防御型行业或许有实际增长。例如，食品业、公共事业等属于防御型行业。因为行业的收入弹性较小，所以这些公司的收入相对稳定。

4. 行业的盈利水平

如果一个行业的平均利润增长长期低于社会平均利润率，甚至整体企业亏损，作为该行业中的借款人，其未来经营状况和还款能力值得关注，因其行业的盈利水平与行业周期密切相关。

5. 产品替代性

可替代产品是指那些与某行业的产品有相同、相似功能或能满足相同需求的产品。如果一个行业的产品性能独特和自然垄断，不存在替代产品，也就不存在行业产品被替代的风险；如果一个行业产品有许多替代品，产品被替代的可能性越大，相应的行业风险也就越高。

6. 行业法律环境分析

法律制度的改变可能促进某些行业的发展，也可能对某些行业的生存和发展产生负面影响。在评估借款人的行业风险时，确定该行业是否具有良好的法律环境，以及是否对该行业经营发展产生实质性影响的法律变化是十分必要的。如野生动物保护法的出台，以野生动物器官为生产原料的制药业受到严重的影响；小型造纸、化工，水泥等一些在生产过程中产生有害废物的行业，相关国家环境保护法规的影响会很大，其贷款风险也就较高。

7. 行业宏观经济和政策环境分析

随着经济全球化的发展，国际、国内和区域的宏观经济环境变化对行业发展产生影响，对于一些经济周期敏感性行业尤其如此，有时通货膨胀率、汇率、利率、税收、国际收支等因素对一些行业的发展也具有决定性的影响。

国家经济政策的变化对行业的发展会产生不同程度的影响。那些对货币金融政策、产业指导政策、税收政策较为敏感的行业，政府采取的是鼓励还是禁止政策，会影响甚至左右整个行业的经营状况。

二、企业内部分析

借款企业的内部情况具体分析主要包括经营风险分析和管理风险分析。

（一）经营风险分析

1．经营特征分析

（1）经营规模。企业经营规模与经营风险成反比。经营规模越大，行业市场风险也就越大，企业经营也就越稳定；规模偏小，则很容易被竞争对手挤出市场，会面临较大的经营压力。

（2）核心竞争力。核心竞争力的三个基本特征：一是用户价值，即能为客户提供根本性的好处或效用；二是独特性，企业的任何一项专长要成为核心竞争力就必须独树一帜；三是延伸性，在未来的市场竞争中赢得优势，并获取丰厚利润。

（3）产品特征。一个企业的产品或服务的特征主要表现在其产品的竞争力方面，竞争力强的产品会获得市场购买者较多的认同，容易在市场竞争中战胜对手，顺利实现销售并取得较好的盈利，企业也可以获得良好的融资环境，实现快速发展。

（4）市场状况。借款人在行业中的地位是衡量其经营风险的重要因素，那些有市场影响力、被公认为行业龙头的企业要比市场中的弱小者有更强的抗风险能力。

2．经营循环分析

经营循环指的是借款人从收到客户订单到向客户出售产品和提供服务的全过程。一般来说，企业的经营过程具有一定的重复性，每个企业都有自己独特的内部经营循环，工业企业的经营循环主要包括采购、生产和销售三个环节，只有这三个环节顺利进行，才能完成企业的持续经营和资产转换周期，保证贷款的及时补偿。影响贷款偿还的因素还有原材料价格、原材料质量、产品销售、应收账款收取及生产效率等因素。

（二）管理风险分析

1．组织形式及其变化分析

借款人的组织形式是否有变化，以及其变化是否有利于企业的经营管理，需要进行分析与关注。企业因减资、合并、解散、兼并重组导致的组织形式变化可能对借款人的管理框架产生影响，而对借款人的现金流、盈利能力等产生有利或不利的影响。在分析时要注意分析借款人股权和组织形式变化对还款能力的影响，对涉嫌利用企业兼并、租赁、转让、承包、分立等形式恶意逃废银行债务的贷款应予以充分关注。

2．公司治理分析

公司治理本质上是一种现代企业组织管理制度，良好的公司治理是现代企业健康发展的基础，也是借款人保持稳定还款能力的重要保证。具体来说，良好的公司治理结构应具备完备的股东大会决策程序，建立独立董事制度，健全社会监督功能，建立健全董事会和监事会的评价机制，完善高级管理人员的选聘机制和激励机制等。

在强调建立良好的公司治理结构的同时，银行应注意内部人控制现象，避免拥有控制权的企业经营者凭借对财产的控制权寻求利益的最大化而忽视甚至损害出资人的利益。

3. 管理层素质和稳定性分析

市场经济条件下的竞争是人力资源的竞争，管理层的素质是制约许多企业发展的关键性因素。对借款人管理层的素质分析应着重关注管理人员的学历、年龄结构、专业经营、管理风格、行业管理经验及熟悉程度。同时，管理层的稳定也是一个十分重要的问题，企业主要管理人员离任、死亡、更换等均会对其持续正常的经营管理产生影响。

4. 经营思想分析

如果企业管理层过度地追求短期利润最大化，就可能导致企业侧重短期行为的种种消极后果，忽视新技术开发、新产品开发、市场开拓、人力资源开发等方面下功夫，对企业长期的健康发展会造成不利影响。管理层的经营思想对企业经营和发展的稳健性也具有实质性的影响。过于冒险的经营作风既可能给企业带来丰厚的利润，也可能带来巨大的损失，此类企业未来的偿债能力会具有很大的不确定性。

5. 关联企业经营管理分析

随着企业的集团化发展，企业之间的关联关系越来越复杂，由于借款人与其母公司、控股公司等关联企业之间存在股权、资金、产品交易等多方面的密切关系，其经营财务状况不可避免地受到关联企业的影响。一家子公司经营失败，可能拖垮整个企业集团，一个机关公司也可能连累多个子公司。在贷款风险分析中，要充分关注借款人及关联企业之间的关联程度，具体分析关联企业的经营状况和财务状况，评估其对借款人还款能力的影响。

6. 法律纠纷和重大事项分析

借款人经营中经常会遇到法律纠纷问题，这会对还款能力产生实质性的影响，有时甚至会成为决定贷款偿还的主要因素。如借款人与供应商、消费者、关联企业及职工之间产生纠纷或借款人因违反法律法规和合约而受到税务、银行、工商等部门的处理处罚等。

三、自然社会因素分析

战争、自然灾害及其他一些社会因素均可能对借款人带来一定的风险，从而对借款人的还款能力产生不同程度的影响。

四、偿还意愿分析

如果借款人有还债能力但不愿意偿还，那么商业银行也就很难使其按时偿还贷款本息。另外，如果贷款申请人贷款的目的是金融诈骗、卷款而逃，那么，无论其表现出来的偿还能力有多强，商业银行都难免会遭受损失。因此，对借款人品格的了解是影响企业贷款的关键因素。

第五节　企业贷款的风险管理

一、企业贷款的风险

（一）企业贷款的风险识别

1．分析问题贷款产生的原因

首先是借款人自身的原因。借款人由于自身企业经营不善、管理无方导致无力偿还贷款，并且其担保人由于某些原因，也无法按期偿还，这就导致了信用风险。其次是借款人外界的因素。由于经济周期的影响，当经济处于萧条期，借款人获利能力普遍下降，还款能力自然下降，导致无力偿还；当经济处于繁荣期时，借款人还款能力上升，问题贷款出现的可能性降低；由于财政、货币政策的影响，当政府采取宽松的财政政策时，社会需求增加刺激企业发展，问题贷款产生的可能性低，反之亦然。最后是银行自身的失误。银行的失误也会导致问题贷款的出现，包括银行的经营管理问题和信贷操作失误。

2．问题贷款的早期财务信号

（1）对杠杆作用进行分析。判断负债权益比率是否超过了行业平均水平。

（2）对获利能力进行分析。判断资产收益率是否大于 1%，资本收益率是否大于 15%。

（3）对流动性进行分析。判断根据财务指标分析流动性，财务指标有流动比率、速动比率、应收账款周转率、存货周转率，等等。

3．问题贷款的早期非财务信号

（1）企业管理风格的改变。这涉及企业的管理能力，如有无充分的计划、有无管理发展的能力、有无重要的人事变动等。

（2）行业市场和产品的变化。企业管理层的一项主要责任是预测和应对未来的变化。银行要确信借款人的管理层能够清楚地认识到自己所处的环境发生的变化，并且去预测这些变化。

（3）信息获取失效的变化。银行应从借款人那里获得的财务数据发生拖延或不充分递交的情况，以及银行只能勉强获得这些信息的情况。

（二）企业问题贷款的防范与处理

1. 问题贷款的预防措施

（1）在进行贷款决策时，银行可运用风险测度模型对风险进行预测，然后放弃可能引起损失的方案，拒绝问题贷款的产生。

（2）在对借款人和借款方案进行选择时，趋利避害，如在有多种可供选择的方案面前，选择风险小的方案，在贷款客户选择上，向营利信用和还款能力强的企业倾斜。

（3）分散策略。一是组成银团共同承担一项贷款义务，达到分散风险的目的；二是调整贷款风险比例和期限结构，使其与银行的风险承受能力相适应。

（4）若贷款没有被担保或在清算抵押品后仍不足还款，银行可以对借款人或担保人提起诉讼，以法律手段维护自身权益。

2. 贷款损失准备金

贷款损失准备金是从银行收入中提取的用于弥补贷款损失的，包括一般准备金、专项准备金及特种准备金。

（1）一般准备金，按年末贷款余额的 1%，从净利润中提取。

（2）专项准备金对关注类贷款，提取比例为 5%；对次级类贷款，提取比例为 20%；对可疑类贷款，提取比例为 50%；对损失类贷款，提取比例为 100%。同时，根据我国的实际情况，借鉴一些国家的做法，对次级类贷款、可疑类贷款、损失类贷款准备金的提取比例，根据贷款损失程度可上下浮动 20%。

（3）特种准备金提取的具体比例由金融企业根据贷款资产的风险程度、回收的可能性进行合理确定。

在普通呆账准备金和专项呆账准备金体系下，准备金的计算步骤如下。

第一步：计算所需的专项呆账准备金

专项呆账准备金要按照贷款的分类结果计算，不同类的贷款按不同的比例计提。可参考的比例为：损失类贷款 100%；可疑类贷款 50%；次级类贷款 20%；关注类贷款 5%。

第二步：计算普通呆账准备金

贷款即使属于正常类仍存在损失的可能性，因此须计提普通呆账准备金。计算方法为：

$$普通呆账准备金=（贷款总额-专项呆账准备金）\times 规定的比例$$

第三步：计算呆账准备金总量

$$呆账准备金总量=专项呆账准备金+普通呆账准备金$$

二、企业贷款的担保

商业银行为了控制企业贷款的风险，往往采用担保的贷款方式，以免去银行的后顾之忧。

（一）担保的种类

1．抵押贷款

抵押贷款是指贷款人以借款人不动产为抵押物发放的贷款。若借款人不能按期归还贷款本息，银行可按抵押担保合同约定行使抵押权，将抵押物折价或拍卖变现以收回贷款。若抵押人破产，贷款银行仍享有物权优先保障权利。

（1）抵押物的选择。根据《物权法》第一百八十条的规定，债务人或第三人有权处分的下列财产可作抵押物：

① 建筑物和其他土地附着物；

② 建设用地使用权；

③ 以招标、拍卖、公开协商等方式取得的荒地等土地承包经营权；

④ 生产设备、原材料、半成品、产品；

⑤ 正在建设造的建筑物、船舶、航空器；

⑥ 交通运输工具；

⑦ 法律、行政法规未禁止抵押的其他财产。

（2）不可充当抵押物的财产。《物权法》规定的不可充当抵押物的财产有：

① 土地使用权；

② 耕地、宅基地、自留地、自留山等集体所有的土地使用权，但法律规定可以抵押的除外；

③ 学校、幼儿园、医院等以公益为目的的事业单位、社会团体的教育设施、医疗卫生设施和其他社会公益设施；

④ 所有权、使用权不明或有争议的财产；

⑤ 依法被查封、扣押、监管的财产；

⑥ 法律、行政法规规定不得抵押的其他财产。

2．质押贷款

质押贷款是指贷款人以借款人或第三人的动产或权利为抵押物发放的贷款。其中，借款人或第三人为出质人，贷款银行为质权人，提供担保的财产为质押物。

质押包括动产质押和权利质押，两者的区别在于标的物：前者是动产，后者是可以转让的财产。

（1）质押物的选择。

① 出质人所有的、依法有权处分的机器、交通运输工具和其他动产；

② 汇票、支票、本票、债券、存款单、仓库、提单；

③ 依法可以转让的基金份额、股权；

④ 依法可以转让的商标专用权、专利权、著作中的财产权等知识产权；

⑤ 依法可以质押的其他权利，包括合同债权、不动产收益权和租赁权、项目特许经营权、应收账款、侵权损害赔偿、保险赔偿金的受益转让权等。

（2）不可充当质押物的财产。

① 国家机关的权利财产；

② 所有权、使用权不明或有争议的财产；

③ 法律、法规禁止流通的财产或不可转让的财产；

④ 依法被查封、扣押、监管的财产；

⑤ 珠宝首饰、字画、文物等难以确定价值的财产；

⑥ 租用的财产；

⑦ 依法不得质押的其他财产。

3. 保证贷款

保证贷款是指保证人和债权人约定，当债务人不履行其债务时，由保证人按照约定履行债务或承担责任而向银行申请的贷款。或者可定义为，按《担保法》规定的担保方式以第三方承诺在借款人不能偿还贷款本息时，按规定承担连带责任而发放的贷款。《担保法》规定，保证方式有两种，即一般保证和连带责任保证，区别在于二者保证的责任不同。

（1）保证责任。当事人在保证合同中约定，当债务人不能履行债务时，由保证人承担保证责任的，为一般保证。一般保证的保证人在主合同纠纷未经审判或仲裁，且就债务人财产依法强制执行仍不能履行债务前，对债权人可以拒绝承担保证责任。

在保证合同中约定保证人与债务人对债务承担连带责任的，为连带责任保证。连带责任保证的债务人在主合同规定的债务履行期满没有履行债务的，债权人可以要求债务人履行债务，也可以要求保证人在其保证范围内承担保证责任。

（2）保证期间。保证期间为保证责任的存续期间，事关保证人和债权人之间的债权债务能否行使或履行，也是确定保证债务和诉讼时效关系的依据，因而在保证合同中要明确规定。过了该期间，即使债务人未履行债务，保证人也不承担保证责任。

保证期间可分为约定保证期间和法定保证期间两种。约定保证期间为债权人与保证人在合同中约定的保证期间；法定保证期间是指在保证合同中没有明确规定的情况，由法律直接规定的保证期间。需要注意的是，约定保证期间优先于法定保证期间。在法定保证期间，在连带责任保证的情况下，债权人有权自主债务履行期届满之日起6个月内要求保证人承担连带责任；在一般保证情况下，保证期间为主债务履行期届满之日起6个月。

4. 附属合同

附属合同是由借款人的其他债权人签署的同意对银行贷款负有第二责任的协议，作用是为银行提供对其他债权人的债务清偿优先权。附属合同的特点如表 6.1 所示。

表 6.1　附属合同的特点

作　用	为银行提供对其他债权人的债务清偿优先权
合时采用	资本金不足的公司，财务报表显示有应付账款或应付股利的公司
其他特征	可附属于本息的全部或部分

（二）担保的管理

1. 对抵押贷款和质押贷款的管理

① 借款人申请抵押贷款，向银行提交借款申请书、财务报表、抵押物清单等相关资料。在抵押物清单上要载明抵押物的名称、数量、质量、所在地、权属证明、评估价值、已设定抵押权的价值等事项。

② 银行对借款人资信状况进行调查，确定借款人的第一还款能力。

③ 审查抵押物是否符合抵押条件、是否有抵押权设立在先。

④ 对抵押物进行估价，或者评估抵押物的剩余价值，确定抵押率与贷款额度。

抵押物的估价是对抵押物的价值进行估算，既要估算抵押物的现实价格，也要估算抵押物在未来处分时的市场价值。抵押物估价准确与否，是抵押贷款能否成功的关键之一，也是关乎抵押人权益的重要问题。因为抵押物的种类繁多，对其估价的方法与技术性要求很强，银行一般委托专业的评估机构评估，评估费用由抵押人承担，也可由借贷双方协商。

抵押率是贷款本息额与抵押物估价值之间的比率。抵押率的高低，要视借款人的资信、抵押物的种类及变现能力、贷款期限等因素而定。通常情况下抵押率在 50%~90%。用公式表示为：

抵押率=贷款本息额/抵押物估价值×100%

抵押贷款数额=抵押物估价值×抵押率

商业银行可以与借款人协议，设定最高额度抵押，即以抵押物对一定时期内连续发生的债权进行担保。最高额抵押与一般抵押相比有一定的优越性，无论债权发生几次，只进行一次财产评估和抵押登记，省时、省力、省费用，为银行和借款人提供了方便。

⑤ 银行对抵押物的占有和控制情况。

抵押物的占管是对抵押物占有与管理。在抵押贷款中，抵押物不转移占管，由借款人或者抵押人占管，但要承担相应的责任。

抵押的财产要办理抵押登记。一方面可以防止欺诈和重复抵押，有助于发挥担保的功能；另一方面为确定债务清偿顺序提供法律依据。登记的方式有强制登记与自愿登记。强制登记是在借贷双方当事人签订抵押合同后，必须办理抵押物登记，贷款合同自抵押物登记之日起生效；自愿登记是抵押贷款的双方当事人对抵押物可以登记，也可以不登记贷款，贷款合同自签订之日起生效。我国采用强制登记方式。

办理抵押物登记，要向登记部门出具借款合同和抵押合同、抵押物的所有权或使用权证书。土地使用权在核发土地使用权证书的土地管理部门登记；房屋建筑物在颁发房地产证书的管理部门登记；林木在核发林权证书的主管部门登记；航空器、船舶、车辆在运输管理部门登记；企业的设备和其他财产在工商行政管理部门登记。

⑥ 贷后处理。在贷款发放后，银行要对借款人的经营状况、财务状况、抵押物状况进行检查，如发现问题须及时解决。

贷款到期后，借款人主动还清贷款本息的，抵押合同终止，抵押登记注销。借款人无力偿还贷款的，如符合条件的，银行与借款人签订抵押贷款展期协议书，进行展期处理。展期协议书作为原抵押合同的附件留存，并在抵押物登记处备案。

借款人未提出展期申请或不符合展期条件的，银行要依法律程序行使抵押权，对抵押物进行处理，以所得价款优先受偿贷款本息。

抵押物有三种处理方式：拍卖、变卖和折价。抵押物处理所得款按下列顺序分配：支付处理费用、缴纳税金、支付抵押物的保管费用、偿还贷款本息。

对同一财产向两个以上的抵押权人抵押的，抵押物处理所得价款的分配顺序：抵押合同已登记生效的，按抵押权登记的先后顺序清偿，顺序相同的按债权比例清偿。贷款合同自签订之日起生效的，抵押物已经登记的，按登记顺序清偿；未登记的，按合同生效的顺序清偿，顺序相同的，按比例清偿。抵押物已登记的先于未登记的受偿。

采用上述三种方式处理所得的价款可能超过或不足所担保的贷款本息，如果超过，该超过的部分应当返还抵押人所有；如果不足，不足部分由借款人清偿。

2. 保证

① 调查保证人的保证能力。商业银行的信贷人员在接到借款人提交的贷款申请书等资料和保证人的相关证明担保能力的资料后，除了对借款人进行信用调查分析，还要对保证人进行调查。调查的内容从以下几方面着手。

首先调查保证人是否具有合法的主体资格，即调查保证人是否是有代为清偿债务能力的法人、其他组织或公民。如果保证人是企业法人，则要验证营业执照、税务登记证；如果是公民，就要验证身份证明，并考察是否具有民事行为能力；如果是法人分支机构，则要验证法人授权书授权范围等。

倘若保证人不适格，将直接导致合同的无效。为顺利取得银行贷款，企业应该选择那些实力雄厚、信誉好的法人或公民作为贷款保证人。若银行等金融机构能作为企业的保证人，则效果更为理想，借款企业取得银行贷款也更容易。

《担保法》规定，保证人必须具有一定的资格，国家机关、学校、幼儿园、医院等以公益为目的的事业单位、社会团体不得作为保证人。然而在实际工作中，有些贷款是以一些国家机关作为保证人的。由于国家机关、事业单位是靠财政拨款进行开支的，它们所拥有的资产单位无权处理，所以实际上这种担保也就成了无效担保。

② 财务能力。保证人作为第二还款来源，具有代偿能力是最基本的要求，具体需要调查以下几个方面：一是保证人是否具有代为清偿债务的相应财产，需要调查了解保证人的财产数量、财产种类、收入水平等，以判断其代偿能力。一般来说，保证人的财产价值应当大于所担保借款数额。二是了解保证人对相应财产是否具有处分权，保证人没有处分权的财产不具有担保能力。三是分析保证人名下的财产是否容易变现。四是了解保证人的负债和或有负债。保证人如果有负债或者或有负债，就会影响到保证人的代偿能力。最后，经营困难、严重亏损、信用等级低、涉及重大诉讼事件等的组织和个体不能作为保证人。

对保证人的评估方法和对借款人的评估方法相同，保证人的财务状况，如现金流量、或有负债、信用评级等情况的变化直接影响其担保能力。

③ 核实保证人的真实性与自愿性。自愿性是指保证要建立在自愿的基础上，是保证人真实意思的表示，强制的保证无效。真实性核实：第一，核实法人保证人签字的真伪，保证合同上签字人必须是有权签字和授权签字；第二，企业法人出具的保证，应当符合该企业法人章程规定的宗旨和经营范围，否则商业银行不能接受其为保证人；第三，股份公司和有限责任公司的企业法人提供的保障，必须取得董事会决议同意或股东大会同意；第四，中外合资、合作企业的法人提供的证明，需要提交董事会同意担保的决议及授权书董事会成员签字的样本，同时出具注册会计师事务所的验资报告或出资证明。

④ 保证人的保证意愿及与借款人之间的关系。保证人到期代偿主要取决于其代偿的意愿和代偿的能力两个要素。信贷机构除审查保证人的代偿能力外，还要对保证人的信誉进行调查和了解。信贷机构可通过交流和外部走访等方式调查了解保证人的信誉状况。可重点关注以下两个方面：一是信用记录及履约情况。审查保证人有没有不良的信用记录，了解保证人账户开立情况、偿还借款记录、交易合同履行情况和涉诉情况，了解保证人作为借款人时（如果有）是否按时还款，了解保证人对履行保证责任的主观态度，判断分析保证人的代偿意愿。询问保证人是否给其他人担保过债务，代偿意愿如何，其代偿是主动代偿，还是债权人采取法律手段或其他行动的结果等。二是保证人提供担保的动机及与借款人之间的关系。保证人不会平白无故地以自己的信誉及名下的财产为他人债务提供担保，一定是出于某种动机。常见的动机包括保证人已经履行部分保证义务、保证人是贷款项目的投资人、保证人与借款人是上下游客户、保证人与借款人是关联公司、亲属关系等。

⑤ 签订保证合同。保证合同要以书面形式订立，以明确双方当事人的权利与义务。合同的内容应当包括贷款种类、数额、期限、保证担保的范围、保证期间、其他

需要约定的事项。商业银行与保证人可以就单个贷款合同订立一份保障合同，也可以在一个最高限额内就一段时间内连续发生的贷款合同订立保证合同，以简化手续，但合同中必须明确最高借款额度是借款余额还是借款发生额。

⑥ 贷后处理。贷款发放之后银行要对借款人与保证人的资信状况进行检查，如发现问题须及时采取措施。贷款到期，借款人应当主动归还贷款的，不能按期偿还贷款的，借款人应当提前向银行申请延期，并要求提交保证人出具的同意继续担保的书面证明，则保证期间顺延，否则执行原保证期间。借款人不符合展期条件或银行不同意延期的，按照保证合同的条款处理。

延伸阅读

控制风险，严格授信

2017 年，根据温州市金融综合改革试验区实施领导小组出台的《关于银行业金融机构增加信贷投入促进中小企业健康发展的指导意见》(简称《指导意见》)，发现温州银行业过度授信、多头授信、异地授信问题突出，为防止过多的银行贷款集中于一家企业引发企业融资风险的问题，在温各银行业金融机构将实行主办行制度，并控制企业贷款银行机构数量。温州中小企业获得贷款的银行业金融机构将不超过 4 家，其中主办行对企业的贷款原则上不低于企业贷款总量的 50%。

温州此前出现很多企业出险的情况，其中有多家企业是被贷款“撑死”的。很多家银行对一家企业进行放贷，一些企业拿到了过量的银行贷款，没地方用就乱投资，刚有收益的时候又遇到调控被抽资。温州有一家企业产值几千万元，却有 20 多家银行给它贷款，贷款几亿元，最后走上不归路。

实行主办行制度，也就是说，企业开设基本结算账户的银行业金融机构，为该企业的主办行。主办行对该企业的贷款原则上不低于企业贷款总量的 50%，或者不低于该企业产值的 0.75 倍。

《指导意见》还要求控制企业贷款银行机构数量。新增贷款企业获得贷款的银行业金融机构不得超过下述总数：集团企业不得超过 6 家，中型及以上企业不得超过 4 家，小微企业不得超过 3 家，各金融机构之间银团合作贷款不受此限制。

其中，对集团企业发放贷款，建立“2+4”的信贷机制，即辖内工、农、中、建、交等大型银行同时给集团企业发放贷款的，不得超过 2 家；对同一家集团企业发放贷款的其他银行（除大型银行外）原则上不超过 4 家。对中型及以上企业发放贷款，建立“1+3”的信贷机制，即辖内大型银行不得同时给 1 家企业发放贷款；对同一家中型及以上企业发放贷款的其他银行（除大型银行外）原则上不超过 3 家。

此外，《指导意见》还将新增贷款与企业产值进行挂钩，实行企业贷款与产值合理比例。各银行业金融机构对新增企业贷款原则上不得超过该企业上年度产值的 1.9 倍或当年产值的 1.6 倍，对已发放贷款企业余额超出以上标准的，应与企业协商，或者在地方相关政府部门的指导下，逐年降低，恢复到 1.6 倍以内。对贷款余额低于 1.6

倍产值的企业，如果企业有贷款需求，主办行应负起责任，与其他三家银行协商，帮助企业获得贷款。

资料来源：https://www.zhmf.com/zixun/81778.html.

本章概要

本章主要介绍了商业银行企业贷款的种类、银行企业贷款的管理过程、企业贷款的理由、企业贷款信用评价、企业贷款价格的构成及定价方法，使学生在宏观上对现代商业银行企业贷款管理进行全面掌握。

思考练习

1．简述企业贷款的种类。
2．试分析企业贷款信用评估的要点。
3．企业贷款定价常用方法有哪些?
4．简要说明企业贷款非财务分析的内容。
5．简述企业贷款管理的过程。

第七章 现代商业银行个人贷款管理

本章学习目标

- 掌握个人贷款的种类及含义；
- 了解个人贷款管理的过程；
- 掌握个人贷款风险防范的方法。

本章能力目标

- 掌握各种个人贷款的应用；
- 掌握个人贷款的办理流程；
- 掌握个人贷款的管理内容。

案例引入

商业银行个人信贷操作风险案例解析

案例1：虚假房屋交易骗贷案

2014年某分行营业部开始为甲公司开发的龙祥小区办理个人按揭贷款业务，截至2018年年底共办理住房及商用房按揭贷款N笔。经查实，存在空房按揭、一房两卖、冒名贷款等虚假按揭贷款情况。

案例分析：甲公司动员职工进行虚假按揭；以收购的居民身份证复印件、利用产权部门工作疏漏，办理无真实交易的虚假按揭；对已全款售出的房屋进行虚假按揭。

案例启示：未进行楼盘准入审批和资金监管；贷前调查严重失职；审查审批流于形式；贷后管理不到位。

案例2：汽车消费贷款骗贷案

2016年3月20日，某银行发生一起汽车消费贷款诈骗案件，涉及贷款N笔，造成N万元贷款无法收回。案件涉及该银行所在城市机动车交易中心、银行、车管部门、保险公司等机构和人员。经查，该行负责人与该城市机动车交易中心负责人陈某等人内外勾结，陈某以汽车交易中介的身份为银行推荐客户、代为客户上牌、办理车辆抵押登记等手续，并且从中赚取手续费收入。在业务办理过程中，陈某利用不知情人员的名义，骗取借款人的身份证，编造虚假汽车资料，在该行办理无真实汽车交易行为的汽车消费贷款，伪造车辆上牌和抵押手续单据，疯狂诈骗银行信贷资金。

案例分析：贷款调查流于形式，给不法分子提供了可乘之机；未能坚持独立审查，贷款审查不严；贷后管理形同虚设，对虚假按揭风险熟视无睹。

案例启示：加强员工职业道德教育；制定个贷从业人员准入标准；对经销商准入严格管理；规范业务操作流程；加强对正常个人贷款的监测。

案例 3：装修贷款骗贷案

2018 年，曹某以其拥有的一栋房产作抵押，向某银行提出申请个人房屋装修贷款，并提供了房产证、土地证、个人身份证明、户籍证明、婚姻证明及收入证明。该行受理了申请，两名信贷人员在确认此房屋存在后，曹某备齐房产估价证明、贷款担保人同意担保证明等，并与贷款担保人一同在该分理处签订同意抵押担保文件。手续齐全后，该行上报其上级行进行审批，并将借款合同经公证部门公证。但在办理房屋抵押登记手续期间，由于路途较远，该行同意由曹某自行办理抵押手续。后曹某将办好抵押的"他项权证"交于该行，该行就办理了其房屋装修贷款。在后期发现问题后，经查证，证实土地证、房产证、他项权证均系伪造，贷款被骗。

案例分析：（1）调查环节违规行为：一是在面谈过程中未按规定约见借款人、财产所有人和共有人，并未核对以上人员的身份证件；二是未尽职调查借款人的第一还款来源的情况；三是未充分核实借款人的借款用途，对房产所有权及装修合同未进行实地核查；四是客户经理未核实房地产权证的抵押状况和权属情况。（2）签订合同环节，客户经理未按制度要求查验借款人及担保人的有效身份证件，确保签字人确为借款人，并且所签姓名必须与身份证件姓名完全一致。（3）落实贷款发放环节，客户经理未按要求与抵押人一同到抵押登记部门办理抵押登记手续，未按要求执行办理与取回登记手续须由不同的银行工作人员办理的规定。（4）贷后管理环节，未按要求核查贷款资金使用情况。

案例启示：必须树立正确的经营理念；从业人员的素质与责任心是银行风险的免疫力；加强贷后管理，防范个贷风险。

资料来源：https://wenku.baidu.com/view/7719ee6f844769eae109ed2b.html.

第一节　个人贷款的种类和特点

个人贷款产生的理论基础是生命周期消费理论。从经济效用最大化的角度看，理性的经济人应该而且必然会从恒久收入出发，在一生这样一个较长的时间范围内安排消费支出，使得自身的消费与恒久收入相匹配，从而获得最大的收入效用。实现个人收入效用最大化的路径就是消费信贷。从商业银行的角度看，这就是个人贷款。个人贷款是实现资产多元化、降低不良资产比率、提高竞争能力的有效手段。个人贷款可以改善银行资产结构，降低经营风险；个人贷款是商业银行一个新的利润增长点；个人贷款是提高商业银行提升竞争力的重要途径。

一、个人贷款的种类

个人贷款种类繁多，按照不同的分类标准可以分为不同的类型。通常来说，按照资金用途，个人贷款可以分为个人住房贷款、个人汽车贷款、个人综合消费贷款、国家助学贷款、个人经营贷款等；按照贷款方式，个人贷款可以分为个人抵押贷款、个人质押贷款、个人信用贷款（包含信用卡贷款）等；按照还款方式，个人贷款还可以分为分期还款和到期一次性还款两种类型。

1. 个人住房贷款

个人住房贷款是指向借款人发放的用于购买住房的贷款。从全球范围来看，商业银行个人贷款中住房贷款的占比最高，约为 59%，如 2011 年美国花旗银行个人住房抵押贷款占比高达 89%，中国工商银行的比例为 59%。

个人住房贷款期限一般比较长，最长可达 30 年。由于住房贷款金额较大、期限较长，其间借款人可能遇到失业、收入下降、疾病、自然灾害等影响其偿还能力的情况，因此商业银行会面临较高的信用风险。为了降低银行的风险，个人住房贷款都要求用借款人购买的住房作为抵押，在借款人不能按照约定还款时，银行有权收回住房并进行出售，以避免资金损失，所以，个人住房贷款是一种典型的抵押贷款。

个人住房贷款的利率有两种：一种是固定利率，利率波动的风险主要由银行承担；另一种是浮动利率，利率风险由借款人承担。欧美国家大多采用固定利率；我国自中国人民银行调整利率后的下一个年度开始，银行采用变动后的利率来计算住房贷款余额的利息。

2. 个人汽车贷款

个人汽车贷款是指为借款人发放的用于购买汽车的贷款。从汽车的用途看，贷款购买的汽车可以分为不以营利为目的的自用车和以营利为目的的商用车。不同用途使得汽车的损耗、使用寿命和风险大不一样，银行要求的首付比例相应地也有所差异。自用车的首付比例一般为 20%，商用车的首付比例达到 30%。个人汽车货款属于中长期个人贷款，贷款年限一般为 3~5 年，要求借款人提供抵押、质押等担保。汽车贷款除了金融机构直接向消费者发放，还可以经由汽车销售商发放给购车的个人，即提供间接的汽车贷款。

3. 个人综合消费贷款

个人综合消费贷款是向借款人发放的、用于指定消费用途的担保贷款，贷款一般用于住房装修、购买耐用消费品、教育支出、旅游和医疗等消费用途。

随着中国经济的快速发展，留学贷款成为个人综合消费贷款中增长最快的品种，此外，用于借款人国内外旅游的贷款增长也很迅速。个人综合消费贷款属于中长期贷款，期限通常不超过 5 年，但留学贷款、医疗贷款的期限最长可到 8 年。个人综合消费贷款也可以有不同形式的担保，贷款金额与担保金额直接挂钩。

4. 国家助学贷款

国家助学贷款是指向高等院校中经济困难学生发放的，用于支付学杂费和生活费的贷款，商业银行发放的助学贷款可以分为国家助学贷款和一般助学贷款。国家助学贷款是指对符合中央和地方财政贴息规定的高等学校在校学生发放的人民币贷款；一般助学贷款是指对高等学校在校学生和新录取学生发放的无贴息的人民币贷款。

国家助学贷款不需要担保，由借款人毕业后用自己的收入进行偿还，一般要求借款人毕业后 6 年内还清，也可根据具体情况延期偿还，但最长不超过 10 年。国家助学贷款的利率执行中国人民银行规定的同期同档次的基准利率，一般使用按月分期还本付息的方式。

5. 个人经营贷款

个人经营贷款是指向借款人发放的用于其合法经营活动所需资金周转的贷款。银行的个人经营贷款主要用于满足经营状况良好、收入稳定的个人经营资金需求贷款，对象为个人独资、合伙企业的主要出资人或股东。根据个人经营状况不同，个人经营贷款金额最高可达 3 000 万元，单笔贷款最长可达 5 年。由于个人经营贷款具有较高的市场风险和信用风险，银行要求借款人提供足够的担保。我国商业银行的个人经营贷款增长较快，目前已经占到个人贷款总额的 10%以上。

6. 信用卡贷款

信用卡贷款是向借款人发放的短期、用于消费的贷款。信用卡贷款以透支的形式发放，支持借款人先消费、后付账，信用卡贷款不需要担保，属于信用贷款，银行向符合基本信用要求的借款人发信用卡，借款人用卡消费后，如果在银行规定的免费还款期内还款，就不用支付利息；如果在此后还款，就要支付非常高的利息，而且信用卡贷款利率与逾期时间成正比。

信用卡贷款的载体是信用卡，目前国际上最著名的信用卡是由美国管理和经营的 Visa 和 Master Card，具有覆盖面广、功能强和先进的消费支付处理系统。我国在 2002 年设立了自己的银行卡联合组织——中国银联，截至 2012 年，我国银行卡跨行交易总额达 21.8 万亿元，是成立前的 2001 年的 237 倍，境外可用银联卡的国家和地区数为 141 个。

二、个人贷款的特点

鉴于个人贷款的主体——个人的收入稳定性受到自身健康、家庭关系、职业稳定性、经济周期、行业盛衰等多种因素的影响，在遭遇危机时抵御风险的能力比较薄弱，偿债能力波动大。因此，与企业信贷相比，个人贷款具有高风险性、高收益性、周期性、利率不敏感性等特点。

1. 高风险性

（1）个人贷款的还款来源不稳定，波动性较大。个人贷款的还款来源主要是个人的人力资源收入和财产性收入，受到国内外经济形势变化、企业经营状况、资产市场价格、个人身体健康状况、家庭及意外情况的制约，个人贷款容易发生到期不能偿债的违约风险。例如，在 2008 年的国际次贷危机中，数百万家庭因不能按期还款而失去住房，致使银行受到重创，当时美国的失业率超过 10%，个人住房抵押贷款的违约率创下 60 年来的最新高，政府拿出 8 700 亿美元来救助金融机构。

（2）信息不对称风险比较严重。为了获得贷款，借款人往往趋向于隐瞒与贷款清偿力有关的重要信息。与企业法人相比，个人贷款的信息不对称情况更严重。个人信息的私密性更高，收集信息的难度及相应的成本更大，如果社会征信体系不健全，银行很难核实借款人提供信息的真伪，特别是难以把握那些不能量化的软信息，个人贷款在客观上要承受更高的逆向选择风险和道德风险。

（3）个人贷款的贷款结构内含较高的利率风险和违约风险。鉴于绝大多数个人都是风险规避者，偏好固定的收入与支出，表现在住房贷款、汽车贷款和综合消费信贷中，人们喜欢采用固定利率。固定利率的个人贷款确定了银行的收益，意味着在贷款期间，一旦中央银行调整利率政策，出现银行的筹资成本上升并超过个人贷款的利率，银行发放的个人贷款就会出现收支倒挂，不得不承受利率风险及其带来的损失。为了减轻银行潜在的利率风险损失，银行经常在个人贷款定价中加入足够多的风险补偿，即提高贷款利率。然而，银行这一降低利率风险的定价措施，容易导致违约风险或提前偿付风险，给银行造成损失，一方面，在收入不变或者收入下降时，过高的利息开支降低了借款人的偿债能力，容易导致到期不还本付息的现象发生；另一方面，遇到市场利率低于贷款利率时，为节省利息成本，借款人大规模地提前偿还贷款，从而给银行的资产负债管理造成了不利的影响，致使银行承担再投资风险。

延伸阅读

商业银行个人信贷操作风险防范分析

操作风险是指由于不完善或有问题的内部操作过程、人员、系统或外部事件而导致的直接或间接损失的风险。商业银行个人信贷业务操作风险防控要点主要有三大方面，即内部欺诈、外部欺诈及流程管理。

1. 内部欺诈

一是隐瞒客户不良信用记录。主要有：当信用记录为“查无此人信息”，且打印件上身份证号码与基本资料中显示的身份证号码不符时；当个贷档案（正本）中信用报告为复印件时；当打印件、复印件上有明显人为修改痕迹时；当借款人、财产共有人和财产所有人信用报告不全时。二是人为调高客户信用等级评分。主要有：当评分指标证明材料与贷款申报材料不一致时；当评分指标证明材料收集不全时。三是隐瞒重大风险。主要有：当对调查报告表述存在异议时；当调查报告所举数据、证明材料等收集不完善、不充分时。四是假名、冒名贷款。主要有：当客户经理拒绝检查人员检查指定客户的贷款时，贷款资料中申请人前后签字明显不符时，建议通过电话等方式询问借款人的借款基本情况。对单笔金额较大的贷款，以及材料瑕疵较多的借款人，建议通过联网核查系统核查申请人身份。五是抵押物不符合担保准入规定。核对土地使用权证所登记相关记载是否合规，核对房屋所有权证所登记相关记载是否合规，核查抵押物所有权人年龄与其身份证件和户口是否相符、财产所有人是否为未成年人。

2. 外部欺诈

一是收入证明虚假。应向借款人收入证明开具单位调查其职务、级别、收入等情况；借款人如有其他收入来源，则应核实相关证明材料（租赁收入、股本分红等）。二是购房行为不真实。实地调查了解房屋的位置、朝向、结构、销售等情况；通过面谈或电话等方式知悉借款人对房屋情况的了解程度，了解借款人购房行为的真实性；向房地产权登记部门查询销售合同的备案情况。三是资金用途不真实。实地查看生产经营情况，向交易对手查询，核实交易合同的真实性；核查贷款发放后，借款人是否直接将信贷资金划转入个人投资参股的法人类企业账户；发放贷款时严格核查借款人账户是否为资本投资账户。四是汽车购销行为不真实。与借款人联系了解其购车行为的真实性，详细了解借款人的家庭财务情况；密切关注汽车经销商财务状况，防止其利用按揭贷款套取资金。

3. 流程管理

一是基础资料未核实。当复印件为传真件时，建议复查原件；当复印件无“与原件核对相符”盖章和客户经理签名时，建议复查原件；当公司章程明确规定不得为股东和其他自然人提供抵押时，或者当公司章程未经工商管理部门签章确认时，建议向工商部门查询登记备案原件。二是对共有权人的调查流于形式。贷款调查面谈时，调查人员应同时约谈借款人和共有权人；在贷款合同签约时，借款人和共有权人应同时到场签订合同。三是抵押登记不落实。客户经理必须参与抵押登记过程，办理与取回抵押登记手续须由不同的银行工作人员执行，不得委托中介机构和第三方代为办理；房屋登记管理部门和土地管理部门分立的，必须首先核实土地使用权证和房产所有权证是否已经抵押，并按照相关要求办妥抵押手续；对存量贷款权证办理情况进行清理整改，及时跟踪楼盘产权证办理情况，落实抵押登记。四是贷款催收不及时。按月进行当月逾期贷款警示和次月到期贷款提示；强化贷后管理，加强监督检查。

资料来源：http://fanwen.jianlimoban.net/432761/.

2. 高收益性

个人贷款的收益主要来自利息收入与其他相关手续费。个人贷款的高风险性决定了它具有高收益性。由于个人贷款的信用风险比企业贷款高，银行在确定个人贷款利率时必然会收取更高的风险溢价。除了利息收入，银行还能通过个人贷款获得大量的非利息收入，包括各种消费回收佣金收入（如信用卡特约商户向银行返还的占消费额一定比例的佣金）、手续费收入和年费收入。

3. 周期性

个人贷款的周期性体现为较高的经济周期敏感性。在经济扩张时期，居民对未来的收入预期比较乐观，导致个人的消费和投资需求上升，个人贷款规模急剧膨胀；相反，在经济衰退时期，随着失业率上升，很多个人和家庭对未来的收入预期变得比较悲观，个人贷款及投资规模会明显收缩。个人贷款规模的这种顺周期变化给银行带来了较高的系统性周期风险，为了防范这一风险，个人贷款的利率必须包含周期风险溢价。

4. 利率不敏感性

除了个人经营贷款，在其他个人贷款产品中，借款人对利率不敏感。个人收入以工资收入为主，住房、汽车及耐用消费品贷款更多地取决于借款人的受教育程度、收入水平、社会地位和生活质量要求，利率水平及利率变动通常不是借款人考虑的主要因素。

第二节　个人贷款的风险管理与控制

一、个人贷款主要风险

1. 个人信用带来的风险

这是个人住房贷款风险中比例最高的种类，主要包括借款人偿债能力不足风险及担保人偿付能力风险两类。

对贷款申请人进行信用调查是银行开展消费信贷业务的一个重要环节。对于贷款银行来说，一个必须解决的问题是既要获得有关申请人充分的信用资料，又不用投入过多的时间和成本。在国外，贷款银行均通过商业信用机构来完成信用调查工作，但由于我国个人资信制度尚未建立完善，对个人的资信状况缺乏合理、完整的判定标准，银行只能以借款人所在单位开具的收入证明等材料作为信用评定的依据，其真实性、时效性难以确定，对个人收入的核实成本较高。个人住房贷款年限最长可达 30 年，在这样长的时间跨度内无法对借款人的经济状况进行持久的监控，现阶段商品房价格较高，每月的还本付息负担较重，一旦借款人失业或正常收入减少便有可能产生违约风险。

担保人（开发商）作为借款人从银行获取贷款履行担保的第三方，如果借款人不能在其贷款年限内按时清偿相关债务，按照约定理应由担保人在借款人未取得两证（国有土地使用证、房屋所有权证）之前或贷款终结之前履行其连带责任，但由于房地产开发业也是高风险、高收益的行业，开发商的经营状况、支付能力也是很难准确把握的，因此也极易产生风险。

2．欺诈风险

这里的欺诈行为是指违反金融管理法规，捏造事实、隐瞒真相，采取不正当手段套取银行资金，骗取根本无偿还能力或超出其偿还能力的贷款，致使银行信贷资产遭受损失的行为。重复抵押、虚拟抵押、租赁房屋抵押、故意遗漏房屋共有人的抵押，或者乱开收入证明、伪造身份证件等，这可能是借款人的欺诈行为，也有可能是开发商为尽快套取银行资金授意借款人的欺诈行为，还有一种可能是开发商与借款人联手制造出的欺诈行为。

3．银行风险

随着个人住房贷款业务量的急剧上升，各银行在“简化信贷手续”的呼声中提高了办理个人住房贷款的速度，这种服务上的改进，无疑带来了住房信贷消费群的扩大，直接促进了住房市场购买力的提高。但是，在办理贷款的过程中如果过于追求效率而忽视了贷款操作的严谨性，将会造成相关法律手续及文本的缺漏，从而导致贷款的损失。

4．抵押物风险

这是抵押物产权问题所造成的风险。如在个人住房贷款尚未清偿期间，由于城市建设规划、拆迁等因素而产生产权风险。尽管政府出台了相关办法对此予以保障，但银行仍面临着两种风险：一是拆迁补偿后，其补偿价格远远低于住房市场价格，即使货币化补偿金全部用于还贷，也可能难以清偿全部贷款；二是抵押权人（银行）无法实施抵押权的物上代位权，即可能产生产权替代风险。

5．抵押物处分引起的风险

这是指当借款人不能清偿债务时，银行依法对贷款抵押物进行处置以偿还贷款时产生的风险。主要表现为以下几方面。

（1）执行难。由于我国目前尚未形成完善的社会保障体系，当借款人发生信用危机而形成不良贷款时，银行正常行使抵押物处分权比较困难，其权益难以得到保障。其实这已不是一个单纯的经济问题，而可能延伸为一个极为棘手的社会问题，因为任何一个政府都不会让失业的人再一次“流离失所”。虽然在产权房抵押时，房产抵押登记部门要求借款人出具第二住所证明，然而这一纸证明的效力有多大，它能否成为银行处置抵押物时的有力依据，我们还需要打上一个问号。

（2）变现难。在银行欲通过拍卖抵押物实现抵押权时，如果遇到有价无市的状况，那么银行虽然实现了对抵押物的占有，但抵押权尚未真正实现。此外，个人住房贷款的期限较长，抵押房屋可能因经济环境、房地产市场状况的变化和自然损耗而贬值，变现价值较贷款时原售价按抵押率打折后的价值还要低，从而造成银行资产的损失。

6. 贷款条件风险

这是指个人住房贷款的按揭成数、利率、还款方式、贷款期限等贷款条件因借款人经济状况的变化而对贷款产生的影响。如 2012 年，银行一般所采用的还款方式有 3 种，这 3 种方式偿还贷款本金的速度有所差别。如果发生借款人无力还贷的情况，采用到期一次性还本付息的方式与按月还款方式相比，由于按月还款本金余额在不断降低，相对而言贷款风险要小得多。此外，个人住房贷款属于中长期贷款，流动性差，相对于短期借款亦具有较大的风险。

7. 其他风险

其他不可抗风险有：自然灾害及人为伤害风险，如水灾、火灾、地震及战争等使房屋毁坏，贷款无法收回；房地产业因客观经济大气候影响，行业萧条，造成银行贷款风险；借款人意外地丧失劳动力或突然死亡也应算作此种风险。

二、个人贷款的风险控制

随着个人贷款规模及其在银行贷款中的占比不断提高，有效管理个人贷款的高风险，对银行的生存和竞争力具有重大意义。

1. 使用个人信用系统

为了获得个人信用信息，世界各国都建立了自己的个人征信系统。我国也已建成了全国联网的个人和企业征信系统，截至 2017 年底，个人征信系统收录已达 9.7 亿人，涵盖了我国银行业全部个人客户的信用信息。在发放个人贷款时，银行可以选择查询中国人民银行的个人信用信息基础数据库，将信用等级不符合贷款要求的借款人排除在外，以减轻因信息不对称导致的信贷风险。

2. 选择合适的合作机构

个人贷款合作机构是指与商业银行建立个人贷款业务合作关系的房地产开发企业、汽车经销商、房地产经纪公司、房地产评估机构、担保公司、保险公司等机构，个人贷款如果采用抵押方式，以住房、汽车作为抵押品，银行必须弄清楚住房和汽车是否真实存在，它们的质量如何，它们在市场上值多少钱，如果是第三方担保贷款，银行需要知道该担保人是否具有资格，是否有能力在借款人违约时进行代位清偿等，要回答这些问题，银行就需要合作机构的帮助。为了控制合作机构可能带来的信用风险，商业银行通常实行名单准入制度。商业银行根据过去 3 年的合作经历，选择没有出现过不良贷款、不良行为的机构作为合作者。

3．实行五级分类管理

个人贷款种类多、客户差异大，而且住房贷款期限长，贷款期间借款人的偿债能力具有较大的不确定性，因此个人贷款的信用风险随时间在不断发生着变化，为了准确、全面、动态地反映个人贷款的质量，与企业贷款风险分类相同，商业银行对个人贷款也实行五级分类管理。

4．贷后监测与检查

贷后监测与检查的目的在于及时发现个人贷款中的风险项目和风险客户，进行贷后检查可以为制定风险控制措施提供科学依据。

风险项目是指存在假按揭、项目烂尾、违规违章建筑、建筑质量不合格、拖欠工程款、受到有关机构处置、有不良信用记录、客户投诉较多等情况的项目或合作机构。风险客户是指上述风险项目的法人代表、主要股东和高管及个人贷款的不良客户。贷后监测就是要收集银行特别关注的客户信息，一旦发现某类个人贷款品种或合作机构的违约率大幅上升，信贷部门将进行有针对性的现场或非现场检查。个人贷款监测是提高贷后检查效率的基础。贷后检查分为日常检查、定期或不定期信贷检查。

5．通过二级市场出售贷款

为了避免某类个人贷款的借款人或项目所在地过分集中，以及个人贷款期限错配造成的信用风险和利率风险，银行往往根据自身资产负债管理的需要，将已经发放的个人贷款直接出售给其他机构，或者在进行资产证券化处理后出售给资产支持证券的投资者，将个人贷款风险转移、分散给其他投资者，避免风险过度集中于银行。银行通过二级市场将部分个人贷款证券化，除了转移、分散信用和流动性风险，还可以获得其他好处，如降低风险资本金、增加中间业务收入及获得资本市场溢价收入等。

第三节　个人贷款的信用评估

一、个人信用评估及其经济意义

信用评估也称征信，是指信贷活动中的贷款人了解、调查、验证借款人的信用，评估其真实资信情况和偿还能力的活动，是银行选择客户的重要手段和途径。只有正确地评价借款人的信用水平，银行才能制定科学的信贷政策，通过有效的手段切实消除信息不对称带来的逆向选择和道德风险。由于个人信用具有信息分散、隐蔽性强等特点，仅依靠银行自身的力量很难充分了解和验证各行各业人员的真实信用状况。因此，个人信用评估必须依靠政府立法，组织、汇集多个部门的信息，全面、动态地评估个人的信用状况，许多国家都在银行之外建立了由专业机构评估个人信用的个人信用征信系统。

世界上第一家征信公司源于 1830 年的英国伦敦，而现代意义上的征信服务和技术发展是在 1929 年成立的美国信用局（Credit Bureau）的推动下发展起来的。目前，美国的个人信用评估主要由三家机构来提供，分别是 Experian、Equifax 和 Trans Union。当然，社会征信机构并不是个人征信主体的全部，有实力的银行往往自行建立个人信用数据库，并不使用社会征信服务机构的资料，如美国花旗银行。因为社会征信机构提供的信息不一定与银行风险管理的目标完全吻合。

2003 年，中国人民银行设立了征信管理局，征信体系由“企业信贷征信系统”和“个人信贷征信系统”组成，拥有全国集中统一的覆盖银行、企业和个人的信用数据库，而且各地区的信用信息资源可以共享。2008 年 5 月，中国人民银行征信中心在上海成立，其任务是根据企业和个人的信用记录进行诚信等级评定，截至 2017 年底，企业信贷征信系统收录企业及其他组织共计 1 800 万家，全年累计查询次数为 6 930 万次。截至 2017 年底，累计查询 13.68 亿次。

二、个人财务分析的主要内容和目标

影响个人偿债能力的主要因素包括两个方面：一是个人的财务状况：二是主观意愿或信用意识。因此，在进行借款人资信评估时，银行首先要进行个人财务分析，选择有偿还能力的客户，以便控制贷款违约率和信用风险。

1. 个人财务分析的主要内容

（1）未来的还款来源或抵押品。界定资产的所有权和确定资产的价值、稳定性及流动性，通过纳税申报表上的信息来确定客户的收入。

（2）负债和费用。确定财务报表内容的准确性和完整性，明确借款人的还款方式，并预估担保贷款的影响。

（3）综合分析。运用财务报表所获得的信息综合评价借款人的流动资金状况和偿债能力。

2. 个人财务分析的目标

（1）确定借款人各种资产的价值和可靠性，找到财务报表中所有者权益相对应的资产，并用纳税申报表中的内容来验证财务报表中数据的真实性。

（2）确定一个或几个可能作为抵押品的流动性资产。

（3）明确客户的财务状况和未来的变化，估计流动负债金额及其偿还方式，确定可能的还款来源。

（4）通过比较财务报表的各部分信息来确定客户的总体负债情况和流动性，同时要确定担保人的偿债能力。

三、个人财务报表的分析方法

1. 个人资产分析范围

银行没有必要对个人的所有资产进行评估，应该按照重要性及必要性原则通过四个方面的测试来确定需要分析评估的资产范围。

（1）借款人是否有银行认可的抵押资产？许多私人财产，如衣服、首饰、收藏品，因没有出售价值或难以变现而不能充当抵押品，这些资产应该被排除在分析范围之外。

（2）借款人是否计划将资产变卖来偿还贷款？如果是，银行才需要分析该资产的价值和变现能力。有些国家的政府从保护消费者的最低生活权益出发，禁止银行在消费者找到合适的住所前拍卖处置抵押房屋，这显然会影响抵押资产的变现性和价值。所以，银行需要充分考虑法律约束。

（3）借款人从待评估资产中获得的收入是其重要的收入来源吗？如果是，银行需要分析该资产带来收入的持续性和稳定性。

（4）某项资产占借款人总资产的比重是否超过 10%？如果超过了，银行应将其视为重要的资产进行分析。

在进行个人资产评估时，银行必须关注三个问题：①价值稳定性。分析作为抵押品或担保品的资产能否顺利变现，在贷款期限内，其价值可能发生多大变化等问题。②流动性。被评估的资产是否有现成的市场，变现是否比较容易等。③所有权和控制权。借款人是否拥有并控制着这些资产，借款人对资产的所有权是否属实等。

2. 流动资产分析

个人流动资产是指现金、大额可转让存单和储蓄存单、可转让证券等具有变现能力的资产，这类资产是偿还贷款的重要来源。银行评估该类资产的重点是其价值、稳定性和流动性，同时要确定借款人对流动资产的所有权和控制权。银行应该在财务报表中剔除负债，分析其净流动资产的实际价值。

3. 不动产分析

对不动产的审查首先要确定该财产是否真实存在并属于借款人，在税收制度比较完善的国家，最佳的办法是要求借款人提供一份最近的财产纳税单的复印件，确定这些财产的价值、所有权是否与纳税单中所填写的一致。如果银行决定用此作为抵押资产、应该取得这些不动产的所有权和其他一些留置权的所有权证明书。

4. 应收贷款分析

应收贷款是借款人向其他人或企业实体贷款后形成的资产，往往也构成借款人的主要资产。银行是否需要或需要花多少时间来审查应收贷款，取决于两个条件：应收贷款的数量规模；借款人是否提出将应收贷款作为收入来源来偿还贷款。如果应收贷款占借款人总资产的比重小于 10%，可以不进行应收贷款分析；如果借款人将应收贷款的收回作为归还贷款的主要或者唯一收入来源，银行就必须对应收贷款进行分析。

5. 人寿保险分析

人寿保险在规定的时间内也是客户的一项资产。人寿保险有两种主要形式：终身人寿保险和定期人寿保险。定期寿险没有退保金额，而终身寿险有退保金额。如果客户有退保金额，一定要确定其保险单为终身寿险。除非保单的财务报表上填有人寿保险，否则退保金额通常不是一笔很大的资产，而且保单的期限很长。

6. 退休基金分析

养老保险或退休计划的既得收入也形成借款人的财产，大部分养老基金限制参加者在退休年龄之前提取资金，提前提取资金要承受高额罚金和税金，这迫使大多数参加者将资金存到退休之时。一般情况下，只要借款人愿意支付罚金和税金，还是可以提前提取这部分资产的，因此这部分资产只能部分计入财务报表的所有者权益。

7. 私人财产

私人财产的价值通常对银行的贷款分析没有明显的作用，一般来说，私人财产没有任何抵押价值，在出售后也不能作为可靠的还款来源。

8. 其他资产

在借款人的财务报表上，银行可能发现的较常见的特殊资产包括营业资产、合营公司资产、退税、奖金和佣金。银行须审慎对待这部分资产。

9. 个人收入分析

银行审查的个人收入范围包括：工资和其他经常收入（包括借款人的工资、佣金、奖金和小费）；利息和收入；应收赡养费，退休基金收入，失业救济和社会保障福利。其中，工资和其他经常收入通常是第一还款来源，是重点审查的对象，利息和股利收入是第二还款来源。

10. 个人负债分析

在分析借款人的负债科目时，银行需要特别注意以下几点：借款人是否列出其所有的负债，哪些负债有资产作担保，借款人对哪些票据进行了背书、担保或联合承兑，有什么悬而未决的诉讼或要求牵涉借款人，借款人的杠杆率有多高，负债中有无拖欠，借款人有无任何商业上的负债等问题。

11. 其他信息

银行对借款人个人财务的分析，不仅包括资产、收入、负债，也包括银行需要了解的其他信息，最常见的其他信息通常是指资产所有权、营业投机风险、作为担保人和联合承兑人的义务及其他可能产生未来负债的行为。

（1）共有权。在大多数情况下，共有权是指丈夫与妻子对资产享有共有的权利，有时也指与其他合伙人共享资产的所有权。如果借款人计划用于抵押的资产是共有资产，则意味着该资产在变现时会受到限制。

（2）偶然负债和或有负债。借款人是否对某些债务进行了背书、担保或联合承兑。当这些债务的主债务人违约时，借款人就要偿还这些债务。

四、个人信用评估方法

1. Z值评分模型

Z值评分模型是一种以会计资料为基础的多变量信用评分模型，由模型计算出的Z值可以较为明确地反映借款人在一定时期内的信用状况，因此可以作为预测借款人财务好坏的早期预警系统。

银行在运用该模型时，只需要将贷款申请人的有关财务指标数据填入，便可由计算机自动计算得出Z值。Z值越大，表示信用越好；Z值越小，信用就越差。

2. "5C"分析法

为了克服Z值评分模型在个人信用评估方面的缺陷，银行除了要考虑个人的财务状况，还加入了借款人品格、职业、年龄、住所和受教育程度等其他决定贷款违约的非财务因素，一些银行选择的评估个人信用的参数是人们熟悉的5C：借款人品格（Character）、能力（Capacity）、资本（Capital）、担保（Collateral）和环境（Condition）。

（1）借款人品格。品格是贷款质量的主观决定性因素，也是所有参数中最重要的一个，对消费者品格评估的重点主要在三个方面：个人的稳定性、借贷历史及个人声望。

（2）能力。能力评估就是考察申请人的还款能力，或者是更高水平的管理能力，这主要取决于消费者的收入及债务水平。

（3）资本。资本评估的目的在于明确在申请人收入出现波动时的其他还款途径，评估的主要手段是个人财务分析。

（4）担保。担保也是申请人的一项重要资本，对担保的评估内容包括担保的种类、价值及价值的变化趋势、产权情况、收回担保的难易程度、担保的二级市场情况等。

（5）环境。环境是指所有影响消费者还款能力的外部环境，如政治、经济、法律、市场竞争等。

3. 信贷评分法

（1）杜兰德九因素法。较早的评分系统是杜兰德九因素消费信贷评分体系，通过统计分析找出与发生消费信贷违约事件相关的九个因素，并运用打分的方法分析各因素与风险的相关性，将各因素的分值加总后获得个人信用分。

（2）FCO 信用分。FCO 信用分计算的基本原理是统计学的聚集原理。通过统计模型，对这些因素的相似程度打分，然后将各个分值加总后得到个人信用分。分值越高表明信用越好，反之则越差。

第四节 我国个人贷款的发展

一、个人贷款规模迅速扩张

近年来，我国个人贷款规模正以惊人的速度扩张，在银行信贷资产中的比重不断上涨。1998 年我国个人贷款余额为 172 亿元，占银行信贷总额的比重仅为 0.85%。2003 年个人贷款余额增至 1.5 万亿元，占银行信贷总额的比重上升到 9.9%。2012 年个人贷款余额接近 17.52 万亿元，占银行信贷总额的比重接近 26%。截至 2017 年年末，我国消费信贷量达到 98 万亿元，占 GDP 比例为 12.3%。尽管如此，与国际上其他大银行相比，中国的个人贷款规模差距仍然较大。因此，中国的个人贷款规模还有较大的发展空间。

二、以住房贷款为主的多元化结构

我国商业银行个人贷款在亚洲金融危机后全面启动，在中国加入 WTO 后迅速发展，形成了由个人住房贷款、汽车贷款、综合消费贷款、个人经营贷款、教育助学贷款、质押贷款、信用贷款等十多类上百个贷款品种组成的个人贷款体系，呈现出多元化趋势。截至 2017 年年末，我国金融机构人民币消费贷款余额 31.5 万亿元，增加 6.47 万亿元。其中，个人短期消费贷款余额 6.8 万亿元，增加 1.87 万亿元；个人中长期消费贷款余额 24.7 万亿元，增加 45 993 亿元。2017 年度，信用卡授信总额 9.14 万亿元，个人住房贷款总额 21.86 万亿元，个人经营贷款总额 11 万亿元，其他贷款 0.3 万亿元。

三、个人贷款集中度较高

个人贷款集中度较高主要表现在两个方面：一是贷款地域比较集中；二是贷款银行比较集中。由于我国经济发展存在明显的地区差异，长江三角洲、珠江三角洲、环渤海地区国际化程度较高，经济增长速度快于西部地区和东北地区，贷款需求旺盛。与此相对应，企业和个人贷款规模与增长也存在突出的地区差异。

四、农村个人贷款严重滞后

我国个人贷款业务表现出严重的城乡差距问题。目前，我国 88%的个人贷款集中在城市，占人口比重 65%以上的农村地区仅有 12%的个人贷款份额。同时，个人贷款具有以住房贷款为主、信贷结构单一、信贷产品较少等特征。制约农村个人贷款的主要因素有：收入预期不稳定；信用环境差；个人贷款运作机制存在缺陷，如操作过程和办理手续烦琐、收费环节多、收费标准高等问题。

延伸阅读

如果个人房贷断供，将会有什么样的后果？有什么应对办法

据统计，2017 年我国居民公积金贷款的逾期金额高达 10.58 亿元，2016 年只有 7.86 亿元。一年的时间，涨幅高达 34.6%，这只是公积金贷款，商业贷款还没算进去。这表明我国越来越多的人买了房子之后付不起贷款，然后断供。房贷年限动不动就十好几年，中间出现无法预料的意外的可能性较大，还不起贷款也是有可能的。那么，要是真的还不起贷款了，房子还能是自己的吗？这里要告诫大家，断供的危害很大，逾期次数越多，影响就越严重。断供的后果有以下几点。

（1）个人征信受损。出现逾期断供等情况，就会记录在案，会影响到个人以后贷款、信用卡及乘坐高铁和飞机等。

（2）若没有按时偿还贷款，就会产生逾期费用。

（3）最严重的情况就是房子被拍卖。在贷款的时候是把房子抵押给银行，银行收不到钱，当然会收回房子，然后将其低价拍卖，降低银行的损失。房子的拍卖所得要是不足以偿还银行的贷款，个人名下的资产就会被冻结，除非还清贷款，不然后续遗留的负面影响会很大。要是银行提起诉讼，银行的诉讼费用和剩余贷款须由借款人支付。

这里建议遇到资金问题无法按时还款的人，可以先向银行申请延期还贷，不过只能申请一次；或者把房子卖了，去银行重新签订抵押合同。要是以上都不行，个人可以选择申请理财型房贷，如果贷款行有这项业务的话，个人就可以将自己之前还了的房贷再借出来，虽然利息很高，但至少能够保证自己的房子不被收回。

资料来源：https://mini.eastday.com/a/190131181244275.html.

本章概要

个人贷款是商业银行贷款业务中的重要内容，也是商业银行重要的盈利性资产之一。它还是商业银行实现利润最大化目标的重要手段之一。然而个人贷款又是一种需要加强风险管理的资产业务。

思考练习

1．商业银行个人贷款管理的主要内容有哪些？

2．商业银行个人贷款的特点有哪些？

3．商业银行个人贷款的主要种类有哪些？

第八章　现代商业银行证券投资业务

本章学习目标

- 了解商业银行证券投资业务的范围和主要内容；
- 掌握商业银行证券投资业务的发展趋势。

本章能力目标

- 掌握我国商业银行证券投资业务的方式和策略；
- 了解我国商业银行证券投资业务的创新发展。

案例引入

常熟农商行债券市场业务表现优异

常熟农商行是一家具有60多年历史的金融机构，是全国首批改制的股份制农村合作金融机构之一。改制16年来，常熟农商银行积极探索差异化，成为在全国农村金融机构中首家成功引进战略投资者、首家走出注册地开展跨区经营、首批上市的农村合作金融机构。截至2017年6月末，全行总资产1 300亿元，总存款888亿元，总贷款664亿元。根据英国《银行家》杂志2016全球1 000强银行排名，其位列第578位，居全国县域农村金融机构前列。

常熟农商行同业金融业务起步较早，1999年经人民银行总行批准加入全国银行间同业拆借中心，成为全国银行间债券市场的合格成员，是全国首批19家加入银行间市场的农村信用联社之一。加入市场伊始，常熟农商行就积极参与、抢占先机，先后取得了财政部、国家开发银行、中国进出口银行三家债券发行主体的承销团成员资格，并且直接参与国债、金融债一级市场的市场化定价（当时全国仅有四家农村信用联社具有资格，分别为北京、上海浦东、昆明、常熟）。1999年，常熟农商行国债承销量在全国金融系统中排名第20位，在全国农村信用合作系统中排名第1位。在二级市场上，常熟农商行于1999年4月末开始为市场交易做各项准备工作，5月初入市交易，完成了全国农村信用合作系统在银行间市场的第一笔交易。1999年债券交割量为134.3亿元，在全国金融系统中排名第17位，在全国农村信用合作系统排名第 1 位。

此后 3 年，常熟农商银行再接再厉，大胆探索，市场知名度和社会声誉也进一步提高。2000—2002 年，常熟农商行国债承销量在全国排名分别为第 8 位、第 16 位和第 47 位；债券交易量在全国排名分别为 17 位、23 位和 37 位；连续三年被全国银行间同业拆借中心评为交易系统“优秀交易成员”，其间被中央国债登记结算公司评为 2000—2001 年度“优秀结算成员”（全国共 10 家单位获评）。随着参与市场的广度、深度、规模不断提高，常熟农商行深感地处县域的限制。2012 年，为更好地接触市场前沿、把握市场机遇，常熟农商行在农商银行体系中率先将同业金融板块整体搬迁至上海，成立上海金融研发中心。上海中心目前下设五个一级业务部门，风控实行内嵌式管理，人才确定专业化定位和市场化管理。自此，常熟农商行金融市场业务全面提速，进入二次创业新纪元。截至 2016 年年底，上海金融研发中心显示内外整体资产规模 764 亿元（表内债券 219.46 亿元、表外债券 221.83 亿元），较搬到上海之初增长 200%左右；从交易量上看，2016 年资金和债券交易量为 3.03 万亿元，被评为银行间本币市场活跃交易商，银行间市场排名为 118 位。

资料来源：肆零财经网.

思考题：

1. 银行投资债券的目的是什么？和贷款投放有什么区别？
2. 银行投资债券业务的种类有哪些？
3. 银行投资债券的风险有哪些？

第一节 商业银行的证券投资

一、商业银行证券投资的主要功能与对象

证券投资是商业银行的一种投资行为，证券投资业务是商业银行从事与有价证券投资有关的各项业务的总称。它是商业银行一项重要的盈利性资产业务，既是银行获取利润的来源之一，也是银行资金保持流动性的重要手段。随着金融市场的不断发展，证券投资业务在银行资产业务中的比重不断上升。

（一）商业银行证券投资的主要功能

由于风险与收益的相关关系，商业银行证券投资的基本目的是在一定风险水平下使投资的收益最大化。围绕这个基本目标，商业银行的证券投资具有以下几个主要功能。

1．获取收益

获取收益是银行进行证券投资的首要功能和目标。商业银行通过负债业务或收进来的资金进行投资，只有通过不断地运用并提高运用率，才可能补偿资金并能获得更高收益。在贷款需求旺盛、收益较高、风险较低时，银行将大量的资金运用到不同的贷款类型上，可以获得较高的收益；而当贷款需求减弱或者贷款收益较低、风险较高时，银行应将部分资金甚至大部分资金投资于各种有价证券，以获得预期的利润。

商业银行证券投资可以获得的利润主要包括利息收益和资本溢价收益。所谓利息收益，也称所得利得，是指银行在购入一定数量的有价证券后，以有价证券发行时确定的利率从发行者处获得的收益，如债券的票面利息收益、股票的股利收入等。所谓资本溢价收益，也称资本利得，是指商业银行持有某种有价证券一定期限以后或有价证券的持有期到期后，在证券市场上出售或偿还时获得的、大于其购买价格的收益部分。由于证券市场的利率起伏不定，商业银行出售或偿还有价证券的活动不一定都是盈利的，如在某种证券行情下跌时，银行出售该种有价证券，就会导致银行出现账面亏损或实际亏损。

2．分散与降低风险

降低风险，把风险控制在某一个限度内，是商业银行经营管理中一个重要的问题。降低风险的基本做法就是资产的分散。商业银行的证券投资业务在分散和降低风险方面具有独特的功能。

（1）证券投资为银行资产分散提供了新的选择。开展证券投资业务，使银行能够在没有合适贷款机会时将资金投资于高信用等级的证券，在分散风险的同时实现利润的提高。

（2）证券在分散风险方面比银行贷款更为有利。同样数量的资金用在证券投资上比用在贷款上更为分散。因为贷款的跨地区经营会受到很多限制，而证券投资受限较少。

3．保持流动性

投资于可销性很强的、政府或大企业发行的短期证券，既可以随时变现，又有一定的利息收入，是银行流动性管理中不可或缺的二级准备，是理想的高流动性资产。

4．合理避税

商业银行投资的证券大多集中在国债和地方政府债券上，而国家或地方政府为了吸引投资者，往往对其所发行的有价证券实施免税或降低税率的优惠政策。

（二）商业银行证券投资的对象

商业银行证券投资的对象很多，从整体上看，主要包括以下几类：

1．政府债券

这里所说的政府债券是指由中央政府（一般为财政部）发行的债券。政府债券的基本特点是：安全性较好；流动性较高，是商业银行进行流动性管理的重要工具；收益率较高，世界各国一般都规定，投资于政府债券是不需要缴纳所得税的，实际收益率较高；可以作为抵押品或金融市场回购业务的对象。

根据期限的长短，政府债券可以分为国库券和中长期国债。

（1）国库券（treasury bill），是指政府发行的短期债券，期限一般为 1 年以内，所筹资金主要用于中央财政预算平衡后的临时性开支。国库券往往不含息票，多以贴现方式发行。商业银行既可以从财政部或中央银行直接购买，也可以在二级市场上购买。

（2）中长期国债（treasury notes and bonds），是指政府发行的中长期债务凭证，一般 1~10 年的为中期国债，10 年以上的为长期国债，所筹资金主要用于平衡中央财政预算赤字。中长期国债多为含息票证券，其发行方式多为平价发行，由财政部按期付息，到期归还本金。

2．政府机构债券（government securities）

政府机构债券是指除中央财政部门以外其他政府机构所发行的证券，如中央银行发行的融资券、政策性银行发行的债券等。政府机构债券与政府债券的特点十分相似，其违约风险较小，在二级市场上的交易比较活跃，但信用等级比政府债券要低。

3．市政债券或地方政府债券（municipal securities）

市政债券是由地方政府发行的债券，所筹资金多用于地方基础设施建设和公益事业发展。就其偿还的保证来讲，市政债券可以划分为两类：第一类是“一般义务债券”（general obligation bonds），这种债券的本息偿还是由地方政府的征税能力作保证的；第二类是“收益债券”（revenue bonds），这种债券的本息偿还以所筹资金投资项目的未来收益为保证。

4．公司债券（corporate bonds）

公司债券也称企业债券，是指企业对外筹集资金而发行的一种债务凭证。根据公司债券的保障程度，可以分为信用公司债和抵押（质押）公司债两种。由于企业的经营状况差异很大，并且市场变化无常，公司债券的违约风险较大。为了保障商业银行证券投资的安全，许多国家在相关法律中会对发行债券的企业资格做出明确的界定，或者仅允许商业银行购买信用等级在投资级别以上的公司债券。

5．股票

股票是股份公司发给股东作为投资人入股和索取股息的所有权证书。股票与债券的最大区别在于：股票没有到期日且收益不固定。银行投资于股票的风险较大，因而出于安全的考虑，银行应该谨慎对待投资股票的业务活动。另外，商业银行投资股票的目的主要在于参与和控制公司的经营活动，以及通过股票的买卖获取利润。

从目前世界各国的情况来看，虽然很多国家逐步放开了原有对金融业务经营的严格限制，但是完全放开，即对商业银行经营证券投资业务没有任何限制的国家并不多，所以股票作为银行的证券投资对象的情况还是较少的。

二、商业银行证券投资的方式和策略

（一）商业银行证券投资的方式

商业银行从事证券投资有多种业务方式，主要可以概括为两大类：商业银行为获利而持有各种组合的有价证券；通过管理证券交易账户，商业银行可以从事较为宽泛的证券业务。

（1）利用证券交易账户，商业银行成为金融市场上有价证券交易的积极推动者，这是国际上商业银行通行的做法。

近些年来，我国的商业银行大量开展这种业务，如参与国债的承购包销，参与包括金融债券在内的各类有价证券的承购包销等工作。另外，商业银行还可以通过其他方式参与有价证券的交易活动。例如，2002 年 4 月 3 日，中国人民银行和财政部共同协商制定并对外发布《商业银行柜台记账式国债交易管理办法》。按照该办法规定，我国的商业银行可以通过其营业网点与投资人进行债券买卖，并且办理相应的托管与结算业务。2002 年 6 月 3 日，我国推出首只 7 年期记账式国债；2002 年 12 月 6 日，第二只柜台记账式国债（7 年期）由四大国有商业银行在北京、上海、浙江三地同时发行。截至 2006 年年底，我国已有 17 只柜台记账式国债在各商业银行的柜台进行买卖。这种方式增加了个人和企业等各类投资人购买国债的渠道，既为投资人提供了新的金融产品，也使投资人可以随时获得所需资金；提高了投资人债券资产的流动性，增加了国债在市场上的流动机会。

另外，基金业在我国是新生事物，但近些年随着资本市场的迅猛发展而快速增长。1998 年我国仅有 5 只封闭式基金，而截至 2006 年年底，我国的基金总数为 307 只，其中封闭式基金 53 只，开放式基金 254 只；基金资产规模从 1998 年的 108 亿元，上升到 2006 年的 8 563 亿元。在基金的迅速发展过程中，我国的商业银行积极参与，主要表现为：第一，参与基金的托管工作；第二，成立基金公司，直接参与基金的发行与管理工作。

（2）通过经常保持相当数额的证券，并随时准备销售给有价证券的意愿购买者，商业银行在证券市场上可以作为“造市者”或“做市商”，参与有价证券的交易活动。

（二）商业银行证券投资的策略

在按安全性、流动性、盈利性的经营三原则考虑资金配置时，商业银行必然会在总资产中安排一个较稳定的部分投资在证券上。目前在金融市场发展较为成熟的国家的商业银行，证券投资占总资产的比例高达 25%；在我国，商业银行的证券投资在总资产中所占的比例一般在 14%左右。

一般来说，商业银行主要的投资策略包括以下几种。

1．梯形期限策略

梯形期限策略（the laddered maturity strategy），也称为期限间隔方法（spaced maturity approach），该方法的基本思路是，根据银行资产组合中分布在证券上的资金量，把它们均匀投资在不同期限的同质证券上，在由到期证券提供流动性的同时，可由占比较高的长期限证券带来较高收益。由于该方法中的投资组合很像阶梯形状，故得此名。梯形期限方法是中小银行在证券投资中较多采用的方法，其优点比较明显：①管理方便，易于掌握，银行只需要将资金均匀分布在期限上，并定期进行重投资安排即可；②银行不必对市场利率走势进行预测，也不需要频繁进行证券交易业务；③这种投资组合可以保障银行在避免因利率波动出现投资损失的同时，获取至少是平均水平的投资回报。但是，梯形期限策略也具有明显的缺陷，主要表现在：①过于呆板，缺少灵活性；②作为二级准备证券的变现能力有局限性。因此，近年来这种方法又发展为有价证券的分散投资法。

分散投资法是指商业银行将资金用于购买多种类型的有价证券，而不是将资金全部用于购买一种类型的有价证券，这样可以使商业银行持有的各种有价证券的收益与风险相互抵消，获得比较理想的利润。除了方法，银行在证券投资方面的分散策略还包括投资地域的分散、投资对象类型的分散、有价证券发行者的分散等。

2．杠铃结构方法

杠铃结构方法（barbell structure approach）是证券投资的一种期限分离方法，是指银行把证券划分为短期证券和长期证券两个组别，银行资金只分布在两类证券上，面对中期证券一般不予考虑。这种证券组合结构形似杠铃，故得此名。与杠铃投资方法相对应的还有短期期限投资方法和长期期限投资方法，后两种方法的含义是指银行将资金主要投资于短期证券或长期证券。显然，后两种方法在风险与收益的平衡方面不如杠铃投资方法。

杠铃结构方法要求所投资的长期证券在其偿还期到达中期时就卖出，并将其收入再投资于长期证券。所投短期证券到期后若无流动性补充需要，可以再投资于短期证券。短期证券的期限由银行根据货币市场状态和证券市场变现能力自行决定，但一般在 3 年期以内；长期证券的期限在 7~8 年。从理论上讲，杠铃结构方法能使银行证券达到流动性、灵活性和盈利性的高效组合。短期证券保证了银行的流动性，而长期证券的收益率较高，因此，其投资组合的收益率不应低于梯形结构方法下的投资组合收益率。同时，在利率波动时，证券投资的损益可以相互抵消，所以，此方法比其他投资方法更接近银行安全性、流动性、盈利性原则所要求的效率边界，但该方法对银行证券转换能力、交易能力和投资经验要求较高，对那些缺乏这方面能力和人才的银行来讲，其他方法也许是更有效的。

3．灵活调整法

灵活调整法是指银行在对各类证券的投资收益曲线进行分析的基础上实施的一种依据情况变化而随机组合、灵活调整的投资方法，其基本内容是：商业银行在证券投资方式上并不固守某一种模式，而是随着金融市场上利率水平的变化而随时调整。例如，当预测长期利率将要下降、长期证券的价格将要上涨时，银行就要把资金投资于长期证券；反之，如果银行预测市场上的短期利率将要下降，短期证券的价格将要上涨时，会将资金转移到短期证券的投资上来。

从表面上看，灵活调整法与杠铃投资法有几分相像。但是仔细分析，两种方法又有着明显的不同。因为在杠铃投资法中，银行的投资资金虽然也随着证券投资的收益曲线变化而调整，但是其调整过程主要以"杠铃"的另一端保持一定证券为前提（尽管数目不是很大）；而在灵活调整法中，银行的投资活动更为主动，只要银行预测某种证券的价格将要上升，就可以将资金全部或大部分转移到此种证券上，而不需要考虑是否保留一定数量的对应证券。

除了上述投资策略，银行还可以运用其资产负债管理的基本方法来进行有价证券投资策略的选择，如资金的分配方法、利率敏感性的分析方法等。总之，银行应该根据具体情况，包括自身对风险与收益的预期、接受程度及判断等，来决定具体应采用的投资方式和策略。

第二节　商业银行证券投资分析与风险防范

一、证券投资的收益性分析

债券投资主要以获取利息为主，所以还可以根据市场行情进行买卖，以赚取市场价差。证券市场越成熟，证券发行公司的经营管理和经营效益状况对证券价格的影响及对投资者的收益影响就越大。

（一）影响证券价格的因素

1．影响证券价格的宏观因素

影响证券价格的宏观因素很多，一般来说包括以下几项。

（1）国民生产总值。它反映了一国经济的基本形势。一般来说，国民生产总值增长率越高，说明该国经济发展越快，企业的利润水平上升，证券行情看好。

（2）通货膨胀。其对证券价格的影响是错综复杂的，一方面，其使企业的账面利润有所上升，使证券价格呈上升趋势；另一方面，过高的通胀会造成对企业未来经济状况恶化及政府紧缩政策的预期，造成股价下降。

（3）经济周期。它对证券价格尤其是股票价格影响明显。一般在经济复苏和高涨阶段，股价上升，在经济衰退阶段，股价下跌。而且，股价变动往往先于经济周期波动，故又称股价为经济的“晴雨表”。

（4）市场利率水平。它与证券价格密切相关。一般利率水平上升，证券价格下挫；而利率水平下跌，证券价格上涨。

（5）各种非经济因素。如政权的更迭、国家领导人的更替、战争等，这些因素是通过影响经济因素来间接影响证券价格的。

另外，还有许多影响证券行情的宏观经济因素，如国家证券方面的税收、汇率、贸易赤字、财政赤字、新证券的发行量等。

2. 影响证券价格的微观因素

微观因素不对整个证券市场发生直接影响，仅作用于单一证券或某一类证券。股票的微观分析着重分析发行公司的盈利状况和潜力、资产规模和结构、负债结构、企业组织情况、管理效率、领导人的能力、股利分配政策等因素，从而考虑该股票投资的安全性和预期可能的收益状况。对于商业银行来说，微观分析对保证证券投资的长期安全、稳定盈利有着极其重要的作用。

另外，对证券的基本分析还包括对证券内在价值的估计，这种估计是建立在预期股利收入贴现的基础之上的。

（二）影响债券投资收益的因素

1. 债券的票面利率

债券的票面利率越高，债券的利息收入就越高，债券收益也就越高。债券的票面利率取决于发行时的市场利率、债券期限、发行者的信用水平、债券的流动性水平等因素。发行时市场利率越高，票面利率就越高；债券期限越长，票面利率就越高；发行者的信用水平越高，票面利率就越低；债券的流动性越高，票面利率就越低。

2. 市场利率与债券价格

债券的利率在发行时就是确定的，一般比市场利率略高。当市场利率降低时，加大了债券与市场的利率差，债券的收益相对提升，人们购买债券的积极性提高，引起债券价格上涨；当市场利率提高时，减少了债券与市场的利率差，债券的收益相对降低，人们购买债券的积极性降低，引起债券价格下跌。

3. 债券的投资成本

债券投资的成本大致有购买成本、交易成本和税收成本三部分。购买成本是投资人买入债券所支付的金额（购买债券的数量与债券价格的乘积，即本金）；交易成本包括经纪人佣金、成交手续费和过户手续费等。目前，国债的利息收入是免税的，但企业债的利息收入还需要缴税，机构投资人还需要缴纳营业税，因而税收也是影响债券实际投资收益的重要因素。债券的投资成本越高，其投资收益也就越低。因此，债券投资成本是投资者在比较选择债券时所必须考虑的因素，也是在计算债券的实际收益时必须扣除的。

4．市场供求、货币政策和财政政策

市场供求、货币政策和财政政策会对债券价格产生影响，从而影响到投资者购买的债券成本，因此，市场供求、货币政策也是我们在考虑投资收益时不可忽略的因素。

债券的投资收益虽然受到诸多因素的影响，但是债券本质上是一种固定收益的金融工具，其价格变动不会像股票一样出现太大的波动。因此，其收益是相对固定的，投资风险也较小，适合想获取固定收入的投资者。

二、证券投资的风险及其防范

1．信用风险

信用风险也称违约风险，指债务人到期不能偿还本息的可能性。由于银行投资主要集中在政府证券上，这类证券多以财政税收作为偿还本息的保障，故违约风险不高。银行证券投资中还有一部分是公司债券和外国债券，这部分债券存在着违约的可能性。在市场经济发达的国家中，银行在进行投资分析时，除了直接了解和调查债务人的信用状况，更多的是依据社会上权威信用评级机构对债券所进行的评级分类，并以此为标准对证券进行选择和投资决策。

各国对信用风险的规避方法主要是金融监管部门鼓励银行购买投资级证券，有些国家甚至不允许银行购买投机级证券，以此保障银行投资组合的质量。

2．通货膨胀风险

通货膨胀风险是指由于通货膨胀而使货币购买力下降的风险。通货膨胀期间，投资者实际利率应该是票面利率扣除通货膨胀率。若债券利率为 10%，通货膨胀率为 8%，则实际的收益率只有 2%，购买力风险是债券投资中最常出现的一种风险。

对于购买力风险，最好的规避方法是分散投资，以分散风险，使购买力下降带来的风险能为某些收益较高的投资收益所弥补。通常采用的方法是将一部分资金投资于收益较高的投资品种上，如股票、期货等，但相应的风险也会增加。

3．变现能力风险

变现能力风险是投资者在短期内无法以合理的价格卖掉债券的风险。如果投资者遇到一个更好的投资机会，他想出售现有债券，但短期内无法找到愿意出合理价格的买主，要把价格降得很低或等很长时间才能找到买主，那么，他不是遭受降价的损失，就是丧失新的投资机会。

针对变现能力风险，投资者应尽量选择交易活跃的债券，如国债等，便于得到其他人的认同，信用评级低的债券最好不要购买。在投资债券之前也应准备一定的现金以备不时之需，毕竟债券的中途转让不会给债券持有人带来非常好的回报。

4．经营风险

经营风险是指发行债券单位的管理与决策人员在其经营管理过程中发生失误，导致资产损失而使债券投资者遭受损失的可能性。

为了规避经营风险，在选择债券时一定要对公司进行调查，通过对其报表进行分析，了解其盈利能力和偿债能力、信誉等。由于国债的投资风险极小，而公司债券与政府债券相比利率较高，但投资风险较大。所以，债券持有人需要在收益和风险之间进行权衡。

5. 违约风险

违约风险是指发行债券的公司不能按时支付债券利息或偿还本金，而给债券投资者带来损失的可能性。

违约风险一般是由于发行债券的公司经营状况不佳或信誉不高带来的风险。所以在选择债券时，一定要仔细了解公司的情况，包括公司的经营状况和公司对以往债券的偿付情况，尽量避免投资经营状况不佳或信誉不好的公司债券。在持有债券期间，应尽可能对公司经营状况进行了解，以便及时做出债券交易的选择。同时，由于国债的投资风险较低，保守的投资者应尽量选择投资风险低的国债。

6. 再投资风险

购买短期债券而没有购买长期债券时会有再投资风险。例如，长期债券利率为14%，短期债券利率为13%，为减少利率风险而购买短期债券。但在短期债券到期收回现金时，如果利率降低到10%，就不容易找到高于10%的投资机会，还不如当期投资于长期债券，仍可以获得14%的收益，所以再投资风险也是一个利率风险问题。

对于再投资风险，应采取的防范措施是分散债券投资的期限，长短期结合，如果利率上升，短期投资可以迅速找到高收益投资机会；若利率下降，长期债券却能保持高收益。也就是说，要分散投资以分散风险，并且使一些风险相互抵消。总之，不要“把所有的鸡蛋放入同一个篮子里”。

延伸阅读

我国商业银行积极开展资产证券化等业务创新活动

招商银行率先开展信贷资产证券化业务。信贷资产证券化业务是指银行业金融机构作为发起机构，将信贷资产信托给受托机构，由受托机构以资产支持证券的形式向投资机构发行受益证券，以该财产所产生的现金支付资产支持证券收益的结构性融资活动。开展信贷资产证券化，有利于银行分散和转移信用风险，改进资产负债结构，增加银行资产流动性，提高资金配置效率。招商银行招元 2008 年第一期信贷资产支持证券于 2008 年 10 月 31 日圆满完成发行，资产池规模为 40.92 亿元，包括 33 个借款人的 50 笔贷款，全部为招商银行发放的正常类企业信用或保证担保类贷款。这些贷款的借款人主要来自广东、安徽、山东、河南等 20 个省、市、自治区，涉及包括道路运输业、铁路运输业、港口、有色金属、房地产业等 21 个行业。资产池的加权平均信用级别为 AA-/A+，加权剩余平均期限为 15 个月。 在发行过程中，招商银行与受托机构、主承销商、交易管理机构、资金保管机构紧密配合，精心安排。招元 2008 年第一期信贷资产证券化信托于 2008 年 10 月 31 日正式成立。

2017 年，中国光大银行整合对公客户营销、资产管理、信托托管等方面资源，通过综合化金融服务提供整体金融解决方案，与天津自贸区客户中飞租融资租赁有限公司、银行业信贷资产登记流转中心有限公司（以下简称“银登中心”）合作，完成了飞机租赁资产证券化业务。天津东疆保税港区是中国（天津）自由贸易试验区核心区，国家租赁创新示范区，是经国务院批准成立的功能最全、面积最大、政策最优惠、开放度最高的保税港区。伴随着行业规模的不断扩张，改革的不断深化，东疆航空金融产业蓬勃发展。本次与光大银行合作的中飞租融资租赁有限公司就是中国（天津）自由贸易试验区航空租赁业的知名企业。该飞机租赁资产证券化业务是通过银登中心开展的首单飞机租赁资产结构化项目，也是银登中心首单美元资产流转和首单飞机标的资产流转项目。这个项目的成功落地为我国飞机融资租赁业务提供了新的产品融资渠道和交易平台，为未来非标准化产品实现交易流转探索了新方向，也为航空产业及租赁行业多元化发展提供了新思路。

光大银行贸易金融部相关负责人表示，在为客户提供整体金融服务方案、打造光大自贸业务品牌、促进实现银企双赢的同时，光大银行将继续为自贸区航空融资租赁业务的健康发展贡献宝贵业务实践经验和创新思路。

资料来源：搜狐财经 2017.9.

本章概要

本章主要介绍了商业银行证券投资及其管理的方法与手段。商业银行的证券投资业务是商业银行在经营发展过程中的一个重要业务内容，并随着其业务的不断发展壮大而呈上升趋势，其中一个重要因素是商业银行日益受到各种经济、政策等的变化和影响，其经营在“三性”原则的指导下，需要不断挖掘潜力。

思考练习

1. 试说明商业银行为什么要进行证券投资业务。
2. 简述商业银行证券投资的主要方式。
3. 商业银行进行证券投资业务可以采用哪些基本策略？
4. 我国商业银行证券投资业务的发展趋势如何？

第九章 现代商业银行中间业务与表外业务

本章学习目标

- 掌握商业银行中间（表外）业务的内涵与构成；
- 了解商业银行中间业务与表外业务的关系；
- 掌握商业银行中间业务与资产负债业务的区别。

本章能力目标

- 掌握商业银行中间（表外）业务的种类与构成；
- 掌握商业银行各类中间（表外）业务的特点；
- 掌握商业银行中间（表外）业务的发展趋势。

案例引入

民生银行进军金融租赁业

2008年4月8日，民生银行宣布，其参与组建的“民生金融租赁股份有限公司”已在天津开业，民生银行因此也成为第四家在国内提供相关金融租赁业务的本土银行。商业银行组建金融租赁公司可以更加高效地利用银行的资金优势，推动商业银行的业务转型。

据了解，该合资公司民生银行出资26亿元，持有81.25%的股权，天津保税区投资有限公司持有剩余的18.75%的股权。合资公司获批经营的业务主要包括融资租赁、接受承租人的租赁保证金、向商业银行转让应收租赁款、经批准发行金融债券、同业拆借、境外外汇借款等。公司已于2008年4月2日正式开业，注册资本人民币32亿元。

业内人士介绍，我国的金融租赁业务始于20世纪80年代，在1997年受亚洲金融危机影响，国内商业银行被迫退出这一领域；随着中国加入世贸组织及银行自身业务转型的需要，2007年银监会修改了相关条例，放开了对商业银行在这一领域的限制。

此后，建设银行、工商银行、交通银行相继组建了金融租赁公司。《金融业发展和改革“十一五”规划》更为明确地提出鼓励商业银行参股或设立金融租赁公司，发挥金融租赁公司在企业技术更新、设备改造和中小企业融资等方面的积极作用。

目前，虽然相对于英美等国家，我国的金融租赁企业数量还很有限，但市场空间非常大。

资料来源：搜狐财经 2008.4

思考题：

1. 商业银行发展中间业务的必要性体现在哪里？
2. 商业银行有哪些发展中间业务的途径和方向？
3. 商业银行发展中间业务存在哪些风险？

中间业务（表外）业务是商业银行不可或缺、十分重要的业务，它不同于资产负债业务，而且不同的中间（表外）业务性质也不相同。本章重点阐述中间（表外）业务的特点与作用、中间业务与表外业务之间的关系，分别介绍不同类型的中间（表外）业务的概况。

第一节　中间业务概述

一、中间业务的定义与特点

1. 中间业务的定义

中间业务是指商业银行不运用或较少运用自身资金，不占用或较少占用客户资金，利用技术、信息、资金等优势以中间人的身份为客户办理收付或其他委托事项，以收取手续费的形式获得收益，不构成商业银行表内资产、表内负债，但形成银行非利息收入的业务。

2. 中间业务与表外业务的区别

表外业务（Off-Balance Sheet Activities，OBS）是指不会引起资产负债表变动，但能为商业银行带来收入的业务活动。

狭义的表外业务通常指不纳入资产负债表的核算，并且会形成或有资产和或有负债的业务，但这些业务与资产业务、负债业务密切联系，在一定条件下能够转化为表内的资产或负债业务。大多数国家要求在资产负债表的附注中记载或有项目。广义的表外业务包括所有资产负债表以外的业务。在实践中，西方商业银行将其称为表外业务，我国则称其为中间业务。

商业银行的中间业务和表外业务之间既有联系，又有区别。其联系是：二者都不在商业银行的资产负债表中体现，二者的部分业务都不占用银行的资金、银行在当中充当代理人、受托人的身份；收入来源主要是服务费、手续费、管理费等。其区别在于：中间业务更多地表现为传统的业务，而且风险相对较小；表外业务更多地表现为创新的业务，风险相对较大。这些业务与表内业务一般有密切的联系，在一定的条件下还可以转化为表内的业务。

二、商业银行发展中间业务的动因

1. 西方商业银行发展中间业务的动因

中间业务的产生与发展是内部原因的驱使与外部原因的影响共同作用的结果。依照米什金在 20 世纪 80 年代基于西方商业银行经营状况所提出的 TRICK 模型①，理性的自我利益（rational self-interest）=表外业务（OBS）+证券化（securitization）。也就是说，商业银行中间业务的发展与技术、管制、利率风险、顾客竞争、资本充足率这些外部因素是密切相关的。其客观因素主要有以下几点。

（1）科技（Technology）进步的推动。科技进步使得金融业实现了数据处理自动化、信息传递网络化和资金转账电子化，许多过去被认为无法做到、无利可图的中间业务变得有利且可行。高科技的应用也提升了中间业务的发展价值，使银行能够通过低风险业务获取手续费收入。

（2）银行监管（Regulation）的加强和资本充足率（Capital Adequacy）的限制。按照《巴塞尔协议》的规定，商业银行资本充足率不能低于 8%。商业银行为了提高资本充足率，通过扩大资本或调整风险资产配置来缩减风险资产。相比于增资扩股、行业兼并的方式，减少传统资产负债业务，将盈利重点转向中间业务，可以在不改变银行现有资产负债结构的情况下为银行带来丰厚的手续费收入，补充资本金。表外业务相对于表内业务，风险转化系数较低，占用的风险资产更少，因此中间业务的发展必然成为商业银行的主动选择。

（3）利率风险（Interest Risk）的影响。在市场化条件下，利率与汇率每时每刻都是波动的，资本持有者面临着利率与汇率波动的风险。这样的波动使商业银行产生了规避风险类中间业务的需求，促使西方商业银行中间业务的种类增加和规模扩大。

（4）行业竞争（Competition）的刺激。在经济全球化趋势下，商业银行的经营突破了国界的限制，一些非银行金融机构也开始经营银行业务，行业竞争更加激烈。商业银行不得不开拓新业务以打造竞争优势，谋求更多利润。竞争促进了西方商业银行在利润最大化原则下拓展多元化业务。

（5）融资方式的变化。传统商业银行是资金盈余方和资金短缺方的重要媒介，商业银行主要通过存贷利差获取收益。一方面，随着商业票据、债权等证券化融资方式

① TRICK 模型：技术（Technology），银行监管（Regulation），利率风险（Interest Risk），行业竞争（Competition），资本充足率（Capital Adequacy），在德语中 Capital 的第一个字母为 K。

的兴起，融资方式由间接融资逐渐转向直接融资，使得商业银行不再是经济活动中的融资中介；另一方面，随着资本市场的证券化，投资风险相应地由银行逐渐转移到投资者身上，投资者为了减少金融市场的信用风险，向银行提出咨询和担保要求，银行便顺势推出相关的咨询、担保、代理、理财等中间业务。

2．我国商业银行发展中间业务的动因

我国商业银行发展中间业务的动因与西方商业银行基本相同，但同时与社会经济环境变化有关。随着我国市场经济的发展，人民生活水平提高，对金融服务和产品的需求也不断增加。

（1）从个人理财角度来看，随着我国国民经济的发展，居民储蓄不断增加，人们对财富的认知程度不断提高，对个人理财之类服务的需求越来越强烈，银行开展中间业务迎合了个人理财的需要。

（2）从公司理财角度来看，在激烈的外部竞争条件下，企业对资金规划的效率要求提高，企业闲置的金融资产需要合适的盈利途径，因此对进行资产保值、控制债务风险、提高资金使用效率的需求提高。企业对包括风险管理、财务顾问、资信调查等投资银行业务在内的中间业务的需求也日益增加。

（3）从银行自身发展来看，发展中间业务是商业银行转变自身经营模式的需要。在利率市场化趋势下，商业银行存贷利差逐渐收窄，资产负债业务利润下降；社会融资方式由间接融资逐渐变为直接融资，商业银行的中介角色逐渐削弱，转变经营模式是商业银行适应市场变化的要求。

发展中间业务是商业银行分散业务风险的需要。中间业务风险较小，是规避利率、汇率风险，缩小风险资产规模的最佳选择。

发展中间业务是商业银行改善资本金管理的需要。中间业务占用的经济资本相对较少，有利于满足监管部门对于资本充足率管理的要求。

发展中间业务是商业银行扩大业务规模的需要。一家银行为客户提供的金融产品和服务越多，客户对这家银行的依赖性就越大，与该银行建立长期稳定关系的可能性也就越大，从而促进和稳定了存贷款业务。

发展中间业务是应对外资银行激烈竞争的需要。外资银行管理先进、服务完善，中间业务覆盖面广，金融产品更加丰富，无疑更具竞争优势。我国商业银行面对的外资银行的竞争，不仅有资本实力的竞争，还有服务、创新能力等软实力的竞争。

因此，大力发展中间业务是我国商业银行可持续发展的战略取向。

三、中间业务的现状与发展趋势

1．西方商业银行中间业务的现状与发展趋势

在国际金融业由分业经营转向混业经营的过程中，商业银行中间业务的地位日益提高。西方商业银行中间业务的现状有以下特点。

（1）业务种类全面、系统化。西方商业银行业务范围涵盖领域极广，包括传统的银行业务、信托业务、投资银行业务、共同基金业务和保险业务等。

（2）业务增长迅速，收入比重攀升。在次贷危机前的2003—2005年，美国银行业中间业务额从9 120亿美元猛增到121 880亿美元，年平均增长137.46%。也就是说，在次贷危机前，美国银行业的表外业务收入占比大多在30%~50%以上。在次贷危机后，虽然这次危机对美国商业银行的中间业务发展造成了冲击，但是，美国银行业很快就恢复了迅猛发展的趋势，表外业务占比已平均达到40%以上。一些银行甚至高达50%以上。在西方国家，中间业务收入已经成为商业银行利润来源的主渠道。

（3）具备发达的金融科技和结算支付体系。西方各国信用卡市场已十分发达，人们习惯用信用卡消费，这就为商业银行带来了包括信用卡年费、商户结算手续费和透支利息等收入。

西方商业银行中间业务的发展趋势可概括为以下几点。

（1）业务经营混业化。由于金融创新的发展和金融体系的变革，商业银行与非银行金融机构的界限逐渐模糊，中间业务的发展逐渐延伸至证券、保险、信托等领域，中间业务的发展方向由分业经营向混业经营转变。

（2）产品结构多元化。随着金融创新能力的不断提高，西方商业银行中间业务产品呈多元化发展趋势。如保险、证券、信托、基金等相关业务产品和金融衍生产品的开发，极大地扩展了中间业务的种类。

（3）客户服务个性化。西方商业银行对个性化服务的要求很高，银行必须细分市场和客户，全面了解客户的个性化需求，对每个客户的具体情况进行分析，提供量身定做的产品方案，以此来提高客户服务的质量，实现竞争力的提升。

（4）业务处理集中化。商业银行开展中间业务需要投入一定的人力、技术等成本，集中化业务处理、实现规模经济，可以明显降低经营成本，增加利润。

（5）服务渠道多元化、自动化、网络化。随着科技的发展和互联网技术的深入应用，手机银行、网上银行等新的服务渠道延伸了传统网点柜台服务功能，既节省了人力、物力成本，又便利了客户，真正实现随时随地为客户服务。

2. 我国商业银行中间业务的现状与发展趋势

（1）中间业务增长速度加快。自2007年开始，随着我国利率市场化的不断推进、互联网技术在金融领域的逐渐深入，我国商业银行中间业务有了极大的发展。我国商业银行的总体业绩保持稳定增长，中间业务收入比重不断上升，利息收入比重呈下降趋势。早在2013年上半年，我国上市商业银行利息净收入增长率总体在15%以下，平均增幅为11.42%；但上市商业银行中间业务的手续费及佣金净收入增长速度加快，平均增长率为47.57%，其中有6家银行的增长超过50%。截至2017年年底，我国上市商业银行的营业收入达3.88万亿元，其中中间业务收入占比达28.5%，超过1.1万亿元。

（2）中间业务收入远远没有成为银行的主要收入来源。目前我国商业银行的收入主要以存贷利差收入为主，利息收入占我国商业银行收入的 70%~80%。其原因主要有：我国商业银行采用分业经营模式，限制了中间业务的发展；银行偏重资产、负债业务并将其作为绩效考核的主要指标。

（3）中间业务种类仍然较少。我国商业银行的中间业务种类与外资银行相比仍有较大差距，面对市场需求仍有不足。在利用商业银行信息、技术和人才等为客户提供高质量、高层次服务方面还比较欠缺；咨询服务类、投资融资类及金融衍生产品交易类等高技术含量、高附加值的中间业务发展明显不足，覆盖面窄，未能形成规模效应。

改变我国商业银行中间业务大大落后于西方发达国家现状的主要路径是逐步走向混业经营。混业经营是世界经济和金融业发展的客观要求，发达国家相继废止了分业经营模式，迈入了混业经营时代。商业银行采取混业经营模式能够拓展业务领域和增加业务品种，提高效率，降低成本，从而大大提高收入。虽然《商业银行法》规定银行采取分业经营模式，但允许商业银行从事投资银行业务和部分保险业务，国家政策也在逐渐放宽混业经营的限制，开始尝试混业经营模式。因此，混业经营是我国商业银行发展的大势所趋。

第二节　中间业务的类别与特征

一、按照巴塞尔委员会的分类

巴塞尔委员会认为，除了一些传统的中间业务，绝大部分中间业务具有风险，因此必须归入统一的资本充足率考察范畴。据此巴塞尔委员会从风险的角度将中间业务分为五类。

（1）贷款的替代形式，如一般的债务担保、银行承兑担保、可为贷款和证券提供财务担保的备用信用证等。

（2）与特定交易相关的或有负债，如履约担保书、投标保函等。

（3）因货物转移而产生的与贸易相关的短期自偿性或有负债，如以货运提单为抵押的跟单信用证等。

（4）原始期限超过一年的其他承诺（期限长的承诺通常存在高风险）、票据发行便利和滚动承购便利等。

（5）同利率和汇率有关的项目，如期权、期货等金融衍生业务。

二、按照商业银行与中间业务的关系分类

1. 按商业银行在开展中间业务时的身份，可将中间业务分为以下三类

（1）委托性中间业务。是指商业银行在接受客户委托后以自己的名义开展的中间

业务，如结算业务、信托业务、咨询业务等。商业银行通常对这类业务的后果不承担责任。

（2）代理性中间业务。是指商业银行在接受客户委托后，以代理人的身份开展的各类业务，如代理收款、代理保险、代发工资等。商业银行通常对这类业务的后果也不承担责任。

延伸阅读

中国银行：用“薪”理财，从“投”开始。中国银行以其稳健的经营、雄厚的实力、成熟的产品和丰富的经验，深得广大客户信赖，并与客户建立了长期稳固的合作关系。中国银行投入大量的人力、物力、财力，加强客户资源利用和客户潜力挖掘，动员客户将工资充分利用起来，最大限度地追求“钱生钱”。中国银行的用“‘薪’理财，从‘投’开始”的广告语随处可见，不断引导客户将每月节余的工资源源不断地投入诸如“基金定投”等理财产品，分享我国经济稳定成长的成果。

资料来源：https://wenku.baidu.com/view/9faa4a8f6529647d272852a2.html.

（3）自营性中间业务。是指商业银行以自身名义直接参与的各类中间业务，如担保承诺、融资性中间业务、金融衍生产品类中间业务等。在自营性中间业务中，商业银行是直接作为当事的一方参与的，需要承担与这类业务相关的一切责任，不仅包括承担风险损失的责任，还包括其他相应责任。如评估业务，虽然没有通常意义上的资产损失风险，但商业银行要为评估的结果负全部责任。

2. 按照中间业务是否与银行信用直接有关分类

（1）信用类中间业务。指商业银行直接主动地运用自身信用开展的中间业务，如担保类、融资类、金融衍生产品类业务。这类业务往往是由资产负债业务派生出来的，并且在一定条件下可能转化为表内业务，从而随时可能给资产负债的平衡带来冲击，也随时可能造成额外的流动性需求和新的风险资产。

（2）非信用类中间业务。指商业银行并不直接运用自身信用开展的中间业务，如结算业务、各种管理类业务、咨询评估类业务等。这类业务与资产负债表内业务没有必然联系。

3. 按照中间业务的功能和形式分类

按照2002年中国人民银行发布的《关于落实〈商业银行中间业务暂行规定〉有关问题的通知》，其附件《商业银行中间业务参与分类及定义》的规定，将商业银行中间业务分为九大类。

（1）支付结算类中间业务。支付结算类中间业务是指由商业银行为客户办理因债权债务关系引起的与货币支付、资金划拨有关的收费业务。

① 结算工具。结算借助的主要结算工具包括汇票（银行汇票、商业汇票）、银行

本票和支票。

银行汇票是出票银行签发的，在见票时按照实际结算金额无条件支付给收款人或者持票人的票据。

商业汇款是出票人签发的，委托汇款人在指定日期无条件支付确定的金额给收款人或持票人的票据。商业汇票分银行承兑汇票和商业承兑汇票两种。

银行本票是银行签发的、承诺自己在见票时无条件支付确定的金额给收款人或持票人的票据。

支票是出票人签发的，委托办理支票存款业务的银行在见票时无条件支付确定的金额给收款人或持票人的票据。

② 结算方式。结算方式主要包括同城结算方式和异地结算方式。主要的结算业务有以下三种。

汇款业务是由付款人委托银行将款项汇给外地某收款人的一种结算业务。汇款结算分为电汇、信汇和票汇三种形式。

托收业务是指债权人或售货人为向外地债务人或购买人收取款项而向其开出汇票，并且委托银行代为收取的一种结算方式。

信用证业务，是由银行根据申请人的要求和指示，向收益人开立的载有一定金额，在一定期限内凭规定的单据在指定地点付款的书面保证文件。

③ 其他支付结算业务。其他支付结算业务包括利用现代支付系统实现的资金划拨、结算，以及利用银行内外部网络实现的转账等。

（2）银行卡业务。银行卡是由经授权的金融机构（主要指商业银行）向社会发行的具有消费信用、转账结算、存取现金等全部或部分功能的信用支付工具。银行卡业务的分类方式一般包括以下几种。

① 依据清偿方式，银行卡业务可分为贷记卡业务、准贷记卡业务和借记卡业务。借记卡可进一步分为转账卡、专用卡和储值卡。

② 依据结算币种的不同，银行卡业务可分为人民币卡业务和外币卡业务。

③ 按使用对象的不同，银行卡业务可分为单位卡业务和个人卡业务。

④ 按载体材料的不同，银行卡业务可分为磁性卡业务和智能卡（IC 卡）业务。

⑤ 按使用对象信誉等级的不同，银行卡业务可分为金卡业务和普通卡业务。

⑥ 按流通范围的不同，银行卡业务可分为国际卡业务和地区卡业务。

⑦ 其他方式，包括商业银行与营利性机构/非营利性机构合作发行的联名卡/认同卡，相应地有联名卡业务/认同卡业务。

（3）代理类中间业务。代理类中间业务指商业银行接受客户委托、代为办理客户指定的经济事务、提供金融服务并收取一定费用的业务。包括代理政策性银行业务、代理中国人民银行业务、代理商业银行业务、代收代付业务、代理证券业务、代理保险业务等。

① 代理政策性银行业务，指商业银行接受政策性银行委托，代为办理政策性银行因服务功能和网点设置等方面的限制而无法办理的业务，包括代理贷款项目管理等。

② 代理中国人民银行业务，指根据政策、法规应由中央银行承担，但由于机构设置、专业优势等方面的原因，由中央银行指定或委托商业银行承担的业务，主要包括财政性存款代理业务、国库代理业务、发行库代理业务、金银代理业务等。

③ 代理商业银行业务，指商业银行之间相互代理的业务，如为委托行办理支票托收等业务。

④ 代收代付业务，是商业银行利用自身的结算便利，接受客户的委托代为办理指定款项的收付事宜的业务，例如，代理各项公用事业收费、代理行政事业性收费和财政性收费、代发工资、代扣住房按揭消费贷款还款等。

⑤ 代理证券业务，是银行接受委托办理的代理发行、兑付、买卖各类有价证券的业务，包括接受委托代办债券还本利息、代发股利红利、代理债券资金清算等业务。此处的有价证券主要指国债、公司债券、金融债券、股票等。

⑥ 代理保险业务，是商业银行接受保险公司委托，代其办理保险业务的业务。商业银行代理保险业务，可以受托代个人或法人办理投保的保险事宜；也可以作为保险公司的代表，与保险公司签订代理协议，代保险公司承接有关的保险业务。代理保险业务一般包括代售保单业务和代付保险金业务。

⑦ 其他代理业务。包括代理财政委托业务、代理其他银行卡收单业务等。

（4）担保类中间业务。担保类中间业务是指商业银行为客户债务清偿能力提供担保，承担客户违约风险的业务，主要包括银行承兑汇票、备用信用证、各类保函等。

① 银行承兑汇票，是由收款人或付款人（或承兑申请人）签发，并由承兑申请人向开发客户申请，经银行审查同意承兑的商业汇票。

② 备用信用证，是开证行应借款人要求，以放款人作为信用证的收益人而开具的一种特殊信用证，以保证在借款人破产或不能及时履行义务的情况下，由开证行向收益人及时支付本利。

③ 各类保函，包括投标保函、承包保函、还款担保、借款保函等。

（5）承诺类中间业务。承诺类中间业务是指商业银行在未来某一日按照事前约定的条件向客户提供约定信用的业务，主要指贷款承诺，包括可撤销承诺和不可撤销承诺两种。

① 可撤销承诺指贷款时附有客户在取得贷款前必须履行的特定条款。在银行承诺期内，客户如果没有履行条款，则银行可撤销该项承诺。可撤销承诺包括透支额度等。

② 不可撤销承诺是银行不经客户允许不得随意取消的贷款承诺，具有法律约束力，包括备用信用额度、回购协议、票据发行便利等。

（6）交易类中间业务。交易类中间业务指商业银行为满足客户保值或自身风险管理等方面的需求，利用各种金融工具进行的资金交易活动，主要指金融衍生业务。

① 远期合约，是指交易双方约定在未来某个特定时间以约定价格买卖约定数值的资产，包括利率远期合约和远期外汇合约。

② 金融期货，是指以金融工具或金融指标为标的的期货合约。

③ 互换，是指交易双方基于自己的比较利益，对各自的现金流量进行交换，一般分为利率互换和货币互换。

④ 期权，是指期权的买卖支付给卖方一笔权利金，获得一种权利，可于期权的存续期内或到期日当天，以执行价格与期权卖方进行约定数量的特定标的交易。按交易标的分，期权可分为股票指数期权、外汇期权、利率期权、债券期权等。

（7）基金托管业务。基金托管业务是指有托管资格的商业银行接受基金管理公司委托，安全保管所托管的基金的全部资产，为所托管的资金办理基金资金清算款项划拨、会计核算、基金估值、监督管理人投资运作，包括封闭式证券投资基金托管业务、开放式证券投资基金托管业务和其他基金的托管业务。

延伸阅读

代理开放式基金业务规范了商业银行中间业务的发展。目前，商业银行中间业务发展无序和恶性竞争的状况严重制约了其本身的正常、有序发展。随着商业银行经营机制的转变和市场意识的增强，中间业务已经成为各商业银行竞争的重要领域，各行为了占市场、争存款、拉贷款、上规模等因素，纷纷采取少收费或不收费策略，有的银行甚至采取无偿为客户提供营业场所、配备计算机、安排就业等倒贴方式。利率非市场化必然导致银企双方的“寻租”和不正当竞争。但更为重要的是，银行主观上存在着借此增加表内业务的想法，“堤外损失堤内补”。这就造成了目前商业银行中间业务发展的无序状况。这种状况的突出表现就是中间业务少收费、低于成本收费甚至不收费。开放式基金的推出，使商业银行不仅可以发展托管业务，而且可以办理代理发行、销售、赎回、转托管及过户等业务。基金发展壮大，在某种程度上，反映了资本市场、货币市场等金融市场的发展完善，因而有其必然性。其规范、有序的发展，也会促使商业银行在代理、托管过程中适应市场需求，进行实现有序竞争和发展。

对中资商业银行来说，基金托管业务虽然是一项新兴的中间业务，但其法律、法规相对比较完善，是少有的从一出生起就伴随有相应的成熟法律、法规出台的新业务品种之一。相继出台的《开放式投资基金试点办法》《商业银行中间业务暂行规定》等相关政策文件，对与开放式基金代理有关的业务类型、范围领域、收费标准等有详细的规定。这使这项新业务一开始就有法可依、有章可循，规范了商业银行的经营行为，一改以往商业银行其他中间业务新品种一推出就面临恶性竞争的无序状况。这对于建立银行中间业务经营的良好习惯、调整其经营行为和模式具有重要的意义。

（8）咨询顾问类业务。咨询顾问类业务指商业银行依靠自身在信息、人才、信誉等方面的优势，收集和整理有关信息，并通过对这些信息及银行和客户资金运动的记录和分析，形成系统的资料和方案，提供给客户，以满足其业务经营管理或发展的需要的服务活动。

① 企业信息咨询业务，包括项目评估、企业信用等级评估、验证企业注册资金、资信证明、企业管理咨询等。

② 资产管理顾问业务，指为机构投资者或个人投资者提供全面的资产管理服务，包括投资组合建议、投资分析、税务服务、信息提供、风险控制等。

③ 财务顾问业务，包括大型建设项目财务顾问业务和企业并购顾问业务。大型建设项目财务顾问业务指商业银行为大型建设项目的融资结构、融资安排提出专业性方案。企业并购顾问业务是指商业银行为企业的兼并和收购双方提供的财务顾问业务，银行不仅参与企业兼并和收购的过程，而且作为企业的持续发展顾问，参与公司结构调整、资本充实和重新核定、破产和困境公司的重组等策划和操作过程。

④ 现金管理服务，指商业银行协助企业科学合理地管理现金账户头寸及活期存款余额，以达到提高资金流动性和使用效益的目的的服务。

（9）其他中间类业务。包括保管箱业务及其他不能归入以上八类的业务。

从上述有关规定和我国商业银行开展的各类中间业务来看，我们可以做如下归纳：

① 我国的中间业务即广义的表外业务；

② 我国中间业务中的以金融服务类业务为主的各类中间业务一般称为传统型中间业务，即传统的表外业务；

③ 我国中间业务涉及风险，属于或有资产与或有负债的业务，即狭义的表外业务或称为新兴表外业务，也可称为创新型表外业务。

三、传统型中间业务的特点和意义

1. 原则上不用、少用或不直接运用自身的资金

商业银行在办理传统型中间业务时，通常不用或不直接运用自身的资金。如银行结算业务就有一条“银行不垫款”的原则。目前，随着经济全球化、金融自由化的发展，商业银行传统型中间业务也在发展、创新，业务的范围更广泛，如租赁业务，尽管承租人并不拥有租赁资产的所有权，银行也没有贷款给承租人，但银行因办理的业务需要垫付一笔资金，如购买租赁设备，因此，“不用或少用自身的资金”的原则发生了变化。

2. 风险低

传统型中间业务的基本性质是，商业银行在办理此类业务时，不直接作为信用活动的当事一方出现，也就不涉及债权、债务的关系，而且不计入资产负债表内。此类中间业务主要是接受客户委托，以中介人或代理人的身份开展业务，其风险主要由委

托人承担，银行通常不承担相关风险。

3．成为稳定收入的重要来源

商业银行在办理传统（金融服务类）中间业务时，一般都以收取手续费的方式获取收益，这是传统中间业务的重要特征。特别是自20世纪70年代以来，全球商业银行中间业务发展迅猛，适应了经济贸易快速发展的需要，加之传统的存贷款业务利差取得的收益越来越小，商业银行不得不开辟新的收入渠道，寻找新的利润增长点。这种业务收入稳定，却不增加银行的资产规模，也不需要增加资本金，成为银行稳定收入的重要来源。

4．与资产业务相互促进、共同发展

商业银行在为客户办理外贸贷款时，往往要求客户把进出口结算业务也交给银行办理。在这种情况下，商业银行一方面扩大了信贷业务的开展，另一方面增加了金融服务业务手续费收入。又如信用卡业务，商业银行在收取了有关的手续费收入后，当出现透支垫款时，银行业也会收取利息，形成了类似的信贷业务。

5．扩大了商业银行经营规模

随着我国社会经济的快速发展、人民生活水平的不断提高及改革开放的深入，我国商业银行中间业务出现了很多商机，社会对金融业服务的数量和品种的需要会越来越多，要求也越来越高。截至2006年6月，我国商业银行共发行各类银行卡超过10亿张，其中借记卡发行居于主导地位，占全部银行卡的96%以上，信用卡约占4%。剔除批发性的大宗交易和房地产交易，中国银行卡支付的消费交易额在2005年全国社会消费品总额的占比中已近10%。商业银行中间业务的品种越来越多，这些都加大了商业银行的经营规模，为银行带来了商机和收益。

四、狭义的表外业务的特点和意义

1．利用银行信用获取收益

狭义的表外业务中的担保类中间业务，是指商业银行为客户债务清偿能力提供担保，利用银行的信用担保客户获得融资的可能，或者是在某个时点上缓解支付能力不足的压力。同时，银行可获取收益。

2．规避管制，增加收益来源

自20世纪70年代以来，为了银行体系安全，各国监管当局开始对银行资本充足率提出要求，这就影响了商业银行资产规模的扩张，特别是1988年巴塞尔委员会公布了对资本充足率的统一标准，使银行表内业务受到很大的限制。为了保持盈利水平，保持和增强竞争力，银行进一步把目光转向表外业务，因为表外业务可以使银行在不增加资本甚至减少资本的情况下，仍能扩大业务规模、增强盈利能力。为了控制表外业务风险，2004年的《巴塞尔协议》把表外业务也纳入了全面风险管理，但是目前来

看，追求高额利润的金融衍生品的盲目扩张和发展现象仍然存在。

3. 转移、分散与规避风险

自 1973 年以美元为中心的汇率瓦解后，西方各国纷纷实行了浮动汇率，各国货币汇率波动频繁且幅度很大。另外，自 20 世纪 80 年代金融自由化的发展后，各国放松了管制，这不但加剧了资金的流动，而且促使资金的价格——利率越来越市场化。在此背景下，商业银行在资金运用上面临严峻的汇率、利率风险和流动性风险。为了控制、分散和规避风险，商业银行开始大规模地开展各种具有套期保值作用的创新业务活动，如利率期货、利率期权、货币掉期、货币期货、货币期权等衍生产品，使表外业务有了新的发展。

4. 适应金融环境变化和客户多样化的服务需要

与商业银行面临严峻的汇率、利率与流动性风险一样，银行的客户也同样面临风险。随着金融环境的变化、金融产品的增加，客户对银行服务有了更多更高的需求。客户的需求不再局限于良好的存贷款业务，他们在办理存贷业务的同时，还要求银行能为他们提供防范和转嫁风险的办法，从而避免或减少因汇率、利率波动而造成的损失，而衍生金融工具等表外业务就能满足上述要求。商业银行为了巩固老客户、拓展新客户，就应不断增加服务品种、改进服务手段、提高服务质量来满足新老客户的各种需求，以此吸引和留住客户。与此同时，银行也保住了市场占有率，提高了自身的品牌和知名度。

5. 科技进步推动表外业务发展

20 世纪 80 年代以来，信息科技产业的迅速发展对商业银行表外业务的发展起到了推动作用。由于商业银行广泛应用信息技术，借助于信息网络和先进信息处理技术，银行可以设计出许多新的金融工具，能对各类风险做出比较准确的预测，制定出规避风险的办法和合理适当的价格，这进一步促进了表外业务的迅速发展。

第三节 传统型中间业务管理

一、支付结算类中间业务管理

1. 支付结算类业务概述

支付结算类业务是由商业银行为客户办理因债权债务关系引起的与货币支付、资金划拨有关的收费业务。支付结算业务是在银行存款业务基础上产生的，是一项业务量大、风险度小、收益稳定的，最基础的中间业务。

按照支付结算手段的不同，可将支付结算分为现金结算和转账结算。现金结算是直接在经济单位或个人之间进行的以现金为对象的货币收付行为；转账结算是以票据和结算凭证作为依据，通过银行转账方式将款项从付款人账户转到收款人账户的货币收付结算行为。

银行在办理支付结算业务的过程中必须遵守以下结算原则。

（1）恪守信用，履行付款。在结算过程中，参与交易的双方对他们的交易和资金收付应约定权利和义务并严格遵守。银行作为款项清算的中介，与交易双方是委托代理关系。

（2）谁的钱进谁的账，由谁支配。客户对其在银行的存款拥有所有权和支配权，这是银行结算业务正常进行的根本保证。银行必须依法维护客户对其资金的所有权、占有权和支配权，并且为客户保密。

（3）银行不垫款。银行作为社会经济活动各项资金清算的中介，在办理结算业务的过程中，只负责按照结算制度和客户的委托办理款项的代收代付，不承担任何垫款的责任。这就要求客户只能在自己的存款余额内对外签发支票或其他结算凭证，不能签发空头支票，同时要求银行在办理结算义务时坚持先付后收、收妥抵用的原则，即银行要先将款项从付款单位账户付出，并收入收款单位账户，收款单位收妥后才能支用。

2. 国内结算业务

支付结算业务的结算工具有现金和非现金，现金主要用于个人的、零星的消费支付；非现金主要用于企业单位的，大额的生产经营或社会集团消费支付。非现金支付结算业务按照是否使用票据作为结算工具，又可分为票据结算业务和非票据结算业务。

（1）票据结算业务。票据是指根据《票据法》规定的由出票人依法签发的、约定自己或委托付款人在见票时或在指定日期向收款人或持票人无条件支付一定金额且可转让的有价证券。票据结算业务是指通过支票、本票和汇票等工具来结清资金的结算方式，主要包括银行汇票结算业务、商业汇票结算业务、银行本票结算业务、支票结算业务。

（2）非票据结算业务。非票据结算业务是以票据结算方式之外的方式进行结算的，一般包括汇兑、委托收款、托收承付、信用证等。

汇兑结算是付款人将款项交存银行，委托银行汇往异地的一种方式，是我国异地结算的主要方式之一。

委托收款结算是收款人委托银行向异地付款人收取款项的一种结算方式，委托人向银行提供收款依据，由银行主动向付款方收款。

托收承付结算是根据经济合同，由收款人发货后，委托银行向异地付款人收取款项，而付款人在收到发货凭证后向银行承诺付款，再由银行划拨资金的一种方式。

国内的信用证结算业务是指商业银行在国内贸易项下依照开证申请人（买方）的申请开出的，在符合信用证条款下，凭规定的单据向受益人（卖方）付款的承诺。

3. 国际结算业务

国际结算是指一国银行所从事的国家之间所发生的债权债务活动。在国际结算中基本的结算方式有汇款、托收、信用证三种。

（1）汇款是最早产生和最简单的结算方式，也是其他各种结算方式的基础，是付款人或债务人通过本国银行运用各种结算工具，将款项付给国外收款人的一种结算方式。按照汇款方式可分为电汇、票汇和信汇。电汇收款速度最快，一般当天处理即可到达，且安全可靠，但费用较高；信汇速度较慢，需要一周左右的时间，但由于其安全性不高及通信工具改善等原因，在实际业务中很少使用；票汇速度最慢，但银行因此能够在汇款期间无偿占用资金，费用也相对较少。

（2）托收是指委托人（债权人）向银行（托收行）提交凭以收取款项的金融票据或商业票据，要求托收行通过其联行或代理行向付款人（债务人）要求付款的结算方式。托收实质上是为交易双方提供的一种介于延期付款和预付货款之间的一种结算方式。

（3）信用证是国际贸易中最主要、最常用的一种支付方式，其特点是：不依附于买卖合同，银行在审单时强调的是信用证与基础贸易相分离的书面形式的认证；信用证凭单付款，不以货物为准；信用证是一种银行信用，是银行的一种担保文件。

二、代理类中间业务管理

1. 代理类业务概述

代理类中间业务指商业银行接受客户委托，代客户办理主要的经济事务或提供指定金融服务的业务。代理业务具有为客户服务的性质，是代理人和被代理人之间的一种契约关系和法律行为。商业银行在办理代理业务的过程中不使用自己的资产，主要发挥财务管理职能和信用服务职能。代理类中间业务主要分为代理银行业务、代理证券业务、代理保险业务、代收代付业务和其他代理业务。

2. 代理银行业务

（1）代理中国人民银行业务，是指根据政策、法规应由中央银行承担，但由于机构设置、专业优势等方面的原因，由中央银行指定或委托的商业银行承担的业务，主要包括财政性存款业务、国库代理业务、发行库代理业务、金银代理业务等。

（2）代理政策性银行业务，是指商业银行接受政策性银行委托，代办政策性银行因服务功能和网点设置等方面的限制而无法办理的业务，包括代理结算、代理专项资金管理，代理现金支付、代理贷款项目管理等。

（3）代理商业银行业务，指商业银行之间相互代理的业务，主要是代理资金清算业务，如代理银行汇票业务、为委托行办理支票托收业务等。代理银行业务的当事人有代理行和委托行两方。代理行是指代理其他金融机构进行资金清算的商业银行，委托行是指委托其他商业银行代为进行异地资金清算的金融机构。

3．代理证券业务

代理证券业务是指银行接受委托办理的代理发行、兑付、买卖各类有价证券的业务，还包括接受委托代办债券、还本付息、代发股票红利、代理证券资金清算等业务。从业务方向来看，可以分为以下三类。

（1）代理债券业务，是指商业银行利用自己的网点网络、强大的资金组织能力等资源，代委托单位发行债券或在债券到期及应支付利息时，代为兑付债券、支付债券本息的业务。代理的债券主要包括政府债券、金融债券和企业债券。

（2）代理证券公司业务，主要指银行代证券公司办理包括资金清算类、资金融通类、金融理财类等业务。其中，银行代理证券资金清算业务是最主要的业务。银行利用自身的电子汇总系统和企业银行系统为证券公司提供与上海、深圳证券交易所之间的资金清算，也包括与证券公司进行业务层面的合作，为证券公司经济业务的开展提供便利的服务，如银证通、银证转账和第三方存管业务。

（3）代理基金公司业务，主要是代理销售开放式基金的业务。开放式基金指发行规模可以随着投资人申请购买和要求赎回而随时变动，投资人可以在基金契约规定的开放日到银行网点自由买卖的一种证券投资基金。按照投资对象来划分，开放式基金可分为股票型基金、债券型基金和货币市场基金。

4．代理保险业务

代理保险业务是指商业银行接受保险公司委托，代其办理保险业务，一般分为代理保险产品和代理收取保费、支取保险金两类。我国商业银行代理的保险产品主要有财产保险和人身保险两大类，财产保险包括企业财产保险、责任保险、保证保险及家庭财产保险等；人身保险包括个人或团体人寿保险、意外伤害保险及其他保险公司委托代理的人身保险。

5．代收代付业务

代收代付业务是指银行利用自身的结算便利，接受客户的委托代为办理指定款项收付的业务，如代理各项公用事业收费、代理行政事业性收费和财政性收费、代发工资、代扣住房按揭、代缴水电费、消费贷款还款等。

6．其他代理业务

（1）委托贷款业务，是指银行接受委托人的委托，在委托人存入的委托存款限额内，按其指定的对象、用途、期限、利率和金额发放贷款，并负责到期代为收回贷款本息的信托业务。根据中国人民银行《金融信托投资公司委托贷款业务规定》和《金融信托投资机构管理暂行规定》，所谓委托贷款，是指委托人指明项目的贷款，贷款的经济责任由委托人承担。

（2）企业年金基金账户管理，是指商业银行作为管理企业年金的专业机构，接受受托人委托，根据受托人提供的计划规则为参与企业年金基金计划的企业和职工提供的账户管理服务。主要产品包括为企业和职工开立账户、记录缴费与投资运营收益、计算待遇支付、提供信息查询，适用于企业和养老金公司、信托公司等企业年金基金法人受托机构。

（3）代理黄金交易业务，指银行接受客户委托，按客户指令买卖黄金、白银、铂金等各项贵金属交易品种，并为客户办理相应的资金清算和黄金实物交割等手续的业务。

三、信托和租赁业务管理

（一）信托业务的管理

1. 信托的概念

对委托人来说，信托是为自己或为第三者的利益，把自己的财产委托别人管理或处理的一种行为；对受托人来说，信托是受托人的委托，为了受益人的利益或特定目的，代为管理、营运或处理委托人托管财产的一个过程。广义的信托还包括代理业务，如受托代办有价证券的签证、发行、收回、调换、转让、还本付息及代客保管物品等。严格地说，信托与代理的区别在于财产权是否转移，如果财产权从委托人转移到受托人，则是信托关系；而代理不涉及财产权利的转移。

信托关系是一种包括委托人、受托人或受益人在内的多边关系，围绕信托主体而存在。信托主体是指委托人托付给受托人保管和处理的财产。信托财产形式多种多样，如有形财产，包括股票、债券、土地、房屋、银行存款等；无形财产，包括保险单、专利权、商标、商誉等。甚至一些或然权益也可作为信托主体。例如，一个立遗嘱的人，在他去世前，他的遗嘱已为某受益人创造了一种或然权益，这种或然权益也可成为信托的对象。在信托关系中，受托人为受益人的利益管理或处理信托财产，他不能占有信托财产所产生的收益和本金，也不承担管理信托财产所发生的亏损。受托人在管理或处理信托财产的过程中，应依法取得劳务报酬，即信托报酬。

2. 信托业务的种类和内容

按委托人划分有：个人信托、公司信托、公共团体信托。个人信托是为自然人的利益而创立的信托，也可称为任意信托；公司信托是由法人的利益而创立的信托，也可称之为法人信托；公共团体信托也属于法人信托。

按信托方式划分有：投资信托、融资信托、公益信托。投资信托主要是以投资有价证券、获取投资收益为目的的信托；融资信托是以融通资金为目的的信托，金融信托机构作为受托人代替委托人充当直接筹资或融资的主体；公益信托是一种由个人或团体捐赠或募集基金，以用于公益事业为目的的信托。

3. 信托的特点和作用

（1）信托的特点。通过信托使受益权成为一种有价证券，从而产生了一种新的金融商品，所以信托能够创造信用流通工具；由于受托人在能力、技术和信息方面具有充分的优势，所以信托可以更经济、更合理地运用资产；信托业务的方式灵活多样，它的种类和形式比银行贷款或投资业务多得多，并且可随时根据需要创造新形式。

（2）信托的作用。公司利用信托业务可以提前收回货款，从而达到融通资金的目的。另外，通过信托可以实现赠予财产的目的。受托人由于专门从事这方面工作，从而使有价证券得到集中和有效的管理，还可以有效地管理不动产，充分发挥不动产的作用。

（二）租赁业务的管理

1．融资性租赁

融资性租赁的一种形式是直接贷款租赁，又称“全额付款租赁”，是以出租人向承租人提供融资的一种方式，属于中长期租赁。其特点是租赁期等于设备的整个寿命，出租人可从租费收入中收回设备的全部垫付资本。租赁费包括设备价款及其采购所需费用、垫款的利息、出租人作为租赁物所有人应付的税金、保险费、出租人在租赁业务中的手续费等。租金总额按支付数平均分摊，一般每三个月、半年或一年付款一次。融资性租赁合同不能中途撤销。

融资性租赁的另一种形式是杠杆租赁，也称平衡租赁或信贷租赁。这种租赁与上述直接贷款租赁不同，是一种最复杂的租赁方式，金额大，涉及的方面多。出租人只需要自筹设备价款的 20%~30%，其余资金则以出租的设备作为抵押品来取得贷款，然后用该项设备的租金来偿还贷款。放款人对出租人无追索权。这种租赁主要是依靠贷款的财务杠杆发挥作用，故也称为杠杆租赁。

延伸阅读

我国金融机构对实体经济的支持手段比较单一，缺乏创新。在船舶融资领域，我国商业银行主要还是依靠传统的买方信贷、卖方信贷和流动资金贷款等产品提供资金支持。融资租赁业务应用到船舶行业以后，经过多年的实践和创新，现已被越来越多的企业所接受，成为船舶融资的一项重要手段，也为船舶融资市场注入了活力。但就其发展程度而言，还没有达到发达国家市场的水平，换言之，我国的船舶融资租赁市场还有着很大的潜力有待挖掘。在我国的船舶融资租赁业务中，资金来源是重大难题之一。由于船舶标的物的价值普遍较高，出租人很难以自有资金完成融资租赁项目的运作。商业银行以向出租人贷款的方式为船舶融资租赁业务提供资金支持，有助于更进一步挖掘该领域的市场潜力，让船舶融资租赁快速发展，从而使商业银行在这一领域获得更多的业务机遇。

资料来源：http://m.sohu.com/a/220465505_618580.

2．服务性租赁

服务性租赁，亦称“经营租赁”或“操作租赁”。这类租赁属于中短期租赁，即租赁期短于资产的使用寿命。出租人只能从租金中收回设备的部分垫付资本，然后通过此项设备的再出租或出售取得其余部分资本。出租人或制造商提供设备的维修服务、保险和缴纳个人财产税。这种租赁业务的优点是合同期短，承租人便于更换另租新型设备，以免除承担技术落伍的风险。这类租赁的租金通常比融资租赁高一些。

3．其他形式的租赁

（1）一揽子租赁。即在租赁信用额度内，允许承租人按照相同的基本条款和条件增租设备而无须订立新的租赁合约。

（2）出售与返租租赁。企业在需要使用自己原有的设备或厂房，但又急需资金周转时，可以将设备或厂房出售给出租人，然后再租回使用。这样企业既可以把固定资产变成现金，用于周转，又不致影响生产。

（3）循环租赁。亦称“不固定租赁”。此种租赁期满后可按预定条件续租。

（4）转租赁。即原承租人将所租财产转租给第三方，而原出租人与原承租人所签租赁合约仍然生效。

（5）卖主租赁。这是设备的制造商或经销商向出租人提供融资，以购买设备用于出租。

（6）综合性租赁。即租赁与其他贸易方式结合使用。例如，租赁与产品返销相结合，用产品支付租金；租赁也可与进料加工或来料加工相结合，产品包销给出租人，用包销的一部分货款支付租金；租赁与出口信贷相结合，租赁公司利用出口信贷购买设备租给承租人，承租人可得到全部货款的信贷。

4．租赁业务的优缺点

租赁业务具有其他贷款所没有的优点，主要是：承租人可筹措到所需的全部资金；承租人如果能取得减税优惠，租金中的利率就有可能比市场利率低；租赁期限比信贷期限长；便于更新设备，可以减少设备过时的风险；传统上的租赁方式均采用固定利率，可避免通货膨胀导致的损失；租赁方式比较灵活，手续比较简便，容易计算成本和折旧，有利于改善经营管理；租赁设备的所有权属于出租人，使用权归承租人，不属于借款，一般不作为对外债务，不列入资产负债表。

租赁业务也存在一定的缺陷，主要是：出租人在计算租赁费用时把成本和利息、利润税金及风险支出等加在一起计算，故租赁费用较高；承租人对租用物一般只有使用权而没有所有权，故对租用物不能自由处置；各国租赁税法不同，因此，出租人往往在合同中说明，如因税法变动而使他人遭受损失时，必须由承租人赔偿。以上几点都会加重承租人的负担。对出租人来说，如果承租人中途停止租赁，就有找不到新承租人或买主的风险，导致设备闲置。

5．租赁业务与信托业务的区别

租赁在性质上虽属于信用范畴，但与利用信贷购买设备又有所不同：①利用信贷购买设备要先筹措资金，然后购买设备，两者是分开进行的；租赁则将提供设备和提供信贷两者结合在一起。②利用信贷购买的设备，其所有权属于买方，如果债务人未按规定付款，债权人只能通过法庭的裁决索回应收货款或追回货物；租赁则是一种实物抵押型信贷，在承租人不履行缴纳租金的义务时，出租人可将财产收回转租给其他承租人或进行拍卖。③利用贷款购买设备，须缴纳营业税；而租赁双方可享有投资减税、加速折旧等优惠待遇。④利用信贷购买的设备必须列入买方的固定资产和资产负债表；而租赁中的承租人没有设备的所有权，租赁设备一般不在其资产负债表上表现出来，不被视作对外债务。

四、银行卡业务管理

1．银行卡业务概述

银行卡是指由商业银行向社会发行的具有消费信用、转账结算、存取现金等全部或部分功能的信用支付工具。

消费信用功能是指发卡人可通过银行卡向持卡人提供短期消费信用贷款，具有这样功能的银行卡就是信用卡。发卡人根据持卡人的信用状况规定一定的信用额度，允许持卡人在这个额度内获得短期消费贷款。这种贷款是信用贷款，不需要担保。因此，贷款银行需要承担较大的信用风险，所以银行卡的贷款利率超过银行一般贷款的利率。

转账结算功能是银行卡最基本、最重要的功能，指在交易的时候使用银行卡代替现金支付的功能。持卡人通过销售终端（POS）可以实现无现金购物，还可通过自动柜员机（ATM）、网上银行等方式实行转账支付，省去了携带现金的麻烦。

存取现金功能是指持卡人可以在柜台或通过 ATM 使用银行卡进行现金的存取，相对于使用存折进行现金存取更加便利灵活。

2．银行卡种类

（1）按照结算币种不同，可分为人民币卡和外币卡。外币卡按照结算货币种类的数量分为单币种卡和双币种卡，单币种卡是指存款、信用额度均为外币，并且应当以外币偿还的银行卡；双币种卡指存款、信用额度同时有人民币和外币两个账户的银行卡。

（2）按照发卡对象不同，可分为单位卡（商务卡）和个人卡。

单位卡是面向单位发行的银行卡，一般以法人名义申领并授权指定个人使用，凡在中国境内金融机构开立基本存款账户的单位均可申领单位卡。单位卡账户的资金一律从其基本存款账户转账存入，不得交存现金，不得将销货收入的款项存入其账户。单位卡一律不得支取现金，不得用于 10 万元以上的商品交易、劳务供应款项的结算。

个人卡是发卡机构向个人发行的银行卡，以个人名义申领并由个人承担用卡的一切责任。个人卡账户的资金以持有的现金存入或以其工资性款项及属于个人的劳动报酬收入转账存入，严禁将单位的款项存入个人卡账户。

（3）按记账性质不同，分为信用卡和借记卡。

信用卡按是否向发卡银行交存备用金分为贷记卡、准贷记卡两大类，贷记卡是指发卡银行给予持卡人一定的信用额度，持卡人可在该额度内先消费后还款；准贷记卡则要求持卡人先向发卡银行交存一定金额的备用金，当备用金账户余额不足支付时，可在发卡银行规定的信用额度内透支的信用卡。

借记卡没有消费信用的功能。借记卡可进一步划分为转账卡（含储蓄卡）、专用卡和储值卡。转账卡是实时扣账的借记卡，具有转账结算、存取现金和消费的功能；专用卡是指在特定区域，具有专门用途的借记卡；储值卡是发卡银行根据持卡人要求将其资金转至卡内储存，交易时直接从卡内扣款的预付钱包式借记卡。

（4）联名/认同卡是商业银行与营利性机构/非营利性机构合作发行的银行卡附属产品，发卡银行和联名单位应当为联名卡持卡人在联名单位用卡提供一定比例的折扣优惠或特殊服务，持卡人领用认同卡表示对认同单位事业的支持。

五、投资银行类中间业务管理

1. 投资银行类中间业务概述

一般而言，投资银行业务包括债务证券和产权证券的公开发行、债务证券和产权证券的公开交易、债务证券和产权证券的私募、兼并收购、商人银行、咨询顾问、资产货币化与证券化、风险管理、投资研究和证券分析、国际投资银行业务、货币管理及风险资本。投资银行的主要功能包括承销业务、证券交易、商人银行和新融资技术。由于我国目前的分业经营体制，商业银行暂不能开展交易所市场的证券承销、经纪和交易等业务，但可以开展银行间市场承销经济与交易、重组并购、财务顾问、结构化融资与银行贷款、资产证券化、资产管理、衍生品交易等多数投资银行业务。

2. 信息咨询业务

商业银行基于自身所拥有的信息优势和资源，对其进行收集、整理和分析，并且有偿为客户提供相关服务，以满足其生产经营的需要。

（1）资信调查，指商业银行接受单位委托，调查指定企业的资信状况，包括基本情况、经营状况、存贷款状况、信用卡守信情况等。通过资信调查可以帮助寻找新合作伙伴的公司客户了解调查对象的资信状况，从而规避潜在的信用风险，增强交易的安全性。

（2）资信证明，指商业银行接受单位或个人委托，证明委托人的资信状况的业务。商业银行可以为委托人出具与本行业务往来情况的证明，包括存款证明、贷款证明、表外业务证明、信用卡守信证明及银行询证函等。

（3）见证企业注册资金，指商业银行接受工商管理部门的委托，对企业法人就其自有资金数额的真实合法性进行核实验证的业务。既包括对新办企业、事业单位和私营、个体工商业登记注册资金的验证，也包括对已登记开业的企业、事业单位确认和变更资金的验证。

3．财务顾问业务

财务顾问业务是指商业银行凭借专业知识、行业经验、人力资源向客户提供专业化、增值性的智力服务，包括商业银行可以提供的全部咨询顾问业务。所提供的顾问项目主要有投资顾问、融资顾问、资本运作顾问、资产管理与债务管理顾问、企业诊断与发展战略顾问、政府财务顾问等。比较常见的有以下几种。

（1）常年财务顾问，是以担任企业、政府或机构的常年财务顾问的形式，在协议期限内为客户提供标准化、持续性的综合金融咨询服务，并为客户提供财经咨询的深度剖析。

（2）资产管理顾问，也称理财顾问或财富顾问，指商业银行为公司、机构、个人等客户进行资产的管理和规划，为客户提供多元化、多渠道的投资理财服务。

（3）融资顾问，是商业银行信贷业务延伸的增值服务，目的是为客户提供专业融资服务，提升商业银行信贷业务的服务层次。融资顾问一般包括项目融资顾问、债券融资顾问和股本融资顾问。

项目融资顾问是指商业银行灵活搭配使用银行贷款、企业债券、信托融资、股权私募、融资租赁等多种融资方式，针对项目投资规模、现金流结构、风险分布等特征，为客户设计风险收益平衡、结构安排合理的融资方案。

债券融资顾问指商业银行与具有资质的机构合作，为政府、机构、企业提供债券发行顾问服务，包括财务结构分析、债券融资安排、债券发行、债券担保、债券承销、代收付相关款项等相关服务。

股本融资顾问指商业银行为公司提供股本发行顾问服务，包括财务结构分析，股权融资安排、股票发行、代收付相关款项等股权相关服务。

4．证券承销业务

证券承销是投资银行最基础的业务，是指银行接受证券发行人的委托，利用自己在证券市场上的信誉和营业网点，在规定的发行有效期限内将证券销售出去。主要包括代销和包销两种方式，代销是指商业银行代发行人发售证券，在承销期结束时，将未售出的债券全部退还给发行人的承销方式；包销是指商业银行将发行人的债券按照协议全部购入，或者在承销期结束时，将剩余债券全部购入的承销方式。投资银行承销的证券包括国债、地方政府债券、企业发行的股票与债券等。

5．现金管理业务

现金管理是银行向企业客户提供的一系列产品及服务的组合，使企业能够有效地进行账户的管理，包括账户的运作、对账、收款和付款。目前，现金管理以技术平台为基础，主要包括资金调配、结算清算、短期融资、风险控制、信息管理等多项功能。

六、资产托管业务管理

1. 资产托管业务概述

我国商业银行资产托管业务是指“商业银行接受客户委托，安全保管客户资产，行使资金运算、会计核算、估值及监督等职责，并提供与投资管理相关服务的业务”。资产托管业务的主要当事人有三方：委托人、资产管理人、托管人。商业银行作为托管人一方，基本职责为妥善保管委托资产、监督资产管理人运作、进行托管财产的会计核算和财产估值，确保托管资产估值的真实准确性。这样将资金运作的后台管理工作从资产管理人处分离出来，由信誉良好、专业性更强的商业银行来完成，既能提高资产运作效率，又能有效地防范资产管理人的道德风险，提高受托资产的安全性。

2. 资产托管主要产品

（1）证券投资基金托管，是指具有托管资格的商业银行与资产管理人一起作为受托人，与持有人签订基金契约，以保管人的名义持有、保管基金资产，办理托管基金资金清算、会计核算、监督管理人投资运作的经营活动。《证券投资基金法》规定，在中华人民共和国境内，通过公开发售基金份额的证券投资基金“由基金管理人管理，基金托管人托管”，其中“基金托管人由依法设立并取得基金托管资格的商业银行担任”。

（2）证券公司客户资产托管，指商业银行（托管人）依据法律法规和托管协议的规定，对证券公司开办的各类客户资产管理业务下的客户资产进行安全保管，进行证券公司客户资产名下的资金清算和证券交收，并监督证券公司投资运作。

（3）社保基金托管，指商业银行作为托管人，与全国社保基金理事会签署托管协议，依法保管委托资产，监督投资管理人的投资运作，办理资金清算、会计核算、资产估值等业务。社保基金托管银行的主要职责为：尽职保管社保基金托管资产；执行社保基金投资管理人的投资运作，当发现社保基金投资人的投资指令违法违规时向理事会报告；完整保存社保基金会计账簿、会计凭证和年度财务会计报告 15 年以上。

（4）保险资金托管，是指商业银行作为托管人，与保险公司签署保护资金托管协议，依法保管保险资产，办理保险资产名下的资金清算和证券交收，监督保险公司或经保险公司授权的资产管理人的投资运作，进行保险资产风险分析和绩效评价。

（5）合格境外机构投资者（QFII）资产托管，是指商业银行作为合格境外机构投资者境内投资资产的保管人，依法与合格境外投资者签署托管协议，履行 QFII 资格申请、资产保管、执行委托人的指令进行资金清算和证券交收，在有关法规和托管协议规定范围内对合格投资者的投资运作进行监督等职责，并按规定向委托人和监管部门出具相关托管报告的业务。QFII 资产托管业务的服务对象主要是合格的境外基金管理机构、境外保险公司、境外证券公司、境外商业银行、境外基金机构、境外信托公司等。

（6）合格境内机构投资者（QDII）资产托管，是指商业银行与合格境内机构投资者签署托管协议，担任其境内托管人，依法履行 QDII 资产保管、执行委托人的指令办理资金清算和证券交收、复核和审查代客境外理财资产的净值、监督投资运作的业务。

（7）企业年金基金托管，指商业银行作为企业年金基金托管人，与企业年金基金受托人签署协议，依法保管年金基金资产，执行年金基金受托人或经受托人授权的管理人的投资指令，办理年金基金名下的资金往来、会计核算和估值，监督年金基金管理人的投资运作，并定期出具托管报告和财务会计报告的业务。

七、商业银行理财产品管理

1. 银行理财产品概述

商业银行理财产品主要指银行在对潜在目标客户群分析研究的基础上，针对特定目标群体开发、设计、销售，并按照事先约定进行投资管理的资金理财产品。根据《商业银行个人理财业务管理暂行办法》，个人理财业务指商业银行为个人客户提供的财务分析、财务规划、投资顾问、资产管理等专业化服务活动。

按照管理运作方式的不同，银行个人理财业务可分为理财顾问服务和综合理财服务。理财顾问服务指银行在分析客户财产状况之后，向客户提供财产规划、投资建议、投资产品推介等服务，客户依此管理和运用资金，并承担由此产生的收益和风险；综合理财服务是指商业银行在向客户提供理财顾问服务的基础上，接受客户的委托和授权，按照事先约定的投资计划和方式进行投资管理。

按照收益类型，银行理财产品可分为保证收益类和非保证收益类。保证收益类理财计划是指商业银行按照约定条件向客户承诺支付固定收益，银行承担由此产生的投资风险，或者银行按照约定向客户承诺支付最低收益并承担相应风险。保证收益类理财产品和银行储蓄存款类似，但收益率比存款利率稍高，适合保守型投资者。

非保证收益类理财计划，又可分为保本浮动收益理财计划和非保本浮动收益理财计划。保本浮动收益理财计划是指商业银行按照约定条件，向客户保证本金支付，本金以外的投资风险由客户来承担，并依据实际投资收益情况确定客户实际收益的理财计划，其实际收益率取决于银行的投资方向和实际盈亏情况，适合稳健型投资者。非保本浮动收益理财计划是指根据商业银行约定条件和实际收益情况向客户支付收益，不保证本金安全的理财计划，这类产品收益率可能很高，但也可能严重亏损，适合风险偏好型投资者。

2. 主要的银行理财产品

（1）债券类人民币理财计划，是指商业银行发售并由商业银行作为管理人，将募集资金直接投资于银行间债券市场和货币市场的人民币理财产品。其特点是风险较低，投资对象主要是银行定期存款、银行间债券市场的国债、金融债、中央银行票据及债券回购等产品，信用风险和市场风险较低；收益较高，产品收益一般会高于同期存款收益；安全性好，理财产品实行分账户管理，产品独立核算，投资运作相对有保障。

（2）信托类人民币理财计划，是指商业银行发售并由商业银行作为委托人，将募集来的资金购买信托公司已有信托计划的受益权，或将资金按照信托方式委托给信托公司，由信托公司按照事先确定的方式投资运作的理财计划。信托类人民币理财计划主要投资于商业银行或其他信用等级较高的金融机构担保、回购的信托产品或商业银行优良信贷资产受益权信托产品，虽然产品不保本，但收益较为稳定，风险相对较小。

（3）结构性理财产品，是指以拆解或组合金融衍生产品，如股票、利率、指数等，或搭配零息债券的方式组合成的各种不同回报形态的金融商品；或者通过某种约定，在客户普通存款的基础上加入一定的金融衍生产品，将理财产品的还本付息金额与某一特定资产的价格波动联系在一起，组合而成的金融商品。

其主要特征有：收益不确定，结构性理财产品的收益与参考指标走势明确挂钩，随着参考指标的波动而波动；期限固定，结构性理财产品一般有约定期限，即使能够提前赎回，也往往会损失收益或本金。结构性理财产品适合追求高收益、风险承受能力较强的投资者。

（4）代客境外理财产品，是指取得代客境外理财业务资格的商业银行，受境内机构或境内居民委托，使用投资者的资金在境外进行规定的金融产品投资形成的金融商品。银行与客户是代理人与委托人的关系，并不是交易双方的关系，客户须承担所有的投资风险，银行只是利用其网络和技术优势为客户提供投资服务。

延伸阅读

融 360 此前发布的《2018 年银行理财市场年度报告》显示，2018 年银行理财的平均预期收益率最高值在 2 月达到 4.91%，之后持续下跌至 12 月的 4.4%。融 360 大数据研究院分析认为，银行理财收益率持续下跌主要有两方面的原因：一是 2018 年流动性相对宽松，市场资金利率走低，银行理财收益率也随之走低；二是银行理财的高收益主要靠非标准化债权资产拉高，而在 2018 年的强监管下，非标投资萎缩，相应的银行理财也难以实现高收益。2018 年银行理财产品的结构逐渐改变，保本理财规模萎缩。根据普益标准金融数据平台的数据汇总，2018 年银行业金融机构共发行理财产品 164 686 款，其中预期收益型理财产品 160 205 款，净值型理财产品 4 481 款。普益标准研究员魏骥遥表示，以净值日期为标准，2018 年公布两次以上净值的净值型产品存续量与增速显著高于 2017 年。与净值型产品快速增长相对的是，保本理财产品逐步减少。

资料来源：https://www.wdzj.com/hjzs/ptsj/20190325/966632-1.html.

八、电子银行业务管理

1. 电子银行的业务概述

电子银行业务被定义为“商业银行等银行业金融机构利用面向社会公众开放的通信通道或开放型公众网络，以及银行为特定自助服务设施或客户建立的专用网络，向客户提供的银行服务”。具体包括利用计算机和互联网开展的网上银行业务、利用电话等声讯设备开展的电话银行业务、利用移动电话和无线网络开展的手机银行业务等客户自助服务业务。

2. 电子银行的主要产品

（1）网上银行是利用计算机和互联网开展的银行业务，因其不受时间、空间限制，又被称作“3A 银行”，即任何时间（Anytime），任何地点（Anywhere），任何方式（Anyhow）。网上银行通常分为企业网上银行和个人网上银行，分别面向企业和个人客户提供网上银行服务。网上银行有两种发展模式，一种是完全依赖于互联网的“虚拟银行”，即没有分支机构，也没有营业网点，只通过互联网向客户提供服务的银行；另一种是现有的商业银行利用互联网作为新的服务手段为客户提供金融服务，是传统商业银行服务在互联网上的延伸，后者是目前网上银行存在的主要形式。

（2）电话银行，指商业银行利用电话通信设备为客户提供服务的业务。客户通过电话可办理除现金业务以外的大多数业务，如查询、转账等。

（3）手机银行，指由手机、GSM 短信中心和银行系统构成的移动银行。用户通过 SIM 卡上的菜单对银行发出指令，SIM 卡根据用户指令生成规定格式的短信并加密，然后指示手机向 GSM 网络发出短信。GSM 短信系统在收到短信后，按相应的应用或地址传给相应的银行系统，银行对短信进行预处理，再把指令转换成主机系统格式。银行主机处理用户的请求，并把结果返回给银行接口系统，接口系统将处理的结果转换成短信格式，短信中心将短信发给用户。

（4）自助银行，指通过电子设备使用户能够自助完成银行业务的办理。常见的自助银行设备有自动柜员机（ATM）、带有触摸屏的自助服务终端等。对于银行来说，自助银行能够缓解银行柜台面对过多客户的服务压力，也可以降低银行经营成本；对于客户来说，自助银行为办理业务提供了便利，减少了在柜台办理业务需要等待的时间。自助银行通常 24 小时开放服务，在银行营业网点下班后能够满足客户办理业务的需要。

（5）销售终端（POS），是指商业银行与特约商户签约安装的多功能销售终端，具有刷卡消费、余额查询、转账等功能。客户使用银行卡在 POS 终端进行消费结算，消费信息通过终端发送到发卡银行主机，银行核实信息后进行结算，从而完成交易。POS 系统实现了使用银行卡进行无现金消费，提高了资金使用效率，也便利了客户。

九、保管箱业务管理

保管箱业务是银行代理保管的一种方式。客户可将贵重物品交由银行保管，银行收取一定的保管费。保管箱业务是一种金融保障服务，既维护客户财物安全，又保证客户隐私不受侵犯。客户可存入的物品包金银、珠宝、文物、有价证券、合同、契约、档案等，银行所提供的完善的安保措施能够保障客户存入物品的安全性。

延伸阅读

招商银行积极应对利率市场化，中间业务收入占比持续上升

2015 年 8 月 26 日，招商银行实现净利润 331.69 亿元（同比增长 8.68%）。在利率市场化进程不断加速的背景下，负债端成本没有出现大幅度攀升；在资产端，利率市场化对于商业银行经营的冲击，已开始接近尾声。由于利率市场化的影响，商业银行的息差不断收窄，依赖息差难以造就银行的成长。如何构造银行持久的竞争能力和盈利能力，这考验的是商业银行的综合能力。从国外来看，提高中间业务收入占比成为商业银行必然选择，这意味着商业银行资产规模的扩张不应该是未来带动银行盈利增长先决条件。招商银行一直在推进战略转型，其所贯彻执行的“一体两翼”和“轻型银行”战略开始初步收获战果。招商银行 2015 年上半年资产负债规模平稳扩张，半年报显示其总资产 5.2 万亿元，同比增长 3.74%，同期招商银行净资产同比增长 16.16%。在没有依托股本募集资金及其他资本补偿渠道的背景下，核心一级资本充足率、一级资本充足率、资本充足率分别为 10.5%、10.5%及 12.4%，均较年初有了一定程度的提高；与去年同期相比，提高超过 1 个百分点（2014 年 6 月分别为 9.47%、9.47%及 11.45%）。以更低的资本消耗实现更高的积累，是未来商业银行的成长之道。

中间业务收入提升的来源在哪？从招商银行半年报来看，其中间业务收入大幅提升。依托零售金融，顺应客户的财富管理需求，大力拓展中间业务，带动净手续费及佣金收入的较快增长。趋势反映战略成果，中间业务收入占比稳步提升。依托中间业务收入，无须依赖资产规模的扩张，无须过多消耗自身资本，同样为股东贡献利润。

那么，中间业务收入的来源又在哪呢？从半年报来看，托管、代理服务及银行卡构成招商银行中间业务收入最重要的三大来源，三者合计占比达到 71%。在零售金融方面，大力拓展财富管理、信用卡等业务，这不仅增加利息收入，还会带来银行卡手续费等收入。上半年，招商银行零售非利息净收入达 161.02 亿元，同比增长 95.77%，占本公司非利息净收入的 45.65%；零售金融业务实现银行卡（包括信用卡）手续费收入 43.91 亿元，同比增长 35.44%；在财富管理方面，招商银行上半年为 44 039 户高净值人士提供财富管理服务，管理的总资产高达 1.08 万亿元，这一数字还在保持高速增长，上半年的增速超过 40%。上半年实现零售财富管理手续费及佣金收入 111.07 亿元，同比增长 147.76%，占零售净手续费及佣金收入的 70.59%。此外，积极跟随资本市场的变化，大力发展代理业务。上半年代理服务费 54.89 亿元，较上年同期增长 166.23%。另外，表外业务将成为招商银行的中间业务收入贡献持续的收入来源。招商银行 2015 年上半年表外管理理财资金余额达 1.58 万亿元，外部托管资产 5.29 万亿。其中，外部托管资产为公司贡献 19.13 亿元。

资料来源：搜狐财经 2015.8.

第四节　几种主要的创新型中间业务管理

商业银行的创新型中间业务，有时也称为有风险中间业务，是指那些未列入资产负债表，但同表内资产业务和负债业务关系密切，并且在一定条件下会转为表内资产业务和负债业务的经营活动。主要包括担保类（或类似或有负债）业务、承诺类业务和金融衍生业务三大类。

一、担保和承诺类中间业务管理

1. 担保类中间业务

担保类中间业务指商业银行为客户债务清偿能力提供担保、承担客户违约风险的义务，主要包括备用信用证、银行保函等。

（1）备用信用证（standby letters of credit）又称担保信用证，是指不以清偿商品的价款为目的，而以贷款融资或担保债务偿还为目的所开立的信用证。备用信用证起源于美国，是美国商业银行在遵守法律规定不得开立保函的条件下变通而来的产物。它是集担保、融资、支付为一体的多功能金融产品，因其用途广泛及运作灵活，在国际商务中得到了普遍应用。但在我国，其地位和认知度远不及银行保函、商业信用证等传统金融工具。

（2）银行保函，是指银行应合约关系一方的要求，向合约关系的另一方担保合约项下的某种责任或义务的履行所做出的在一定期限内承担一定金额支付责任或经济赔偿责任的书面付款保证承诺，银行根据申请人的要求，以出具保函的形式向申请人的债权人（保函收益人）承诺，当申请人不履行其债务时，由银行按照约定履行债务或承担责任。

2. 承诺类中间业务

承诺类中间业务是指商业银行在未来某日期按照事前约定的条件向客户提供约定信用的业务，主要指贷款承诺，包括可撤销承诺和不可撤销承诺两种。可撤销承诺附有客户在取得贷款前必须履行的特定条款，在银行承诺期内，如果客户没有履行条款，则银行可撤销该承诺；不可撤销承诺是指银行不经客户允许不得随意取消的贷款承诺，具有法律约束力，包括贷款承诺、票据发行便利、回购协议等。

（1）贷款承诺，指商业银行在一定期间内以确定条款和条件向承诺持有者（潜在借款人）提供贷款的承诺。根据承诺的条款，可以将其分为定期贷款承诺、备用承诺和循环承诺，定期贷款承诺是指借款人可以全部或部分地提用承诺金额，但只能提用一次，若借款人不能一次提用承诺的全部资金，则承诺实际就降低至已提用的金额；备用承诺是借款人可多次提用，一次提用后仍然保持对剩余承诺在有效期内的使用权利，但当借款人开始偿还贷款时，即使承诺未到期，已偿还的部分就不能再次提用；循环承诺指借款人在承诺有效期内可多次提用，并且可反复使用已偿还的贷款，只要借款人一次使用的金额不超过全部承诺额就可以。

（2）票据发行便利（note issuance facilities），是指有关银行与借款人签订协议，约定在未来一段时间，借款人根据具有法律约束力的融资承诺，连续发行一系列的短期票据，由银行购买并以最高利率成本在二级市场上销售，否则由包销银行提供等额贷款以满足借款人筹资需要的一种融资创新活动。票据发行便利约定期限一般为3~7年。

（3）回购协议（repurchase agreement），指由借贷双方签订协议，规定借款方通过向贷款方暂时售出一笔特定的金融资产而换取相应的即时可用资金，并且约定在一定期限后，按预定价格购回金融资产，其回购价格为售价加利息。

二、金融衍生业务管理

金融衍生业务是指商业银行为满足客户保值或自身风险管理等方面的需要，利用各种金融工具进行的资金交易活动，主要包括：货币互换、利率互换、远期利率协议、金融期货、金融期权等。

1. 货币互换

货币互换（currency swap）是指互换双方在期初按固定汇率交换两种不同货币的本金，然后在预先约定的日期进行利息和本金的分期互换。有的货币互换也可以在期初不交换本金而在期末交换本金。

2. 利率互换

利率互换（interest rate swap）是将不同利率的债务，由于交易双方按市场行情签订合同，在约定期内相互交换所进行的金融交易行为。其前提是双方支付的货币是同一种货币，互换合约的基础价格是市场汇率，如固定利率换成浮动利率，或浮动利率换成固定利率，但互换的有效期有长有短。

3. 远期利率协议

远期利率协议（forward rate agreement）是买卖双方商定将来一定时期协议利率，并且指定一种参照利率，在将来清算日按规定的期限和本金数额，由一方向另一方支付协议利率和届时参照利率之间差额利息的贴现金额。远期利率协议建立在双方对未来一段时间利率的预测存在差异的基础上。通常，远期利率协议的买方预测未来一段时间内利率将会趋于上升，因此，希望现在就把利率确定在自己愿意支付的水平——协议利率上，如果未来利率上升，他将用从卖方获得的差额利息收入来弥补实际筹资所需要增加的利息费用；如果未来利率下降，他在实际筹资中所减少的利率费用也将由支付给卖方的差额利息所抵消，但无论如何，他都可以实现固定利率水平的愿望。同样地，远期利率协议的卖方也可将利率确定在自己愿意接受的水平——协议利率上，不管未来利率如何变化，他都可以实现固定利率水平的愿望。可见，远期利率协议是一种以降低双方的收益为代价，通过预先固定远期利率来防范未来利率的波动、实现稳定负债成本或资产保值的一种金融工具。

4. 金融期货

金融期货（financial futures）是指把各种金融工具或金融商品（如外汇、债券、存款证、股票指数等）作为标的物的期货交易方式。一般是指在集中性的交易场所，以公开竞价的方式所进行的标准化金融期货合约的交易。其特点是：交易标的物是金融商品；采用场内交易；交易双方都必须缴纳一定数额的保证金；交易双方经指定交易所公开喊价方式进行交易；交易合同的内容均已标准化，包括交易的品种、规格、数量，交割的限期、地点等；交割时间是将来某一特定日，交易所须每日结算账面盈亏；交易双方在签订合约时即确定成交的价格；交易标的物的交割，必须通过清算中心进行。

延伸阅读

金融期货交易案例

若某银行预计3个月后有110万元的收入，但希望用这笔资金在目前国债价格110万元时购入国债期货进行短期投资，同时该行预期利率下降，国债价格上升。为确保能在110万元时购入国债，该行现在以110万元的价格购入1万份国债期货。对该行来讲，3个月后：①如果利率果真下跌，国债价格上升为120元，则该行在现货市场购买1万份国债需支出120万元，在期货市场卖出1万份国债期货可获利10万元，因购买国债实际成本为110万元；②如果利率未降反而上升，国债价格下跌到100元，则该行在现货市场购买1万份国债需支出100万元，在期货市场卖出1万份国债期货可要损失10万元，因购买国债的实际成本仍为110万元。可见无论利率如何变动，该行都可以通过期货交易达到其目的。

资料来源：任淮秀. 投资银行概论[M]. 北京：中国人民大学出版社，2009.

5. 金融期权

金融期权（financial option）是由买卖双方订立合同，规定由买方支付给卖方一定数额的期权费后，即赋予了买方在规定时间内按双方事先约定的价格购买或出售一定数量的某种金融资产的权利。

第五节　表外业务的风险防范和监管

一、建立有关表外业务的管理制度

商业银行建立有关表外业务的规章制度，重点应放在信用评估、风险评估和内控制度的建设上，主要应针对狭义的表外业务。

1. 建立信用评估制度

商业银行的狭义表外业务，在一定条件下会转化为表内业务，还有一些表外业务也可能因交易对手违约而给银行带来损失。因此，银行应对表外业务采用严格的信用标准，加强对客户的信用调查和信用评估，坚持与信用等级较高的客户进行交易，按客户的信用等级与业务的风险系数收取手续费和佣金，针对不同风险采取相应对策，坚持表外业务组合多样化、投资分散化原则，降低表外业务的整体风险。对期限较长的业务和贷款担保与承诺，要定期重新协商合同条款，最好能让客户提供第三方担保。

2. 建立有效的内控制度

以衍生交易为代表的狭义表外业务潜在风险极大。特别是在巴林银行破产事件发生后，从吸收巴林银行的教训出发，各商业银行严格实行双重审核制度，即前台交易员与后台业务人员严格分开，做到相互制约，加强内控以更有效地防范与控制操作风险。即使如此，国际银行业因内部控制失效而造成巨额损失的案例仍不时出现。例如，2008 年 1 月，法国兴业银行交易员凯维埃尔利用该行交易控制系统的疏漏，设法进入银行的后台操作管理系统，修改交易记录，试图掩盖交易损失，最终导致法国兴业银行近 50 亿欧元的交易损失。因此，强化内部控制对于交易类表外业务是极其重要的环节。对其他如担保、授信等业务，由于会形成银行的或有负债，也应建立并实行有效的审核与内控制度。

3. 建立统一授信制度

商业银行必须建立严格的全行统一授信制度，特别是对表外业务的担保、信贷承诺等方面的授信。在全行集中统一授信下，实施各部门、各分行、不同管理层人员的授信权限。这对全面了解授信总额、授信的发生、授信的类别和状况十分必要。为此，可以防止片面地追求盈利、忽视风险，从总体上把握银行对风险的承受能力。

二、加强表外业务的风险防范

随着商业银行表外业务的不断扩大和衍生产品市场的交易迅猛增加，表外业务的风险不断暴露，造成银行的巨大损失并引起诸多不良后果。

从西方国家商业银行来看，对表外业务的风险，尤其是对衍生金融工具均已建立了比较完善的风险防范机制。然而，不同的表外业务具有不同的风险。为此，应针对各种表外业务面临的特定风险采取不同的防范措施。

1. 担保类业务

这类表外业务的共同特点是银行以自身的信用资源而非资金为客户提供保证，其风险主要表现为信用风险、流动性风险、经营性风险及法规风险。商业银行可采取的措施有以下几种。

（1）对票据承兑、信用证业务必须坚持真实的商品交易原则，杜绝融资性套取银行信用行为的发生。

（2）加强对客户信用的分析和评估。

（3）按风险定价。

（4）完善反担保措施。凡金额大、风险高的备用信用证，要求开证申请人提供信用等级较高的保证人与信用相同的抵押品。

（5）完善授权授信制度。对大额担保交贷款审查委员会集体审批，以减少个人审批的失误。

（6）加强内部稽核的力度。

2. 承诺类业务

表外业务中银行承诺，主要是指由银行向客户对未来经济交易承担某种融资的义务。承诺实质上是一种不反映在资产负债表上的信贷替代工具，它主要包括贷款限额承诺、信用卡透支、回购协议和票据发行便利。其面临的风险与担保类业务相似，可采取与担保类业务相同的风险防范措施，同时必须注意以下几点。

（1）资金来源采用浮动利率，就能尽量避免固定利率贷款承诺，以防范利率风险。

（2）对信用等级较低的客户可拒绝融资承诺或要求提供贷款担保，或寻求其他共同承诺以分散风险。

（3）银行在贷款承诺及包销票据发行便利协议签订后，应安排一部分流动性较强的资产，以备向借款人融资或包销票据发行便利中剩余的票据。

（4）贷款承诺中银行可要求客户提供补偿性余额。

3. 金融衍生业务

金融衍生工具交易是银行表外业务监管的重点，近年来各国金融监管部门对于银行金融衍生工具的交易风险问题高度重视。金融衍生工具在成交时交易双方不需要向对方实际支付，合约价值为零，因此，不会反映在资产负债表中。但随着时间的推移，衍生交易合约的价值会随着市场波动发生很大变化，对银行经营效益存在巨大的影响。银行很少将金融衍生工具持有到期，而是在到期前续做反向交易或对原交易加以清算，这时交易双方须根据清算结果进行实际资金收付，由此，对银行损益产生影响。加之衍生交易规模很容易放大，由此产生的风险不容忽视。金融衍生工具面临的重要风险有利率、汇率、经营和清算风险。商业银行对此类业务风险的防范从以下几方面着手。

（1）银行最高管理层须重视此类业务风险，应成立表外业务管理委员会，对每一项表外业务的开拓、发展，高级管理层应予以充分了解，预测和控制可能出现的风险。尤其需要重视的是投机性、自营性的金融衍生工具交易。

（2）制定严密的交易制度。一是金融衍生交易部门要有整体的交易额度。额度的制定须根据该行承受亏损的能力、在市场上扮演的角色、交易人员的水平、经验和管理能力而定。二是对交易员要有额度控制。一般根据级别的高低、工作水平和经验而定。三是设置合理的止损点。止损点是指金融衍生交易中为防止汇率、利率或价格超预期的波动，设置一个卖点。一旦到了预先设置的止损点，无论盈亏，一律斩仓出局。四是将风险监督部门与交易职能分开，将自营业务与经纪代客业务分开管理。

（3）商业银行在为客户提供金融衍生工具防范与转嫁风险时，通常是对客户现货市场的套期保值，其交易价格的确定必须保证银行手续费之外不追求任何额外利润，这样银行便可不承担任何资金损失。

（4）开发有效的衍生品交易管理模型，运用风险管理模型来实时监控衍生品交易价值变化，及时掌握金融衍生产品的风险度，这有助于正确判断表外业务是否膨胀，从而避免陷入潜在风险之中。

（5）建立完善的信息传导机制。完善的信息传导机制有助于防止个人大权独揽、营私舞弊而滋生风险隐患。商业银行表外业务风险管理的目的是规避风险、拓展收入来源、实现银行经营总目标的要求。商业银行管理者一定要充分认识到，表外业务在增加银行收益的同时，又增加了潜在风险。因此，它具有两面性，只有趋利避害、审慎经营，才能创造低风险下的稳定收益。

三、表外业务的监管

在商业银行自身对表外业务管理的同时，国家金融监管当局及国际性金融监管机构也必须采取相应措施，对表外业务实施监管。主要包括：资信认证、限制市场准入、调整会计揭示方法、加强信息披露、严格资本管制和避免风险集中等。主要原则如下。

（1）制定、发布、监督执行有关交易规则和制度，提出指导性原则。

（2）严格规范交易主体，对其资信状况按规定条件标准进行认证，要求必须是合格的交易者，要达到最低资本要求，并且对其风险头寸维持充足的资本准备金，否则，将限制其进入表外业务市场的资格。

（3）调整会计揭示方法，加强表外业务的信息披露。按国际会计准则关于表外业务的重要揭示原则，即权责发生制原则和审慎原则，对表外业务进行核算和反映。在对表外业务的信息揭示上，应在资产负债表的正面、合计金额下端反映表外业务各项目。同时，银行编制专门的报表，反映表外业务项目的风险类别、各类交易的契约金额，并且在财务报告中加以说明；对表外业务的会计处理原则、如何估价、收入和支出的确认等，也要在财务报表中加以说明。

（4）督促银行经营多元化、分散化，避免风险集中。除了以上原则，在对表外业务监管方面还包括规定某些表外业务风险转换系数，建立国际金融衍生产品信息监督制度，完善结算、清算和支付系统等。

延伸阅读

表外业务创新：浙商银行涌金票据池 3.0

自央行发布《关于规范和促进电子商业汇票业务发展的通知》以来，推动电子商业汇票的交易主体地位，这意味着电子票据的应用将迎来快速发展。顺应这一趋势，浙商银行 2016 年 11 月 8 日正式发布“涌金票据池 3.0——供应链在线金融解决方案”，该方案以“电子票据+池化融资+供应链管理”为核心，推出在线支付、在线融资等四类应用场景下的九种线上金融解决方案。

浙商银行通过对近 8 000 家客户使用“涌金票据池”累积的约 38 万张入池票据和 3 000 亿元入池金额进行深入分析，显示纸质商业汇票的风险不仅可防，也基本可控，企业最担心的法院公示催告、银行挂失止付票据的发生概率不到 0.02%，票面金额不到 0.01%；同时显示，电子票据的市场接受度正稳步提升，流通中电子票据张数占总量约 10%，票面金额超过 30%。其中，大中型制造企业使用票据最频繁。使用商业汇票进行支付结算的行业与企业分布十分广泛，各行各业及大、中、小型企业都有，但集中度相对较高。涌金票据池大数据表明，使用票据最多的三大行业分别是制造业、批发和零售业，以及建筑业，这三大行业的企业约占总数的 90%，其中又以大、中型规模的企业居多。另外，“小银行”承兑票据占比超过 1/3。票据市场对承兑行的资信要求往往较高，使得一部分由“小银行”承兑的票据不被认可。涌金票据池入池票据中，承兑行为“小银行”（部分城商行及农村中小金融机构）的票据张数占比超 35%，票面金额占比超 20%。这部分票据的流通不畅一直困扰着企业。浙商银行涌金票据池树立“不挑票、不挑客”的票据管理理念，不仅支持所有银行承兑的票据，更鼓励小银行、小面额、余期短的票据入池，轻松解决企业困扰。

经过一段时间的运营和发展，浙商银行的电子票据业务发展迅猛。未来电子票据的推广应用将是大趋势。2010 年以来，央行一直致力于推广电子票据的应用，电子票据的市场接受度稳步提升，推广应用将是大趋势。涌金票据池入池数据表明，2016 年三季度电子票据数量已占入池票据的 10%以上，票面总金额超过 30%；出池票据数量已占 45%，票面总金额超过 50%。数据分析显示，300 万元以上的票据数量占 5.7%，但票面总金额超过 60%。由此可见，央行 224 号文要求的 2017 年单张票面金额 300 万元以上推行电票的目标并不难实现。同时，市场流通中的票据风险发生概率极低。票据风险一直是企业关注的焦点，也是很多财务人员内心“抗拒”票据的最大因素。涌金票据池大数据表明，市场流通中的票据发生风险的概率极低，企业持有票据中被法院公示催告、银行挂失止付的发生概率仅为 0.02%，票面金额约为 0.01%。但票据到期托收时被承兑银行延付，甚至拒付的概率较大，分别为 5.5%和 0.31%。

资料来源：搜狐财经 2017.10.

本章概要

本章介绍了商业银行中间业务与表外业务的概念、内涵与相互关系，传统和创新型中间业务及表外业务的主要种类和特点，特别强调了对创新型表外业务的关注，包括它的发展与风险管理。不管怎样，商业银行表外业务是基于其表内业务的能力与信息而发展起来的，对商业银行的经营与管理而言，表内业务与表外业务既要注意自身的创新与进步，又要相互支持、协同发展。

思考练习

1. 什么是商业银行的中间业务？它与广义、狭义表外业务的关系如何？
2. 简述中间业务的类别。
3. 狭义的表外业务有哪些内容？这些业务有哪些特点？存在哪些风险？
4. 中间业务与资产负债业务是何关系？
5. 银行主要从事哪些金融衍生品交易？对银行业务经营的影响是什么？

第十章 现代商业银行国际业务

本章学习目标

- 掌握离岸金融业务的类型和风险；
- 掌握国际结算的工具和方式；
- 掌握外汇买卖的市场和主要交易方式；
- 了解商业银行的其他国际业务。

本章能力目标

- 掌握商业银行国际业务的主要类别和特征；
- 掌握几种主要的商业银行国际业务的内容；
- 掌握商业银行发展国际业务的重要意义。

案例引入

云链金融商业保理平台

随着我国金融市场的不断完善，对金融脱虚向实的政策进行严格落实，尤其是针对供应链金融实质解决中小企业的融资困难、融资贵等相关导向下，国内的商业保理行业获得较为快速的发展。云链金融在该背景下获得发展的“土壤”。

1. 云链金融背景

云链金融的构成极其复杂，主要是由中国中车、中国铁建等十多家国有企业，联合中国工商银行、邮政储蓄银行两大金融机构，还有首钢、北汽等十多家地方企业共同出资，然后由国务院国资委所批准成立的专注于产业互联网+金融科技的国有控股混合所有制企业。

因此，云链金融的诞生就为商业保理平台融资带来了新的机遇，其主要范围就是以供应链为基础，对其各个环节的云信、开立、流转及融资等，主要是旨在通过互联网思维，为各大型企业提供供应链管理服务，将大型企业当中的优质信用资源进行各种方式盘活，最终的目的就是将产业链企业三角债进行清理优化，推动大企业降本增效，解决中小企业融资难、融资贵的问题，保证产业链的良性发展。

2. 云链金融商业形式

云链金融平台通过将集团企业的信用转化为优质的“云信”作为切入点，运用云信的流转，将整个供应链环节的融资成本降低，从而拓宽效益空间。主要操作环节如下。

（1）集团企业在与合作银行、金融机构等资金方取得授信额度，抑或是集团企业下属财务企业或保理公司自身作为资金方掌控额度。

（2）集团企业将相应额度进行分配，结合实际情况给付给下属核心公司及供应商商务结算。

（3）核心企业则需要通过在云链金融平台开立云信并转让云信到供应商将商务结算。

（4）供应链各大商家在获取相关云信后能够将其进行拆分使用，通过多级流转完成及次级供应商商务结算，通过云链金融平台提交到保理融资板块将云信进行贴现，尤其是在云信持有到期后能够获得相关到期资金。

（5）针对提交保理融资的云信，在额度来源为授信银行的情况下，则可通过云链金融商业保理快速地将款项下放至客户企业。针对自开自设的形式，其额度来源由核心企业进行申请，通过初审后直接将额度划分给核心企业，然后核心企业直接将融资进行放款。

（6）云信到期日，由核心企业对云信最终持有方完成云信清分。

3. 云链金融商业保理平台面临的融资问题

（1）融资规模需求急剧增长。2017 年上半年，云链保理其所完成的保理融资放款就直接超过 30 亿元，半年时间直接超过 2016 年整年规模，平均每工作日放款超过 2 000 万元，同时表现出快速增长势头。企业当下保理融资放款资本的来源构成主要是通过公司注册资本金，一方面企业注册资金的本金十分有限，而且随着保理融资规模的急剧增长，企业资金的需求量大幅度提升，将会逐渐扩大资金缺口；另一方面企业所处的商业保理行业，作为金融业态的构成内容，要想发展壮大就必须运用金融杠杆效应。结合相关政策，商业保理企业的业务开展时其风险资产不能够超过企业净资产的十倍，尽管从政策上保证了商业保理企业外部融资的可能性，但是也表现出对融资规模不断增加的担忧。

（2）初创期运营扭亏前缺乏资信，获取银行授信困难。中小企业由于处在初创时期，其规模、运营模式等都尚未成熟，整个企业的盈利无法达到银行的标准，因此在银行资信获取上存在极大的困难。尤其是云链金融成立时间较短，目前仍然处于成长时期，更多地将重心放在市场份额抢占上，强化产品在全国范围内推广及客户在全国范围内营销，在业务规模尚未达到盈亏临界平衡点前，凭借亏损的状态在银行中的风控体系中是评级极低的。由于主体信用的欠缺在获取银行综合授信方面存在极大难度，而且即使能够通过严格的审查，其银行授信的审批环节也是烦冗复杂的，牵涉多个部门，整个融资效率是较低的，无法适应云链金融商业保理平台的融资。

（3）保理资管计划与信托资金成本居高不下。云链金融的切入点就是供应链环节的信息服务特征，借助于平台优质集团公司的优质信用在金融机构所享受的优质融资价格，将其反馈到供应链其他环节的中小企业，尽管云链保理在保理融资环节秉承快速审批，主要是解决平台中小企业融资贵的问题。因此，其整个所发行的保理资管计划、保理信托的资本成本都是十分高的，而且随着我国经济下行压力的加剧，其资金成本居高不下，对资金使用的稳定性有着极大的负面作用。

资料来源：吴传旺.云链金融商业保理平台面临融资问题与应对措施分析[J].现代商业，2018.9.

思考题：

1. 云链金融商业保理的商业形式和主要特征有哪些？
2. 金融机构开展国际业务创新活动的意义是什么？

商业银行的国际业务是随着国际贸易的发展而产生和发展起来的。20 世纪 60 年代以来，市场经济国家的商业银行在国外广泛建立分支机构，开放本国银行业务市场，从而为商业银行带来了巨额利润。如今，全球银行业已进入一个巨变的时代，国际业务开展的状况在相当程度上决定着商业银行在竞争中的地位，是商业银行发展无法回避的必然选择。

第一节　商业银行的国际业务概述

一、商业银行国际业务的含义及特点

1. 商业银行国际业务的含义

商业银行国际业务又称国际银行业务，是指商业银行所有以外国货币为载体开展的业务或针对外国居民开展的业务。

据此含义，商业银行的国际业务主要包含两大类：一是银行在境内从事的与外币有关的业务；二是本国银行在境外的业务活动。目前，商业银行国际业务按照主要业务内容的性质分为国际结算业务、国际信贷业务和外汇交易业务三种，其中前者主要是与国际贸易结算相关的业务，而后两者是与各国间资本借贷和资金转移相关的业务。

确定商业银行国际业务的标准有两条：一是货币标准，凡是以外国货币为载体开展的业务都是国际业务，反之就是国内业务；二是业务对象的国籍标准，凡是对外国居民开展的业务都是国际业务，反之就是国内业务。

2．商业银行国际业务的特点

商业银行的国际业务复杂多变，主要有以下几个特点。

（1）从业务参与对象来看，商业银行国际业务参与者一般是跨国公司、企业和外国政府。

（2）从业务规模来看，商业银行国际业务的交易规模一般比较大。大多属于批发性业务，金融起点高、数量大，动辄上百万美元、上千万美元甚至上亿美元。如在出口买方信贷业务中，我国大多数银行要求，其商务合同的总金额必须在 100 万美元以上。

（3）从业务风险来看，商业银行国际业务的经营风险较大。商业银行在经营过程中，其交易对象、业务操作与规范及法律等，与国内业务有明显区别。因此，国际业务除了需要面对与国内业务一样的信用风险、流动性风险等，还需要面对国家风险和外汇风险等。

二、商业银行国际化历程

第一批从事国际业务的商业银行产生于中世纪后期，开展业务的范围主要限于地中海——当时的世界经济和贸易中心的周边地区，以意大利的银行为主。地理大发现使得世界的经济和贸易中心逐渐转移到大西洋两岸，阿姆斯特丹和伦敦先后崛起，成为具有全球影响力的国际金融中心。因此，16 世纪之后，荷兰和英国的商业银行先后主宰了这个时期的国际银行业务。到第一次世界大战之前的 1914 年，英国的银行业不仅在全世界各地建立了近百家分支机构，当时的伦敦城还聚集了 28 家外国银行机构。美国从其殖民地时期直到 19 世纪后期，主要就是由以英资为主的外国银行满足其国内经济发展的融资需求的。两次世界大战之间，美国凭借其中立国和战胜国的地位，其银行业借机在全球范围内广设分支机构。

虽然大规模的国际贸易活动在 16 世纪之前就已出现，大规模的国际投资活动也有 200 多年的历史,但是现代意义上的国际银行业务真正发展起来是近半个世纪的事。第二次世界大战之后，西方国家的经济快速增长，国际贸易规模和国际投资规模也迅速扩张，各国间的经济关系日益密切，这些都带来了对国际银行业务的巨大需求，为商业银行的对外扩张提供了客观基础。同时，第二次世界大战以后一直持续至今的跨国公司大发展，使其业务触角伸向了全世界，更是迫使商业银行为适应客户的需求，大力开展国际业务。

20 世纪 60 年代中期以后，欧洲货币市场的蓬勃发展为银行的全球化战略奠定了坚实的基础。该市场跨越国界，资金可以在不同国家的银行间迅速流动，凡是信誉好的大银行都可以在资金短缺时从欧洲货币市场筹集资金。如此一来，那些仅限于国内业务的银行在竞争中就处于不利地位，这也从另一方面促进了商业银行的国际化经营。当时，美国虽然对银行业的跨州经营有严格限制，但不禁止本国银行业向海外拓展业务。为了吸收越来越多的流通在美国本土之外的美元资金，在伦敦等地聚集了大量的美国银行。20 世纪 70 年代以后，各主要发达国家陆续放松金融管制，经济全球化进程日益加快，国际金融市场逐渐趋向一体化，再加上先进技术如计算机和通信技术的广泛应用，国际业务便成为各国商业银行逃避本国管制、寻求更大发展空间、追逐更高利润的重要手段。近 10 年来，欧美国家很多跨国银行的国际业务收入已超过了国内业务收入，有些银行甚至靠国际业务的收入来弥补国内业务的亏损。

进入 20 世纪 80 年代，国际银行业形成三足鼎立的局面，西欧的银行、美国的银行和日本的银行大肆向外扩张，尤其是日本银行业，在 80 年代末期，其海外分支数量一度超过了美国，其后由于经济的长期低迷而有较大萎缩。

21 世纪以来，国际银行服务的领导权掌握在美国银行和欧洲银行手中，国际活跃银行有花旗集团、汇丰银行、美洲银行、摩根大通银行、瑞士联合银行、德意志银行、巴克莱银行、荷兰国际集团等，这些银行业巨头在亚洲等新兴市场的市场份额迅速扩大。由此可见，银行业务的国际化成为当前商业银行发展的大趋势之一。在这一趋势下，深入研究商业银行的国际业务，就成为商业银行管理的必然要求。

三、商业银行国际业务的组织

由于商业银行国际业务大多是在境外进行的，因此银行从事该业务必须与外国的银行建立代理关系或依赖其设在海外的分支机构。各个商业银行会基于自身发展情况，或东道国、母国具体政策及法律规范而选择不同的组织形式开展国际业务，其常见的组织机构如下。

1. 国际业务部

商业银行通常会设立负责管理国际借贷、外汇买卖等业务的国际业务部门，下设零售、批发、租赁、融资、信托和投资等部门。一般情况下，我国商业银行省级分行、计划单列市和经济特区分行，以及绝大部分省辖市级分行都设有国际业务部。国际业务部是商业银行在国内的重要业务部门，并非设在国外的分支机构。

2. 代表处

商业银行进入外国市场正式设立营业机构之前，都要先成立代表处，作为业务会谈和进行联络的场所。代表处不是一个业务经营机构，不能对外开展业务。其主要任务是搜集、提供所在国的政治、经济情报；加强与东道国银行界、工商界和政界的联系，扩大总行影响和声誉；代表总行签署贷款协议、转递票据等。

3. 分行

商业银行分行是商业银行在国外设立的从属于总行的经营性分支机构。国外分行可以正式开展业务，主要包括三方面：一是零售业务，包括在东道国当地吸收存款、发放贷款和为国际贸易提供融资等；二是银行同业间的业务，主要是同业拆放款；三是为国内银行收集金融方面的信息。

从法律上讲，分行是其总行的延伸体，所以不用另筹资本。但是开办费用和维持费用高，而且要缴纳较重的税金，这是分行最大的缺点。许多跨国银行都在世界各地的金融中心或在业务量比较大的地区设有分行，这些地区往往有税收上的优惠，给银行带来更多的盈利机会。因此，国外分行通常是大商业银行的主要利润来源。

4. 附属银行或联营银行

附属银行或联营银行是银行控股公司下属的银行，在法律上独立于总行，是一个完全独立的实体；但在管理上直接或间接地受总行的控制。控股公司持有多数股份并直接控制的为附属银行，仅持有少数股份的为联营银行。

作为当地注册的法人，附属银行或联营银行不受开展业务和纳税方面的限制，可以在各方面与当地银行进行竞争。但是附属银行或联营银行与总行的业务联系和资金调拨都不如分行那样便捷，费用也较高。

中国工商银行在香港、伦敦和哈萨克斯坦就分别设立了全资附属子公司——工商国际金融有限公司、中国工商银行（伦敦）有限公司和中国工商银行（阿拉木图）股份公司。

延伸阅读

分行与附属银行的区别

（1）从法律角度而言，分行不是独立的法人，如有纠纷不是由分行而是由总行参与诉讼。附属银行是独立的法人，总行不需对附属银行承担法律责任。

（2）分行的全面业务是以总行的信誉和声誉及所有资产为后盾的。附属银行无此优势。

（3）附属银行在计算向单个人提供最大贷款额时是基于自己的资本总额。而分行则是以总行的资本为基础的。

5. 代理行

商业银行的代理行关系是指银行间建立的业务代理关系。商业银行在国外没有或无法建立自己分支机构的情况下，往往通过与国外银行的合作，办理国外款项的收付和其他相关的国际业务。代理行关系是相互的，互相间建立委托办理业务的，具有长期往来关系的银行互为代理行。

代理行的建立一般经过三个步骤。第一，开展资信调查。主要考察对方银行的资信，通过多方渠道了解对方银行所在国的有关政策、法规、市场信息等。第二，在分析与评价的基础上，确定建立代理行关系的层次。代理行的层次分为：一般代理关系、账户代理关系与议定透支额度关系。第三，签订代理行协议。规定代理的业务范围、收费办法、开立账户、约定透支或垫款的金额、有关款项的调拨方法、交换印鉴用以核对往来的信汇报单或信用证、交换电报密押以凭证明往来的电报等之用。代理行互相委办的代理内容一般根据双方的业务需要来确定。

除了上述几种比较典型的组织形式，商业银行还可以采取其他一些组织形式来开展国际业务，如国际财团银行等。总体来讲，每种组织形式都有其自身的作用和特点，银行可以根据自身的具体情况选择。

第二节 国际结算业务

国际结算（international settlement）是指为清偿国际间的债权债务关系而发生在不同国家之间的货币收付活动。根据发生国际间债权债务关系的原因，国际结算分为贸易结算和非贸易结算。贸易结算是指有形贸易活动（由商品的进出口）引起的货币收付活动，是国际结算的主要内容。其项目单一，但在国际收支中占有特殊地位，并且具有结算方式的多样性。非贸易结算是指由有形贸易以外的活动（包括国际资本流动、国际资金借贷、技术转让、劳务输出、侨民汇款、捐赠、利润与利息收支、国际旅游、运输、保险、银行业等活动）引起的货币收付活动。它的项目繁多，但结算方式简单，只涉及部分结算方式的内容。

一、国际结算的票据与单据

1. 国际结算的票据

国际结算中一般采用支付工具并通过相互抵账的办法来结算国外债权债务关系，而支付工具主要是票据。票据是指出票人约定自己或委托付款人在见票时或指定的日期向收款人或持票人无条件支付确定金额并可转让的证券。国际结算中使用的票据主要有三种：汇票、本票和支票。

2. 国际结算的单据

由于货运单据代表货物的物权，因此在国际贸易中采用单据交易，有关各方都以单据为依据。银行在结算业务中只对单据负责，着重于审单，而不管具体货物。

国际贸易中的货运单据种类繁多，按其作用可分两类：第一类是基本单据，指在交易中必不可少的单据，如商业发票、运输单据、保险单据；第二类是附属单据，指进口商根据进口地当局的规定、货物性质的不同或其他需要而要求出口商特别提供的单据，如海关发票、领事发票、产地证、卫生证及附属于商业发票的单据等。

二、国际结算的方式

国际结算的方式有多种划分，如按结算工具与资金的流向是否一致，可分为顺汇和逆汇；按结算的信用性质，可分为有证结算和无证结算；按结算的组织方式和管理程度，可分为记账结算和现汇结算等。按国际公认的划分标准，把国际结算分为汇款、托收和信用证三种方式。

1．汇款

汇款（remittance）即“汇付”，是债务人依据交易合同主动委托银行，用一定的汇兑工具将贸易货款或各种贸易的从属费用汇寄给债权人的商业信用支付方式。它是一种最简单的国际结算方式，一般用于支付佣金、贸易尾款结算等款项，或者在结算主体之间具有长期合作历史，彼此之间信任程度高的情况下使用。

以汇出行与汇入行之间委托付款指令的不同传递方式为依据进行划分，汇款业务可分有三种：电汇（Telegraphic Transfer，T/T）、信汇（Mail Transfer，M/T）与票汇（Remittance by Banker's Demand Draft，D/D）。

电汇与信汇的业务流程相似，如图 10.1 所示。

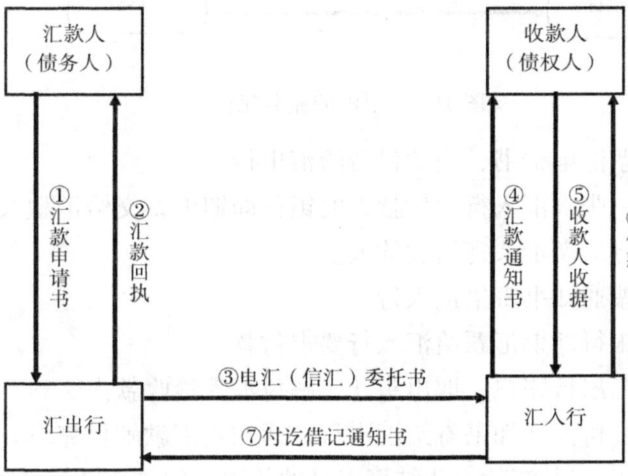

图 10.1　电汇与信汇的业务流程

① 汇款人填写汇款（电汇或信汇）申请书，交款付费给汇出行。

② 汇款人取回汇款回执。

③ 电汇业务中，汇出行发出加押电报给汇入行，委托汇入行解付汇款给收款人；信汇业务中，汇出行制作信汇委托书或支付委托书经过两人双签，邮寄汇入行。

④ 电汇业务中，汇入行收到电报，在核对密押无误后，缮制电汇通知书，通知收款人收款。信汇业务中，汇入行收到信汇委托书或支付委托书，在核对签字无误后，将信汇委托书的第二联及第三、四联收据正副本返回一并通知收款人。

⑤ 收款人收到通知书后，在收款联上盖章，交汇入行。

⑥ 汇入行借记汇出行账户，取出头寸，解付汇款给收款人。

⑦ 汇入行将付讫借记通知书寄给汇出行，通知其已汇款解付完毕。

票汇的业务流程与电汇和信汇有所不同，如图 10.2 所示。

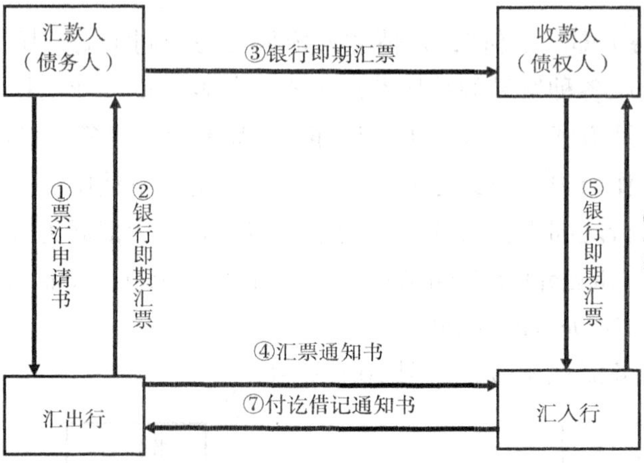

图 10.2 票汇的业务流程

① 汇款人填写票汇申请书，交款付费给汇出行。

② 汇出行开立一张以汇入行为付款人的银行即期汇票交给汇款人。

③ 汇款人将银行即期汇票寄给收款人。

④ 汇出行将汇票通知书寄给汇入行。

⑤ 收款人提供银行即期汇票给汇入行要求付款。

⑥ 汇入行借记汇出行账户，取出头寸，解付汇款给收款人。

⑦ 汇入行将借记付讫通知书寄给汇出行，通知它汇款解付完毕。

电汇、信汇、票汇三种汇款方式结算工具的传送方向与资金流向相同，都是采用顺汇的理念。汇款人在委托汇出行办理汇款时，均要出具汇款申请书，从而形成汇款人和汇出行之间的一种契约。三种汇款方式也存在着较大的差异。

第一，从支付工具来看，电汇使用的方式是电报、电传或 SWFIT，用密押证实；信汇使用的方式是信汇委托书或支付委托书，用签字证实；票汇使用的银行即期汇票，用签字证实。

第二，从汇款人的成本费用来看，电汇的收费较高，信汇与票汇较低。

第三，从安全方面来看，电汇比较安全，而且在短时间内能够收到汇款；信汇没有电汇安全；票汇虽然有灵活性的优点，但是容易丢失或损坏，陷入汇票纠纷，如果遗失，挂失或止付程序都比较烦琐。

第四，从汇款速度来看，电汇是一种最快捷的方式，也是目前使用最广泛的方式；信汇方式由于资金在途时间较长，操作手续多，故日趋落后，很少使用；票汇是由汇款人邮寄给收款人，或者自己携带至付款行所在地要求提示付款，比较灵活简便，适合邮购或支付各种费用，或者当礼券馈赠亲友，其使用量仅次于电汇。

2．托收

托收（collection）指的是出口商（债权人）开立金融票据或商业单据或两者兼有，委托托收行通过其联行或代理行向进口商（债务人）收取货款或劳务费用的结算方式。银行在托收时，是按照从出口商那里得到的指示办理，银行只是委托人的代理人，只提供完善的服务，并不承担付款的责任，进口商不付款与银行无关。出口商向进口商收取货款靠的仍是进口商的商业信用。

托收的基本当事人有四个，即委托人、付款人、托收行和代收行。委托人是委托银行办理托收业务的一方。在国际贸易实务中，出口商开具汇票，委托银行向国外进口商（债务人）收款。付款人是银行根据托收指示书的指示提示单据的对象。托收业务中的付款人，即商务合同中的买方或债务人。托收行又称寄单行，指受委托人的委托办理托收的银行，通常为出口商所在地的银行。代收行是指接受托收行委托，向付款人收款的银行，通常是托收行在付款人所在地的联行或代理行。

按托收项下是否随附商业单据，托收分为光票托收与跟单托收。

（1）光票托收。光票托收（clean bill for collection）是指出口商仅开立汇票而不附任何商业单据，委托银行收取货款的一种托收方式。一般用于收取货款尾数、代垫费用、佣金、样品费或者其他易从属费用。

光票托收的汇票有即期和远期之分。采用即期汇票，代收行在收到汇票后应立即向付款人提示，要求付款；采用远期汇票，代收行在收到汇票后，应立即向付款人提示，先要求承兑，以确定到期付款的责任。承兑后，代收行收回汇票，于到期日再做提示要求付款。

（2）跟单托收。按金融单据是否随附商业单据，跟单托收又分为附有金融单据的商业单据的托收和不附有金融单据的商业单据的托收两种类型。

按其交单方式，分为付款交单（Documents Against Payment，D/P）与承兑交单（Acceptance Documents Against Payment，D/A）。付款交单是指代收行必须在进口商付清票款后，才将商业单据包括提单交给进口商的一种交单方式。按出口商开立汇票付款期限的不同，付款交单分为即期付款交单与远期付款交单。承兑交单是指代收行在付款人承兑远期汇票后，把商业单据交给付款人，于汇票到期日由付款人付款的一种交单方式。

根据其交单方式不同，即期付款交单、远期付款交单和承兑交单业务的业务流程上存在着细微的差异。

在进出口贸易项下，贸易双方签订合同，规定货款结算方式为即期付款交单，其业务流程如图 10.3 所示。

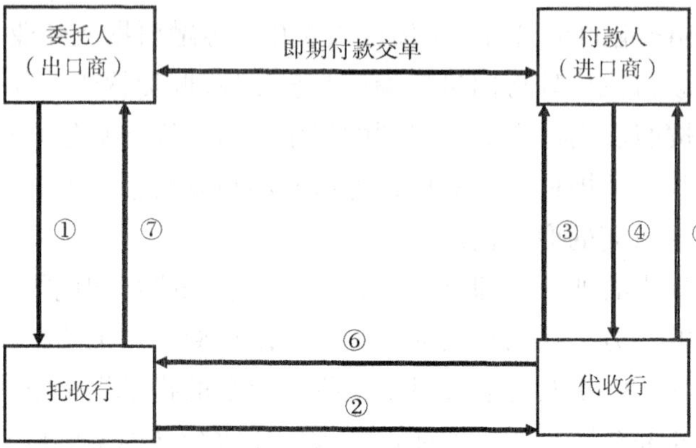

图 10.3 即期付款交单业务流程

①委托人按合同要求出运货物后，填写托收申请书，开立即期汇票后连同商业单据，交托收行委托收款。②托收行接受委托并核验出口商提交的单据后，填写托收委托书，并且将汇票、商业单据等邮寄代收行。托收委托书的内容与托收申请书基本相同。③代收行按照托收委托书的指示向付款人提示汇票。④付款人审单无误后向代收行付款。⑤代收行向付款人交单。⑥代收行按托收委托书规定的方式将货款交付托收行。⑦托收行交付货款给委托人。

如果贸易双方签订合同，规定货款结算方式为远期付款交单的话，其业务程序与即期付款交单相比，在①④⑤环节存在明显差异，但其他程序大致相似。①远期付款交单，委托人装运货物后开立的是远期汇票。④付款人审单无误后在汇票上加具承兑，代收行收回承兑汇票及所有提示的商业单据。⑤汇票到期后，代收行向付款人提示付款。付款人支付票款后，代收行向其交单。

远期付款交单业务流程如图 10.4 所示。

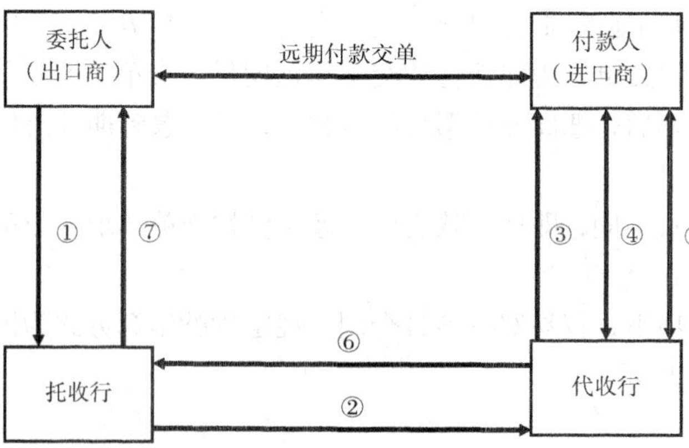

图 10.4 远期付款交单业务流程

如果贸易双方签订合同，规定货款结算方式为承兑付款交单。其业务程序与远期付款交单相比，在④环节存在明显差异，其他程序大致相似。其中④付款人审单无误后在汇票上加具承兑，代收行收回承兑汇票，并且将单据交付给付款人。

承兑交单业务流程如图 10.5 所示。

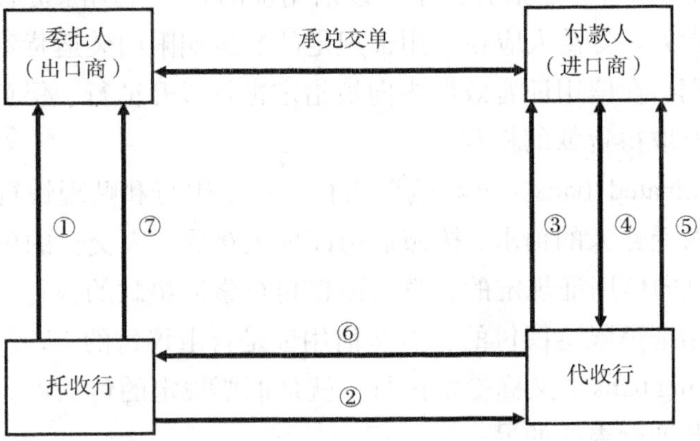

图 10.5 承兑交单业务流程

3. 信用证

信用证（Letter of Credit，L/C）是开证银行根据申请人的要求和指示，向受益人开立的有一定金额的，在一定期限内凭规定的单据，在指定的地点支付（付款、承兑或议付汇票）的书面保证。在国际贸易中，信用证支付方式是以银行信用为基础的，其开证行负有第一性的付款责任。因此，信用证支付方式应用最广泛，但也是最复杂的结算工具。目前，银行的信用证基本上都是通过 SWIFT 开立的。

（1）信用证结算具有三个特点：一是信用证是一项自足文件，不依附于买卖合同，银行在审单时强调的是信用证与基础贸易相分离的书面形式上的认证；二是信用证方式是纯单据业务，是凭单付款的，不以货物为准。只要单据相符，开证行就应无条件付款；三是开证银行负首要付款责任，是一种银行信用，它是银行的一种担保文件，开证银行对支付有首要付款的责任。

（2）信用证的当事人。信用证有四个基本当事人，开证申请人、开证行、通知行和受益人。此外还有其他当事人，包括议付行、付款行、保兑行及偿付行等。不过不同种类的信用证，其派生的当事人也有所不同，有时一家银行可以身兼两个或多个当事人角色。

开证申请人（applicant）通常是贸易合同中的进口商。开证申请人必须根据合同内容，在合理的时间内开证，只有做到“证同一致”，出口商才有可能在履行合同义务的同时获得信用证项下的金额。

开证行（issuing bank）是应开证申请人的要求开立信用证的银行。在国际贸易中，开证行通常就是进口商所在地的银行。开证行在接受了申请人的开证申请后，即承担了开证责任和由此引起的风险，有权向开证申请人收取手续费和预收押金。开证行根据申请书的内容，按照《UCP600》要求开立信用证并处理业务。

通知行（advising bank）。受开证行的委托，将信用证通知或转递给受益人的银行。通知行一般是出口商所在地的银行，并且通常是开证行的代理行。

受益人（beneficiary）是指有权享受该信用证的人。在国际贸易中，受益人通常就是出口商，即卖方。受益人应在信用证规定的装运期限内装运货物；按信用证条款规定缮制各种单据；在信用证有效期内向被指定银行或开证行、保兑行交单。只要做到交单相符，就有取得货款的权利。

议付行（nominated bank）又称购票银行、押汇银行和贴现银行。是指根据开证行的授权或邀请及受益人的请求，按照信用证规定对受益人交付的单据进行审核相符后给予垫款，并且向信用证规定的付款行或偿付行索回垫款的银行。通常通知行就是议付行，有些信用证是限定议付的，有些信用证是自由议付的。

付款行（paying bank）又称受票银行，就是汇票规定的付款人。付款行通常就是开证行，有时是开证行委托的另一家银行。

保兑行（confirming bank）是根据开证行的授权或邀请在不可撤销信用证上加具保兑（以其自身名义保证付款）的银行。

偿付行（reimbursing bank）又称清算银行，是指根据开证行的授权或指示，履行信用证项下付款责任的银行。

（3）信用证的业务流程。首先，买卖双方在贸易合同中规定使用跟单信用证支付。进口商通知当地银行（开证行）开立以出口商方为受益人的信用证。其次，开证行请求通知行通知或保兑信用证。当通知行通知出口商时，信用证已开立。出口商收到信用证，并且确保其能履行信用证规定的条件后，即装运货物，取得相应单据，将单据提交给指定银行。该银行可能是开证行，或是信用证内指定的付款、承兑或议付银行。再次，该银行按照信用证审核单据。如单据符合信用证规定，银行将按信用证规定进行支付、承兑或议付。单据寄送开证行，并且审核单据无误后，开证行便以事先约定的形式，对已按照信用证付款、承兑或议付的银行偿付。最后，开证行要求进口商付款，进口商付款赎单后方可凭单取货。

信用证业务流程如图 10.6 所示。

（4）信用证的种类。根据信用证项下的汇票是否附有货运单据，可将信用证分为跟单信用证和光票信用证。跟单信用证（documentary credit）是凭跟单汇票或仅凭单据付款的信用证。这里的单据指代表货物所有权的单据（如海运提单等），或证明货物已交运的单据（如铁路运单、航空运单、邮包收据）。光票信用证（clean credit）是凭不随附货运单据的光票（clean draft）付款的信用证。在国际贸易的货款结算中，绝大部分使用跟单信用证。

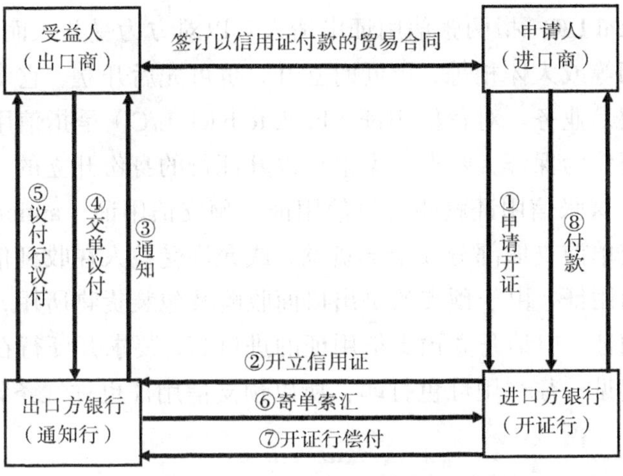

图 10.6　信用证业务流程

根据开证行所负的责任不同，可将信用证分为不可撤销信用证和可撤销信用证。不可撤销信用证（irrevocable L/C）指信用证一经开出，在有效期内，未经受益人及有关当事人的同意，开证行不能片面修改和撤销，只要受益人提供的单据符合信用证规定，开证行必须履行付款义务。可撤销信用证（revocable L/C）指开证行不必征得受益人或有关当事人同意有权随时撤销的信用证。

以有无另一银行加以保证兑付为依据，可将信用证分为保兑信用证和不保兑信用证。保兑信用证（confirmed L/C）指开证行开出的信用证，由另一银行保证对符合信用证条款规定的单据履行付款义务。不保兑信用证（unconfirmed L/C）指开证行开出的信用证没有经另一家银行保兑。

根据付款时间不同，可将信用证分为即期信用证、迟期付款信用证和承兑信用证。即期信用证（sight L/C）指开证行或指定银行在收到符合信用证规定的单据后，立即履行付款义务的信用证。迟期付款信用证（deferred payment L/C）是开证行在信用证中规定货物装船后若干天付款，或受益人交单后若干天付款的信用证。承兑信用证（acceptance L/C）是指开证行或指定银行在收到符合信用证条款的单据及远期汇票后，应予以承兑，等汇票到期时再行付款的信用证。

根据受益人对信用证的权利可否转让，可将信用证分为可转让信用证和不可转让信用证。可转让信用证（Transferable L/C）指受益人可以将信用证的权利，即装运货物（交货）、交单取款的权利转让给其他人的信用证。不可转让信用证（non-transferable credit）指受益人不能将信用证的权利转让给他人的信用证。凡信用证未注明“可转让“字样的信用证都是不可转让信用证。

除此之外，还有循环信用证、对开信用证、对背信用证、预支信用证。循环信用证（revolving L/C）指信用证被全部或部分使用后，其金额又恢复到原金额，可再次使用，直至达到规定的次数或规定的总金额为止。它通常在分批均匀交货情况下使用。对开信用证（reciprocal L/C）指两张信用证申请人互以对方为受益人而开立的信用证。两张信用证的金额相等或大体相等，可同时互开，也可先后开立。它多用于易货贸易或来料加工和补偿贸易业务。对背信用证（back to back L/C）是指信用证的受益人以自己为申请人以该证作为保证，要求一家银行以开证行的身份开立的，以实际供货人为受益人的信用证，这张信用证就叫对背信用证。预支信用证（anticipatory credit）允许出口商在发货交单前支取部分或全部货款，或允许受益人在收到信用证后，可立即签发光票取款的信用证。由于预支款是出口商收购及包装货物所用，所以预支信用证又叫打包放款信用证。申请开立预支信用证的进口商，要求开证行在信用证中加列预支条款，为醒目起见，往往用红色打印，所以预支信用证也称红条款信用证。

延伸阅读

中国银行去年完成国际结算业务量 4.63 万亿美元

中国银行行长刘连舸 2019 年 3 月 29 日说，2018 年中国银行完成国际结算业务量 4.63 万亿美元，在中国内地机构国际贸易结算、跨境担保业务市场份额中保持同业领先。中国银行近年不断拓展跨境业务。比如，从 2015 年到 2018 年，中国银行累计跟进“一带一路”重大项目超过 600 个，提供授信支持超过 1 300 亿美元；2018 年成功发行 32 亿美元等值“一带一路”主题债券；去年实现跨境人民币结算量 5.95 万亿元等。“中国银行全球化还要继续推进。”刘连舸说，“未来要加快完善全球布局，到今年底覆盖 60 个国家和地区，还要加强区域资源统筹协调和整合。”在发展跨境业务同时，中国银行也将积极服务实体经济。中国银行副行长林景臻说，2019 年，中国银行民营企业贷款新投放计划不低于全部对公贷款新投放的 1/3，新增普惠金融贷款不低于 900 亿元。中国银行年报还显示，2018 年中国银行实现股东应享税后利润 1 800.86 亿元，同比增长 4.45%；截至 2018 年末，集团资产总额达 21.27 万亿元，比 2017 年末增长 9.25%；不良贷款余额 1 669.41 亿元，不良贷款率 1.42%。

资料来源：新华网，2019.3

第三节　国际贸易融资和国际信贷

商业银行通过国际业务的组织机构积极拓展海外业务，同时，这类组织结构优势融通外汇资金的窗口，他们借助国际货币市场和资本市场发挥外汇资金融通的功能。

国际贸易融资又称进出口融资，是指在国际贸易活动中银行为资金周转有困难的进出口商提供的资金融通。贸易融资属于传统的商业银行国际业务，旨在促进国与国、企业与企业间的进出口业务。

国际贸易融资的具体方式有很多，如进出口押汇、票据贴现、票据承兑、保付代理等。随着银行国际业务的发展，贸易融资也有了一些新的变化，银行提供的服务产品可以是单一的，如打包贷款；也可以是综合的，如中国银行的“出口全益达”就是银行针对出口企业在贸易活动中可能遇到的各种困扰和难题，而专门打造的一个功能强大、方便实用的贸易融资综合解决方案。

一、进出口押汇

进出口押汇属于贸易融资方式，是指不同国家的进出口商在进行交易时，出口商以其所得的票据、信用证等，连同运货的提单、保险单、发票等全部单据作担保，向金融机构押借款项，由银行凭全部运货单据，转向进口商收取货款的融资方式。

进出口押汇这种特殊的短期贷款形式有着较高的安全性。银行在押汇时所得的汇票到期后，如进口商不能支付，银行可向出票人追索，信用风险转向出口商。进出口押汇又具有汇款的特点，如果收款天数超过预定的贴现天数，银行对受益人有索取超过原贴现天数利息的要求权。

进出口押汇按承做地点的不同可分为进口押汇和出口押汇。按押汇有无凭信可分为凭信押汇和不凭信押汇。下面重点介绍进口押汇和出口押汇。

1. 进口押汇

进口押汇指银行应进口商申请，在其对外付款时提供短期资金融通，并且按约定的利率和期限由申请人还本付息的业务。

进口押汇业务的主要特点有以下几个方面。

（1）减少资金占压。利用银行资金进行商品进口和国内销售，不占压任何资金即可完成贸易、赚取利润。

（2）把握市场先机。帮助进口商在无法立即支付货款的情况下及时取得物权单据、提货、转卖，从而抢占市场先机。

（3）提高议价能力。通过将付款期限由远期改为即期，或相应缩短远期付款的期限，可以帮助进口商提高对国外出口商的议价能力。

（4）节约财务费用。可根据不同货币的利率水平选择融资币种，从而节约财务费用。

进口押汇包括信用证项下进口押汇、T/T 进口押汇和托收项下进口代收押汇。

信用证项下进口押汇指开证行接到信用正项下相符单据，缮制进口来单通知书，一方面提示进口商，通知其接受单据，要求其于通知日后若干天内到开证行办理付款赎单手续；另一方面在收到单据后 5 个工作日偿付寄单行。若进口商暂时无力付款赎单，向开证行申请签署进口押汇合同，取得商业单据，并承诺在一定期间内偿还票款。

T/T 进口押汇是指银行应进口商要求代其对外垫付货到付款项下款项的短期资金

融通。T/T 进口押汇分为两种情况，即以人民币银行承兑汇票为质押，或在授信额度内为进口商先行垫付货款对外付汇，待汇票到期或货物销售回款后，进口商购汇偿还融资款项。

托收项下进口代收押汇是指在付款交单（D/P）条件下代收行以包括代表物权的提单在内的货运单据为质押，向进口商提供垫款的资金融通业务。

进口押汇是一种专项融资，商业银行要求仅适用于履行特定贸易项下的对外付款责任，同时，押汇期限一般与进口货物转卖的期限相匹配，并且以销售回笼款项作为押汇的主要还款来源，一般不超过 120 天。

在具体操作中，进口商不仅要提出押汇申请，还要具备相关的条件。如中国银行规定：必须依法核准登记，具有经年检的法人营业执照或其他足以证明其经营合法性和经营范围的有效证明文件；拥有贷款卡；拥有开户许可证，并在中行开立结算账户；具有进出口经营资格。

2. 出口押汇

出口押汇是指在信用证或托收的结算方式下，出口商在向出口地银行提交信用证项下单据议付时，银行根据企业的申请，凭企业提交的全套单证相符的单据作为质押进行审核，在审核无误后参照票面金额将款项垫付给企业，然后向开证行寄单索汇，并且向企业收取押汇利息和银行费用并保留追索权的一种短期出口融资业务。出口押汇是一种应用最广泛的出口贸易融资。

出口押汇业务主要特点有以下几个方面。

（1）加快资金周转。在进口商支付货款前可提前得到偿付，从而加快资金周转速度。

（2）简化融资手续。融资手续相对于流动资金贷款等简便易行。

（3）改善现金流量。可以增加当期现金流，从而改善财务状况。

（4）节约财务费用。可根据不同货币的利率水平选择融资币种，从而节约财务费用。

（5）降低授信门槛。对于信用证项下单证相符的出口单据，即使出口商尚未在银行核有授信额度，也可以办理出口押汇。

二、打包放款

打包放款（packing credit），也称打包贷款。是指出口商收到境外开来的信用证，出口商在采购这笔信用证有关的出口商品或生产出口商品时，资金出现短缺，用该笔信用证作为抵押，向银行申请资金贷款，用于出口货物进行加工、包装及运输过程出现的资金缺口。由于一开始该货款解决受益人包装货物之需，故俗称打包放款。

打包放款的货币一般以本币为主。在特殊情况下，如需要以外汇支付运费也可发放少量外汇打包贷款。打包放款的金额及其放款期限有一定的要求。一般而言，打包放款的金额不超过信用证金的 80%，若银行的资金允许或客户信用较好，则放款额可放宽。贷款期限根据信用证有效期加上合理的收汇期限确定，原则上不超过 180 天。

打包放款业务的特点在于以下几个方面。

（1）单前融资。发放贷款的时间段为收到信用证后，向出口地银行提交信用证规定的单据以前。

（2）专款专用。主要用于对生产或收购商品开支及其他费用的资金融通，不能用于固定资产投资、归还贷款等资本项目。

（3）贷款期限较短。

（4）贷款行留存信用证正本。

（5）有追索权。正常情况下以信用证项下收汇作为第一还款来源。在企业不能正常从国外收回货款时，企业必须偿还打包放款的本金、利息，或允许银行主动从其账户扣划。

三、福费廷

福费廷（forfeiting），也称包买票据或票据买断，是商业银行为国际贸易提供的一种中长期融资方式。它是指银行作为包买商从出口商那里无追索权地购买由银行承兑/承付或保付的远期汇票，而向出口商提供融资的业务。购买远期汇票的过程，实质上就是出口地银行向出口商融资的过程，只是汇票到期时该笔款项不向出口商索取，而向进口商索取。此类融资方式在延期付款的成套设备、飞机、船舶等贸易中运用非常广泛。

福费廷业务具有如下几方面的特点。

（1）无追索权买断。银行无追索权买断应收账款，使客户应收账款"落袋为安"。

（2）风险转移。客户将国家风险、买方信用风险、汇率风险、利率风险等全部转移给银行，从而达到规避风险的目的。

（3）增加流动资金。客户获得 100%资金融通，将未来应收账款转化为当期现金流入，避免资金占压，增加现金流。

（4）不占用客户授信额度。福费廷业务不占用客户授信额度，客户在没有授信额度或授信额度不足的情况下，仍可从银行获得融资。

（5）优化财务报表。客户在不增加银行负债情况下，减少应收账款、改善现金流量，达到优化财务报表的目的。

（6）提前获得出口退税。根据外汇管理局规定，办理福费廷业务，客户可以获得提前出口核销和退税，从而节约财务成本。

延伸阅读

福费廷与票据贴现的区别

（1）一般意义上的票据贴现是有追索权的，而福费廷无追索权。商业银行作为买入票据的善意持票人除了有权向债务人索偿，在债务人无力支付时，也可以向出口商追索，而福费廷业务的根本特点就是对出口商无追索权。

（2）银行在远期信用证项下汇票贴现业务中通常只按票面金额的70%~80%付款；而福费庭融资业务除必要费用外，商业惯例上系全额支付。

（3）从融资的期限来看，国内票据贴现期一般不超过6个月，属于短期融资；而福费廷融资业务适合于100万美元以上的大宗贸易合同，票据期限一般为1~5年（某些银行要求金额在50万美元以上，票据期限不少于180天），属于中长期融资。

（4）从适用的法律来看，国内票据贴现的法规主要是我国的《票据法》及其他结算规章，而福费廷贴现的法规主要是国际票据法和惯例规则。

资料来源：中国银行网站.

我国国内第一家开办福费廷业务的是中国银行，其福费廷产品种类齐全，不受结算方式限制，可融资的债权工具灵活多样，不仅包括信用证，而且包括汇票、本票、付款保函、备用信用证担保债权、出口信用保险承保债权等多种形式，还可以根据项目的具体情况，提供个性化解决方案。以中国银行为例，福费廷的基本操作流程如下。

（1）客户与银行签订《福费廷业务合同》。

（2）客户提交《福费廷业务申请书》。

（3）取得对债务人的授信额度或确定转卖后，与客户签署《福费廷业务确认书》。

（4）债权转让。在客户持有票据情况下，将票据背书给银行；在无法取得票据的情况下，签署《债权转让书》。

（5）贴现付款。银行取得信用证项下开证行/指定银行的承兑/承付通知，或者其他符合银行要求的债权凭证后，扣除贴现息和有关费用后将款项净额支付给客户。

（6）出口贸易项下，为客户出具出口收汇核销专用联，供其办理出口收汇核销和退税。

四、出口信贷

出口信贷（export credit）是一国政府为鼓励本国商品的出口，加强国际竞争能力，以对本国出口给予利息贴补并提供信贷担保的方法，鼓励本国的银行或其他金融机构为本国出口商或外国进口商（或其银行）提供优惠贷款的一种融资方式。

出口信贷有金额起点高、用途被严格限定、期限比较长、利率比较低等特点。从贷款的对象划分，出口信贷可分为卖方信贷与买方信贷。

1. 卖方信贷

卖方信贷是出口地银行向本国出口商提供的中长期商业贷款。出口商以此贷款为垫付资金，允许进口商赊购自己的产品和设备。出口商一般将利息等资金成本费用计入出口货价中，将贷款成本转移给进口商。

卖方信贷一般金额较大，大多在大型成套设备的贸易中采用。一般情况下，在进出口双方签订合同后，进口方支付 5%~10%的定金，在分批交货、验收和保证期满时再分期付给出口方 10%~15%的货款。其余货款则由出口厂商在设备制造或交货期间向出口方银行取得中长期贷款以供周转。

卖方信贷的基本操作流程如下。

（1）出口商（卖方）以延期付款的方式与进口商（买方）签订贸易合同，出口大型机械设备。

（2）出口商（卖方）向所在地的银行借款，签订贷款，以融通资金。

（3）进口商随同利息分期偿还出口商的货款后，出口商再偿还银行贷款。

2. 买方信贷

买方信贷是出口方银行直接向进口商提供的贷款，而出口商与进口商所签订的成交合同中规定为即期付款方式。出口方银行根据合同规定，凭出口商提供的交货单据，将货款付给出口商。同时记入进口商偿还账户内，然后由进口方按照与银行订立的交款时间，陆续将所借款项偿还出口方银行，并且付给利息。一般来说，买方信贷主要有两种形式：一是出口商银行将贷款发放给进口方银行，再由进口方银行转贷给进口商；二是由出口方银行直接贷款给进口商，由进口方银行出具担保。

买方信贷不仅具有卖方信贷方便贸易的优点，而且对出口商来说无须像卖方信贷那样与银行签订贷款合同而承担有关成本，对进口商来说也可以得到出口商不含利息及其他费用的报价，便于在贸易谈判中比较货价。在我国，买方信贷主要用于支持大型机器设备或成套设备贸易，如船舶和其他机电产品的出口，贷款金额一般不超过出口商务合同或承包合同金额的 85%，贷款币种为美元或经银行同意的其他货币。

买方信贷涉及的当事人通常常有四个：出口商、出口方银行、进口商、进口方银行。以一项大型生产设备的国际进出口贸易为例，其基本业务操作流程如下。

（1）买方信贷的最大额度是总贸易金额的 85%，进出口双方签订贸易合同后，进口商交纳 15%左右的定金。

（2）进口方银行和出口方银行之间签订贷款协议。贷款协议将以贸易合同为基础，同时具有独立性。

（3）出口方银行向进口方银行贷款，进口方银行再向进口商贷款，进口商以此向出口商支付现汇货款。为避免不必要的周折和由此带来的风险，这笔款项实际是由出口方银行直接交给了出口商拿走，然后由进口商来还。

（4）国家出于促进本国出口的战略目的，向银行提供利差补贴。

（5）进口商按贷款协议向其本地的进口方银行分期归还贷款、进口方银行再分期还款给出口方银行，直到还款结束。

第四节　外汇买卖业务

国际上因贸易、投资、旅游等经济往来，难免发生货币收支关系。但各国货币制度不同，要想在国外支付，必须先以本国货币购买外币，从国外收到外币支付凭证也必须兑换成本国货币才能在国内流通。这样就产生了本国货币与外国货币的兑换问题。因此，外汇买卖业务是商业银行的一项重要和基本的国际业务。主要包括两方面的内容：一是接受客户委托，代理客户进行外汇买卖；二是银行自身为了降低外汇风险、调整外汇头寸或自行经营而进行的外汇买卖。通常情况下，商业银行进行外汇买卖是为了规避外汇风险、调剂外汇头寸。

一、外汇买卖市场

外汇买卖市场也称外汇交易市场或外汇市场，其概念有静态和动态之分。动态外汇，是指把一国货币兑换成为另一国货币以清偿国际间债务的金融活动。从这个意义上来说，动态外汇等同于国际结算。静态的外汇又有广义和狭义之分。广义的外汇是外国外汇管理法令所称的外汇，它泛指一切对外金融资产。现行的《外汇管理条例》第三条规定，外汇是指以外币表示的可以用作国际清偿的支付手段和资产。狭义的外汇是指以外币表示的用于国际结算的支付手段。总之，外汇市场是由外汇需求者与外汇供给者及买卖的中介机构所构成的买卖外汇的场所或交易网络。

目前，世界上大约有 30 个主要的外汇市场，它们遍布于世界各大洲的不同国家和地区。根据传统的地域划分，可分为亚洲、欧洲、北美洲三大部分，其中，最重要的外汇市场有伦敦、纽约、东京、新加坡、法兰克福、苏黎世、香港、巴黎、洛杉矶、悉尼等。另外，一些新兴的区域性外汇市场如巴拿马、开罗和巴林等，也大量涌现并逐渐走向成熟。外汇市场的参与者主要有各国的中央银行、商业银行、非银行金融机构、经纪人公司、自营商及大型跨国企业等。它们交易频繁，交易金额巨大，每笔交易均在几百万美元甚至一千万美元以上。

二、外汇买卖价格

在从事外汇买卖过程中，买卖双方最关注的问题是汇价（汇率）及其变化趋势。

1. 汇率的含义和标价方法

汇率（foreign exchange rate）又称外汇利率、外汇汇率或外汇行市。指两种货币之间的对换的比率，亦可视为一个国家的货币对另一种货币的价值。汇率变动对一国进出口贸易有着直接的调节作用。在一定条件下，通过使本国货币对外贬值，即让汇率上升，会起到促进出口、限制进口的作用；反之，本国货币对外升值，即汇率下降，则起到限制出口、增加进口的作用。

汇率有两种标价方法，直接标价法（direct quotation）和间接标价法（indirect quotation）。直接标价法下，外汇汇率的升降和本国货币的价值变化成反比例关系：本币升值，汇率下降；本币贬值，汇率上升。间接标价法下，外汇汇率的升降和本国货币的价值变化成正比例关系：本币升值，汇率上升；本币贬值，汇率下降。目前我国和世界上大多数国家都采用直接标价法。

2. 汇率的种类

（1）按国际货币制度的演变划分，汇率可分为固定汇率和浮动汇率。

固定汇率是指由政府制定和公布，并且只能在一定幅度范围内波动的汇率。浮动汇率是指由市场供求关系决定的汇率，其涨落基本自由，一国货币市场原则上没有维持汇率水平的义务，但在必要时可进行干预。

（2）按制订汇率的方法划分，汇率可分为基本汇率和套算汇率。

基本汇率是指各国在制定汇率时必须选择某一国的货币作为主要对比对象，这种货币称为关键货币。根据本国货币与关键货币实际价值的对比，制定出对它的汇率，这个汇率就是基本汇率。一般美元是国际支付中使用较多的货币，各国都把美元当作制定汇率的主要货币，常把对美元的汇率作为基本汇率。套算汇率指各国按照对美元的基本汇率套算出的直接反映其他货币之间价值比率的汇率。

（3）按外汇交易交割期限划分，汇率可分为即期汇率和远期汇率。

即期汇率也叫现汇汇率，是指买卖外汇双方在成交当天或两天以内进行交割的汇率。远期汇率是在未来一定时期进行交割，而事先由买卖双方签订合同、达成协议的汇率。到了交割日期，由协议双方按预订的汇率、金额进行钱汇两清。远期汇率与即期汇率相比存在差额，这种差额叫远期差价，有升水、贴水、平价三种情况。升水表示远期汇率比即期汇率贵，贴水则表示远期汇率比即期汇率便宜，平价表示两者相等。

（4）按外币挂牌的档数分为单档汇率和双档汇率

单档汇率指银行对每一种货币只有一个牌价。银行向客户买入或卖出外汇时均按此汇率办理。做外汇买卖时不是赚汇价，而是向客户收取一定手续费。双档汇率指对每一种外汇挂出两个汇率，银行买入各种外币的汇率（买入价）和银行卖出各种外币的汇率（卖出价）。卖出价往往高于买入价，银行赚取其中的差额。世界上大多数国家采用双档汇率。

三、外汇买卖的方式

随着金融衍生工具的发展，外汇交易方法层出不穷。外汇交易市场是世界上最大的金融市场，平均每天超过一千亿美元的资金在当中周转——相当于美国所有证券市场交易总和的 30 余倍。其中最基本的外汇交易方式有以下几种。

1．即期外汇交易

即期外汇交易（spot transaction）也称现货交易和现货买卖，是指外汇买卖双方以即期外汇市场的价格成交，并且在成交后的第二个营业日交割的外汇买卖方式。现货外汇交易是最基本的外汇买卖方式，应用范围非常广泛。

银行开展现货买卖业务，主要是因为即期外汇交易不但可以满足客户临时性的付款需要，也可以帮助买卖双方调整外汇头寸的货币比例，以规避外汇汇率风险。

2．远期外汇交易

跟即期外汇交易相区别的是远期外汇交易（forward transaction），指市场交易主体在成交后，按双方签订的远期合同，在未来的约定日期进行交割的外汇交易。远期外汇交易的期限通常为 1 个月、3 个月、6 个月，最长可以达到 1 年，超过一年的称为超远期外汇交易。远期外汇交易是有效的外汇市场中必不可少的组成部分。20 世纪 70 年代初期，国际范围内的汇率体制从固定汇率为主转向以浮动汇率为主，汇率波动加剧，金融市场蓬勃发展，从而推动了远期外汇市场的发展。

3．外汇期货交易

外汇期货交易（currency futures option）是指在有形的外汇买卖市场上，即期货交易所内，通过公开竞价的方式进行的外汇期货标准合约的买卖方式。

外汇期货交易和远期外汇交易在交易的基本原理、交割的时间等方面有许多相似的地方，但两者有明显的区别。相比之下，外汇期货交易具有如下特点：一是场内交易，外汇期货交易是在有组织的交易所内进行的，有规范的交易程序；二是有标准化合约，合约的交割时间、交割地点、币种及数量等都是标准化的；三是买卖双方无直接合同责任关系，双方均与交易所具有合同责任关系；四是实际交割率少，外汇期货交易的目的主要是套期保值和投机；因此很少进行实际交割，实务中大约只有 1%的外汇期货交易进行交割。

4．外汇期权交易

外汇期权交易（foreign exchange option）即外汇期权买卖，是指交易双方在规定的期间按商定的条件和一定的汇率，就将来是否购买或出售某种外汇的选择权进行买卖的交易。

1982 年 12 月，外汇期权交易在美国费城股票交易所首次进行。随后芝加哥商品交易所、阿姆斯特丹的欧洲期权交易所和加拿大的蒙特利尔交易所、伦敦国际金融期货交易所等先后开办了外汇期权交易业务。美国费城股票交易所和芝加哥期权交易所是具有代表性的全球外汇期权交易市场，经营的外汇期权种类包括英镑、加拿大元、瑞士法郎、德国马克、法国法郎等。

期权分为买权和卖权两种。买权是指期权的买方有权在未来的一定时间内按约定的汇率向银行买进约定数额的某种外汇；卖权是指期权的买方有权在未来一定时间内按约定的汇率向银行卖出约定数额的某种外汇。在行市有利于买方时，买方将买入看涨期权；行市不利时，卖方将卖出看跌期权；在行市捉摸不定时，投资者倾向于购买双向期权。一般认为，外汇期权交易控制和降低了外汇交易的风险，但在实践中由于期权交易控制风险的作用，使投机者的投机胆量越来越大、规模也越来越大，从而也使金融风险大大提高。

四、外汇买卖的策略

外汇市场作为全球性的市场，每天都吸引着巨额的资金参与其中，外汇买卖业务除了能给商业银行带来可观的收益，同时有可能带来巨大的风险。因此，银行在外汇买卖中，应该注意贯彻盈利性、安全性和流动性三原则，并且制定买卖的策略。

（1）加强账户管理，主动调整资产负债。以外币表示的资产负债容易受到汇率波动的影响，资产负债调整是将这些账户进行重新安排或转换成最有可能维持自身价值甚至增值的货币。

（2）选择有利的计价货币，灵活使用软、硬货币。外汇风险的大小与外币币种密切相关，交易中收付货币币种不同，所承受的外汇风险不同。在外汇收支中，原则上应争取使用硬货币收汇，用软货币付汇。

（3）在合同中订立货币保值条款。货币保值条款的种类很多，并无固定模式，但无论采用何种保值方式，只要合同双方同意，并且可达到保值目的即可。货币保值方式主要有黄金保值、硬货币保值、“一篮子”货币保值等，合同中大都采用硬货币保值条款。

（4）通过协定，分摊风险。交易双方可以根据签订的协议，确定产品的基价和基本汇率，确定汇率变化幅度及交易双方分摊汇率变化风险的比率，视情况协商调整产品的基价。

（5）根据实际情况，灵活掌握收付时间。在国际外汇市场瞬息万变的情况下，提前或推迟收付款，对经济主体来说会产生不同的效益。因此，应善于把握时机，根据实际情况灵活掌握收付款时间。

第五节 离岸金融

一、离岸金融的含义及特点

1. 离岸金融的含义

离岸金融（off-shore finance）是指在本国境内发生的外国机构（或个人）之间以外币进行的交易，它特指非居民间的融资活动，即外国贷款人、投资者与外国筹资者间的业务。离岸金融业务由于其资金源于境外，资金运用亦在境外，因此俗称是“两头在外”的银行业务。

离岸金融市场又称境外金融市场，是采取与国内金融市场隔离的形态，使非居民在筹集资金和运用资金方面不受所在国税收和外汇管制及国内金融法规的影响，可进行自由交易的市场。设在离岸金融中心的银行或其他金融组织被称作离岸银行又称离岸单位，其业务只限于与其他境外银行单位或外国机构往来，而不允许在国内市场经营业务。从严格意义上讲，离岸金融也就是不受当局国内银行法管制的资金融通，无论这些活动发生在境内还是在境外。

2．离岸金融的特点

离岸金融业务与传统的银行国际业务有着明显的区别，其特点主要有以下几个方面。

（1）从市场的性质看，传统国际金融市场本质上是个国内市场，因为它受市场所在国法令的管制，经营的是市场所在国的货币，利率体系也是实行所在国利率。而离岸金融市场是一个无国籍的、完全国际化的市场，它不受任何一国货币法令的管制，主要经营境外货币，实行特有的国际利率结构。

（2）从借贷关系看，传统国际金融市场的借贷关系是在本国人和外国人之间的，即本国人资金为外国人提供本国货币贷款，并且以国内资本净输出为特点。而离岸金融市场的借贷关系是在外国人与外国人之间的，即用非居民存款向非居民提供外币存款，并且以境外资金来源为特征。

（3）离岸金融属于批发性银行业务，存贷金额比较大，其存款和贷款交易额应在一定的起点之上。

二、离岸金融的类型

离岸金融市场有不同的类型。从业务范围来看，有避税港型、内外一体型、内外分离型及分离渗透型等离岸金融市场；从市场形成的动力来看，有自然渐成型和政府推动型离岸金融市场；从市场功能来看，有世界中心、筹资中心、供资中心及簿记中心等离岸金融市场。

1．避税港型

该类型的金融市场位于自身经济规模极小的小型国家或地区，起一个“记账中心”的作用，产生的投资效应、就业效应和国民收入效应很低，但在硬件方面的投入成本不低，对软件的要求很高，既可以产生资金渗透，又可成为“洗钱中心”。例如，设在巴哈马、百慕大群岛、开曼群岛等以避税为目的的避税港型的离岸市场。这是我们通常意义上所说的离岸金融中心，一般政局稳定，税收优惠，没有金融管制。

2．内外一体型

该类型的金融市场需要金融业具有高度的经营自由，境内市场几乎完全开放，对所在地的经济、金融发展基础和管理水平有较高的要求。该类型的市场以伦敦和香港的离岸金融市场为代表。内外一体型离岸金融市场模式代表着国际离岸金融市场的发展方向。

3. 内外分离型

该类型的市场是由政策诱导、推动，专门为非居民交易所创设的。一方面便于金融管理当局对在岸业务、离岸业务分别加以监管，另一方面可以较为有效地阻挡国际金融市场对国内金融市场的冲击。该类型的市场以纽约、新加坡和东京的离岸金融市场为代表。

4. 分离渗透型

该类型市场模式是将境内金融业务和离岸金融业务分账处理的前提下，根据经济发展中的引资需要，允许一定比例的离岸账户资金流入。根据我国现实国情和目前的金融实力，渗透性离岸金融市场模式的设定建议实施“以内外分离为基础、适度渗透的离岸金融市场模式”，即从事离岸金融业务的金融机构要专门开设离岸业务账户，将离岸业务与在岸业务严格分离，同时在将境内业务和离岸金融业务分账处理的前提下，根据经济发展中的引资需要，允许一定比例的离岸账户资金流入。

三、离岸金融的风险

随着我国人民币自由兑换的不断推进，离岸金融市场的建设将越来越重要。在过去的几十年中，离岸金融中心的建立推动了国际资本的流动，促进了一些国家的金融管理体制改革和全世界资本流动模式的发展演变。但是，银行的离岸业务客户大多为远距离客户，进行有效信誉评估和管理的难度较大，可控性较低，所以离岸金融中心也给我国带来了相当大的负面影响和潜在风险，我国银行尤其是已经开放离岸业务的银行必须及时认识和警惕风险的发生。

1. 信用风险

信用风险是指交易对方违约、犯罪或无力履行合约义务给离岸金融业务的债权人带来经济损失的风险。信用风险可分为违约风险与信用价值风险。若借款人、债券发行人或金融交易对方由于各种原因不能履约，则产生违约风险；借款人信用评级的降低导致市场价值下降，则产生信用价值风险。

金融经济实质上是信用经济、道德经济，各项复杂的经济活动，要在交易双方诚实守信的基础上才有可能促进双方交易的成功。离岸金融市场业务是针对非居民的，其储蓄者和贷款人皆来自国外，并且来自不同国家，因此离岸金融机构对其客户信息的掌握难度很高，使其很难深入把握客户的财产状况及信用状况，对客户的经营状况和背景的了解存在困难，信息的不对称使得离岸金融业务中容易产生逆向选择和道德风险。

2．利率风险

离岸资金与国内资金之间存在套利空间。如果离岸资金与国内资金在利率上出现较大差别时，在渗透得不到有效控制的情况下，就会诱发资金发生大规模的套利转移。如果离岸利率高于国内利率，就会引发国内资金外流；如果国内利率高于离岸利率，就会引发离岸资金大量流入国内，上述两种情况都会给我国尚未完全市场化的利率管理体制带来冲击。

所以，当国际离岸金融市场利率水平上升时，相关部门应当加强对离岸金融市场的监控力度；而当国际金融市场利率下降时，相关部门的监控力度可适当放松。

3．汇率风险

汇率风险是指在国际经济、贸易和金融活动中，以外币计价的收付款项、资产负债业务等因汇率变动而蒙受损失的可能性。由于我国仍然实行较为严格的外汇管制，如果离岸账户与在岸账户在管理上没有严格分开，就会使有限的外汇资源经过离岸账户外逃，给国家外汇管理造成极大影响；如果国内的外汇汇价存在控制价格（官方价格）和市场价格差别，也会诱使离岸外汇资金与在岸外汇资金为套取汇价利差而设法逃过管制而内外渗透流动，给国家外汇管理带来许多不可控因素。

所以，当一国在岸金融市场汇率降低时，相关部门应当加强对离岸金融市场的监控程度，以免国际热钱通过离岸金融市场渗透到国内，引起国内的通货膨胀和经济泡沫。

4．法律风险

离岸投资者的投资目的虽然有个人差别，但他们的根本一致性是利用存在于世界各国税收金融制度上的差异去维护个人财产的保值增值。比如，一国离岸投资者就可以把其本应在国内需要交纳遗产税的遗产利用离岸信托保留了资产的数量而不是更多地交给母国政府。因而，离岸金融可能给予投机行为者机会，目前“洗钱”“逃汇”便是离岸金融法律的热点问题。

5．其他违规操作风险

因为离岸账户无准备金规定和利率限制，如果在管理上出现漏洞，可能使一些金融机构参加离岸业务而避免存款准备金的交纳及逃避利率约束。

延伸阅读

商业银行国际结算业务的发展趋势

随着经济全球化的到来，我国的国门进一步打开，国内很多企业与国外的经济联系越来越多，越来越紧密，这些业务的不断发展，为商业银行的国际业务，特别是国际结算业务提供了广阔的发展前景。随着国际业务的不断纵深发展，国际结算业务也在不断发展过程中。

1. 信用结算方式的变化

汇款、托收、信用证三大结算方式一直在商业银行领域广泛应用。其中信用证以其有拥有银行担保的支付方式深受客户的喜爱。但随着经济的发展，商家为了在竞争中取得竞争优势，选择采用商业信用交易，并且有自己的一套规避风险的措施，这种方式已经成为商界潮流，成为国际贸易的发展重心，信用证结算方式在未来有可能逐渐被商业信用所取代。

2. 附属结算方式逐渐被广泛应用

保理、保函、包买票据等作为一种新的国际结算附属结算方式，越来越被广泛应用，这种结算方式的逐步发展，也有可能在不远的将来取代当前的信用证结算方式。保理业务是一项新型综合金融服务方式，其主要是指银行在债权转让的基础上，有权对商业企业的资信情况进行调查，对货款进行催收，对应收账款进行管理，对信用风险进行担保等的服务方式。而对于出口商来说，这项业务的应用与创新可以使自身同时拥有 80%的预付融资和 100%的贴现融资，这对出口商来说是绝对便利和有益的。产品的出口竞争力在保理业务所提供的赊销、承兑交单的便利下明显增强。同时，这项业务的提供，也增强了中小型企业在国际业务中的竞争力，便于中小型企业获得融资。相对于银行而言，国际结算附属结算业务的展开，不仅丰富了业务的品种、拓宽了金融领域，也为银行争取到了更多的收益。

3. 混合结算方式增多

在国际结算方式上，银行普遍采用各种结算方式综合运用的措施，如在对货款结算方面，银行可以将货款分为两个部分，一部分用电汇方式进行付款，或者用信用证方式对货款进行结算；另一部分可以用托收结算或用 T／T 预先付款来结账。这种结算方式的优势在于，将结算可能产生的风险和成本合理地分给买卖双方，使买卖双方找到一个两者都能接受的结算方式。由于这种结算方式存在诸多的优势，逐渐受到人们的关注和喜欢。

4. 电子化程度增高

电子化支付方式在国际上已逐渐普及，面对这种形势，我国在国际结算的电子化程度上也在不断拓展。当前，商业银行的结算业务已经全部加入 SWIFT 网，依靠电脑系统的全天候的自动加押、核押功能，使得国际结算在安全性与效率上得到了提高，随着新一代电子网络的出现，国际结算在速度和效率也再一次得到提高。

综上，随着经济的不断发展，金融环境也在发生变化，以信用证为银行的传统结算方式，正逐渐被后来者所取代，在未来的国际结算业务中，国际结算的方式将大大有利于业务的使用者；虽然与此同时，使用者所承担的风险也会相应增大，但其规避风险的措施也会在未来被进一步普及。

资料来源：https://www.xzbu.com/3/view-7267802.htm.

本章概要

本章主要介绍了商业银行的国际业务，并且详细介绍了商业银行几种主要的国际业务的主要内容、特征及其操作方式。其中，重点介绍了国际结算、国际贸易融资、外汇买卖和离岸金融等业务，学生通过本章的学习可以较为全面地掌握商业银行国际业务的主要种类和内容，提高相关的业务实操能力。

思考练习

1. 简述商业银行开展国际业务的动因。
2. 国际结算的方式和工具主要有哪些？
3. 国际贸易融资主要有哪几种形式？
4. 福费廷业务有哪些特点？
5. 简述外汇买卖的策略。
6. 离岸金融业务有何特点？

第十一章 私人银行业务服务与管理

本章学习目标

- 了解商业银行私人银行业务的内涵；
- 掌握我国商业银行的私人银行业务的主要种类；
- 掌握私人银行业务的风险表现。

本章能力目标

- 掌握商业银行私人银行业务服务的主要流程；
- 掌握私人银行业务的风险管理方法；
- 掌握私人银行业务的发展趋势；
- 掌握我国私人银行业务的发展现状与措施。

案例引入

你的秘友——瑞士私人银行业务服务

瑞士的手表为世界管时间，而瑞士的银行为全球管钱。在这片 4 万多平方公里的土地上，存放着全球近 1/3 的私人资本。在瑞士，平均 1 400 多人就拥有一家银行办事机构，而且大部分是私人银行。

最老银行不挂招牌，家族运作 210 年

走在日内瓦的柯拉托利街上，请留意 11 号门牌的石造建筑。虽然看不到招牌，但那就是瑞士最古老、规模最大的私人银行之一——隆奥达亨银行。推开大门，两位身着宫廷侍者般深蓝色制服的老先生会很绅士地前来迎接你。这家银行管理着 1 700 亿美元的资产，至今运作了有 210 多年。事实上，瑞士私人银行几乎都是绵延了数百年的家族世袭银行，在法律上属于合伙人制度。

若银行倒闭，银行家会以全部家族资产抵押，保护客户利益。合伙人制度要求经营者对客户利益承担“无限责任”，这也是他们与瑞银、花旗等大型金融集团的主要区别。“你交给隆奥 20 万美元，我们不希望你产生损失，而要在保存财富同时略有增长。”隆奥达亨银行亚洲董事总经理叶峯立说，“我们的理念不是让客户更富有，而是保存财富。”从骨子里散发的谨慎和低调，与其起源有关。坊间的一种说法是，16 世纪中期，被驱逐的商人因追随宗教改革领袖而到日内瓦，成为第一代瑞士私人银行家。兵荒马乱的年代，私密性极强的服务受到欧洲贵族的欢迎。后来的私人银行业务也把这种谨慎和高度保密特色传承了下来。但世界上是不存在一家“瑞士银行”的。通常所说的瑞士银行，是所有瑞士的银行统称。包括瑞士联合银行、苏黎世银行、瑞士信贷第一波士顿银行等大型私人银行。

宝胜银行客户经理与各国政要交友

作为目前最大的私人银行集团，瑞士宝胜银行在全球约 40 个城市雇用逾 3 500 名员工。这家神秘的银行正在朝中国走来。“中国市场仍然相当封闭。目前我们仅在上海有一间小小的办公室。”瑞士宝胜向理财周报记者介绍，“私人银行业务需要相对宽泛的产品线，我们几乎涉及全部金融产品，从最基本的存贷业务到信用卡、结构性产品、共同基金、按揭、财富传承等。”如此全面的服务，对客户经理的要求自然是高于普通银行的。一位接触瑞士宝胜的投资咨询公司副总告诉记者：“宝胜的银行客户经理来自上流阶层，他们拥有良好的教育及社会背景，金融、法律、艺术、医学等几乎无所不通。”“幸运的话，他们确实能够接触到各国政要、商界巨子和演艺明星。”受访者说。这些一个电话就能在最短时间上门服务的客户经理们，也开始关注中国富人的喜好。

据宝胜调研，中国的高净值人士预计将从 2010 年的 50 万人增长到 2015 年的 140 万人，此类人群的财富平均值约为 500 万美元。瑞士宝胜已在 2012 年 8 月和中国银行签署关于私人银行业务的协议。为中国市场而激动的，还有瑞士的嘉盛莱宝银行。他们不惜违背 170 多年来的低调做法，将市场营销信息发布在巨大的广告牌上，只为吸引中国的客户。

秘密管家

“我们的工作有点像秘密管家。”曾在瑞士联合银行私人银行部门任职的潘俊向记者表示。据他介绍，有个客户曾从他那里买过几百万美元的信托产品，还配置了约 800 万美元的股票。三年期间，潘俊除了帮助那位客户管理资产，还帮他解决了移民的一些问题。“我们有在高尔夫球场碰过面，印象中没有在银行的服务大厅见过面。”即使只是提及为客户服务的地点，潘俊说起来也十分谨慎。在瑞银，像他这样的银行顾问，平均每人手下只有 20 个左右的客户。在他看来，客户的一切几乎都是秘密。事实上，瑞银的私人银行部从顾客的家庭组成上牢牢掌握着客人的财产状况。同时，这家拥有数百年历史的私人银行，广泛的人际关系网也深深吸引着富人们。“目前我们在财富管理业务的大部分客户关系都在瑞银证券。”瑞银在接受理财周报记者采访时表示。

资料显示，近几年瑞银集团的低风险私人银行业务利润已与投行业务并驾齐驱，贡献公司总利润 40%。

资料来源：和讯网.

思考题：

1. 简述私人银行业务的起源和历史沿革。
2. 瑞士私人银行业务的特点体现在哪里？
3. 私人银行业务发展面临的新挑战是什么？

第一节　私人银行业务的起源与发展

提起私人银行业务，我们不能回避瑞士的私人银行业务服务，其卓越的声望及优越的服务和管理模式在近几个世纪的经济与金融发展的历程中经久不衰。因此，我们要了解私人银行业务，需要从分析瑞士的私人银行业务服务与管理入手，着重分析其发展的优势与特色。

一、瑞士私人银行业务的出现与演进

（一）瑞士私人银行业务的出现

在 16 世纪中期，法国一些经商的富裕贵族由于宗教信仰原因被驱逐出境，于是他们来到了瑞士的日内瓦，同时带来了与其他欧洲国家权势阶层的密切联系和客户关系，正是这些遭受放逐的经商贵族形成了第一代瑞士私人银行家。欧洲的皇室高官们迅速开始利用这种新生的银行服务，享受这种服务所能给予的与众不同与高度自由。

瑞士赢得的卓越的金融声誉源自其根深蒂固的私人银行传统：由于能够站在时代前端提前了解金融市场的动向，瑞士的私人银行家们很快就以金融创新家而闻名于世，许多 100 多年前发明的金融工具今天依然在大量使用。

今天的瑞士依然是财富管理最重要的国际中心，其金融机构用最机密的方式管理全球逾 1/3 的离岸资产。

（二）瑞士私人银行业成功的三个支柱

首先是瑞士拥有成为私人银行中心的举世闻名的传统的成功因素。国际货币基金组织在其 2002 年金融体系稳定性评估中指出，“专业、可信赖与客户私密”是瑞士私人银行业的比较优势。

其次是瑞士银行业在过去 20 多年里逐步形成的价值链。证券交易过程中的三个阶段——交易、结算、支付——全都在线整合，使瑞士金融中心大受裨益。这个价值链不仅降低了风险，也降低了银行的运营成本。比如，1996 年瑞士交易所引入了电子交易系统，一举将差错率降低到了 0.1%。由于处理错误是银行后台系统处理中需要大笔开支的内容，因而此举可以节约 80%的成本。

最后是银行与金融业的知识、周边研究、学术教育和执行教育。在研究方面，瑞士国家科学基金会于2002年成立了国家竞争力中心（National Centre of Competence），致力于金融估价与风险管理研究。由此建立了一个由30位金融专家及其研究队伍组成的网络，还涵盖了瑞士绝大多数大专院校的金融研究资源，其最主要的目的就是，重点关注财富创造与再分配的动态进展，促进基础研究与应用研究。作为这个项目的一部分，还面向所有附属院校创立了国家金融博士项目。此外，还有一个独立的项目，即瑞士银行学校联合4家瑞士大学和1家美国大学共同创建的国际财富管理的第一个EMBA项目。

另外，信任也是非常重要的。信任是私人银行业最重要的一种资产，虽然不能用货币直接计量。信任是买不来的，只能在巨大的耐心、一次次的声誉建立过程中一点点地得到。瑞士有非常高的私人客户的信任度，在当今急剧变化的新的银行世界里，它会在这个方面表现得更加突出。

（三）瑞士私人银行业务发展变化的驱动力

自1990年起，瑞士银行体系经历了剧烈的变化，到2002年，银行数量从625家下降到356家。其中，区域性银行减少得最为剧烈，减少了57%；大银行的数量减少了一半，从4家变为2家，原因是进行了一次合并和一次收购。瑞士银行雇员数量下降了13%。然而，与此形成鲜明对照的是，瑞士私人银行业的国内员工数量却增加了70%。2002年之后，瑞士私人银行业部门发生了10次收购、2次合并，结成了1个战略联盟。今后，更多的并购还会在私人银行部门间发生。

发生以上变化的动力何在？首先，影响银行业的六种支持力量——技术、放松管制、股东价值导向、客户人文因素、金融理论的进展、国际政治因素（主要是欧洲大陆政治因素）和由此导致的三种冲击——全球化、产品与流程创新、新的竞争者的出现，共同对金融业带来了激烈的变革，其中，IT变革发挥了最为重要的作用。其次，客户需求和人文因素的变动也对瑞士私人银行业带来了直接的冲击。

（四）瑞士私人银行业务的扩张模式

1. 在岸扩张

20世纪90年代，居民财富的持续增长吸引了众多银行纷纷扩张私人银行业务。特别引人注目的是，有许多其他国家和地区的银行也踏入了这个领域，如美国投资银行和欧洲的零售银行。与此同时，传统上向瑞士境外的客户提供离岸金融服务的瑞士私人银行，也开始向欧洲其他国家在岸拓展业务。

对于大型瑞士银行而言，在岸扩张被当作潜在的资产回流的一种对冲手段：如果欧洲客户希望将他们的资产转移回自己的居住地，那么这些银行就可以提供在岸私人银行服务。而今，多数银行都发现，扩张是非常困难的。随着2001—2003年股票市场低迷，大多数银行都从冒进的扩张中放缓了。其实，无论是通过收购还是通过自身成长，进入新的私人银行市场是非常难的。就收购而言，初始价格是非常高的，是按照管理资产的百分比计算的。如果将诸如客户关系经理的流失、客户的流失、由于收购方整体战略的调整而抛弃部分客户等因素考虑在内，那么最终价格还会更贵。不过，尽管价格昂贵、管理困难，但收购至少能够使收购方快速进入一个新市场。

此外，自身成长的基础通常是激励客户关系经理，希望他们能够尽快获取新的客户。然而，这个过程的增速也不是随心所欲的，因为客户只有在经过长时期的观察之后才会进行资产转移。实际观察表明，用增加的新资产来抵补客户关系经理的直接成本至少需要一年半的时间，而一项新业务开始盈利至少需要6年。能够抵御如此长时间的亏损的确不是一件易事，频繁的战略变更通常会将扩张过程置于更加危险的境地。截至目前，还没有一个向新领域的大规模扩张取得了成功，虽然有一些投机行为仍在继续。

2. 离岸扩张

从历史发展来看，使用离岸金融中心的原因是多方面的：克服资本输出限制、防范政治不稳定、防范通货膨胀对财富的损害、避税，以及隐藏犯罪资金等。

虽然上述原因大多是合法的，但隐藏犯罪资金显然不属于此列。因此，近年来，瑞士也采取了非常严格的"了解你的客户"的规则。对来自犯罪的资金，任何银行都不得以保密为借口而予以掩盖。同时，与恐怖资金的斗争又向前踏进了一步，不仅要求银行识别资金来源，而且要求对其用途进行识别。根据瑞士法律的规定，经常与伪造文件相联系的偷税漏税是犯罪行为。然而，瑞士法律将避税仅视作一种不太严重的行政过错，所以银行保密一般还是适用的。因此，想避税的人士依然将瑞士当作一个理想的选择。

不过，一个显而易见的事实是，到瑞士寻求避税的吸引力正在下降。第一个方面的原因是，政府规管正在日益加强。第二个方面的原因是，大家普遍具有了这样一种意识：避税的钱不如纳税的钱更有价值，因为在许多情形下使用起来会不安全。这种想法在新一代群体中表现得尤为突出。第三个方面的原因是，多个欧盟成员国政府认为，在选民和市场的压力下，所得税过高会阻碍生产率的提高，因而开始考虑降低所得税，对避税行为采取更加宽容的态度，这也会降低去瑞士避税的吸引力。

面对上述不利影响，瑞士私人银行业进一步提高了其作为国际金融中心的能力，采取了主动适应措施。这主要体现在两个方面：一方面，进一步提高了竞争能力、投资表现和服务水平；另一方面，提高了国际纳税事务中的能力。后者的一个例子就是，瑞士私人银行提高了面向瑞士之外的多个国家提供纳税报告和纳税建议的能力。

二、私人银行服务的发展趋势

20世纪90年代以来，私人银行服务呈现出如下发展趋势。

1．在岸业务发展快于离岸业务

近年来，各国监管机构在全球范围内合作打击“洗钱”的力度不断加大，各国的税收也趋于一致，私人银行客户对保密性的需求降低。因此，离岸私人银行业务的发展存在一定的阻力。发达国家私人银行业越来越注重提供本地的产品服务。如瑞士银行在岸私人银行业务的资产增长速度已连续三年高于离岸业务速度。可以说，注重在岸业务已成为国际私人银行业务发展的一大趋势。

2．大量资金流向跨国私人银行

波士顿咨询公司指出，在过去三年里，由于金融市场持续动荡，投资者对资产安全性的考虑远超过对回报率的追求，促使大量资金流向跨国私人银行。2000—2001年，瑞士信贷私人银行新加坡分行管理的资产增长了一倍，其中部分资金就是受惠于欧洲客户分散风险的考虑。

国际私人银行业的崛起，与贫穷国家尤其是非洲国家陷入债务危机也是有密切联系的。据世界银行预测，贫穷国家每年约有 400 亿美元流入欧美银行，其中大部分是非法收入。非洲国家领导人储存在瑞士银行的资金达 200 亿美元。

20 世纪 80 年代后期，第三世界国家尤其是非洲国家在陷入债务危机后，西方银行在减少向这些国家贷款的同时，大量鼓励这些国家的权贵把钱存入其经营的私人银行的账户，导致国际贷款在流入穷国后，绝大多数直接流入了当地权贵们在西方开设的私人账户。

3．跨国并购兴起

私人银行间的跨国并购大量涌现，这是迅速扩大业务地理覆盖的一种有效手段。2002 年，汇丰控股收购了美国第三大零售银行——纽约共和国银行及其在欧洲的私人银行分支机构，以 103 亿美元收购其全部已发股份。收购后，汇丰将在美国增加 82 家分行，增加 3 万个国际客户，增加 565 亿美元的客户资产，平均每个客户资产近 200 万美元。

4．网上理财增多

网上理财日渐增多也是近年来发展的一个趋势。以 2003 年为例，在私人银行管理的全球 27 万亿美元资产中，有 2 500 万投资者超过 2 万亿美元的资产是通过电子私人银行管理的，由此产生的收入高达 200 亿美元。

5．私人银行业务与传统银行业的界限日趋模糊

由于金融更自由化发展，加上银行利息收入日益减少，非利息收入领域的竞争愈加激烈，导致私人银行业与传统银行业的界限日益模糊，双方平行发展、重叠发展、交叉发展的现象不断增加。如私人银行业的私人客户群体大量出现机构性需求，包括对投资业务专业化、投资产品复杂化的需求，同时，在传统银行业与机构客户的关系中，不少企业家、政府官员和私人银行建立了私人银行业务关系，等等。而就民营企

业家而言，其个人资产与机构资产更是密不可分。

6. 产品多样化发展

产品发展日趋多样化，现金管理或资本账户服务、投资账户、资产组合服务、投资服务、信托服务、顾问服务、代理收费服务等不断增加。

7. 新老私人银行中心并存

私人银行业最早起源于被称为“避税天堂”的瑞士。瑞士宣布其永久中立，并且有《金融保密法》，这使得瑞士成为私人银行业务之都。直至今日，日内瓦仍是国际私人银行业的领导中心。在日内瓦的42万人口中，金融行业的工作人员比例高达10%，其中，从事国际金融业务的占到了95%。在日内瓦共有450余家银行、保险公司及其他金融机构，汇丰银行、德意志银行、大通银行等全球知名的金融机构都将其私人银行业务总部设在日内瓦。

卢森堡是世界排名第八的国际金融中心，也是欧盟地区银行密度最大的国家。截至2001年12月31日，该国有银行189家，其中大部分是外资银行。私人银行在卢森堡一直有“私人领地”之称。由于欧洲老龄人口增多，卢森堡加大了私人银行业务，尤其是人寿保险业务的发展力度，目前卢森堡占全球的离岸金融业务12%。

海峡群岛、加勒比群岛、百慕大群岛向来是私人银行的主要地点，但由于亚洲的私人银行市场增长潜能大，更多富裕人士希望分散资产记账的地点。因此，不少银行开始把目光转向新加坡和中国香港地区，于是逐渐形成了新的国际性私人银行中心。

新加坡政治和经济基础稳定，具备有效的监管条例和严格的客户保密法律，允许资本自由流通，有先进的资讯科技基础和国际人才资源，非居民无须缴付利息收入税和房产税，房租和运营成本低于中国香港，并且其信托产品被投资者视为全球最佳投资工具，因此新加坡正在迅速成为非常重要的私人银行市场。以瑞士信贷集团私人银行业务的情况来说，该银行在新加坡私人银行业务增长显著，过去三年所管理的资产总值翻了一番，位居当地前三名，雇员人数也从98名增加到200名左右。2002年10月，瑞士信贷集团开始在新加坡设立全球私人银行客户服务中心、记账中心，使得瑞士信贷集团的30万名私人银行客户（至少拥有100万美元以上资产）可通过互联网、电话等本地的电子化渠道，随时查看户头及投资组合的最新动态，在全球19个股市买卖股票，认购基金或其他产品，转移资金等。

中国香港银行规则的透明度很高。全球高净值人士的25%在亚洲居住，总数约170万人。此外，中国香港的地理位置优越，是接触亚洲私人银行投资者的门户。中国香港不仅聚集了很多高净值人士，而且背靠庞大的中国内地市场，因此不少境外机构把私人银行亚太总部设在中国香港。

第二节 私人银行业务概述

一、私人银行业务的内涵

关于私人银行的定义，目前并没有一个统一的说法。下面我们列举几个比较权威的解释：比利时刚果认为，私人银行业务就是向客户提供的一系列服务，其特征在于比向一般零售客户提供服务的质量更高。私人银行以量身定做的理念为基础，为投资和遗产继承提供建议，为交易行为提供积极支持，为资产相关业务提供解决方案。

在维基百科中，私人银行一方面是指银行向高端客户提供的服务；另一方面是指向上述客户提供支票、储蓄、贷款等业务的机构。"私人银行"中的"私人"，主要是指通过资产的合理配置，最大限度地降低纳税人的税负。离岸银行账户可以实现上述目标。同时，"私人"还暗含着私人股权——一种社会公众难以在股票市场上买到的公司股份，私人银行客户经常会获得这种机会，以及特殊的购买首次公开发行股份的机会。

根据美国众议院有关法律的规定，所谓私人银行就是向拥有高净值资产的私人客户（High Net Worth Individual，HNWI）个别提供的金融产品和金融服务，包括接受存款、贷款、个人信托、遗嘱处理、资金转移、在外国银行开立账户，以及其他不向一般公众普遍提供的金融服务。

一家由日本、捷克、斯洛伐克三国合办的民间专业网站指出，私人银行是指向富裕客户提供的一种资产组合管理服务。对私人银行产生歧义的原因在于，许多银行（甚至某些独立金融顾问）都提供资产管理或财富管理服务，都可称为私人银行业务。然而，事实上，真正的私人银行不仅是资产组合管理和财富管理，还包括防范经济、政治风险的资产保护，这就意味着，若政府不充分尊重银行私密，私人银行就难以开展。因此，私人银行并不是随处可以开展的。

境外学者 Lyn Bicker 于 1996 年把私人银行定义为："私人银行是为拥有高净值财富的个人提供财富管理、维护的服务，并且提供投资服务与商品，以满足个人的需求。"

2005 年 5 月 25 日中国银行业监督管理委员会发布了《商业银行个人理财业务管理暂行办法（征求意见稿）》，在第九条中首次正式提出了私人银行的概念，并且在第十条中给出如下定义："私人银行服务，是指商业银行与特定客户在充分沟通协商的基础上，签订有关投资和资产管理合同，客户全权委托商业银行按照合同约定的投资计划、投资范围和投资方式，代理客户进行有关投资和资产管理操作的综合委托投资服务。"在这里，私人银行服务被视为个人理财业务中的一种综合委托投资服务，而不包括个人理财顾问服务。

根据国际银行业开展的私人银行服务的实践，我们认为，所谓私人银行是指商业银行面向社会富裕人士提供的以财富管理为核心的、专业化的、一揽子高层次的金融服务。

二、私人银行业务服务的对象

与一般的零售银行业务相比，私人银行的门槛是很高的，其服务对象不是一般大众客户，而是社会上的富裕人士，或称为高净值资产客户。至于富裕人士的标准是什么，私人银行服务的底线是多少，不同的国家、银行金融机构并没有一个统一的衡量尺度。

在美国，美林集团私人银行的服务对象是个人资产达到100万美元以上的富裕人士；摩根大通、高盛私人银行业务的开户金额为500万美元。要想成为花旗集团私人银行的客户，至少要有300万美元的资产；而拥有2 500万美元～1亿美元资产的客户，可以享受“客户资本伙伴”（customer capital partners）的服务，投资领域也扩展到对冲基金、私募基金及风险投资基金。当客户的资产达到或超过1亿美元时，他将获得风险较高但获利颇丰的投资机会，如参与私人资本运营或企业投资，以及参与花旗自营业务等。

汇丰亚洲私人银行的目标客户，以前的资产下限为100万美元，但2002年提高到了300万美元，低于300万美元的客户交给零售银行的“卓越理财服务中心”。汇丰私人银行亚洲客户现已达5 000多名，目前正试图为总资产达10亿美元以上的亚洲巨富提供“一站式”服务，包括投资、信托、遗产安排、现金管理、股权变动及继承人教育安排等。

法国巴黎银行在华的主要客户是台商，要求资产在100万～1 000万美元。英国四大行之一的巴克莱银行要求客户资产在200万美元以上。

在新加坡，星展银行定为300万美元，华侨银行定为100万美元，大华银行定为20万美元。

三、私人银行业务的核心服务

简单地讲，当今银行服务可以分为三类：基本银行服务、私人银行服务和财富管理服务。

基本银行服务就是传统的银行产品和服务，如现金业务、存款业务、货币市场业务、保管业务等；私人银行业务的传统内容包括相机抉择的资产组合管理业务、经济业务、互助基金等；而财富管理集合了从传统的信托、基金到结构性产品、对冲基金、私人股权、家庭办公室等内容。这些不同类别产品和服务的利润水平差异明显，从前往后呈现逐步升高的趋势。

就财富管理的具体内容而言，各界存在着不同的意见，但总体来看，内容是十分广泛的，可以包括以下各项内容：保管箱、投资工具、艺术咨询、保险、抵押、商业事务建议、基金管理、离岸账户、信托、物业管理、信用卡、税务筹划、外汇服务、代写遗嘱、个人贷款、银行交易、养老金规划、衍生金融产品、个人服务，甚至有遛狗等宠物服务。

不同类型的财富管理商的经营范围，或者说经营的产品内容各不相同。一般而言，投资银行经营内容包括投资工具、商业事务建议、基金管理、离岸账户、信托、外汇服务、银行交易、衍生金融产品、个人服务等。证券经纪商的经营范围包括保管箱、商业事务建议、基金管理、离岸账户、信用卡、税务筹划、养老金规划、金融衍生产品等。基金管理人的经营范围包括投资工具、抵押、商业事务建议、基金管理、离岸账户、信托、信用卡、税务筹划、衍生金融产品、个人服务等。会计师和法律顾问企业的经营范围包括投资工具、商业事务建议、基金管理、信托、税务筹划、代写遗嘱、养老金规划、个人服务等。

需要特别指出的是，现代私人银行业服务的重心在上移，以财富管理为重点的特征越来突出。在实践中，人们常常认为私人银行服务和财富管理问题是等同的，这也在一定程度上反映了“私人银行的核心业务就是财富管理”这一事实。

1. 财富管理的定义

所谓财富管理，是指通过专业化的团队向客户提供系列化的顾问式服务，帮助客户制订一系列的解决方案，从而使客户实现个人理财目标。顾问式服务对提供者的要求是比较高的，必须经过专业的培训，才能够为客户提供适合的产品，为客户的资产提供合理的保护计划。财富管理业务在实质上与我们平常所说的理财业务是一致的。

私人银行一直把财富管理等收费金融服务作为可持续发展的战略重点。一方面，通过完善服务功能，组合金融资源，提供高级金融服务，满足当今客户复杂且标准极高的金融需求。另一方面，通过银行业务表外化，确立非利息收入在银行盈利中的主导地位，其中财富管理业务可为银行带来投资管理、信托、托管、咨询、组合服务等多渠道的费用收入，已成为利润率最高、成长最快且最有前途的业务。这种演变使银行从过去那种“吸收存款—扩张贷款规模—获取利差”的单一业务盈利模式，转变为“业务多元化—服务功能多元化—收入多元化”的盈利模式，实现了由传统信用中介向多元化现代金融服务超市（financial service supermarket）和“新概念银行”的跨越式转变，并且以此带动银行产品结构、市场结构、客户结构和人才结构的全面优化，增强了长期竞争能力。

2. 财富管理的内容

概括而言，私人银行业务的财富管理包括以下内容。

（1）资产管理服务，或者称投资管理服务。这是银行在向客户提供顾问式服务的基础上，接受客户的委托和相关授权，按照与客户事先约定的投资计划和方式，由银行选择、决定投资工具的买卖并代理客户进行资产管理等的业务活动。这是私人银行财富管理中最基本和最重要的业务。

资产管理分为自主资产组合管理、非自主资产组合管理及其他投资服务三类。

自主资产组合管理是专为顾客设计的个别管理账户，顾客无须每日参与投资管理决策，而是由私人银行全权管理客户的资产。私人银行严格按照一定的准则管理资产，通常与顾客协商，在达成委托协议后，在此框架内进行资产运作。资产管理人要为每一位顾客专门定制资产组合，以满足客户的个性化需求。这种服务的量身定制特性是私人银行提供的资产管理与其他金融机构所提供的资产管理服务的最大区别。私人银行在管理客户资产时，要有一个总的投资理念，并且构造一个完整的投资过程。这个投资过程大致分为实施观察、资产分配、资产组合管理、运营评价和控制四个阶段。私人银行在做全权经营资产组合管理时，一般投资于三种资产：股权、固定利息证券、现金或现金等同物。对部分顾客，还包括第四类——商品。

对于资产组合规模小一些的客户，私人银行提供一种非自主资产管理。它基本上是由各种投资基金构成的，如共同基金、管理基金、单位信托等。私人银行通过使用投资基金，可以有效地管理客户的资产，优化小额资产组合，将多块资产整体运作，达到规模经济效应。投资基金的发展和普及，也反映了存款产品向投资产品转移的趋势。在瑞士，私人银行管理的投资基金也称为内部基金，一般内部基金管理 300 ~ 400 个账户的资产库，每个账户 60 万 ~ 200 万瑞士法郎。如瑞士股票的柜台价值较高，小投资者难以进入股权市场，通过投资基金，私人银行为客户提供了一条投资渠道。投资基金有许多种类，包括主动管理基金、限定资产基金、指数基金、承诺回报基金、雨伞基金、保值基金等。

资产管理的其他投资服务是指特定目标投资和奢侈品投资等。特定目标投资包括融资租赁、联属公司、私人权益投资、风险投资和杠杆兼并等。奢侈品投资是投资于绘画、瓷器、雕刻、名画、乐器、珠宝、古式汽车和马车等。在私人银行业做奢侈品投资的客户往往被分为两类，相应地，银行为之提供的服务也不尽相同。一类是私人收藏家、专业人士等，对于这部分人士而言，奢侈品是生活方式的重要部分，购买的主要目的不是投资。私人银行在为这类客户管理资产时，可以将奢侈品投资与投资组合的其他部分合并在一起进行管理。奢侈品价格上的风险和回报不易量化，市场也没有一个统一的标准和准则。在这个领域，私人银行主要靠外部的知名专家，少数银行有自己的专家。

（2）保险服务。提供人寿保险、人身意外伤害保险、一般保险、医疗保险等保险产品是私人银行财富管理的重要内容。从历史发展的角度看，私人银行往往通过销售保险产品迈出其财富管理业务的第一步。之所以选择它，是因为保险产品的风险比较低，不会像发放银行贷款一样存在较高的违约风险。大的国际商业银行特别是大的金融控股公司或全能银行，早已进入保险市场，通过建立公司等形式，专门为富裕人士提供服务。将保险产品与传统的银行业产品统一起来进行经营，是目前国际金融集团的通行做法。

（3）信托服务。以瑞士私人银行提供的信托服务为例，它包括英美法体系下的信托产品和列支敦士登基金。英美法体系下的信托，是在一个标准的信托契约中，信托人为自己或为第三者（受益人）的利益，将财产交与私人银行（受托人），委托银行按照信托人的要求代为经营和管理财产。信托的期限是有限制的，一般是 20～50 年，终止或撤销要根据信托契约的规定。信托顾客的年龄一般在 50 岁以上。信托区分为自主信托和固定或终身全益信托。列支敦士登基金是一种特殊的信托工具，由“基金会”负责资产的管理和监督，基金的期限不确定，可以废止，也可以由基金的继承人或债权人清算。

延伸阅读

比尔·盖茨的最新身价为 900 亿美元，创了历史新高。不过，目前他只持有微软大约 3%的股票，市值不到 200 亿美元。其他 700 亿美元是通过减持微软股票之后再投资赚来的。1994 年，比尔·盖茨聘请了投资高手拉尔森来管理资产。当时比尔·盖茨的身价只有 50 亿美元，现在 900 亿美元身家大多是这些年由投资高手拉尔森通过投资赚来的。那拉尔森是如何投资的呢？他减持了比尔·盖茨的微软股份，将其转变为多元化投资组合，使盖茨持有微软的股份由 45%直降为 3%。然后通过投资赚取了数百亿美元！

（4）税务咨询和计划。其目的是使客户拥有最佳的税务形式，尽可能地减少税务负担。私人银行提供的这方面服务有：为跨境移民拟定移民前税务规划；与投资无关的税务咨询和税务规划；准信托服务，包括妥善填写纳税申报单；税务法律和程序援助；与投资管理相关的税务咨询和计划，如收入税、公司股息、印花税、资本利得，税收法律对资产组合管理的影响等。

（5）遗产咨询和计划。其目的在于，当客户死亡事件发生时，以最小的钱财和感情成本处理好财产的管理和转移。据调查，富裕人士未留遗嘱死亡的情况相当多。私人银行在这方面提供的服务有：拟定遗嘱及遗产合同；执行遗嘱；清算已故人士的资产。还有一类服务是帮助客户拟定婚姻财产协议，订立遗嘱，并且充当遗嘱执行人。

（6）房地产咨询。其目的是使客户在房地产投资中更有效地分散风险、增加回报。私人银行在这方面提供的服务包括：针对房地产问题的研究、房地产购买、房地产融资、合同审查、房地产清算等。

总之，私人银行服务是一种综合解决方案。为了满足客户复杂多样的金融需求，延长客户管理价值链，私人银行业务形成了多元化的产品结构：一是根据客户金融需求制定具有综合性的且能体现个性化特点的理财规划，包括现金流、债务、税收、投资、保险、退休金、不动产及业务延续性发展计划等；二是资产管理业务，通过个性化的投资组合管理，帮助客户保护和增加财富；三是信托和不动产业务，为客户的财产管理提供保障，降低不动产税，并且保证按照客户的期望对资产进行安排；四是托管业务，通过保管、报告、记录、交易结算、收入归集、资金分配以及其他特殊托管服务来支持客户的投资行为；五是为客户定制存贷款等金融和银行产品，为实现杠杆投资收益服务。这种多元化的私人银行业务在为客户提供综合服务的同时，也扩大了收费业务基础——业务越复杂，收费项目越多，还可以通过贷款获取利差收入。

第三节　私人银行业务的服务体系

私人银行业务服务是层次最高的金融业务，对银行的品牌和形象有很大的正向作用。就像只有那些能够制造高档车的公司才能成为最有前途的汽车制造公司一样，在客户看来，只有能提供私人银行服务的银行才有可能成为一流的商业银行。

一、优质的专业化金融服务

私人银行向高净值客户提供的是优质的专业化金融服务。这里所谓优质的专业化服务，包括两方面的含义：一是可供选择的多元化金融产品，二是高水平的专业金融人士所提供的金融服务。

1. 多元化的金融产品

之前有讲到，财富管理集合了从传统的信任、基金到结构性产品、对冲基金、私人股权、家庭办公室等内容。作为以财富管理为核心业务的私人银行，只有提供多种多样的可供自由选择和组合管理的金融产品，才能够获得高端富裕人士的青睐。花旗银行为全球的高净值客户提供量身定做的完善的顶级财富管理服务，包括投资基金管理、客户交易活动、信托服务、结构性贷款、外汇交易、资产衍生品、托管服务，还提供许多市场上独特的服务，通过艺术品咨询服务帮助客户挑选、定价、谈判、融资、保管艺术品和股票。这些特别服务项目使得花旗银行成为全球领先的私人咨询顾问。

成立于 1889 年的百慕大银行，拥有 100 亿美元的资产，管理的资产超过 600 亿美元。其私人银行服务协调、管理着世界范围内富裕个人和家庭的金融服务。每个私人银行账户都由一个私人银行干事及一个管理员提供服务。提供的服务涉及：银行服务，包括现金和储蓄的管理以及信用卡的管理；借贷服务，包括透支、保证金账户、借贷和抵押；投资和保管服务，包括管理、经纪人、咨询、托管和结算服务；全球个人资产管理；个人金融计划编制服务；国际信托、受托和不动产计划编制服务；百慕大的移民咨询和重新安置服务；保管箱的保管和托管服务。

资产总规模排在英国第三位的国民西敏银行集团以擅长向英国和海外的个人和机构客户提供长期储蓄和投资产品而著称。该行成立了财富管理中心 NatWest Wealth Management，下属四个公司中与私人银行业务有关的部门有三个：一是 Gartmore

Investment Management，其向全球的个人和机构投资者推广各类优质的投资产品、基金产品；二是 NatWest Life and Investment Services，这是向个人投资者提供人寿保险和投资产品的主要渠道；三是 Goutts Group，其在英国及全球积极从事私人银行业务，在全球主要金融中心设有营业点，开展信托、投资及各类金融服务。

成立于 1796 年的日内瓦最古老、瑞士和欧洲最大的私人银行之一——隆巴德·奥迪耶·达里耶·亨奇（以下简称“隆奥达亨”）银行，在欧洲的阿姆斯特丹、布鲁塞尔、直布罗陀、伊斯坦布尔、伦敦、巴黎、苏黎世、洛桑、卢加诺、锡永、沃韦、泽西岛（在英国海峡群岛），北美洲的拿骚、百慕大、纽约、蒙特利尔，南美洲的圣保罗、里约热内卢及亚洲的东京和中国香港等地设有 20 家分支机构，遍布 15 个国家，向个人和机构客户提供资产管理、金融产品和专业领域的一系列咨询服务。2005 年上半年管理的资产约为 100 亿瑞士法郎。在私人银行业界流传着这么一句话：“如果你没听说过这家私人银行的名字，最大的原因可能就是你还不够富。”隆奥达亨银行的基本业务是资产管理，该银行积累了两个多世纪的经验和技术诀窍。这家银行不断创新业务流程，在不脱离建立声誉基础的资产管理和缜密性的前提下，充分考虑金融产品演进，同时不断整合最新的技术发展。隆奥达亨银行的业务包括私人财富管理、投资银行及机构投资者和专业投资者服务三个部分。其中，私人银行的业务收入占总收入的 60%。该银行提供的私人银行产品种类众多，业务范围极其广泛，包括相机管理、互助基金（传统基金、替代基金、外部基金甄选）、财富规划和咨询服务（财务筹划、法律与纳税建议、职业养老金规划、银行保险）、投资建议、股权研究（equity research）以及全球保管（global custody），等等。

2. 高水平的专业金融服务

从事私人银行服务的金融机构，必须集中银行、财务、税收和不动产策划、投资、法律以及会计等领域的一大批专家，为客户提供最高级别的专业服务，从而建立针对不同层次客户的分层服务体系。同时，银行还要按照产品线和客户线实行相对独立的管理模式，着力培养各领域的专家，创造一流的销售、服务、营运和科技水平。资产管理部门是后台，不同的产品分别由不同的团队或子公司去经营，每项产品都要创造品牌。私人银行部门是前台，不同的客户分别由不同的营销服务团队去开发和维护，为客户提供 VIP 服务。私人银行业务对个性化服务的要求也很高，银行应细分市场和客户，各团队必须全面了解客户的个性化需求。对每个客户的具体情况进行深入分析，提供量身定做的产品方案。

从事私人银行服务的人士大都是专业的理财师。一名专业的理财师能够“让钱生钱”，即针对个人在事业发展的不同时期，依据其收入、支出状况的变化，根据投资者不同的投资偏好、资金大小及个人意愿，制订储蓄计划、保险计划、投资计划、税金对策等理财方案。因此，理财师必须在投资产品的运作模式、财富分析、风险防范、统筹策划等专业技能方面下苦功。另外，还要拥有良好的职业道德和个人品质，能够站在客户的立场上为客户出谋划策，而不是单纯地推销自身的产品。

目前，主流的理财师资格认证有国际金融理财师（CFP）、注册金融分析师（CFA）、认证财务顾问师（RFC）、特许财富管理师（CWM）等。国际金融理财师是国际最权威的金融理财职业资格。中国金融理财标准委员会在中国实施金融理财师（AFP）和国际金融理财师（CFP）两级认证制度，其人才培养方向是根据客户的资产状况与风险偏好，提供包括客户生活方面的全面财产建议，确保其资产的保值与增值。注册金融分析师是证券投资与管理界的一种职业资格认证，由美国“投资管理与研究协会”（AIMR）授予证书，在全球金融领域内受到广泛的认可，是进入银行、投资、证券、保险、咨询行业的从业通行证。认证财务顾问师侧重于财务规划服务，成为认证财务顾问师往往要经过两个阶段，首先是通过“准财务顾问师”的测验，其次是开始 RFC 实务课程训练，在结束培训后一个月内交出实务案例报告。特许财务管理师于 2004 年登陆中国，注重实战与实务，在资产配置与风险管理、高端客户的需求把握、投资全面性方面都有独特的设计。

二、家庭办公室

家庭办公室也是一种与私人银行十分类似的金融服务提供的形式。一些古老而富贵的家族，雇用了许多律师、会计师和银行家——他们几乎是作为家族成员被接纳的。这些人一丝不苟、忠心耿耿地为家族打理投资、避税、收藏、继承、遗产，直到遗嘱执行。一年又一年，客户换了一代又一代，私人银行家或许也有过父子甚至祖孙之间的交接。其中最具代表性的是英国著名的私人银行 Grosvenor Estate，它为史敏斯公爵家族服务了 300 多年。

而今，家庭办公室在美国风头正劲。为富人们提供财富管理的家庭办公室，已经突破深宅庄园，正形成一股足以撬动全球金融市场格局的财富力量。现在所谓的家庭办公室，也是类似于私人银行的一种顶级金融服务，具有很强的专属性，由一组具有业内顶级水平的财富管理团队专门服务于一个或几个家族，为其提供全面的家族资产管理综合服务。家庭办公室往往有延续几代的继承现象。从历史发展方面看，至少要有 100 万美元以上的流动性金融资产，客户才能在较大型的国际金融公司或银行申请最低一级的私人银行服务，拥有一名专属的客户经理；而要获得家庭办公室级的顶级服务，个人金融资产不能低于 1.5 亿美元。

1. 家庭办公室的服务内容

几个世纪以来，私人银行都是权贵、政客及富豪财富的“避风港”。当世界各国出现越来越多的大资本家和富人，其家族资产规模越来越大，但他们没有精力和经验使之保值增值时，家庭办公室便出现了。

家庭办公室的历史可以追溯到 19 世纪，当时，一些抓住产业革命机会的大亨将金融专家、法律专家和会计专家召集到一起，专门研究管理和保护其家族的财富和广泛的商业利益。家庭办公室最早是为富豪家族独家打理钱财的。后来，出现了一组专家或者同时服务许多客户的私人银行。多客户“家庭办公室”的鼻祖是位于今日纽约的贝西默信托公司（Bessemer Trust），它成立于1907年，现在为全球大约1 300个家族提供资产管理服务。

家庭办公室为一个家庭的一代或多代（或者是多个相互联系紧密的家庭）提供长期的多样化的服务，经常跨越很多个政治体。他们往往需要管理整个家庭的全部资产组合（财富管理商也希望这样做，但往往做不到），根据需要买进专门技术。家庭办公室的服务成本非常高。有数据显示，一个家庭办公室一年的开销为一两百万美元。近年来，随着富裕人士阶层的不断扩大，家庭办公室的门槛也随之降低，逐步向富人族的中下层开放。家庭办公室根据客户财富资产规模的不同，服务内容也各不相同。一般而言，规模越大，服务内容越多。

2. 面向中等富人的财富管理与家庭办公室

在富人阶层中，中等富人的财富管理可谓处于最尴尬的境况。理由很简单，他们处于中间层，没有得到充分的服务。处于下层的一般富人，虽然其金融生活绝不简单，但就资产负债管理的复杂性而言，尚未达到引发几何级增长的财富水平。而对于超级富人而言，他们可以建立一个家庭办公室，将几乎全部的资产管理活动交给这一机构处理。

实际上，中等富人也需要超级富人所需要的复杂的金融产品，却没有他们那样的金融资源。因此，他们不得不在与不同类型的专家打交道的同时，自己摸索着进行独立投资。从身份上来看，中等富人一般是公司高管，或者是中小企业主，往往是一个家庭中首先富起来的人。

美林与凯捷咨询发布的《全球财富报告2005》指出，中等富人财富管理愈发困难的原因主要有以下四点。

一是风险管理的挑战。超过2/3的中等富人在近年来的熊市中经历了财富的剧烈波动，这一群体中有超过1/4的人被迫因此而改变了原有的生活方式和消费习惯。为了收复失地，他们倾向于采取新的财富构建策略，因而承担了更大的风险。为满足消费需求，他们更加重视风险管理和优化现金流动。

二是财富转移的挑战。现在，在战后生育高峰中出生的一代进入了退休高峰期，每天都有许多人突然要面对去世和遗产分配问题。大约45%的中等富人在将财富转给继承人的问题上缺乏准备。报告甚至指出，围绕财富转移正在掀起一阵风暴。

三是追逐资产的全球配置。全球有1/4以上的中等富人将资产投放到了离岸避税天堂，更多的人对新兴市场的投资机会有浓厚的兴趣。但是，不断扩大的陌生投资区域反过来给中等富人们带来很大的压力，特别是发现可靠的投资信息并随即同各个不同的金融服务商协调关系的压力。正如一个中等富人所说：“我得同时同三家银行打交道，法国的一家执行投资方案，德国的一家提供投资建议，新加坡的一家提供当地的情况。”

四是追求安全回报。中等富人客户正在寻求提高投资回报与投资业绩的长期战略，而不是短期机会。这需要高度复杂的资产组合安排。越来越复杂的投资策略，使中等富人在过去一年里比前几年辛苦多了，因为他们要花更多精力去管理和协调一个“理财顾问兵团”。89%的客户经理都认为中层富人会更加战略性地而非碰运气式地寻求投资回报与投资表现。这一点，连同更加复杂的投资策略的采取和资产配置一起，促使更多的人在财富管理中积极行动起来。83%的客户经理都说，最近中层富人的主动行动甚于往年。

为了应对以上困难，中等富人扩展了他们的专家网络，同时拥有 3 个以上的顾问，各自管理一部分资产的情况十分寻常。此外，他们还迫切需要银行、保险、信托、动产规划、会计服务和法律服务，这就使得他们的服务需求更加复杂。

这样，一方面，中等富人希望简单化（1/3 以上的人说他们希望缩减为自己提供服务的金融企业数目）；另一方面，他们不得不采取更加复杂的财富战略，增加理财顾问。总之，几乎没有人对现状满意。

找到解决方案并不容易，不过仍然是有迹可循的。中等富人的需要可以在以下几个方面得到满足。

首先，他们需要一个核心顾问来主导全部金融活动，把财富管理工作搞得红红火火、有声有色。将其中的一个顾问提拔到这一角色需要高度的信任，而这正是当今社会所匮乏的。事实上，研究表明，投资者对财富管理服务提供商的信任正在日渐消退。

其次，他们希望为其管理金融事务的理财经理能够做到信息的高度透明。中等富人对提交定制化报告的要求日趋高涨，由于其持有资产的日趋多样化，需要更加指数化的业绩测量措施及对信息与金融目标、人生目标相衡量的欲望与日俱增等原因，客户报告正变得越来越复杂。

再次，他们和理财顾问需要紧密协调，运用第三方提供的服务——如会计师、律师、税务代理人等——以处理复杂的财富管理策略。然而，如今许多理财顾问都缺乏相应的工具、流程或人员来高效地处理这些事务。

最后，越来越多的中等富人采取制度化的流程管理财富，向客户经理咨询财务规划、遗产计划、慈善捐赠计划、投资政策声明、日常风险评估等。但是，在客户关系经理看来，只有不到半数的中等富人有正式的规划，并且为此设计了适当的文件和流程。而涉足这些领域的银行和客户关系经理会获得惊人的机会，在客户的金融生活中充当中心角色，并且从中赢得尊重和信任。

这样，那种传统的家庭办公室模式正是当今中等富人所寻求的模式：以简单的形式提供综合性信息和宽广的、多视角的财富管理，从多个意见来源获取没有偏见的、经过协调的、时机恰当的建议。而且，中等富人对这种模式的兴趣还会逐步增加。

与此同时，为彻底解放因自己打理资产而狼狈不堪的中等富人，一些私人银行已开始搭建“虚拟服务网络”（Virtual Service Network，VSN），使中等富人们也能分享为超级富豪所享受的家庭办公室服务。近年来，不少私人银行也在向下开放家庭办公室服务。例如，一家英国投资银行 Granille Baird 已经开始为资产规模在 2 800 万美元到 1.4 亿美元的客户提供一种称为“虚拟服务网络”的家庭办公室服务。他们采取的对策是，将原来物理上在一起办公的家庭办公室移植到以 IT 系统为基础的虚拟工作平台。会计师、遗产顾问、律师、投资顾问等可以不在一个地区甚至不在一个国家，但他们通过虚拟工作平台，完全可以为全球各个角落的中等富人提供具有家庭办公室水平的个性化服务。这一模式将最新的科技和标准化的流程结合在了一起，把向中等富人提供服务的各方融合在了一起。天各一方的工作组可以凭借一个虚拟网络共同工作，采取流水线的程序，将财富管理的各个部件整合为一个协调的整体。这种模式会显著降低参与各方的运行成本。

分散在各地的银行家、投资经理、会计师、律师等，可以通过这样的虚拟服务网络进行协同工作：一旦登录这个系统，就会看到一系列具体的信息，无须离开自己的办公室就可以形成一份比较完整的投资意见，并且据此做出投资行为。

虚拟服务网络不仅向顾客提供网上接入，而且可以让外部厂商经身份认证后进行登录。这就可以在某些顾客授权的情况下接受第三方提供的金融服务。

虚拟服务网络中的“虚拟”远非仅仅消除了大家聚会的必要性，流水线导向的流程将会使得复杂的交易有效且大批量地进行，进一步降低成本；通过向日益增多的与自己共享客户资源的服务厂商提供自助接入服务，担任主要顾问的负担也明显降低，因而使他们能够在保持较高劳动生产率、向更多的客户提供服务的同时，将经营费用控制在较低水平。虽然建立这样一个网络、劝说第三方服务提供商加入都是比较困难的，但是，对客户关系经理来说，在有这样一个成为主要顾问、获取最为丰厚的利润份额、保持较高的资产存量的机会摆在眼前时，他们会选择勇往直前的。

中等富人需要虚拟服务网络内含的服务和价值的情况是很明显的，通过产品将管理财富的任务交给理财顾问，他们的生活会变得非常简单。与此同时，他们还通过这一结构化的流程，满足了更高的透明度的需求，对其财富有了更大限度的控制。

私人银行对虚拟服务网络的热情也是显而易见的，在留住中等富人主要服务关系的竞争压力和维持较高的利润水平的渴望的驱使下，他们都力争成为值得信赖的、可提供高附加值建议的金融提供商，而非仅仅成为复杂金融产品的一个分销商。虚拟服务网络这一模式可以提高私人银行业务的操作水平，提供改善和扩大高附加值客户关系管理服务所需要的服务和技术。

延伸阅读

千禧一代将晋升财富管理主力军。近年来，人们开始意识到，千禧一代的投资理财方式与前几代有很大的不同，只有 1/3 买股票，一些人则通过软件的帮助寻求财务建议。这也让像 Wealthsimple 这样的智能投顾初创企业颇受欢迎。很多大型金融机构也看到了这股新兴的财富力量，纷纷将目光瞄准千禧一代，如摩根士丹利在 2017 年 12 月宣布启动新的数字投资平台，理财门槛为 5 000 美元，每管理 1 000 美元资产收取年费 3.5 美元。嘉信理财集团推出的 Schwab Intelligent Advisory 产品，只服务于投资总额不低于 25 000 美元的投资者，仅收取总资产的 0.28%作为服务费。

三、私人银行业务的服务流程

一个完整的私人银行业务的服务流程，往往包括以下十个步骤。

第一步：基本资料收集。需要收集的资料包括客户信息、客户家庭信息、客户事业信息等内容。

第二步：资产现状分析。包括对客户的收支状况、保障状况、投资状况、税务状况等方面的分析。

第三步：风险分析。包括经济风险、事业风险、个人风险、财物风险、责任风险、投资风险、市场风险、风险承受力、能转化的风险等。

第四步：资产管理目标分析。包括人生目标、阶段性目标、分解各阶段服务需要、各阶段财务目标等。

第五步：客户资产预测与评估。包括资产未来预测、现金流预测、市场机会与威胁、适用的假设、资产状况的财务优劣、资产评估等。

第六步：目标的确认。服务需求的确认、财务目标的确认、服务目标的确认、阶段性财务目标的确认等。

第七步：基础规划。

（1）基本财务策划。包括收支的预算、储蓄的策划、借贷的策划等。

（2）保障的策划。包括保障目标、风险管理、保障策略、保障建议等。

（3）税务的策划。包括税务人的目标、税务的策略、避税的方法、资产海外的安排及实施方法等。

（4）个人事业财务策划。

（5）资产转移与继承策划。

第八步：建立投资组合。

（1）设计资产组合。包括固定资产、私有和上市公司股权、金融凭证，贵重金属、收藏品、继承和信托资产等。

（2）客户资产管理未来预测。

（3）资产收益整体预测。

第九步：实施计划。包括实施时间表、实施步骤、实施目标等。

第十步：绩效评估。包括建立评估条件、考核业绩、调整资产配置、修正目标等。

延伸阅读

私人银行与一般零售银行业务的区别

近年来，西方国家私人银行业的发展非常迅猛。在持续逾 1/4 世纪的经济高速增长后，作为财富效应之一，中国的高收入人群也迅速增长，习惯于在欧美发达国家为最富裕人群服务的、通常门槛在 100 万美元以上的外国私人银行也开始将目光转向中国市场。国内有不少人把私人银行与一般零售银行混为一谈，我们有必要对这二者做一个比较。

1. 服务的对象不同

私人银行最重要的特征是其客户主要由富裕人士组成。私人银行在评估私人客户方面使用两个主要的金融标准：财富和收入。但目前银行间的金融准入标准有很大的不同，私人银行一般不用固定的标准去衡量客户的条件，更强调收入，包括潜在的收入。如原苏格兰皇家银行销售经理大卫·麦克唐纳就曾把私人银行的客户群分为有发展潜力人群、富裕人群、富豪级人群及超级富豪级人群。

2. 服务内容不同

私人银行最基本的服务是为富人进行财富管理。与私人银行业务相关的专业领域有商业银行、投资银行、税收、会计、法律和投资管理，其中联系最密切的领域是银行业、资产管理客户联系技巧。而零售银行不仅包括私人银行，而且几乎涉及资产业务、负债业务和中间业务等所有的银行业务范围。私人银行是在零售银行的基础上发展起来的。但是几乎没有任何银行会把私人银行产品局限在传统产品领域，大多数银行的策略目标都是“为主人提供全套的服务”，产品一般朝两个方向发展：一是使产品更加多样化，提供更多财富管理的工具；二是以投资为导向，提供更多的投资建议。

3. 对信息技术的要求不同

信息技术是私人银行业务发展的重要条件。以往投入的方向主要集中在中台和后台的产品管理方面，如资产组织管理模型、后台操作、业绩报告等。这些系统使客户可以投资更复杂的金融工具（如衍生产品），更快、更准确地了解市场变化对自己的投资组合的影响。随着竞争的加剧，各银行纷纷开发客户管理系统，包括客户资料管理、交易和谈话记录的保存、办公自动化等。这一系统的开发能使银行对客户群体的细分更有效，特别是能监测客户的贡献，评价客户经理的服务及其成本，以及了解产品的需求和效益等，从而制定更优良的财富管理方案。

4. 私人银行服务必须高度关注风险管理

私人银行服务大多属于中间业务，银行面临的风险主要是法律纠纷、声誉风险和洗钱风险。在法律风险管理方面，像合理避税等本身就是以法律为基础的产品，必须与法律变化保持一致，保持产品的合规性。在声誉风险管理方面，客户最关心银行的能力和信誉，银行必须最大限度地保证客户的本金安全，理财的持续业绩表现必须高于同一领域的平均水平，尽量使客户获得更多的投资收益。否则，银行的理财产品就不会有市场，更不会有持续的生命力。银行还必须高度重视反洗钱工作，要求所有员工全面了解客户，加强政策和合规管理。

资料来源：连建辉. 走近私人银行[M]. 北京：社会科学文献出版社，2017.

第四节 私人银行业务的风险及其管理

一、私人银行业务的风险类别

私人银行业务因为涉及范围广泛，所面临的风险要比零售银行显得更加具体和突出。对于私人银行来说，它主要面临的是操作风险、合规风险、声誉风险、市场风险和法律风险。

1. 操作风险

私人银行业务的操作风险主要来自人员素质、内部流程、系统缺陷和外部事件。人员素质包括商业银行人员的职业道德和职业能力两方面，是指员工内部欺诈、失职违规、专业知识和技能匮乏等银行从业人员的主观因素。而由此带来的操作风险是指因为员工的主观因素及核心员工的流失等原因给商业银行造成的损失或带来的不良影响等。内部流程主要是指因为私人银行业务本身流程不规范、中间环节缺失、链接不到位、设计或执行力度不够等给商业银行造成的损失。由于银行计算机系统或设备出现问题、发生故障等则叫系统缺陷，这些问题和故障可能是银行的信息科技部门造成的，也可能是设备供应商造成的。但它们都会导致商业银行服务出现问题，不能向客户正常提供部分或全部服务，或者引起业务中断。另外，外部事件多指发生在外部环境的事件，包括政治、经济和社会方面的，它们一般不能由银行自身控制，却是对银行经营环境有影响的事件。

2. 合规风险

合规风险是指商业银行没有遵循法律、规则和准则，可能遭受法律制裁、监管处罚、重大财务损失和声誉损失的风险。合规管理是商业银行一项核心的风险管理活动，也是私人银行风险管理中的重要内容。私人银行的合规风险管理应综合考虑其与信用风险、市场风险、操作风险和其他风险的关联性，确保各项风险管理政策和程序的一致性。合规风险管理的目标是通过建立健全合规风险管理框架，实现对合规风险的有效识别和管理，促进全面风险管理体系建设，确保依法合规经营。私人银行应该加强合规文化建设，并且将合规文化建设融入企业文化建设的全过程。

3. 声誉风险

商业银行在一个国家内，在一定程度上起着稳定市场、维持金融秩序的作用，它对维持借款人、存款人和整个市场的信心具有很重要的影响。如果商业银行的金融产品存在严重缺陷，或者因为技术不够成熟，影响了电子银行的安全性和稳定性，或者因为经营决策的某个失误，这些都会严重伤害商业银行的声誉，给其带来严重的损害，即使在事后花费大量的时间和金钱都可能无法弥补对银行声誉造成的实质性损害。这些行为甚至会大幅度降低商业银行的市场价值。因此，声誉风险的管理对私人银行的发展是极其重要的。

4．市场风险

市场风险是指交易性资产组合（包括金融资产和非金融资产）的市场价值波动而导致客户遭受潜在损失的风险，主要包括利率风险、证券风险、汇率风险和商品价格风险等。市场风险存在于银行的交易和非交易业务中。私人银行可以通过资产组合包括多种金融资产和非金融资产，因此，面临多重市场风险。虽然私人银行可能通过资产组合多元化降低市场风险，但目前市场间的联系日益紧密，同质性增强，风险易于跨市场传播，导致市场风险的影响更难以估计。市场风险也会给客户的财产带来损失，市场收益率也成为客户选择私人银行业务服务的重要指标，较低或不稳定的市场收益率会导致客户流失。

5．法律风险

私人银行提供的服务具有全球化的特点，在岸、离岸业务都有，可能跨越各个国家，会涉及各个国家的法律要求、市场规则等。在任何一个国家，银行的业务开展都需要符合当地相应的法律法规，需要获得政府、法律的支持。因为涉及多个国家，私人银行业务所面临的法律风险就比其他传统银行业务要大很多。可是，我国并没有相应的法律法规来规范私人银行业务的风险管理，也没有具体的法律措施和条文来进行私人银行业务的法律风险防范。目前，我国的私人银行业务对应的法律主要是《个人理财业务管理办法》，而银行对于世界各国的法律研究就更少了。因为私人银行业务提供的服务是全球化的，这就为私人银行业务法律纠纷的发生埋下了隐患，很可能因此触犯到其他国家的法律。它主要面临洗钱、分业经营等问题，以及客户个人隐私涉密风险等法律风险。

二、私人银行业务的风险管理

1．丰富产品种类、扩展业务类型

丰富产品种类，开发多类型、多结构的金融产品。私人银行投资产品的主要特点是范围广、品种多、定制化，风险与收益结构差异较大，可充分满足客户的不同风险收益偏好，针对目前呈现出的类别、结构、来源单一的问题，我国私人银行须充分整合各种资源，内部发出或外部引入阳光私募、私募股权、对冲基金、海外可转债及其他衍生类金融投资工具。这样既可避免因产品设计不合理、产品不能满足客户需求而带来的操作风险，又能降低因市场风险、信用风险转移而产生的声誉风险。

扩展业务类型，实现从销售产品到提供解决方案的转型。私人银行与一般财富管理机构的根本差别在于，除了提供各式金融产品，还提供包括慈善、财产继承、医疗服务和品质生活在内的一揽子服务。目前，中资私人银行已实现从卖产品到卖组合的转变，如中信银行的“动态财富管理”、招商银行的“四步螺旋提升法”资产管理模式等。今后中资私人银行要进一步从客户需求出发，拓展产品类型，并且在个性化解决方案方面进行创新。

2．加强从业人员素质培养、完善员工考核制度

加强从业人员素质培养。一方面，要从整体上加强从业人员业务能力的提升。在招聘新职员时提升选拔标准，引进优秀的、有经验的专业人才。对已从业人员加强财富规划、公司业务、投资银行业务、资本市场运作及规划、保险、税务和移民政策等方面知识的培训，培养出精通多个领域的私人银行家。另一方面，加强从业人员对私人银行风险状况的认知，培养其风险控制意识。私人银行需要从风险源头进行控制，对员工进行风险知识培训及风险控制意识灌输，避免其在不知情的情况下给银行造成损失。

完善员工考核制度。私人银行员工的风险控制培训是控制员工产生风险的一种内生性解决方案，而绩效考核这种外生性方案也是降低风险的重要手段。目前，大多数私人银行普遍以客户数、资产管理总价值及会计利润作为考核标准，这往往会导致过度销售的现象。虽然有些银行，如中信银行取消了私人银行客户经理的储蓄指标考核，但是总行对私人银行部门的存款考核指标仍然需要消化途径的获取。为此，私人银行需要完善原有的考核体制，考虑将风险控制指标纳入员工考核标准，进一步减少风险暴露。

3．完善客户信息池、细分客户群体

完善客户信息池。由于我国个人信用体系的缺失，私人银行仅能通过构建内部信用系统来建立客户信息池。除首次的尽职调查外，私人银行还需要建立客户信息的跟踪调查机制，避免客户的后续行为对银行造成不良影响。客户信息池的建立，一方面，有助于银行提出更加适合客户需求的服务方案，避免因产品不符合客户自身需求而带来的操作风险和声誉风险；另一方面，可避免在不知情的情况下，从事洗钱或非法财富转移带来的合规风险。美国纽约联邦储备银行在其 1997 年颁布的《私人银行业务健全风险管理指引》中着重强调了了解客户的重要性，完善客户信息在私人银行业务风险控制中的作用可见一斑。

做好细分客户群体。国内的高净值人士多为“第一代”“一代半”和“第二代”富人，因此私人银行的客户群体广泛，包括企业家、专业人士、企业高管人员、娱乐明星和专业运动员等。私人银行可按照财富数量、风险偏好、年龄或职业等背景对其进行细分，针对不同类客户的不同业务需求，实行差别化的服务管理。这一方面可以为客户提供更为合理、更为贴心的个性化服务；另一方面可以将不同风险特征的客户进行分类，促进私人银行构建完善的风险管理体系。

4．设立独立的风险管理部门、整合风险管理流程

首先，采用大零售模式的私人银行应设立独立的风险控制部门。我国私人银行的组织结构主要包括隶属于零售银行部门的二级部门大零售或类似大零售和隶属于总行的一级部门的事业部两种组织模式。采用大零售模式的私人银行虽然在整合客户资源、同其他业务线协调等方面有较大优势，但是在风险控制上却存在隐患。传统商业银行业务与私人银行业务的风险类型存在较大区别，采用同样的风险控制标准和管理体系并不能做到对症下药，因此，大零售模式下私人银行业务的风险管理体系应当与零售银行的风险管理体系分开，建议设立独立的风险管理部门。

其次，整合私人银行业务风险管理流程。除了上述针对私人银行业务成立专门的风险管理部门，为了进一步加强私人银行业务风险管理的独立性、有效性和前瞻性，应当注重自上而下地整合私人银行业务风险管理的流程，其核心要素包括：①管理层控制，成立专门私人银行业务风险管理委员会控制风险；②政策与程序，建立清晰透明的内控制度及详尽的尽职调查制度；③运营与监管，建立一套适合私人银行业务模式和特点的信息管理系统，及时有效地监控业务运作情况；④审计与合规，保持充分的独立性，避免牺牲合规要求以让位于利润目标。

5．完善法律法规、健全监管政策

首先，要完善相关法律法规。明确私人银行机构与客户的法律关系及私人银行可操作业务范畴。委托资产管理包括委托代理和信托两种模式。相对于委托代理而言，信托制度具有所有权与利益相分离、独立性、有限责任、破产隔离和管理连续性等特点，与私人银行的特征更为符合，国外私人银行大多采用信托模式，我国也不妨采用该模式。另外，监管部门需要明确私人银行与商业银行传统业务的区别，对私人银行业务范围进行明确规定，避免私人银行业务开展过程中“打擦边球”及无意违规行为。

其次，要建立健全私人银行业务监管政策。一方面，就私人银行业务的市场准入条件、信息准入、监管流程等出台专门的监管条例，为商业银行私人银行业务的健康有序发展提供监管保障；另一方面，针对私人银行业务的风险特征，出台相关风险管理指导及监测文件，增强私人银行的风险管理能力。

延伸阅读

瑞银集团财富管理的全球化扩张

作为全球头号财富管理人，近年来，瑞银集团始终保持稳定增长态势，这受益于其全球性的机构布局、金融优势和管理技术诀窍。瑞银集团能够应对不断变化的政治

和监管环境，充分利用各种业务机会。瑞银集团早已建立了集中于自身成长和有目的地并购所需要的关键客户群。

就瑞银集团如何扩张、向哪里扩张而言，有着大量资产积累和较高增长率市场的开放发挥着重要作用。因此，传统的离岸业务与在岸业务的分离只能发挥次要作用，关键是知道哪些市场在成长，哪里需要一个统一的财富管理服务。对瑞银集团起决定性作用的因素是遵循一个全球范围内一贯的、满足同等高标准的咨询方法。

一个成功在岸扩张的例子是瑞银集团在欧洲的财富管理，其目标是定位于其中七个最大的市场：德国、法国、意大利、英国、西班牙、比利时和奥地利。目前瑞银集团在这些国家聘任 800 多名顾问，分布在 42 个场所。而在 2001 年，共有 177 名顾问，分布在 15 家分行。由于自身成长和有目的地并购，近些年来，瑞银集团所管理的资产增长了 79%，达到了 820 亿瑞士法郎。在短短四年间，瑞银集团从一个优势走到了另一个优势，而今在德国排行第五，在英国排行第三。财富管理需要高回报的承诺，但进入成本非常高，在一个新兴市场中设立机构，建立一个长期客户基础，达到盈亏平衡点，4~6 年的高投入是必不可少的。作为一家国际性金融服务提供商，瑞银集团自然要把眼光放到欧洲之外，寻求业务扩张，如今，在中国台湾、日本、中国大陆和巴西均已开始营业。

全球扩张不仅要花费大量的成本，还涉及重要的管理资源，因此，除了富有远见的方法，在自己的能力范围内运作是十分关键的。

目前，瑞银集团在全球已拥有 67 家财富管理机构、29 家代表处，全球性的扩张已经达到了一定的阶段。今后，瑞银集团还会根据自身和市场的发展再进行一些目的性较强的地理扩张。

资料来源：连建辉. 走近私人银行[M]. 北京：社会科学文献出版社，2017.

本章概要

本章主要介绍了商业银行的私人银行业务的内涵、特征及主要种类，同时着重讲解和介绍了瑞士等主要发达国家的私人银行业务的发展优势和特色，并且指出我国商业银行私人银行业务发展过程中可能面临的风险及其防范措施。

思考练习

1. 简述私人银行业务的种类及其主要特征。
2. 简述私人银行业务的风险与防范措施。
3. 简述私人银行业务的发展趋势。

第十二章 互联网金融业务与管理

本章学习目标

- 了解互联网金融产生的原因；
- 了解互联网金融的基本概念、特点和作用；
- 掌握互联网金融的主要模式和内容；
- 了解互联网金融的发展历程。

本章能力目标

- 掌握互联网金融的主要模式和内容；
- 掌握互联网金融的发展趋势。

案例引入

P2P 网络借贷平台——互联网金融业务最具代表性的产品之一

P2P 网络借贷平台，是 P2P 借贷与网络借贷相结合的互联网金融（ITFIN）服务网站。P2P 借贷是 Peer to Peer Lending 的缩写。在网络借贷的借贷过程中，资料与资金、合同、手续等全部通过网络实现，它是随着互联网的发展和民间借贷的兴起而发展起来的一种新的金融模式，这也是未来金融服务的发展趋势。P2P 网络借贷平台分为两个产品，一个是投资理财，一个是贷款，都是在网络上实现的，而且一个是贷款，一个是现金。

点融是中国在线市场化借贷中介行业的领导者，成立于 2012 年，总部位于上海，为个人及小微企业提供综合性、一站式的金融信息和交易撮合服务，技术、合规性、透明度排名都领先业内。点融灵活而全面的金融科技基础设施，使其能够设计和定制丰富的借款端产品与出借策略。2016 年，点融当选为中国互联网金融协会的常务理事单位之一。P2P 行业到底有多牛，有多火？美国最大的播送新闻电视的公司 CNN 报道称：P2P 行业改变了银行和信贷。而中国的点融网作为中国的 P2P 公司，成了 CNN 上述报道中唯一一个样本公司。在 CNN 的“tomorrow transformed”栏目——一个聚焦“已经被变革了的明天”的节目中，CNN 说，以借贷和资金融通为使命的银行曾经造福了所有人。可惜，当银行越来越参与到借贷过程中时，一切都改变了。“在2008年金融危机时，银行信贷甚至完全枯竭了。其他信贷方式乘虚而入，现在这种借贷方式被叫作P2P，也就是人们通过互联网借钱给其他人。”“tomorrow transformed”栏目观察认为，随着P2P的出现，银行和借贷已经被改变。“(有了P2P)，你可以通过与周围的人和社区连接，获得一个更好的借贷价格。”点融创始人兼CEO苏海德在接受CNN采访时说。更为关键的是，P2P能让借贷双方实现双赢。而全球最权威的P2P研究机构Lend Academy的创始人Peter Renton在接受CNN采访时说，P2P很简单、很便捷，你甚至可以穿着睡衣在凌晨两点投资。从投资人角度看，这也是人们第一次可以投资给他们周围的人。“有意思的是，现在银行也在参与P2P借贷。”Peter Renton补充说。“我怀疑今天出生的人，等他们长大了以后，是否还会和你我今天一样地使用银行账户。我认为我们会看到（未来）银行业整个被改变了。”“tomorrow transformed”栏目最后以苏海德的这句话作为节目的结束语。值得一提的是，CNN的进一步报道称，中国正孕育着飞速增长的P2P市场，“以点融网为例，它正以每月20%的惊人速度增长”。

但是，在我国P2P平台野蛮生长的阶段，也出现了很多经营不善，甚至部分组织或个人打着P2P的旗号，行非法集资之实的欺诈行为。2018年7月，P2P平台因逾期兑付问题或经营不善而停业多家公司，其中部分机构已因涉嫌非法吸收公众存款被公安机关立案侦查。2018年8月17日，P2P网络借贷风险专项整治工作领导小组办公室正式下发《P2P合规检查问题清单》，为网贷行业合规发展划定了统一标准。在此基础上，随后各地区相继启动自查、整改工作，新一轮网贷整治工作开始。

思考题：

1. 我国互联网金融发展的新趋势有哪些？
2. 如何做好对P2P业务发展的监管？

第一节　互联网金融概述

随着互联网的不断发展，互联网与商业、金融等领域紧密融合，以P2P网贷、众筹、第三方支付等为代表的新型金融运行模式在市场上大量涌现。这种互联网与金融相结合的运营模式在近几年得到了迅猛的发展，“互联网金融”这一概念也被越来越多的人们所耳熟能详。

互联网金融是当下金融行业的热点话题，互联网金融的各种形式也都受到了不同程度的关注。在互联网金融刚兴起的阶段，相关人员对互联网金融都有各自的理解。

阿里巴巴前董事长马云认为，互联网金融并不单纯指金融行业利用互联网手段办理业务，而是两种行业的结合；同时，互联网的融入给金融行业带来了巨大的变革力量。北京市软件和信息服务交易所出版的《互联网金融》一书中指出："互联网金融是利用互联网技术和移动通信技术等一系列现代信息科学技术实现资金融通的一种新型金融服务模式。"该书认为互联网金融与传统金融并列，都可视为金融行业的不同服务形式。另外，在 2012 年 8 月，中国投资有限责任公司副总经理谢平在"互联网金融模式研究"课题中，首次提到了"互联网金融"的概念。他提到"在互联网金融模式下，支付便捷；市场信息不对称程度非常低；资金供需双方在资金期限匹配、风险分担等上的成本非常低，可以直接交易；金融中介不起作用，贷款、股票、债券等的发行和交易及券款支付直接在网上进行；市场充分有效，大幅减少交易成本"。他认为，互联网与金融相互融合，产生了互联网金融的市场。在这种模式下，金融业的分工和专业化被大大淡化了，而互联网企业及其相关技术的融入，也在一定程度上降低了互联网金融行业的门槛，金融不再由少数精英控制，同时金融市场涌入了更多的平民参与者。

在 2015 年人民银行等十部委发布的《关于促进互联网金融健康发展的指导意见》中，对互联网金融给出了如下定义：互联网金融是传统金融机构与互联网企业利用互联网技术和信息通信技术实现资金融通、支付、投资和信息中介服务的新型金融业务模式。互联网金融的主要业态包括互联网支付、网络借贷、股权众筹融资、互联网基金销售、互联网保险、互联网信托和互联网消费金融等。随着互联网技术的快速发展，互联网企业不仅没有将发展的目光停留在自身业务上，而且没有停滞在为金融机构输送技术支持和提供技术服务的层面上，而是对长期累积下来的数据信息进行总结、分析，应用在金融业务中，创新出互联网金融模式，这也成为互联网技术与金融资本相融合的一个全新领域。

互联网金融包括两个维度。一是金融产品维度，即资金融通服务过程中产生的各种金融产品，包括网络借贷、众筹、第三方支付等。如何将这些金融产品加以创新或改造，使其更具效率、更适应网络时代的实体经济需要，是互联网金融首先要面对的问题。二是技术维度，即网络技术、移动通信技术、云存储技术、大数据分析和应用技术等。如何在合法、合规的基础上与金融产品结合，从而降低金融产品的交易成本、实现金融普惠，是互联网金融需要面对的第二个问题。

一、互联网金融产生的背景

（一）金融市场不发达是互联网金融发展的动因

由于体制的特殊性，我国在金融机构的审批、金融产品的审核与发行等方面实行了严格的行业监管政策。然而，严格的金融管制造成了金融产品的稀缺及供给失调，进而导致我国金融市场化程度不够、开放性较低、信息不对称情况普遍、资源配置效率低下等问题。

传统的金融机构（如银行、证券公司等）由于追求规模经济，总是将有限的资源集中在利润贡献最大的客户群体和业务领域。相对于大中型企业，小微企业在向银行等金融机构申请贷款、小额理财、个人借贷担保等业务时，常常会被拒之门外。传统金融机构并非有意区别对待，但当考虑到成本、风险与收益不匹配等因素时，其更愿意选择实力更为雄厚的大中型企业。

然而，在发展的初期，金融行业依托互联网平台的延伸，相关的政策法规较少，互联网金融受到的约束也较少，这使得该行业在很短的时间内得到了巨大的创新和自由的发展。随着互联网及信息技术的发展，互联网服务客户的成本日益降低，同时，互联网服务客户边际成本递减的特点，也决定了互联网服务可聚集起小微企业，甚至是个人的力量，积少成多。互联网金融，在传统金融行业触不到的地方，迅速发展了起来。

（二）互联网技术的发展促进产业融合

互联网行业本身具备的技术优势和底部架构的特征给了其强劲的连接功能。如前所述，随着信息技术的不断发展，互联网的应用已经渗透到其他各行各业，并由此引起了以融合为特点的产业改革。就目前的形势来看，相较于传统互联网，移动互联网对传统行业的影响会更加强烈。移动支付技术、手机定位技术及二维码技术的广泛应用，极大地方便了用户随时随地的购物、消费，便利度大幅提升，因此有越来越多的消费者开始由线下转移至线上。另外，互联网行业在信息收集上更有优势，尤其在大数据、云计算的时代，互联网能针对客户的需求进行个性化产品设计，客户在产品选择上更具有自主性。

互联网金融就是在这种背景下实现了互联网行业和金融行业的融合，开创了互联网行业的一个创新领域，也为金融行业的稳定发展提供了改革动力。

（三）多方需求拉动互联网金融行业发展

金融业务是人们生活中不可缺少的一项活动，也是当今社会一切交易活动的基础。人们对金融业务的需求，尤其是大量小额金融业务的需求，极大地拉动了互联网金融行业的产生与成长。

1．传统金融机构的需求

随着金融业务深度和广度的提升，传统金融难以充分满足用户日益多样化和复杂化的需求。相比互联网金融，传统金融模式表现出很多不足之处：在信息处理方面，传统金融的成本高、难度大，这就导致了信息收集不全面，市场信息不对称现象严重，而互联网的信息处理技术在很大程度上可以弥补这种不足；在资金供求方面，传统金融是以金融机构作为中介来撮合借贷或交易，这会使资源配置的效率降低，而互联网金融是依靠一定的算法和模型进行自动匹配，大大提高了效率；在支付结算方面，传统金融是在银行等金融机构中完成的，互联网金融的支付结算可以在线完成，资金供需双方直接交易，大大降低了交易双方在时间、空间上的成本。

传统金融业务通过借助互联网技术，能够实现提升运营效率、降低自身运营成本节约客户时间成本、增加客户体验度及增值服务等目标。诸多有利因素不断推动传统金融机构向互联网方向靠拢，也激励着传统行业的变迁与改革。

2．非金融机构的需求

在互联网发展的早期，电子商务就率先作为互联网的一大应用出现在人们的视野中。买家与卖家不再受到时空的限制，依靠互联网远隔千里便可随时完成交易，这极大地扩张了销售的地理范围和业务范围。

电子商务模式新颖，前景广阔。然而，电子商务在双方用户完成交易的过程中必然会涉及资金的转移，如何配合电子商务在线上的便捷交易，并且在妥善安排交易过程中资金流转的同时保障交易双方的利益，成了传统电子商务发展的瓶颈。于是在这样的环境下，市场迫使新的互联网形态出现，推动电子商务模式的发展与创新。这个新的互联网形态就是现在以第三方支付为代表的互联网金融。

二、互联网金融的意义、优势和风险

1．优化资源配置功能

金融承担的重要功能就是进行资金资源的配置，具体表现为融资模式。金融的融资模式主要分为两类：直接融资和间接融资。直接融资也称为“直接金融”，是指没有金融中介机构介入的资金融通方式。在这种融资方式下，在一定时期内，资金盈余方通过直接与资金需求方协议，或者在金融市场上购买资金需求方所发行的有价证券，将货币资金提供给需求方使用。直接融资是以股票、债券等为主要金融工具的一种融资方式。而间接融资是指保有暂时闲置资金的单位以存款的形式，或者购买银行、信托、保险等金融机构发行的有价证券，将其暂时闲置的资金先行提供给这些金融中介机构，然后由这些金融机构以贷款、贴现等形式，或者通过购买需要资金的单位发行的有价证券，把资金提供给这些单位使用，从而实现资金融通的过程。

这两种融资模式的基础风险各不相同。直接融资的基础风险的来源是透明度，主要表现为信息披露是否真实、及时和完整；而间接融资模式的基础风险主要是信用风险，其主要的评估指标有信用记录、土地、房屋等物质资产及公司信誉状况等，缓解这种信用风险的机制是抵押、质押和担保等方式。

传统的融资方式都是以间接融资为主，即以银行、担保公司等传统金融机构为中介实现融资的。然而传统金融机构出于对成本、风险等的考虑，大多进行大额资金的流转，这使得对资金需求更为迫切的个人和小微企业反而更难获得资金，而互联网金融提供了新的直接融资方式，个人或企业在融资时不再需要通过中介机构获得所需资金，而是利用互联网技术，在互联网上发布资金需求信息，吸引投资者，实现资金的直接流通。这种新型的融资模式同时能够通过互联网累积借贷人的行为表现信息，并且在一定程度上更准确地体现出其信用程度，这也有助于减少在传统信用评估中的信息不对称现象。

互联网金融在融资方式上的创新，实际上部分取代了商业银行的信用中介职能，大幅降低了借贷双方的信息不对称及交易成本，并且帮助没有或缺乏足够的融资能力的个人或中小微企业通过互联网获得所需资金，加快了资金流动。所以说，以互联网为平台的金融可以在很大程度上优化金融的资源配置功能。

2．改善支付清算功能

互联网金融对以银行为主体的支付系统也起到了改善作用，并且为用户提供了更加便捷的支付清算服务，大幅度地提高了金融支付清算效率。主要原因有三个：一是互联网金融平台成本低，而用户资料来源广泛，这可以在很大程度上弥补传统金融机构，尤其是银行在零售支付服务方面的不足；二是由于以支付宝为代表的第三方支付机构担任支付中介，为买卖双方的交易作担保，这不仅提高了网络交易中买卖双方的信任度，而且降低了交易过程中买卖双方的风险；三是互联网金融在一定程度上分担了传统金融机构的部分支付风险，如第三方支付机构通过与产业链合作，利用先进的互联网安全技术与金融机构等共同分担现行支付系统的支付风险。

此外，由于银行机构体系庞大，并且存在机构壁垒和利益约束等，这使得支付清算资金在一定程度上存在着“存量化”的现象。也就是说，资金在不同机构中的流动性较差，这使得资金的效率降低。而互联网金融通过互联网克服了时空约束，加快了资金的流动速度，克服了支付清算资金的“存量化”，并且最大限度地保证了买卖双方，特别是资金接收方的利益。所以，互联网金融这一便捷、及时的支付清算体系，既是现有银行支付清算体系的竞争者，又是对社会总支付清算体系的完善。

3．推动财富管理功能的拓展

互联网金融对于金融业财富管理功能的拓展具有积极的推动作用。其贡献主要表现在两个方面：一是向下延长客户群链条。由于产品更加丰富，在很大程度上满足了客户的个性化需求，同时有相当多的为小客户提供的金融产品，这使得财富管理需求者的规模迅速扩大。二是提供成本低廉、快捷便利的营销网络。金融产品需求方和提供方之间互相促进，共同推进金融业财富管理功能的不断扩大和完善。

延伸阅读

余额宝是蚂蚁金服旗下的余额增值服务和活期资金管理服务产品，于 2013 年 6 月推出。天弘基金是余额宝的基金管理人。余额宝对接的是天弘基金旗下的余额宝货币基金，特点是操作简便、门槛低、零手续费、可随取随用。除理财功能外，余额宝还可直接用于购物、转账、缴费还款等消费支付，是移动互联网时代的现金管理工具。2018 年 5 月 3 日，余额宝新接入博时、中欧基金公司旗下的“博时现金收益货币 A”

"中欧滚钱宝货币 A"两只货币基金产品。目前，余额宝依然是中国规模最大的货币基金。余额宝自 2013 年 6 月 13 日问世后，在不到 6 天的时间里，余额宝支持的天弘基金"增利宝"基金客户突破 100 万人，在国内个人有效基金开户数中占比达到 2.6%，平均每日净申购超过五六千万元。随着互联网金融的继续发展，类似金融产品的增多，很可能对商业银行的基金代销业务造成影响。

4．推动提供价格信息功能的改善

互联网金融还对金融提供价格信息功能的改善起到了积极的推动作用，使得金融产品的价格信息更为丰富、及时和准确。一般来说，金融提供的价格信息包含两类：一是资金价格，即利率，这主要是由货币市场和银行来提供的；二是资产价格，通常由股票价格指数来表示，由资本市场动态发布。而互联网技术加快了资金的流动速度，这将使得资金价格能够更及时、准确地反映资金供求关系，进而引导资金的合理流转。在资本市场中，由于在交易系统和实时报价系统中都采用了计算机技术和信息技术，股票价格指数已经可以充分体现动态及时的特点，这是与互联网技术一脉相承的。

延伸阅读

互联网金融契合了我国利率市场化改革的方向。应该说，互联网金融的蓬勃发展恰恰为利率市场化提供了一个很好的试验田，其发挥的"鲶鱼效应"所引发的自主利率市场化进程，要比监管部门自上而下地推动容易得多。互联网金融有助于中国的利率市场化，体现在两个方面：一是分流储蓄存款。以余额宝为例，它的出现从技术上实现了活期存款的利率市场化，商业银行面临的吸收存款压力越来越大，反而促进了利率市场化。各式金融理财产品不断吸引用户余额，互联网金融已经蚂蚁搬家式地搬走了银行接近 1%的存款。二是加剧理财市场的竞争。商业银行受到资产证券化等诸多限制，金融产品、服务种类少，相比之下，P2P 等网络借贷平台的出现丰富了金融产品、服务种类，年化收益率也更高。因此，互联网金融通过互联网货币基金等理财产品为储户提供稳定且接近实际利率的回报，通过 P2P 等网络平台信贷方式促进了直接融资的发展。更重要的是，互联网金融通过便利和低成本的网络渠道与创新提高了社会资金的动员能力，加快了资金的流转速度，加强了银行在负债端的竞争，使利率及时地反映资金供求，进而引导资金的合理流动。

资料来源：人民日报.

5．服务具有经济、高效、快捷性

互联网金融建立在大数据、云计算的基础之上，通过数据的支持和精密的计算，互联网金融服务更有针对性，互联网金融产品的定价也更能与实际需求相匹配。人们使用互联网进行交易而产生的一系列交易成本将大幅下降，更好地满足了部分消费群体的金融服务需求。

互联网金融最主要的特征是具有服务的高效性和操作的便捷性。互联网金融利用平台化优势，为广大客户群体，尤其是年轻化和高学历群体提供了更便捷的服务方式，客户进行交易和转账不再高度依赖于实体的营业网点，甚至可以完全不需要实体网点，仅仅通过一部智能手机终端或计算机设备就可以随时随地完成资金的划转和信用借贷，这大大节省了排队等待的时间，让生活更加方便。

6. 覆盖范围广，服务成本低

在互联网金融模式下，客户能够突破时间和地域的约束，在互联网上寻找需要的金融资源，金融服务更直接，客户基础更广泛。此外，互联网金融的客户以小微企业为主，覆盖了部分传统金融业的金融服务盲区，有利于提升资源配置效率，促进实体经济发展。

在互联网金融模式下，低成本体现在多个方面：首先，在交易成本上，资金供求双方可以通过网络平台自行完成信息甄别、匹配、定价和交易，无传统中介、无垄断利润；其次，在运营成本上，金融机构可以避免开设营业网点的资金投入和运营成本；最后，第三方支付带来了结算成本的大大降低，众筹模式开拓了低成本的新融资渠道，互联网金融门户使得客户能够以更低的成本搜索更多优质的金融服务产品。

7. 发展得益于宽松的监管政策，经营风险高

在互联网金融刚刚兴起时，市场上对互联网金融的监管不明确，这给了互联网金融极大的自由和发展空间。宽松的监管政策促进了行业创新，但也滋生了游走在法律边缘的业务的出现。2015 年 7 月 18 日，中国人民银行会同相关部委牵头起草、制定了《关于促进互联网金融健康发展的指导意见》（以下简称《指导意见》）。被视为互联网金融顶层设计的《指导意见》，进一步明确了互联网金融主要业态的监管职责分工，落实了监管责任，划定了业务边界。对于互联网金融的监管，一行三会（中国人民银行、中国银行业监督管理委员会、中国证券监督管理委员会和中国保险监督管理委员会）将遵循“依法监管、适度监管、分类监管、协同监管、创新监管”的原则，同时强调互联网金融的行业自律。但由于各类细则还未出台，互联网金融无准入门槛、缺行业规范的现状仍在持续，风险隐患依旧较大。

另外，在互联网借贷融资服务中，由于在网络平台中投融资双方很少或没有面对面交流的机会，加之互联网本身具有匿名性和跨空间的特点，最终的交易又是基于网络平台实现的，而网络平台无力承担尽职调查的责任，投资者所承担的风险加大，不利于互联网金融稳定健康发展。

8. 扩张具有盲目性，产品同质化严重

互联网金融的进入门槛较低，并且其高速发展使得创业者看到了潜在的广大市场空间。于是大家纷纷效仿，渴望抓住机遇参与到互联网金融大军当中。但是由于缺乏客户积累，没有特殊优势，产品同质化现象十分严重。创业者参与竞争的主要手段就是“打价格战”，对自己的产品进行过度宣传，强调高收益、低风险，这很容易给客户造成产品预期收益率就是实际收益率、低风险就是零风险的错觉。但事实上，无论哪种投资组合产品，收益率都不可能是确定的，会随着行情而经常波动，也会因波动而面临巨大风险。

第二节 互联网金融的业态分析

《指导意见》按照“依法监管、适度监管、分类监管、协同监管、创新监管”的原则，确立了互联网支付、网络借贷、股权众筹融资、互联网基金销售、互联网保险、互联网信托和互联网消费金融等互联网金融主要业态的监管职责分工，落实了监管责任，明确了业务边界。

根据《指导意见》和我国互联网金融的实际格局，将互联网金融的业务形态归为两大类，分别为互联网企业的金融业务，即“互联网”+“金融”，以及传统金融机构互联网化，即“金融”+“互联网”。

互联网金融依托于互联网技术，是互联网行业在金融领域的延伸。互联网金融主要包括第三方支付、网络借贷、众筹、互联网货币和互联网金融门户等主营金融业务的互联网服务。互联网金融依靠互联网的低成本、高效率、广覆盖等特点得到了迅速的发展。以下简要介绍当前主流的几种互联网金融模式。

一、第三方支付

20 世纪 90 年代后期，我国银行系统开始逐步开展网上银行业务，并且开通了网银支付业务，但问题也随之而来。对网络商家而言，网银支付的便利度显得不足。网络商家若想简化其客户的支付流程，就需要与多家商业银行达成支付结算协议，而中小企业不具备这样的谈判能力，这导致它们的用户体验较差，从而影响其发展。第三方支付解决了上述问题。所谓第三方支付是指非金融机构在收付款人之间作为中介机构提供下列部分或全部货币资金转移服务：网络支付、预付卡的发行与受理、银行卡收单等中国人民银行确定的其他支付服务。

第三方支付极大地促进了支付体系与互联网的融合，并且已成为金融体系基础设施的重要组成部分。从支付便利性角度看，商户只要与第三方支付平台达成支付结算的协议，并且在第三方支付企业开设结算账户，就可以解决与众多银行网银支付体系的对接。从这个意义上说，第三方支付机构事实上外包了电子商务卖家与各个商业银行分别进行结算的环节。此外，在开展电子商务过程中，买家与卖家之间缺少一种保障机制。为保障买卖双方的利益，第三方支付平台出面，作为交易的中间人，把握交易的顺利进行。支付宝快钱等第三方支付机构都是典型的代表。在第三方支付体系中，第三方支付利用了买家付款与卖家收款的时间差，或者第三方支付机构专门设置一定的时间差，对买家的资金进行监管，在买家收到电子商务过程中卖家交付的产品后，第三方支付机构再将款项划转至卖家的账户。

根据中国人民银行 2015 年 7 月 31 日发布的《非银行支付机构网络支付业务管理办法》征求意见稿中的规定，第三方支付机构是指依法取得《支付业务许可证》，获准办理互联网支付、移动电话支付、固定电话支付、数字电视支付等网络支付业务的非银行机构。

二、网络借贷

网络借贷包括个体网络借贷（P2P 网络借贷）和网络小额贷款。

1. 个体网络借贷

个体网络借贷又称 P2P 网络借贷，在《指导意见》中规定，个体网络借贷是指个体和个体之间通过互联网平台实现的直接借贷，在个体网络借贷平台上发生的直接借贷行为属于民间借贷范畴，受《合同法》《民法通则》等法律法规及最高人民法院相关司法解释规范。P2P 网络借贷平台作为信息中介向借贷双方提供交易平台，收取一定的服务费，而不以自有资金介入借贷关系之中。在我国，P2P 网络借贷是从 2007 年开始出现并兴起的。在 P2P 网络借贷发展的最初几年，这种网络金融模式并未引起太多关注，然而由于我国整体金融环境及制造业发展瓶颈等因素的影响，小微企业出现了普遍的融资难问题，而传统的银行业金融机构由于贷款考核指标和审贷标准等因素，无法为小微企业提供足够的信贷支持，这为 P2P 网络借贷的发展提供了空间。在此需求下，我国 P2P 网络借贷行业步入了高速发展期。此后，涌现了大量的 PP 网络借贷平台，如人人贷、红岭创投等。2011 年，平安集团设立陆金所，标志着传统的金融控股集团正式进入 P2P 网络借贷市场。陆金所的设立，给 P2P 网络借贷行业传递了一个明确的信号，即该商业模式在某种程度上受到大资本和传统金融控股集团的青睐，从而将 P2P 网络借贷行业从草根金融的定位提升到了金融控股集团的战略部署中。此后，银行类金融机构开始逐步进入 P2P 网络借贷市场，包括招商银行的“小企业 e 家”、民生银行的“民生易贷”等。除商业银行外，各类国有企业和上市公司也开始进入 P2P 网络借贷领域。2012 年，国家开发银行下属全资子公司国开金融有限责任公司与江苏地方国资委下属的江苏金农股份有限公司共同设立了开鑫贷融资服务江苏有限公司，其网络平台“开鑫贷”于 2012 年底正式上线。

2. 网络小额贷款

网络小额贷款是指互联网企业通过其控制的小额贷款公司，利用互联网向客户提供的小额贷款。网络小额贷款是一种面向传统商业银行不能覆盖的客户的贷款创新，主要解决一些小额、分散、短期、无抵押、无担保的资金需求，是运用金融手段脱贫致富的有效工具，也是我国经济可持续发展的重要金融支持。网络小额贷款建立了一种目标完全不同于传统银行的金融制度，通过一系列贷款技术创新，不但提供了放松抵押担保制约的还款制度安排和缓解信息不对称的途径，而且提供了降低交易成本的技术，从而降低了低收入阶层平等进入贷款市场的门槛。小额贷款与互联网的结合极大地促进了小额贷款公司的发展。作为网络小额贷款的典型代表，阿里巴巴小额贷款公司（以下简称“阿里小贷”）的企业平台上聚集了众多商户。通过淘宝、天猫、支付宝等平台的对接，阿里小贷积累了大量的交易数据，继而通过对交易数据的分析和挖掘，配合视频验证等方式进行调查，了解客户的真实性和信川用水平，较为客观科学地得出客户的信用评价，然后在此基础上向小微企业或个人提供金融服务，并且这种贷款是无担保、无抵押、纯信用的小贷模式。

延伸阅读

小额贷款（micro-finance）是以个人或家庭为核心的经营类贷款，其主要的服务对象为广大工商个体户、小作坊、小业主。贷款的金额一般为 1 000 元以上，1 000 万元以下。小额贷款是微小贷款在技术和实际应用上的延伸。 小额贷款在中国主要是服务于三农、中小企业。小额贷款公司的设立，合理地将一些民间资金集中了起来，规范了民间借贷市场，同时有效地解决了三农、中小企业融资难的问题。

阿里小额贷款是指以借款人的信誉发放的贷款，借款人不需要提供担保。其特征就是债务人无须提供抵押品或第三方担保仅凭自己的信誉就能取得贷款，并且以借款人信用程度作为还款保证的。阿里小额贷款无抵押、无担保，主要服务于自 2002 年商务网站成立以来在网上注册和交易的小微客户群体，隶属于阿里金融（亦称“创新金融事业群”）业务板块，近几年因其独特的信贷风控方式成为媒体关注的焦点，备受业界瞩目。阿里集团旗下商务网站主要有阿里巴巴、淘宝、天猫“三驾马车”，累积注册用户约 4 000 万户，这些商户的经营范围覆盖全国，行业多元化。尽管网站注册用户存在一定程度的重复（一个自然人或公司同时注册多个网店）、部分交易额存在虚假（为增加店铺评分制造虚假交易），但年交易额过万亿元的平台功能始终不容小觑。

自小微信贷在国内发力后，阿里电商平台成为众多金融机构眼中的“香饽饽”，争相与之合作。2007—2010 年，中国建设银行、中国工商银行相继与阿里集团合作贷款，由阿里提供客户信息，银行负责融资。该模式曾经被媒体广泛关注，政府及业内人士也青睐有加，但合作的“蜜月期”没过多久即告终结。经过一段时间的合作，阿里从银行方面学习到信贷风控的方法及流程，逐步建立比较完备的信贷队伍，便另起炉灶、独立承贷。恰逢政府放开小贷公司经营牌照，阿里适于 2010 年、2011 年分别在浙江、重庆成立小贷公司，中断与银行的小微信贷合作，开始自营信贷业务。有人将此解读为阿里“过河拆桥”，其实，在商业博弈环境中，只要不违背双方在自愿前提下签署的商业契约，无欺世盗名、恶意欺诈之举，逐利者完全可以在游戏规则内大展身手。

阿里小微信贷的运营主体为微贷事业部，其组织架构和产品设计均围绕旗下商务网站内的客户群体进行。开始主要分为阿里贷款车间和淘宝贷款车间，后来逐渐向新产品扩展，如新成立的保理车间和信用支付车间等。阿里贷款车间负责服务阿里巴巴网站的客户，淘宝贷款车间则服务天猫网和淘宝网的客户。在业务流程方面，前端业务营销和尽职调查分别由各个车间的业务团队操作，中后台贷款审批及风险控制合而为一，由微贷事业部的信贷审批车间和风险管理车间负责。

作为金融业的补充主体，新兴的小额贷款行业受到政策的扶持，但尚未形成较强大的行业规模，小额贷款机构普遍规模较小，缺乏抗风险能力，发展呈迅猛趋势但仍急需加强监管和规范。

资料来源：https://www.ppmoney.com/wddaikuan/565648.html.

阿里小贷发展过程中存在哪些风险？如何更好地做好相关的监督和管理？

三、众筹

众筹翻译自 crowdfunding 一词，主要指通过互联网形式进行公开小额融资的活动。众筹的目的是融资，但与传统融资方式以货币回报为主不同的是，众筹往往会以感谢、实物、作品、消费券、股权等作为回报。

国外众筹网站的代表是 2009 年创立 Kickstarter，该平台支持所有个人发起创新性项目，包括电影、科技、游戏等，进而向公众集贷。众筹模式进入中国后，也取得了快速发展。目前，国内主要的众筹平台大致可分为非股权众筹和股权众筹。非股权众筹网站包括点名时间、追梦网、众筹网等，此类网站往往以文化影视及创意项目作为众筹的项目，回报往往是观影权利或创意作品的分享权利等；股权众筹网站包括天使汇、人家投、人人投等，对于此类网站的创业项目，投资人往往要以股权方式投入，并且在未来获取公司发展、增值所带来的回报。

由于我国金融机构对于创业、创新项目所创设的金融产品有限，传统金融给予此类项目的支持不够。众筹的优势在于，能够吸收社会闲散的小额资金，支持和帮助孵化创业、创新项目，从而给项目发起人提供成功的机会。然而，众筹在发展的同时，也面临定位不清晰、监管不到位等问题。众筹的发展势头迅猛、潜力巨大，但其商业模式仍处在探索阶段。

四、互联网货币

互联网货币又称为虚拟货币，是指随着电子信息技术、互联网和电子商务的发展而出现的不通过金融机构发行，以数字形式存在，通过网络流通转移，具有购买力的虚拟兑换工具。最典型的代表是比特币。

比特币是一种“电子货币”，由计算机生成的一串串复杂代码组成。新的比特币通过预设的程序制造，随着比特币总量的增加，新币制造的速度减慢，直到 2014 年达到 2 100 万个的总量上限。和法定货币相比，比特币并没有固定的发行方，而是由网络节点计算产生的。也就是说，任何人都有可能参与制造比特币，而且制造的比特币可以全世界流通，可以在任意一台接入互联网的电脑上买卖。不管身处何方，任何人都可以挖掘、购买、出售或收取比特币，并且在交易过程中外人无法辨认用户信息。

互联网货币风险较高，各国对持币态度均较谨慎。美国对比特币持观望态度，暂不干预和监管；欧盟对比特币没有法律规定；德国承认比特币的合法地位；中国规定比特币不具有货币的地位，不可流通且各金融机构和支付机构不能开展相关业务。

五、互联网金融门户

互联网金融门户是指利用互联网提供金融产品、金融信息服务和进行金融产品销售，并且为金融产品销售提供第三方服务的平台。

根据相关互联网金融门户平台的服务内容及服务方式不同，互联网金融门户可被分为第三方咨询平台、垂直搜索平台及在线金融超市三大类。第三方咨询平台是为客户提供全面、权威的金融行业数据及行业资讯的门户网站，典型代表有网贷之家、和讯网及网贷天眼等。垂直搜索平台是聚焦于相关金融产品的垂直搜索门户。所谓垂直搜索是针对某一特定行业的专业化搜索，在对某些专业信息进行提取、整合及处理后反馈给客户。客户在该类门户上可以快速地搜索到相关的金融产品信息。互联网金融垂直搜索平台通过提供信息的双向选择，从而有效地降低了信息不对称程度，典型代表有融 360、好贷网、安贷客、大家保，以及国外的 eHealth Insurace、Insurance hotline 等。在线金融超市汇聚了大量的金融产品，提供在线导购即购买匹配，在利用互联网进行金融产品销售的基础上，还提供与之相关的第三方专业中介服务。该类门户在一定程度上充当了金融中介的角色，通过提供导购及中介服务，解决服务不对称的问题，典型代表有大童网、格上理财、91 金融超市及软交所科技金融服务平台等。

此外，互联网金融门户又可以根据汇集的金融产品、金融信息的种类不同，细分为 P2P 网贷类门户、信贷类门户、保险类门户、理财类门户及综合类门户五个子类。其中，前四类互联网金融门户主要聚焦于单一类别的金融产品及信息，而第五类互联网金融门户致力于金融产品、信息的多元化，汇聚不同种类的金融产品或信息。

六、互联网银行

互联网银行是指借助现代数字通信、互联网、移动通信及物联网技术，通过云计算、大数据等方式在线实现为客户提供存款、贷款、支付、结算、汇转、电子票证、电子信用、账户管理、货币互换、P2P 金融、投资理财、金融信息等全方位无缝、快捷、安全和高效的互联网金融服务机构。

互联网银行的概念是由互联网银行的创始人林立人率先提出并付诸实践的。互联网银行是对传统银行的颠覆性变革，换句话说，互联网银行将传统银行完全搬到互联网上，并且实现了传统银行的所有业务。与传统银行相比，互联网银行没有分行，通过互联网技术实现了超越时间约束和空间限制，使得互联网银行真正实现了“AAA”式服务，即在任何时间、任何地点，以任何方式为用户开展相关业务和提供服务。

除此之外，与传统银行不同，互联网银行以客户体验为中心，将互联网机制融入金融行业中，提供更加标准、多样、个性化的服务，更规范地避免了在传统银行营业点因个人素质和情绪状态不同而带来的服务满意程度的差异。

七、互联网证券

互联网证券并不是简单地将传统证券公司的业务线上化，而是在互联网和电子商务条件下的证券业务创新，为网络用户提供一种全新的商业模式，其中包括证券资讯的发布、证券投资顾问、股票网上发行、在线证券交易等多种投资理财服务。

根据我国对证券行业的相关监管条例等，当前互联网证券可以开展的业务范围和业务内容主要包括：一是网络开户和交易。这种业务使得证券交易成本和客户营销成本大大降低，并且智能手机的普及也使得证券交易更大程度地向移动终端路转移。二是网络证券投资顾问。证券公司借助互联网平台可以拓宽其营销和服务渠道使用互联网向用户发布相关的证券资讯和投资建议。三是在线金融产品的销售。运用大数据、云计算等技术，通过互联网评估用户的风险偏好，为用户提供满足其个性化需求的金融产品，在很大程度上提高了用户体验。四是网上支付。互联网证券通过与第三方支付合作，使得用户只需通过互联网就可以购买相关金融产品，但是这种业务目前只在个别的券商进行试点。五是网络营销。券商通过社交媒体，如微博、微信等方式向用户提供即时信息，并且可以充分挖掘潜在目标客户，拓宽其营销渠道。六是在线发行证券。即通过互联网直接公开发行证券募集资金，而不是普通的投资银行进行路演和询价，这种模式目前在国外已经有了先例。

延伸阅读

自 2019 年券商创新大会以来，我国的证券行业开始利用互联网及相关技术对证券业务进行积极的创新。2014 年，中国证券业协会向银河证券、中信证券、国泰君安证券、长城证券、平安证券和华创证券 6 家券商下发了同意开展互联网证券业务试点的函。这标志着我国的证券行业正式加入了互联网金融的大潮之中，并且在 2014 年 9 月增加了部分券商开展互联网证券试点。2014 年 11 月 24 日，中国证券业协会又公布了 10 家券商获批第三批互联网证券业务试点资格。截至 2015 年 3 月，我国共有 55 家券商获得开展互联网证券业务试点资格。

近年来，国家在金融领域明确了扩大金融业对内对外开放的改革方向，令券商更加真切地感受到了行业竞争和洗牌的压力。现如今，互联网金融发展如火如荼，对传统证券公司的业务模式，特别是对单一的通道交易经纪业务形成更大挤压，并且将加快与传统金融融合，证券业的管理思维、经营模式面临挑战。可以预见，互联网金融将更深层次地影响和推动证券业发展，向更加注重客户体验、以客户为中心的方向转变，弱化网点功能、加速金融脱媒，逐渐打破金融业传统的边界和竞争格局，推动证券业加快向综合金融、互联网金融发展。

资料来源：https://baijiahao.baidu.com/s?id=1622112568930232306&wfr=spider&for=pc.

八、互联网保险

2015 年 7 月底保监会发布了《互联网保险业务监管暂行办法》，该文件对互联网保险进行了界定，认为互联网保险业务是指保险机构依托互联网和移动通信等技术通过自营网络平台、第三方网络平台等订立保险合同、提供保险服务的业务。

根据相关统计数据，截至 2015 年 8 月，我国共有 85 家平台在经营互联网保险业务，除了传统的保险企业开展了互联网保险业务，另外有 40 家左右的民营平台通过合作的方式开展了互联网保险相关业务。此外，互联网保险的保费收入呈现爆发式的增加趋势，2014 年全年互联网保险的保费收入共为 858.9 亿元，同比增长 195%。

互联网保险不仅是互联网与传统保险简单结合的线下产品网上销售，而是传统保险与互联网技术、互联网精神的结合。在互联网时代的大背景下，产品设计的场景化营销方式的社交化成为互联网保险发展的新趋势。互联网保险与传统保险的经营模式差异较大，其营销方式引入社交功能，投保过程嵌入网络场景，产品开发迎合消费习惯，更能体现消费者需求，提高用户的重复购买率。

此外，在大数据时代，技术的革新使海量数据的采集和处理成为可能。利用大数据技术，不仅计算的意外事件发生概率更接近实际概率，有利于保险公司精算师计算产品的收益率和产品定价；还可以帮助保险业精准营销，按照客户需要设计、推荐个性化的产品。未来互联网保险业将更重视大数据技术、数据分析等在本行业的应用。与此同时，在未来互联网保险将结合互联网技术的优势，积极探索 O2O、B2B、B2C、C2B 各种模式创新，与现有的盈利模式形成互补。

延伸阅读

互联网保险迎来拐点

基于传统保险行业海量数据和风险经营的天然优势，互联网保险悄然发展成为强力磁场，吸引着不同主体进入这个“新生”领域。

一是科技赋能更加密集。大数据、云计算和机器学习等技术的成熟为金融科技拓展应用提供了有利契机，2017 年保险科技频频出现新突破。大数据定价、图像自动识别、智能闪赔、云定损、智能顾问等先后推向市场。面向消费者的，既有平安、太保等传统保险集团公司，以及中国保信等行业数据平台，也有阿里、百度等互联网巨头。

基于保险消费痛点，市场主体间的科技赋能共识更加坚定。通过数据反哺、平台优化、用户增值等形式，新兴科技展现出巨大的延展性，显著提升了传统保险主体的线上运营能力、客户管理能力及风险防控能力等。

二是资本助力更加频繁。不断扩围的市场规模吸引着各类资本高度关注，投资主体力图在数千亿互联网保险市场机会中找到切入点。传统险企基于原有管理资源优势布局生态圈、产业链，如成立于 2016 年的人保金服，开始加大对汽车后市场、数据科技、健康管理和互联网保险领域股权投资等。风投资本对逐渐成熟的互联网保险模式更加认可，曲速资本统计数据显示，互联网保险领域全年发生融资事件 34 笔，融资金额超过 10 亿元，早期融资企业数量稳步增多，资本市场信心增强。BAT 等互联网巨头布局仍在继续，腾讯推出微保平台全面入局互联网保险，现已陆续上线医疗险、车险续保等服务功能，在场景数据使用、用户画像定位、精准营销推广等方面为互联网保险创新探索更广泛的路径。

三是消费群体发生代际转换。胡润研究院调查报告显示，中产阶级群体正在迅速壮大，这意味着保险消费在 60 后、70 后之外出现了新的增长源。以 80 后为例，该群体中月均消费 3 万元以上人数占比超过 30%，整体消费能力较 2014 年同比增长 140%，远超过国内 60%的平均增速。随着 80 后、90 后逐渐成为家庭关系的重要维护者、全方位的 IKP（Important Key Person），家庭保险配置、个人投资理财计划等正在成为新兴保险市场的迫切需求。移动互联技术下崛起的 80 后、90 后更加注重便捷使用和消费体验，76%的人群愿意为高质量产品和极致服务付费，这也为互联网保险通过产品服务创新接触客户提供了更多的可能。

在保险行业转向高质量增长的过程中，部分主体“迷失”方向，初露端倪的“野蛮”行径在市场竞争中浮出水面。在监管部门系列文件的强力推进下，类似违法违规行为充分暴露出来。随着监管政策更加规范、有力，相信互联网保险行业风险将从源头上得到化解和防范。2019 年，互联网保险螺旋上升的资本拐点正在加速降临，更多赴宴者涌入互联网保险行业。在“保险姓保”理念下，开启盛宴的互联网保险行业现已站在新的起点，能否迈入高质量增长周期，只需要留待市场见证。

资料来源：李鹏彬-中国保险报.

九、其他互联网金融业态

除了前面介绍的几种，互联网金融业态还包括互联网基金、互联网信托和互联网消费金融这几类。

互联网基金又可分为狭义的互联网基金和广义的互联网基金。所谓狭义的互联网基金是指通过互联网等电子工具，实现基金的申购、赎回、营销、服务、信息安全等基金所需的常规业务活动；广义的互联网基金是指基金公司通过互联网平台实现的一切直接借贷。

目前我国的基金业由互联网货币市场基金主导。由于目前我国较为流行的多种互联网基金的预期年回报率一般都为3%~6%，远远高于我国央行所设定的0.35%的活期存款利率，因此，互联网基金不断吸引着越来越多的投资者。

此外，《指导意见》中专门提出了互联网信托的概念。互联网信托是指通过互联网平台进行的信用委托，即通过互联网实现个人和企业之间的投融资，为信托业之后发展互联网相关业务提供了十分宝贵的制度供给。与此同时，信托业也在互联网信托方向上迅速展开了人才招聘。根据相关统计，仅在《指导意见》下发不足一个月时间内，至少有6家信托公司已经开始招聘互联网信托方面的相关人才，主要涉及互联网技术岗和产品研发岗，甚至部分信托公司已经完成设计了初步的互联网信托产品。目前信托已经发展成为金融行业的第二大子行业，所以在互联网金融蓬勃发展的背景下，信托业发展互联网金融已经成为必然的趋势。

互联网消费金融是将传统的消费金融实现了线上化，通过“线下+线上”的方式来为居民个人提供以消费为目的的贷款，这是传统的消费金融在互联网金融大背景下的又一实践创新。

第三节　互联网金融的发展趋势

一、多层级金融服务体系形成

互联网金融将助力社会形成多层级的金融服务体系，虽然在短期内互联网金融的出现不能使现有的金融结构出现颠覆性的改变，但是由于互联网的理念和模式会使资金配置更加直接和自由，再加上大数法则也会降低总体违约率，即使这个过程比较漫长，也可以通过互联网技术手段，最终摆脱传统金融机构在资金融通过程中的主导地位。

作为原有金融体系的补充的互联网金融具有多样性和灵活性的特点，既能有效地将金融服务下沉至原本无法服务的广大微小的个体客户中去，又能在原本没有涉猎的领域中开展，极大地提高了我国金融体系的灵活性和服务广度。这样多层级、立体式的金融环境可以全方位地满足需求，最终达到从初具想法创业，到企业步入正轨，再到发展壮大上市，甚至股份回购退市都有相应的金融平台支持的效果。

随着互联网金融势力涉足传统金融业的业务领域，其发展使得与传统金融业的竞争加剧，传统金融业面临客户流失严重、资产业务竞争加剧等风险。从互联网金融的发展历程可以看出，互联网金融已从最初的仅提供支付转账业务向提供包括现金管理、余额理财、基金和保险代销、小微信贷等多方面的金融服务在内的一体化模式发展，同时促进了多层级金融服务体系的形成。

为促进中国市场金融结构的转型，不仅需要互联网金融的努力，也需要传统金融机构的支持。未来更可能的是，传统金融机构与互联网金融在更大的范围内和更深的程度上进行相互渗透和融合，从而提高整体金融效率。

二、金融基础设施不断完善

金融基础设施是指金融运行的硬件设施和制度安排，其建设的三要素为法律基础设施、会计基础设施、监管基础设施。金融基础设施越发达，其承受外部冲击的能力就越强，重视金融基础设施建设对一个国家经济发展、新兴经济与转型经济的金融稳定和社会安定有着十分重要的作用。

1. 互联网金融的发展促进法律基础设施的完善

法律基础设施是金融基础设施的核心，完善的金融法律是金融市场正常运转的保证。运行良好的法律体系有利于促进金融市场发展和刺激投资，进而带动经济增长。

我国涉及计算机和网络领域的立法工作相对滞后，有关互联网金融的法律法规较少。以互联网银行为例，《商业银行法》《中国人民银行法》均没有针对互联网银行的有关规定。和网上银行相关的《电子签名法》《网上银行业务管理暂行办法》《电子银行业务管理办法》等法规缺少可以具体实施的规定，并且不能具体到新出现的组织形态及业务类型，使互联网银行的运行游走在已有法律法规的边缘。

新互联网金融形态给国家法律调控带来了巨大挑战，与信息网络在国家发展战略和规划布局中的基础性、先导性地位相比，政策支持力度和投入明显不足，法律基础设施仍不能满足市场发展的需要。随着互联网金融领域的新业务层出不穷，更加完善的法律政策和良好的法律环境呼之欲出，直接促进了法律基础设施的完善。

2. 互联网金融的发展促进会计基础设施的完善

金融基础设施的第二个要素是会计基础设施，会计信息对于做出正确的，具有经济影响的判断和决策来说，是十分有用的。如果对公司的经营状况、个人的信用情况没有充分的信息披露，市场约束就不可能产生。建立在高质量的披露和透明度标准基础上的会计制度，能有效地为投资者提供指导信息，促进市场繁荣。因此，加强会计基础设施的建设是非常必要的。

随着互联网金融的发展，再加上发展过程中所暴露出的实际问题，越来越多的企业发现，信息的不对称性、信用信息披露的不完善是阻碍企业扩大业务规模的最主要阻力，在此背景下互联网金融为征信行业的发展孕育了广阔的市场，对于完善征信系统、加强信息披露力度、进一步降低由信息不对称所带来的风险，进而健全会计基础设施有积极的作用。

互联网金融带动征信业的发展体现在两个方面。

一是征信服务、产品的需求快速增加。在互联网金融时代，针对用户的精细化营销、个性化服务和批量化处理将成为主要业务模式，这就需要准确掌握服务对象的信用状况、风险偏好和消费习惯。同时，云计算、搜索和数据挖掘等技术的进步，将直接推动传统征信服务升级和催生新的征信产品。

二是征信机构构成将更加多样化。目前，我国主要有公共征信机构——中国人民银行征信中心及其他 70 余家社会征信机构。在互联网金融时代，互联网企业和金融机构也将进军征信业，建立新型征信机构：一种是电商企业组建的征信机构，以阿里巴巴为代表，其依托支付宝等第三方支付平台，开展网络联保贷款、小额贷款和余额宝等业务；另一种是金融机构成立的征信机构，如中国平安成立的专门挖掘金融数据的征信机构，以征集 P2P 的借款信息、银行信贷记录及车险违章等信用信息。

3. 互联网金融的发展促进监管基础设施的完善

金融基础设施的另一个重要因素是监管制度，旨在提高金融市场信息效率，保护消费者权益免受欺诈和渎职的侵害，保持系统稳定。构筑高效的监管制度，有利于最大限度地发挥监管基础设施的作用。

由于互联网金融业务的合法性难以界定，导致部分互联网金融产品游走于合法与非法之间的灰色区域，网络支付平台就有可能成为“帮凶”。如与传统金融业务相比，包括二维码支付、虚拟信用卡在内的创新业务，涉及不少新的流程和新的技术，这些金融创新无法受到既有规则管辖，存在一定风险隐患。目前，对互联网金融监管没有建立相关安全技术标准、统一的业务规则及相应的消费者权益保护制度，监管部门如果仅通过后续“叫停”的方式，容易引起支付机构的强烈反应及社会的强烈反响。

互联网金融的发展无疑给金融监管和宏观调控带来了新的挑战。随着互联网金融涉及的金融相关服务范围逐步扩大，直接涉及公众利益，所以需要监管部门针对互联网金融不同模式的特性及运营方式，对部分模式探索实施通过设立审批或备案制，设立资本金、风险控制能力、人员资格等准入条件，并且对同一模式中不同业务种类实行不同标准的差异化准入要求。从消费者的角度看，消费者在权益的分配方面处于弱势地位，是互联网金融的主要风险承受载体。金融发展最终应当服务于实体经济，服务于中小微企业和社会的发展，因此，监管当局有必要重视消费者权益保护，维持金融市场体系的稳定。可以说，互联网金融的发展直接促进了新的监管政策、措施的出台，从长远来看有利于加快完善整个监管基础设施的速度。

三、移动互联网与金融加速融合

移动互联网是指互联网的技术、平台、商业模式和应用与移动通信技术结合并实践的活动的总称。移动互联网在带来便利的同时会受到自身技术和移动终端设备能力的限制。互联网金融是传统金融行业与移动互联网相结合的新兴领域，在移动互联网的基础上呈现出社交化、个性化的趋势。目前常见的移动互联网金融服务包括移动银行、移动支付、移动证券、移动保险等。

1．移动互联网

移动互联网是移动通信和互联网结合的产物，目前互联网产品移动化的趋势强于移动产品互联网化的趋势。一般认为移动互联网是桌面互联网的补充和延伸，其根本还在于应用和内容。移动互联网以宽带 IP 为技术核心，用户使用手机、上网本、笔记本电脑、平板电脑、智能本等移动终端，通过移动网络获取服务。

2．互联网金融

互联网金融是传统金融行业与移动互联网相结合的新兴领域。互联网金融区别于传统金融服务业，采用不同的媒介，以智能手机、平板电脑和无线 POS 等移动设备为代表，通过上述移动互联网工具，使得传统金融业务具备透明度更强、参与度更高、协作性更好、中间成本更低、操作更便捷等一系列特征。理论上任何涉及广义金融的互联网应用，都应该是互联网金融，包括但不限于第三方支付、在线理财产品的销售、信用评价审核、金融中介、金融电子商务等模式。

最初的互联网金融主要是金融机构借助移动通信技术为客户提供有关的金融服务。金融服务和通信技术的结合让人们可以不受时间和空间的约束自由地享受金融服务，初期的互联网金融就是传统金融服务的移动化。随着互联网公司纷纷推出新的金融产品来抢占移动端市场，互联网金融所包含的服务和内容也逐渐变得宽泛了，包括账户管理、支付清算、投融资理财等。参与者也不再仅仅是传统的金融企业，还包括电信运营商、第三方支付平台、移动平台制造商等。

3．互联网金融的特点

互联网金融由于其更加方便于用户操作，并且更加灵活，受到了许多用户的偏爱。首先，移动互联网金融可以满足用户对移动性的要求。用户原本需要通过个人电脑端上网或到银行网点才可以获得相应的金融服务，通过移动互联网可以在任何时间、任何地点享受这些服务，随时了解最新的资讯，获得更好的用户体验。其次，移动设备也可以为用户提供更加精准的个性化信息。基于移动互联网的数据更加私人化，也更加丰富，很多金融服务的使用，从账号的申请开始就需要手机，互联网金融平台通过与客户的双向交流收集信息，开展大数据分析来实现这种个性化。再次，互联网金融还具备鲜明的移动社交属性。人们日常的社交互动更多地发生在移动端，在移动端做好移动产品的粉丝营销更容易获得成功，这为金融机构提供了全新的产品营销及服务渠道最后，移动互联网金融具备强大的横向渗透与资源整合功能，能够将移动金融作为中间媒介插入生活场景中，可以在移动金融客户端应用中嵌入各类金融及非金融增值服务功能，如基于定位的周边网点查询、在线排队预约、移动客服答疑、产品信息及提醒通知推送等，进一步提升用户好感度及加强用户黏滞性。

4．互联网金融的发展潜力

移动互联网金融突破了互联网金融在时间和空间上的局限性，与我们的日常生活更紧密地结合在一起，使人们能够随时随地享受便捷的金融服务。移动互联网在为人们的工作和生活带来极大便利的同时会对传统金融行业的不足进行完善。另外，互联网金融也逐渐呈现出平台化、社交化和产业化的趋势，在移动端积累下的数据对征信体制的建立和完善起到一定的推动作用。

（1）与云计算结合。云计算与互联网金融的结合，为互联网金融带来了更多的想象空间。移动计算是“云+端”的模式，利用后台的云，对终端设备进行快速适配，将很多应用放在终端中执行，实现了内容在台式机、平板电脑和手机上的同步。移动互联网与云计算的融合发展会不断催生新的商业模式和新的业态。移动云计算的快速发展可以为用户提供更大的存储空间、更强的计算能力、更低的成本，可以有效提升客户体验，提高运营效率。

如今，基金、银行、保险、P2P 网络借贷等应用开始逐一迁往云计算，云计算能够增强互联网金融企业的数据存储能力和处理能力，帮助企业决策。对于互联网金融中小企业或创业者来说，云计算可以帮助中小企业不再受信息化建设量大和维护成本过高等问题的困扰，云计算支持用户采用弹性部署的方式，随需应用，按需付费，帮助中小企业降低信息化布局的成本。

（2）移动金融服务对金融行业的完善。传统金融行业发展滞后与不足是移动金融快速发展的动力。传统金融领域容易出现资金融通性差、配置效率低的问题，着眼于成本收益的比率，很少顾及小企业、个人的小额投资、小额贷款的需求，服务对象多是实力比较雄厚的大客户。移动金融发挥自身优势，在小额投资、小微企业借贷、个人贷款等小额交易中以较低的成本实现资金的匹配。

（3）社交化、平台化和产业化。社交化是移动互联网的一个重要特征，也是移动互联网的发展趋势。金融社交化将会成为互联网金融发展的方向。移动互联网时代是一个“平台为王”的时代。企业只有通过打造强大的互联网金融平台才能引领行业的发展，才能在互联网金融市场中获得更好的发展。另外，移动互联网广阔的市场前景决定了互联网金融走向产业化的必然性。产业化的发展可以提升互联网金融满足客户需求、服务实体经济、带动相关产业发展的能力。当前，移动互联网金融尚处于初期，当越来越多的企业家、创业者进入互联网金融领域后，必将创造出越来越多的产品，产业链各方也会纷纷加入，从而形成移动互联网产业集群，促进移动互联网金融从产品到产业的发展。

四、大数据技术服务金融行业

随着信息技术和移动互联网的发展、金融业务和服务的多样化、金融市场的整体规模扩大，金融行业的数据收集能力逐步提高，存储了大量时间连续、动态变化的数据。这些大规模的数据在经过处理分析之后成为非常有效的信息，为大数据与金融行业的结合奠定了基础。

1. 大数据金融

大数据金融的发展仍然处于初期阶段，因此并没有明确的关于“大数据金融”的定义。从本质上来说，大数据金融是指依托于海量、非结构化的数据，通过互联网、云计算等信息化方式对其数据进行专业化的挖掘和分析，并且与传统金融服务相结合，创新性地开展相关资金融通工作的统称。大数据金融可以为互联网金融机构提供客户的全方位信息，通过分析、挖掘客户的交易和消费信息掌握客户的消费习惯，并且准确预测客户行为，使金融机构和金融服务平台在营销和风控方面有的放矢。

2. 大数据在金融行业的应用

（1）大数据在加强风险管控、精细化管理、业务创新等业务转型中起到重要作用。

首先，大数据能够加强风险的可控性和管理力度，支持业务的精细化管理。当前中国银行业利率市场化改革已经起步，利率市场化必然会对银行业提出精细化管理的新要求。其次，大数据支持服务创新，能够更好地实现“以客户为中心”的理念，通过对客户消费行为模式进行分析（如事件关联性分析），提高客户转化率，开发出不同的产品以满足不同客户的市场需求，实现差异化竞争。

（2）大数据在小微企业信贷、精准营销、网络融资等领域加速推进。

目前大数据应用已经在金融业逐步推开，并且取得了良好的效果，形成了一些较为典型的业务类型，如小额信贷、精准营销、保险欺诈识别、供应链融资等。

3. 大数据金融发展潜力

（1）与社交网络融合。大数据金融与社交网络的融合将促进大数据金融的全面、多方位发展，成为未来的发展趋势。一方面，这种融合方式可以获得更全面的客户信息，拓宽客户信息的收集渠道。大量的数据有利于提高信用体系对客户信用程度评级的准确性，从而降低大数据金融的信用风险。另一方面，与社交网络融合的方式能够以低廉的成本获得客户信息，并且通过对社交圈用户的行为数据分析，总结规律，实现精准营销，推广大数据金融服务。

（2）信息流和金融的融合。早在 2007 年，阿里巴巴就展开了同工行、建行的合作，进行小额信贷的新尝试，但是由于信用审核、风控理念之间的差异等一些原因，两方最终分道扬镳。如今电商金融化可以说并未完善，但是发展方向已经较为清晰。一方是以阿里巴巴为代表的金融平台，在获取银行牌照之前，以资产证券化、信托计划等方式筹集资金；另一方是以苏宁云商为代表的金融平台，直指民营银行牌照，希望在成立银行后，将信息流和资金流收归己用。从本质上来说，二者殊途同归，都是在掌握商品流、信息流的情况下，高效、低成本地获得资金流，从而建立自身的完整生态圈，对生态圈内的商户提供一条龙服务，提高商户黏性，提升竞争对手的进入壁垒，在激烈的互联网金融竞争时代拥有一席之地。

（3）实现智慧金融。智慧金融是指通过内外兼修，准确应对、快速应变、有机处理繁杂数据，高效配置金融资源，敏锐洞察并引领客户需求的高度智能化金融商业形态。未来大数据金融发展的重点趋势之一为从传统的有时限的金融服务向全天候服务转变，打破地域限制，提供"始终在客户身边"的全场景金融服务。大数据金融将整合各类渠道，彻底打破时间和地域的限制，运用网络化的社会资本，提供一点接入、全程响应的智能化渠道服务，为客户创造最佳服务体验，实现智慧金融。虽然大数据金融在我国处于发展初期，但是不少金融机构及普通民众已经受益于大数据金融带来的发展与改变，这一新生事物因其自身的优势与当下现实的需求受到了公众的一致追捧。随着大数据金融领域法律法规的完善和监管职责的明确，大数据金融将在国家政府宏观调控和市场需求引领下茁壮成长。

（4）信用体系建立与完善。信用体系的建立是最重要的风险防范措施，传统的金融体系已经积累了很多数据，而互联网和移动互联网也拥有海量的数据，用户的所有网上行为都可被记录、被追踪，推动互联网金融全面进入央行征信体系，实现信息的共享，建立完善的互联网金融征信体系。利用征信体系加大对失信的惩罚力度，建立征信档案系统，配合征信体系建立大数据分析体系。利用大数据分析技术能够让人们在未知规律的情况下运用计算机的处理能力从大数据中发现规律的特点来降低互联网金融的风险。

延伸阅读

央行副行长潘功胜：互联网金融应接受更严格的监管

2018 年 12 月 10 日，中国人民银行副行长、国家外汇管理局局长潘功胜在第二届中国互联网金融论坛上就近期互联网 P2P 平台违约事件的发生对媒体表态。"短短几年时间，怎么会让人感觉到一提'互联网金融'，就好像是骗子，或者有很多的骗子混入其中，这个过程有哪些经验需要总结，行业未来的出路在哪里，如何规范健康地发展？"潘功胜指出，如果说金融科技的本质也是金融，那么就意味着不能套上科技的外衣就变得不是金融，是金融就得按金融的规矩办，是科技自然定位是为金融提供支持和服务。无论是金融机构还是互联网企业，无论自称是数字金融、金融科技、Fintech 还是 Techfin，概念的游动不应影响对金融活动本质的判定。"互联网金融和金融科技并未改变金融的风险属性，其与网络、科技相伴生的技术、数据、信息安全等风险反而更为突出。因此，互联网金融或金融科技应接受更为严格的监管。"在谈到互联网金融的监管时，潘功胜强调，金融活动必须接受严格的市场监管。任何金融活动都不能脱离监管体系，要严格遵守法律法规，不能以技术之名掩盖金融活动的本质。他表示，设立金融机构，从事金融活动，必须依法接受准入管理，准入管理的主体、日常监管的主体和从业机构展业空间范围应该保持一致。要有责任明确的监管主体和清晰的日常监管规则，并且坚持监管规则的公平性，防止监管套利，不论对金融机构、互联网企业还是金融科技企业，都应按照实质重于形式的原则，落实穿透式监管。只要做相同的业务，监管的政策取向、业务规则和标准就应该大体一致，不应对不同市场主体的监管标准宽严不一，引起监管套利。同时要依法严厉打击非法金融活动。金融监管部门与相关的执法部门密切合作，近年来，央行和公安部门配合得非常好，相互支持，对非法金融机构和非法金融活动采取零容忍，持续保持高压态势，依法严厉打击，为金融与科技的融合发展营造良好健康的环境，为整个经济和社会的稳定运行提供保障。他还表示，要充分应用信息科技手段，提高互联网金融监管的技术支撑能力。推进常态化互联网金融风险监测机制，加快监管技术平台的建设，完善互联网金融风险监测预警机制，支持国家计算机网络安全中心加快建设互联网金融风险技术分析平台，支持中国互联网金融协会建设国家互联网金融监测平台。

资料来源：搜狐财经频道.

本章概要

互联网金融是一种基于互联网技术、大数据、云计算、移动通信、社交平台及搜索引擎等信息技术，实现资金融通、支付、结算等金融相关服务的金融业态。其发展主要有两种模式：一是互联网业务金融化；二是金融业务互联网化。互联网金融是现有金融体系的进一步完善和普惠金融的重要内容，其表现形式既包括以互联网为主要业务载体的第三方支付、P2P 网贷、众筹等新兴金融业态，也包括持牌互联网金融机构，以及各类持牌金融机构设立的主要从事互联网金融相关业务的法人机构。互联网金融在经营模式、经营理念、客户定位等方面与传统金融都有着很大的差别，正是基于这样的差别，其相对于传统金融具有独特的优势。

思考练习

1. 什么是互联网金融？互联网金融有哪些主要形式？
2. 辨析和阐述互联网金融业务与传统金融业务的不同。
3. 分别阐述互联网业务金融化与金融业务互联网化。
4. 互联网金融业务未来的发展趋势是什么？
5. 结合实际，谈谈互联网金融的出现给我们的生活带来了什么影响。
6. 我国同美国的互联网金融之间有什么区别？

第十三章 商业银行风险管理

本章学习目标

- 掌握商业银行风险的定义、分类和特征；
- 了解我国商业银行面临的风险及其表现；
- 掌握商业银行风险管理的主要策略；
- 了解商业银行全面风险管理的内涵和理念。

本章能力目标

- 掌握每种风险管理策略的基本原理和做法；
- 掌握信用风险的计量与管理；
- 掌握市场风险的计量与管理；
- 掌握操作风险的计量与管理。

案例引入

信贷员盗用信息贷款，银行起诉闹乌龙

兰州宁县某银行信贷员与审批人串通，恶意盗用他人身份信息，私刻印章，与该银行签订贷款合同，当贷款到期无人偿还时，银行将被盗用身份信息者告上法庭，要求连本带利还款4.68万元。可当发现被盗用身份信息者根本没有贷款时，银行又不得不急忙撤诉。

据了解，2016年2月，宁县某银行以该县居民侯某贷款逾期不还为由，将侯某诉至宁县人民法院，请求法院依法判令侯某归还贷款本息。该银行诉称，2008年9月，宁县居民侯某以建房资金不足向其提出贷款申请，请求贷款2万元。经审查后，该银行与侯某签订贷款合同并向侯某发放贷款1.8万元，贷款期限为一年。贷款合同到期后，侯某未履行偿还本息义务，导致贷款逾期。至2016年2月，本息共计4.68万元。

宁县法院受理此案后，立即向侯某送达了民事诉状。侯某在接到诉状后，以书面答辩状对该笔贷款予以否认，并且认为该笔贷款是信贷员与审批人串通，恶意盗用其身份信息，私刻其印章，以其名义与该银行签订贷款合同的。该银行收到答辩状后，向法院申请对《贷款申请》做笔迹鉴定，请求确认该申请是否为侯某本人书写。经相关鉴定机构鉴定认为，该行提供的《贷款申请》不是侯某本人书写。鉴定意见做出后，该银行遂向法院提出申请，要求撤回起诉，并且表示通过司法程序追究相关责任人的法律责任。近日，宁县法院对该银行的申请予以批准，一起“自家人贷款，要他人还款”的乌龙案就此结案。

资料来源：银行联合信息网.

思考题：

1. 案例中这种情况属于商业银行风险中的哪一种?
2. 如何防范这种风险?
3. 除了案例中的这种风险，商业银行经营管理中还存在哪些风险?

第一节 商业银行风险管理概述

一、商业银行风险

要进行商业银行风险管理首先要了解风险的内容。风险是指在某一特定环境下，在某一特定时间段内，某种损失发生的可能性。风险有两种定义：一种强调风险表现为不确定性；另一种强调风险表现为损失的不确定性。若风险表现为不确定性，说明风险产生的结果可能带来损失、获利或无损失也无获利，属于广义风险，金融风险属于此类。而风险表现为损失的不确定性，说明风险只能表现出损失，没有从风险中获利的可能性，属于狭义风险。本书重点介绍广义风险——金融风险。

商业银行风险是指在商业银行经营过程中，由于不确定性因素的影响，使得银行实际收益偏离预期收益，从而导致遭受损失或不能获取额外收益的可能性。按照商业银行在经营过程中面临的问题，金融风险可以分为信用风险、市场风险、流动性风险和操作风险等。信用风险又称违约风险，是指交易对手未能履行契约中约定的义务而造成经济损失的风险，即受信人不能按期还本付息而使授信人的预期收益与实际收益发生偏离的可能性，它是金融风险的主要类型。市场风险是由于未来市场价格（利率、汇率、股票价格和商品价格）的不确定性而对企业实现其既定目标产生不利影响的可能性。市场风险可以分为利率风险、汇率风险、股票价格风险和商品价格风险。流动性风险是指商业银行无法满足客户提取存款的需要，或者无法支付到期债务，从而使银行声誉受损、蒙受经济损失甚至破产倒闭的风险。操作风险指商业银行在日常业务中由于内部程序不完善、操作人员出现差错或舞弊、外部事件等引起的风险。操作风险可以分为人员风险、流程风险、技术风险和外部风险。

此外，根据引发金融风险因素的特征，还可以将金融风险划分为系统性金融风险和非系统性金融风险。系统性风险是由于宏观方面的因素（经济周期、国家宏观经济政策的变化等）引起的，对整个金融系统和经济活动造成破坏和损失的可能性。非系统性风险是指金融机构或其他融资主体由于决策失误、经营管理不善、违规经营或债务人违约等微观因素引起的、个别或部分金融企业或其他融资主体在融资活动中遭受损失或未曾获利的可能性。

显然，风险的分类方式很多，各种分类可能有所重叠，银行管理层在管理风险时要先确认分类标准，针对不同的风险采取相应的管理手段。

二、商业银行风险管理

商业银行风险管理是指商业银行通过风险识别、风险估计、风险评估和风险处理等环节，预防、回避、分散或转移经营中的风险，从而减少或避免经济损失，保证经营资金安全的行为。风险管理是商业银行管理的另一项重要工作。

（一）商业银行风险管理的四个环节

1. 风险识别

风险识别是商业银行风险管理的第一个环节，其核心是识别商业银行所承受的风险的实质形态。商业银行面临的风险多种多样，并且相互交叉，需要认真识别，才能正确估计、评价和处理。风险识别的基本方法主要有财务报表法、风险树搜寻法、专家意见法和筛选—监测—诊断法等。

2. 风险估计

风险估计是商业银行风险管理的第二个环节。在风险识别后，需要在量上掌握风险可能达到的程度，以判断是否加以控制、如何控制。风险估计的主要方法有客观概率法、统计估值法、回归分析法等。

3. 风险评价

风险评价是商业银行风险管理的第三个环节，是在风险估计的基础上，对风险的性质、影响进行分析研究，寻求应对风险的对策。风险评价的基本方法主要有成本效益分析法、风险效益分析法、权衡风险法、综合风险法、统计型评价法。

4. 风险处理

风险处理是商业银行风险管理的第四个环节，是在出现风险前或面对风险时采用的处理方式。具体方法包括风险预防、风险规避、风险分散、风险转嫁、风险对冲和风险补偿。

（二）商业银行风险管理的主要策略

1. 风险规避

风险规避是指商业银行拒绝或退出某一业务或市场，从而避免承担该业务或市场风险的方法。即不做这类业务，就不承担此类风险。在实践中，风险规避可以通过限制某些业务的经济资本配置来实现。例如，商业银行首先将所有业务面临的风险进行量化，然后依据董事会所确定的风险战略和风险偏好确定经济资本分配，最终表现为授信额度和交易限额等限制条件。通常，当商业银行不擅长管理某类风险，或者此类风险超过了银行资本所能承受的范围，抑或预期收益与风险程度不能相互对应时，银行会采取这种方式应对此类风险。没有风险就没有收益，因此这种策略较为消极，不宜成为风险管理的主导策略。

2. 风险分散

风险分散是指通过多样化的投资来分散和降低风险，即“不要把鸡蛋放在同一个篮子里”。马柯维茨的现代资产组合理论认为，只要两种资产收益率的相关系数不为 1（完全正相关），分散投资于两种资产就具有降低风险的作用。而对于由相互独立的多种资产组成的资产组合，只要组成资产的个数足够多，其非系统性风险就可以通过这种分散化的投资完全消除。这种策略在商业银行风险管理中具有重要的意义。

3. 风险转嫁

风险转嫁是指通过购买某种金融产品或采取其他合法的经济措施将风险转移给其他经济主体的一种策略性选择。风险转移可分为保险转移和非保险转移。保险转移是指为商业银行购买保险，在缴纳保险费的同时，将风险转移给承保人。当商业银行发生风险损失时，承保人按照保险合同的约定责任给予商业银行一定的经济补偿。非保险转移是指通过担保和备用信用证等能够将风险转移给第三方。例如，商业银行在发放贷款时，通常会要求借款人提供第三方信用担保作为还款保证，若借款人到期不能如约偿还贷款本息，则由担保人代为清偿。同时，金融市场中还存在着某些衍生产品，如期权合约。这类衍生产品是特殊形式的保单，是投资者转移利率、汇率、股票和商品价格风险的一种工具。

4. 风险对冲

风险对冲是指通过投资或购买与标的资产（underlying asset）收益波动负相关的某种资产或衍生产品，来冲销标的资产潜在损失的一种风险管理手段。风险对冲对管理市场风险（利率风险、汇率风险、股票风险和商品风险）十分有效。一般可以分为自我对冲和市场对冲两种。自我对冲是指商业银行利用资产负债表或某些具有收益负相关性质的业务组合本身所具有的对冲特性进行风险对冲。市场对冲是指对于无法通过资产负债表和相关业务调整进行自我对冲的风险，通过衍生产品市场进行对冲。由于信用衍生产品日渐兴起，风险对冲策略也被广泛应用于信用风险管理领域。

5. 风险补偿

风险补偿是指在实质性损失发生以前对风险承担的价格补偿。对于那些无法通过风险分散、对冲或转移进行管理，而且无法规避、不得不承担的风险，商业银行可以采取在交易价格上附加更高的风险溢价，即通过提高风险回报的方式，获得承担风险的价格补偿。商业银行可以预先在金融资产定价中充分考虑各种风险因素，通过价格调整来获得合理的风险回报。此外，银行还可以通过提取存款准备金、呆账准备金等风险准备金的方式对可能出现的风险做出预防。

（三）商业银行全面风险管理的理论基础

所谓全面风险管理，是指企业围绕总体经营目标，通过在企业管理的各个环节和经营过程中执行风险管理的基本流程，培育良好的风险管理文化，建立健全全面风险管理体系，包括风险管理策略、风险理财措施、风险管理的组织职能体系、风险管理信息系统和内部控制系统，从而为实现风险管理的总体目标提供合理保证的过程和方法。银行的全面风险管理是在《新巴塞尔资本协议》（2004 年）推出后被广泛应用的，其核心在于风险管理的全面化。而这份协议对于银行全面风险管理的理念有三方面含义：一是全面风险的含义，即认为风险不仅包括信用风险，还包括市场风险和操作风险，更加全面地覆盖了商业银行面临的主要风险；二是微观全面风险管理，即商业银行如何全面管理各类风险，协议中针对风险管理的四个环节给出了明确的要求；三是宏观全面风险管理，协议通过三大支柱强调银行外部力量（外部监管、市场约束）对银行风险管理起到的重大作用。

在对商业银行全面风险管理的不同解释中，受到广泛借鉴的是美国 COSO 委员会于 2004 年颁布的《全面风险管理框架》。其认为银行全面风险管理是一个过程，从银行的战略制定到全部经营都贯穿始终，用于识别和评估可能给银行造成损失的潜在事件，并且能够有效应对和预防，实现银行的经营目标。

延伸阅读

《新巴塞尔资本协议》，2004 年 6 月 26 日巴塞尔银行监管委员会通过。《新巴塞尔资本协议》保持了与《旧巴塞尔资本协议》的连续性、一贯性，同时有新的发展。在内容上主要有四方面更新：监管框架更完善与科学；风险权重的计量更准确；风险认识更全面；新协议的主要创新是内部评级法（IRB）。

《新巴塞尔资本协议》强调三大支柱：

（1）最低资本要求（minimum capital requirements）：即最低资本充足率达到 8%，而银行的核心资本的充足率应为 4%。目的是使银行对风险更敏感，使其运作更有效。

其中信用风险资本计提包括标准法、基础内部评级法和高级内部评级法；市场风险资本计提包括标准法和内部模型法；操作性风险资本计提包括基本指标法、标准法和内部模型法。

（2）监察审理程序（supervisory review process）：监管者通过监测决定银行内部能否合理运行，并且对其提出改进的方案。

（3）市场制约机能，即市场自律（market discipline）：要求银行提高信息的透明度，使外界对它的财务、管理等有更好的了解。

资料来源：周茜. 我国商业银行全面风险管理体系的价值研究[J]. 对外经济贸易大学，2013.

第二节 信用风险管理

信用风险是商业银行所面临的最古老，也是最重要的风险。商业银行的信用风险管理水平决定了自身的生存与发展。在 20 世纪 70 年代以前，主要借助于来自各种报表的静态财务数据来度量和管理信用风险，并且通过分析经济主体的各种信息对其信用质量进行相对主观的评价。到 90 年代，信用风险的计量和管理有了新发展，逐渐出现了信用衍生产品，并且产生了信用计量模型，传统的信用风险管理进入了一个现代化的新阶段。

一、信用风险的概念和分类

（一）信用风险的概念

商业银行信用风险（credit risk），狭义上是指借款人到期不能或不愿履行借款协议，不能按合同规定按期还本付息，致使银行遭受损失的可能性，因此也被称为违约风险（default risk）。广义上来讲，信用风险不仅包括借款人的直接违约风险，还包括借款人履约可能性变化带来的损失风险。

传统的商业银行信用风险管理一般存在于信贷业务上，但事实上还存在于商业银行的很多其他业务中，包括银行账户业务、交易账户业务及表内外业务，如承兑、贸易融资、外汇交易等。因此，从更加广义的角度来看，信用风险又可以定义为：债务人或交易对手未能履行金融工具的义务或信用质量发生变化，影响金融工具的价值，从而给债权人或金融工具持有人带来损失的风险。

（二）信用风险的分类

1. 商业贷款信用风险

商业银行贷款是商业银行盈利的最主要业务，因此其也是银行面临的最主要的信用风险。商业贷款信用风险的影响因素主要取决于借款企业的还款能力和还款意愿。如果还款能力存在问题，则说明借款企业的经营状况不佳。经营过程中的失误导致企业资金不足、无法偿还本息的不属于恶意行为。但如果借款企业有还款能力，还款意愿出现问题，则属于恶意行为，会给商业银行带来信用风险。

2. 消费贷款信用风险

消费贷款主要包括房屋与汽车按揭贷款、助学贷款、投资贷款、信用卡贷款等。因为客户对象千差万别，而且个人和家庭的财务状况很容易受到疾病、失业、灾害等多方面因素的影响而急剧改变，因此消费者贷款的违约率通常要高于工商业贷款。发达国家对消费者信用风险的控制实行“先分散，再集中”的原则，即在对消费者资信进行详尽调查的基础上，决定是否贷款。

3. 票据业务信用风险

票据业务面临的信用风险主要是由于票据的伪造、篡改、票据权利的缺失或由于票据行为（如贴现、承兑）不当而使银行蒙受损失的风险。票据信用风险主要是由于票据识别手段滞后，银行间信息不能互通互享，银行内控制度不严密而造成的。

4. 结算信用风险

结算信用风险是指商业银行在替客户办理转账或贸易结算过程当中，付款人没有履行其所应该承担的义务；也包括商业银行在买卖有价证券、外汇或从事债券回购及金融衍生产品的交易时，交易对手不能按期履约造成的风险。

5. 信用价差风险

银行持有大量的信用敏感性资产，在利率市场化的国家，这些资产的收益率（或价格）与资产的信用质量有密切的联系。由于信用敏感性资产的信用级别恶化而使其与无风险资产之间的信用价差扩大，从而导致该资产价格下降，使商业银行蒙受损失的风险称为信用价差风险。在发达国家的实践中，商业银行往往是通过利用信用衍生产品，如买入信用价差看跌期权来管理此类风险。但在我国，由于利率还未有市场化，许多信用敏感性资产缺乏二级交易市场，因此信用价差风险还处于隐蔽的状态，也无法利用信用衍生产品加以管理。

虽然说，商业银行的信用风险贯穿于商业银行所有的业务经营，但是商业银行信用风险的管理不能简单地理解为以降低信用风险为目的。商业银行的信用风险管理的核心在于要以一种科学的方式来积极地接受信用风险，以确保在一个可以接受的风险范围内实现受益的最大化

二、信用风险的计量和管理

信用风险的计量较为复杂。传统的分析方法偏主观，但经过理论与实务的结合与逐渐发展，针对信用风险采取了更加客观、量化的分析方法。商业银行通过这些分析方法对其可能面临的信用风险进行管理和控制。

（一）传统的信用风险分析方法

1. 专家判断法

专家判断法是由相关部门的主管人员和行业资深人士对企业违约可能性做出判

断，综合评定信用风险。它是商业银行在长期的信贷活动中所形成的一种较为有效的信贷风险分析和管理方法。这种方法在分析信用风险时主要考虑两方面的因素：一是与借款人有关的因素，如借款人的声誉、资产负债杠杆率、抵押品的质量和数量及未来收益的波动性等；二是与市场有关的因素，如经济周期、宏观经济政策、利率水平等。

在专家判断时，对于借款人通常采用 5Cs 评级法进行评估。具体内容如表 13.1 所示。

表 13.1　5Cs 评级法

名　　称	英文名称	内　　容
品德与声望	Character	借款个人的作风、品德及责任心，或者借款企业的负责人的品德、经营稳健性、偿还愿望等。借款人履行合约的历史记录在这项判断中具有重大意义
资本实力	Capital	借款人资产的价值、性质及变现能力。资本金是企业承担信用风险的最终资源，是企业经济实力的体现。同时，财务杠杆越高，债务负担越重，违约的概率也就越高
偿债能力	Capacity	借款人归还贷款的能力。借款人收入的波动率越低，利润的波动率越低，说明借款人的经济状况越稳定，出现无法偿还借款的概率越低
抵押	Collateral	借款人提供的用以减少或避免银行贷款风险的抵押品。抵押品的市场价值越高，变现能力越强，则贷款的风险越低
经济环境	Conditions	一般来讲，经济处于上升阶段，该项指标值越大；相反，经济衰退时，值越小

除了 5Cs 评级法，部分银行将信贷分析的内容归纳为 5Ws 或 5Ps。“5W” 指借款人（Who）、借款用途（Why）、还款期限（When）、担保物（What）及如何还款（How）；“5P” 指个人因素（Personal）、借款目的（Purpose）、偿还来源（Payment）、保障因素（Protection）和企业前景（Perspective）。

专家判断法虽使用历史较久，却有一定的局限性。其主观性很强，对信用风险的评估缺乏一致性。需要人们不断地探索更为客观、有效的度量方法和手段，提高银行信用评估的准确性。

2．信用评分模型

信用评分模型是一种传统的信用风险量化模型，利用可观察到的借款人特征变量计算出一个数值（得分）来表示债务人的信用风险，并且将借款人归类于不同的风险等级。对个人客户而言，可观察到的特征变量主要包括收入、资产、年龄、职业及居住地等；对法人客户而言，包括现金流量、财务比率等。

信用评分模型的关键在于特征变量的选择和各自权重的确定。目前，应用最广泛的信用评分模型有：线性概率模型（linear probability model）、Logit 模型、Probit 模型和线性辨别模型（linear discriminant model）。

信用评分模型是分析借款人信用风险的主要方法之一，但也存在一些问题。

（1）建立在对历史数据模拟的基础上，而不是在金融市场数据的基础上来判断的，不具有前瞻性。

（2）以财务比率为基础，忽略了一些重要的难以量化的影响条件，如借款人的名誉、经济周期等。

（3）对历史数据要求较高，需要建立庞大的历史数据库，投入成本较高，当数据不足时会影响评估的有效性。

3. 内部评级法

内部评级法（IRB）是银行通过已经掌握的定性因素和定量因素对损失进行评估和综合分析，对自身的交易对手、债务人或交易项目用一个简化的等级符号表示，以反映被评级对象的风险特征，并且将这种评估与资本充足率进行挂钩的过程。

IRB 的推出，是保险定级委员会经过对业界几个比较典型的信贷风险估算模型（主要是 MTM 及 DM 两大类的模型）的研究和比较之后，根据其成熟度及可操作性进行调整后进行相应调整修改最后确定的基础方法。在此方法中，为了区分不同类型的授信信用风险，保险定级委员会将其划分为主权、银行、公司、零售、项目融资及股权风险。

使用内部评级方法计算资本金需要考虑四个风险指标：违约概率、违约损失率、违约风险暴露及期限。

（1）违约概率（Probability of Default，PD）。违约概率是指在未来一段时间内借款人发生违约的可能性。巴塞尔委员会定义违约概率为负债项目所在信用等级 1 年内的平均违约率，违约概率的确定必须是通过对这个级别的历史数据进行统计分析和实证研究得到，而且是保守的和前瞻性的估计。

（2）违约损失率（Loss Given Default，LGD）。违约损失率是指一旦债务人违约，预期损失占违约敞口（风险暴露）总额的百分比。此处的损失是经济损失而非会计损失，包括折扣因素、融资成本及在确定损失过程中发生的直接或间接成本。违约损失率与关键的交易特征有关，如是否有抵押品及其债权从属关系等。

（3）违约风险暴露（Exposure at Default，EAD），指由于债务人的违约所导致的可能承受风险的信贷业务的金额。对于信用风险而言，违约风险暴露与借款人应偿还银行而尚未偿还的余额部分密切相关，所以即使假定挽回率为一个常数，则在信贷余额的变化为一个随机过程的情况下，挽回为一个与信贷余额服从相同分布的随机过程。

（4）期限（Effective Maturity，EM）。一项金融工具的有效期限定义为 1 年和以上期限中的最大值，但任何资产的有效期限都不得超过 7 年，除非另行规定。期限为借款人完成贷款协议规定的所有义务（本金、利息和费用）需要的最长剩余时间（以年计，通常为该金融工具的名义期限）；对于分期付款的金融工具，为剩余的最低本金合同还款额的加权期限。

在确定风险要素之后，可以利用风险权重函数将风险要素转换成风险资产权重。与原协议不同，内部评级风险函数根据风险业务分类的差异而不同，而且呈现较好的连续性。风险权重用风险暴露的违约概率 PD、违约损失率 LGD 及期限 EM 的连续函数来表示。该函数将上述风险要素转化成风险资产权重。

内部评级法包括初级法和高级法，初级法仅要求银行根据内部数据对不同类别的风险暴露计算违约概率，其余的参数由监管部门给定；而高级法要求银行利用内部数据和信用评级模型测算上述四个参数并代入给定的公式计算监管资本。

内部评级法通过对信用风险及其相关要素的计量，可以为银行提供风险定价的基础，还可以通过暴露头寸的等级来确定准备金的设置，通过计算经济资本水平来进行银行经济资本的分配。另外，银行还可以充分考虑资产组合的整体风险，进行资产组合管理。

（二）现代的信用风险分析方法

1. KMV 模型

KMV 模型是美国旧金山市 KMV 公司于 1997 年建立的用来估计借款企业违约概率的方法。该模型认为，贷款的信用风险是在给定负债的情况下由债务人的资产市场价值决定的。但资产并没有真实地在市场交易，资产的市场价值不能直接观测到。因此，该模型从另一个角度分析了银行的贷款问题，即从借款企业所有者的角度考虑贷款归还的问题。在债务到期日，如果公司资产的市场价值高于公司债务值（违约点），则公司股权价值为公司资产市场价值与债务值之间的差额；如果此时公司资产价值低于公司债务值，则公司变卖所有资产用以偿还债务，股权价值变为零。

该模型的操作步骤如下。

首先，它利用期权定价公式，根据企业股权的市场价值及其波动性、到期时间、无风险借贷利率及负债的账面价值估计出企业资产的市场价值、资产价值的波动性。

其次，根据公司的负债计算出公司的违约实施点（default exercise point，为企业 1 年以下短期债务的价值加上未清偿长期债务账面价值的一半），计算借款人的违约距离。

最后，根据企业的违约距离与预期违约率（EDF）之间的对应关系，求出企业的预期违约率。

KMV 是运用现代期权定价理论建立起来的违约预测模型，是对传统信用风险度量方法的一次重要革命。首先，该模型可以充分利用资本市场上的信息，对所有公开上市企业进行信用风险的量化和分析；其次，由于该模型所获取的数据来自股票市场，而非企业的历史数据，因而更能反映企业当前的信用状况，具有前瞻性，预测能力更强、更及时，也更准确；最后，KMV 模型建立在现代公司财务理论和期权理论的基础之上，理论基础殷实。

但是，KMV 模型与其他已有的模型一样，仍有一定的局限性。首先，该模型通常适用于上市公司的信用风险评估，而对非上市公司在应用此模型时，往往要借助一些会计信息或其他能够反映借款企业特征值的指标来替代模型中一些重要变量，在一定程度上降低了计算的准确性。其次，该模型假设企业的资产价值服从正态分布，而实际中企业的资产价值一般会呈现非正态的统计特征。最后，模型不能够对债务的不同类型进行区分。

2. Credit Metrics 模型

Credit Metrics 模型（信用计量模型）是 J.P.摩根在 1997 年推出的用于量化信用风险的风险管理产品。其本质是一个 VaR（在险价值）模型，目的是计算在一定的置信水平下，一个信用资产组合在持有期限内可能发生的最大损失。通常，非交易性资产组合（如贷款及一些私募债券）的价格不能够像交易性资产组合（如股票）的价格一样容易获得，因此，非交易性资产组合的价格波动率（标准差）也同样难以获得。该模型的创新之处正是在于解决了计算非交易性资产组合 VaR 这一难题。

Credit Metrics 模型的出现标志着风险估值和管理工作在精确性及主动性方面取得了巨大进展，信贷资产或债券的组合风险估值对信用评级更加敏感。该模型主要应用以下三个方面。

一是该模型以分析性框架为基础，可计算组合价值的波动率和预期损失，也可计算组合内债务人的边际风险贡献及组合的多样化效应。

二是运用蒙特卡罗模拟方法可以进一步估计资产组合的远期价值分布，从而确定信贷资产的信用风险值。

三是 Credit Metrics 模型的输出报告在风险管理及建立对冲策略方面有非常重要的应用，金融机构能够评估总体的风险规模，针对可能的不利情况设立相应的资本缓冲，以确保自己能够在遭受不利的信贷事件时还能继续生存下去。

Credit Metrics 模型的优点有三：一是模型运用 VaR 的方法，率先提出了资产组合信用风险的度量框架；二是将单一信用工具放入资产组合中，并且使用边际风险贡献的概念，这可以看出各信用工具在整个组合的信用风险中的作用，并且为投资者的科学决策提供量化依据；三是该模型是一个多状态模型，能更精确地计量信用风险的变化和损失值。

同样，该模型也有一些缺陷。一是该模型做出的是静态的假定，假定同一信用评级期内所有的债务人具有相同的评级转移概率，未来的评级转移概率也是用历史的平均转移概率来近似代替的，但事实上并不成立；二是该模型假定无风险利率是不变的，不能反映市场风险和潜在的经济环境变化。

3. Credit Risk+模型

Credit Risk+模型是瑞士银行金融产品开发部于 1996 年开发的信用风险管理系

统，该模型不是建立在默顿模型的基础上，而是采用保险精算方法来计算债券和信贷组合的损失分布的。该模型是针对火险的财险精算原理，对贷款组合违约率进行分析，并且假设在组合中，每笔贷款只有违约和不违约两种状态。在计算过程中，模型假设每一组的平均违约率都是固定不变的，而实际上，平均违约率会受宏观经济状况等因素影响而发生变化。

Credit Risk+模型的优点是：首先，只考虑违约事件，对数据的要求比较简单。模型的重点是违约风险，需要估计的变量很少，对于每个组合只需要知道违约概率和风险投资。其次，对泊松分布的应用使得计算十分有效，债务人边际风险分布的计算也很简便。缺点是模型忽略了信用等级的变化，没有考虑市场风险和信贷期限的变动，不能处理非线性金融产品，并且假设违约次数服从泊松分布未必符合现实。

4. CPV 模型

CPV 模型（信用组合观点模型）是由麦肯锡公司应用计量经济学理论和蒙特卡罗模拟法于 1998 年开发出的一个多因素信用风险量化模型，可以用于模拟既定宏观因素取值下各个信用等级对象之间联合条件违约分布和信用转移的概率。在观测到失业率、GDP 增长率、长期利率水平、外汇水平、政府支出和国民储蓄率等宏观经济因素信息时，计算不同国家、不同行业、不同信用评级的违约和信用潜移概率的分布函数。此模型假定每个债券的信用评级对整体的信用周期更敏感。

该模型将观测到的违约概率和信用潜移概率与宏观经济因素联系起来。当经济处于衰退期时，各信用主体信用降级和违约概率增加；与此相反，当经济处于繁荣时期时，各信用主体信用降级和违约概率降低。也就是说，信用周期与经济周期密切相关。假定能够得到相关的数据，这一框架可以应用到每一个国家，并且可用到像制造业、金融业和农业等不同的部门和各种类型的信用个体。

CPV 模型主要适用于投机级债务人，而不太适合于投资级债务人。因为投资级债务人的违约率相对稳定，而投机级债务人的违约率会受周期性宏观经济因素的影响而剧烈变动，所以要根据宏观经济状况适时调整违约概率及其对应的信用等级转移矩阵。该模型将宏观经济状况纳入模型中，用于模拟信用事件的信用风险，其优点是显而易见的。但同时，该模型存在着一些局限性：第一，要求每个国家，甚至每个国家的各个产业部门都有完备可靠的违约数据，这显然是很难实现的；第二，没有考虑微观经济因素的影响，如债务的剩余期限及其对债务偿还情况等，而是完全依赖宏观经济因素来决定信用等级转移概率，这显得过于武断和片面；第三，对企业信用等级变化所进行的调整，容易受银行在信贷方面积累的经验和对信贷周期的主观认识等人为因素的影响，从而有可能降低调整后模型的客观性、可信性；第四，有可能受到调整信用等级转移矩阵的特定程序的限制，而且无法判定在实践中是否一定比简单的贝叶斯模型表现更好。

第三节 市场风险管理

一、市场风险的概念和分类

20 世纪 70 年代以来，随着布雷顿森林体系的崩溃，金融管制的放松，利率、汇率波动性明显增强，金融衍生产品市场迅速发展，国际商业银行面临的市场风险不断增大，市场风险受到越来越充分的认识和重视。

（一）市场风险的概念

随着国际金融市场的逐渐扩大，商业银行市场风险也逐渐增大，对其监管的要求也日益提高。与传统的信用风险相比，市场风险是商业银行所面临的较为复杂、广泛的风险。市场风险是由于利率、汇率、股票、商品等价格变化导致商业银行表内和表外业务发生损失的风险。也就是说，市场风险实际包括利率风险、汇率风险、股市风险和商品价格风险四大部分。由于我国银行从事的股票和商品业务有限，因此其市场风险主要表现为利率风险和汇率风险。

商业银行的市场风险具有以下几个特点。

（1）具有系统性。由于市场风险源于整个经济体系，并非特定的交易对手或机构自身，因此市场风险本质上也是一种系统性风险。

（2）难以通过多样化投资来分散和降低市场风险。这是由市场风险系统性的特征导致的，市场价格的变化会对所有相关的市场主体造成影响。

（3）历史数据量大，容易量化。完善的金融市场便于获得大量的市场价格信息，因此计量市场风险也较为容易。

（4）通常，假设市场风险的分布服从正态分布。银行在面临市场风险时，发生损失和产生盈利的概率是对等的。

（5）市场风险难以通过多样化投资来分散，因此常用金融衍生产品对冲消除或减少商业银行业务中存在的市场风险。

（二）市场风险的分类

1. 利率风险

利率风险是指市场利率变动的不确定性给商业银行造成损失的可能性。利率波动会直接导致资产价值的变化。利率是资金的机会成本，汇率、股票和商品的价格皆离不开利率；同时信贷关系是银行与其客户之间最重要的关系，因此利率风险是银行经营活动中面临的最主要风险。

利率风险按照来源不同，可以分为重新定价风险、收益率曲线风险、基准风险和期权性风险。

（1）重新定价风险（repricing risk）。重新定价风险也称为期限错配风险，是最主要和最常见的利率风险形式，源于银行资产、负债和表外业务到期期限（就固定利率而言）或重新定价期限（就浮动利率而言）之间所存在的差异。这种重新定价的不对称性使银行的收益或内在经济价值会随着利率的变动而发生变化。

（2）收益率曲线风险（yield curve risk）。收益率曲线是由不同期限但具有相同风险、流动性和税收的收益率连接而形成的曲线，用于描述收益率与到期期限之间的关系。重新定价的不对称性也会使收益率曲线的斜率、形态发生变化，即收益率曲线的非平行移动，对银行的收益或内在经济价值产生不利的影响，从而形成收益率曲线风险，也称为利率期限结构变化风险。

（3）基准风险（basis risk）。基准风险也称为利率定价基础风险或基差风险，也是一种重要的利率风险。在利息收入和利息支出所依据的基准利率变动不一致的情况下，虽然资产、负债和表外业务的重新定价特征相似，但是因其现金流和收益的利差发生了变化，也会对银行的收益或内在经济价值产生不利的影响。

（4）期权性风险（optionality）。期权性风险是一种越来越重要的利率风险，源于银行资产、负债和表外业务中所隐含的期权。期权可以是单独的金融工具，如场内（交易所）交易的期权和场外的期权合同，也可以隐含于其他的标准化金融工具之中，如债券或存款的提前兑付、贷款的提前偿还等。

2. 汇率风险

汇率风险是指由于汇率的不利变动而导致银行业务发生损失的风险。汇率风险一般因为银行从事以下活动而产生的：一是商业银行为客户提供外汇交易服务或进行自营外汇交易活动（外汇交易不仅包括外汇即期交易，还包括外汇远期、期货、互换和期权等金融和约的买卖）；二是商业银行从事的银行账户中的外币业务活动（如外币存款、贷款、债券投资、跨境投资等）。随着我国经济的持续增长，有越来越多的国内资本投资海外，国际贸易日渐繁荣，汇率风险也随之增加。

3. 股市风险

股市风险是指由于商业银行持有的股票价格发生不利变动而给商业银行带来损失的风险。每个股票市场至少包含一个用于反映股价变动的综合市场风险因素（如股指）。投资于个股或行业股指的头寸可表述为与该综合市场风险因素相对应的 Beta 等值。

4. 商品价格风险

商品价格风险是指商业银行所持有的各类商品的价格发生不利变动而给商业银行带来损失的风险。这里的商品包括可以在二级市场上交易的某些实物产品，如农产品、矿产品（包括石油）和贵金属等。商品价格波动取决于国家的经济形势、商品市场的供求状况和国际炒家的投机行为等。

二、市场风险的计量和管理

市场风险的计量是整个风险管理过程中的基础，商业银行市场风险的控制和管理就是在此基础上进行的。随着市场风险计量方法的逐渐演变，从缺口分析、久期分析到敏感性分析，再到在险价值和压力测试，以及后来的情景分析，到目前为止，市场风险的计量方法可谓多种多样。

1．缺口分析（gap analysis）

缺口分析用来衡量利率变动对银行当期收益的影响。具体来说，就是将银行的所有生息资产和付息负债按照重新定价的期限划分到不同的时间段（如 1 个月以下，1~3 个月，3 个月~1 年，1~5 年，5 年以上等）。在每个时间段内，将利率敏感性资产减去利率敏感性负债，再加上表外业务头寸，就得到该时间段内的重新定价“缺口”。以该缺口乘以假定的利率变动，即得出这一利率变动对净利息收入变动的大致影响。

当某一时段内的负债大于资产（包括表外业务头寸）时，就产生了负缺口，即负债敏感型缺口，此时市场利率上升会导致银行的净利息收入下降。相反，当某一时段内的资产（包括表外业务头寸）大于负债时，就产生了正缺口，即资产敏感型缺口，此时市场利率下降会导致银行的净利息收入下降。

缺口分析中的假定利率变动可以通过多种方式来确定，如根据历史经验确定、根据银行管理层的判断确定和模拟潜在的未来利率变动等。

缺口分析是对利率变动进行敏感性分析的方法之一，是银行业较早采用的利率风险计量方法。因为其方便计算、清晰易懂，目前仍然被广泛使用。但是，缺口分析也存在一定的局限性。

第一，缺口分析假定同一时间段内的所有头寸到期时间或重新定价时间相同，因此忽略了同一时段内不同头寸的到期时间或利率重新定价期限的差异。在同一时间段内的加总程度越高，对计量结果精确性的影响就越大。

第二，缺口分析只考虑了由重新定价期限的不同而带来的利率风险，即重新定价风险，未考虑当利率水平变化时，因各种金融产品基准利率的调整幅度不同而带来的利率风险，即基准风险。同时，缺口分析也未考虑因利率环境改变而引起的支付时间的变化，即忽略了与期权有关的头寸在收入敏感性方面的差异。

第三，非利息收入和费用是银行当期收益的重要来源，但大多数缺口分析未能反映利率变动对非利息收入和费用的影响。

第四，缺口分析主要衡量利率变动对银行当期收益的影响，未考虑利率变动对银行经济价值的影响，所以只能反映利率变动的短期影响。因此，缺口分析只是一种初级的、粗略的利率风险计量方法。

2．久期分析（duration analysis）

久期分析也称为持续期分析或期限弹性分析，是衡量利率变动对银行经济价值影响的一种方法。具体而言，就是对各时段的缺口赋予相应的敏感性权重，得到加权缺口，然后对所有时段的加权缺口进行汇总，以此估算某一给定的小幅（通常小于 1%）利率变动可能对银行经济价值产生的影响（用经济价值变动的百分比表示）。

各个时段的敏感性权重通常是由假定的利率变动乘以该时段头寸的假定平均久期来确定的。一般而言，金融工具的到期日或距下一次重新定价日的时间越长，并且在到期日之前支付的金额越小，则久期的绝对值越高，表明利率变动将会对银行的经济价值产生较大的影响。久期分析也是对利率变动进行敏感性分析的方法之一。

银行可以对以上的标准久期分析进行演变，比如可以不采用对每一时段头寸使用平均久期的做法，而是通过计算每项资产、负债和表外头寸的精确久期来计量市场利率变化所产生的影响，从而消除加总头寸/现金流量时可能产生的误差。另外，银行还可以采用有效久期分析法，即对不同的时段运用不同的权重，根据在特定的利率变化情况下，假想金融工具市场价值的实际百分比变化，来设计各时段风险权重，从而更好地反映市场利率的显著变动所导致的价格的非线性变化。

与缺口分析相比较，久期分析是一种更为先进的利率风险计量方法。缺口分析侧重于计量利率变动对银行短期收益的影响，而久期分析能计量利率风险对银行经济价值的影响，即估算利率变动对所有头寸的未来现金流现值的潜在影响，从而能够对利率变动的长期影响进行评估，更为准确地估算利率风险对银行的影响。

但是，久期分析仍然存在一定的局限性。第一，如果在计算敏感性权重时对每一时段使用平均久期，即采用标准久期分析法，久期分析仍然只能反映重新定价风险，不能反映基准风险，以及因利率和支付时间的不同而导致的头寸的实际利率敏感性差异，也不能很好地反映期权性风险。第二，对于利率的大幅变动（大于 1%），由于头寸价格的变化与利率的变动无法近似为线性关系，因此，久期分析的结果就不再准确。

3. 敏感性分析（sensitivity analysis）

敏感性分析是指从众多不确定性因素中找出对投资项目经济效益指标有重要影响的敏感性因素，并且分析、测算其对项目经济效益指标的影响程度和敏感性程度，进而判断项目承受风险能力的一种不确定性分析能力，是一种定量分析方法。其实质是通过逐一改变相关变量数值的方法来解释关键指标受这些因素变动影响大小的规律。例如，汇率变化对银行净外汇头寸的影响，利率变化对银行经济价值或收益产生的影响。缺口分析和久期分析就是针对利率风险进行的敏感性分析。

敏感性分析便于计算且易于理解，在市场风险分析中得到了广泛的应用。但也存在一定的局限性。对于较复杂的金融工具或资产组合，敏感性分析无法计量其收益或经济价值相对市场风险要素的非线性变化。因此，在使用敏感性分析时需要考虑其适用范围，并且在必要时与其他市场风险的分析方法结合应用。

4. 在险价值（Value at Risk，VaR）

在险价值是市场风险测量的一种方法，以严谨、系统的概率统计理论为基础，能够简单清晰地表示市场风险的大小。在险价值，作为一种市场风险测量和管理的新工具，是由 J.P.摩根银行在 1994 年提出，其标志性产品为“风险度量制”模型。VaR 被定义为一定时期内，在正常的市场条件和给定的置信水平（如 99%）下，利率、汇率等市场风险因素发生变化时，某种资产组合预期可能发生的最大损失。例如，某公司的一种证券组合在未来 24 小时内，置信度为 95%，在证券市场正常波动的情况下，VaR 值为 520 万元，其含义是指，该公司的证券组合在一天内（24 小时），由于市场价格变化而带来的最大损失超过 520 万元的概率为 5%，平均 20 个交易日才可能出现一次这种情况。或者说有 95%的把握判断该投资公司在下一个交易日内的损失在 520 万元以内。5%的概率反映了金融资产管理者的风险厌恶程度，可根据不同的投资者对风险的偏好程度和承受能力来确定。

用公式表示为：$P(\Delta P \Delta t \leqslant \text{VaR})=a$

字母含义如下：

P——资产价值损失小于可能损失上限的概率，即英文的 Probability。

ΔP——某一金融资产在一定持有期 Δt 的价值损失额。

VaR——给定置信水平 a 下的在险价值，即可能的损失上限。

a——给定的置信水平

即 VaR 衡量的就是期望值与代表置信水平的点之间的距离。

根据定义可知，要确定一个金融机构或资产组合的 VaR 值或建立 VaR 的模型，必须首先确定三个系数。一是持有期间的长短，即持有期限，是衡量回报波动性和关联性的时间单位，也是取得观察数据的频率。二是置信区间的大小，即置信水平，一般来说对置信区间的选择在一定程度上反映了金融机构对风险的不同偏好。选择较大的置信水平意味着其对风险比较厌恶，希望能得到把握较大的预测结果，希望模型对于极端事件的预测准确性较高。根据各自的风险偏好不同，选择的置信区间也各不相同。作为金融监管部门的巴塞尔委员会则要求采用 99%的置信区间，这与其稳健的风格是一致的。三是观察期间，是对给定持有期限的回报的波动性和关联性考察的整体时间长度，是整个数据选取的时间范围，有时又称数据窗口（data window）。

总之，VaR 是一种既能处理非线性问题又能概括证券组合市场风险的工具，它解决了传统风险定量化工具对于非线性的金融衍生工具适用性差、难以概括证券组合的市场风险的缺点，有利于测量风险、将风险定量化，进而为金融风险管理奠定了良好的基础。但是 VaR 本身仍存在一定的局限性，而且我国金融市场现阶段与 VaR 所要求的有关应用条件还有一定的距离。因此 VaR 的使用应当与其他风险衡量和管理技术、方法相结合。

5. 压力测试与情景分析

之前介绍的 VaR 对风险的度量是在正常的市场条件下进行的，即没有可引起极端损失的情况。也就是说，VaR 无法辨识那些异常情况，压力测试与情景分析可以弥补这一缺陷。

压力测试是在估算突发的小概率事件等极端不利的情况可能对其造成的潜在损失，从而评估银行在极端不利的情况下的损失承受能力。例如，假设利率骤升 100 个基本点，某一货币突然贬值 30%，股价暴跌 20%等异常的市场变化，然后测试该金融机构或资产组合在这些关键市场变量突变的压力下的表现状况，看是否能经受得起这种市场的突变。

情景分析是一种多因素分析方法，结合设定的各种可能情景的发生概率，研究多种因素同时作用时可能产生的影响。在风险管理实践中，敏感性分析、压力测试和情景分析通常结合使用，既考虑单一市场风险因素的微小变化对资产价格的影响，也考虑多种风险因素在外部宏观因素影响下的综合作用结果。

第四节 操作风险管理

操作风险分布在商业银行经营管理的各个领域，是商业银行面临的基础风险之一，也是最古老的风险之一。在不少金融机构中，操作风险导致的损失已明显大于市场风险和信用风险。商业银行规模越大，经营业务越多，存在操作风险的可能性就越大，也就越难操控。因此，要加强商业银行操作风险管理。

一、操作风险的概念和分类

1. 操作风险的概念

操作风险是指可能为银行带来损失的情况，如银行办理业务或内部管理出了差错，必须做出补偿或赔偿；法律文书有漏洞，被人钻了空子；内部人员监守自盗，外部人员欺诈得手；电子系统硬件软件发生故障，网络遭到黑客侵袭；通信、电力中断；地震、水灾、火灾、恐怖袭击等。

巴塞尔银行监管委员会对操作风险的定义是：操作风险是指由于不完善或有问题的内部操作过程、人员、系统或外部事件而导致的直接或间接损失的风险。这一定义包含了法律风险，但是不包含策略性风险和声誉风险。

商业银行操作风险具有以下特点。

（1）广泛性。操作风险涉及商业银行业务和管理的每个环节，贯穿始终，包括前台、中台和后台的交易业务、信贷业务、中间业务等，这与存在于信贷业务的信用风险和存在于交易类业务的市场风险不同。正是由于操作风险广泛存在，商业银行才必须做到全面的风险管理。

（2）复杂性。与信用风险和市场风险相比，操作风险事件发生在各个领域，较为分散，诱发的因素较为复杂，而且通常单个可以监测和识别的操作风险因素同由此可能导致的损失频率、规模之间不存在清晰的、可以界定的数量关系，因此度量和管理操作风险也十分有难度。

（3）不对称性。操作风险的操作损失分布不对称，这与信用风险类似。和我国商业银行内部欺诈和外部欺诈事件类型有关，操作风险在分布上呈“肥尾”的非对称。

（4）可转化性。在商业银行经营实践中，操作风险有时可以转化为信用风险和市场风险，并且能够进一步放大信用风险和市场风险发生的频率和损失。例如，转轨时期我国国有商业银行信贷流程的漏洞和信贷人员的违规放贷行为最终转化为严重的信用风险，导致银行体系形成不良贷款。

2．操作风险的分类

《巴塞尔协议》条件下一般将操作风险划分为以下七种事件类型。

（1）内部欺诈：故意欺骗、盗用财产或违反规则、法律、公司政策的行为。此类事件至少涉及内部一方，但不包括性别、种族歧视事件。

（2）外部欺诈。第三方的诈骗、盗用资产或违反法律的行为。包括利用伪造的票据、偷盗、抢劫、敲诈、贿赂等手段造成银行损失；税制、政治等方面的变动，监管和法律环境的调整等导致银行收益减少。

（3）客户、产品及商业行为。无意或由于疏忽未能履行对特定客户的专业职责，或者是由于产品的性质、设计问题造成的失误。包括产品功能不完善；由于强行销售产品、未对敏感问题进行披露、对客户建议不当、职业疏忽大意、不恰当的广告、不适当的交易、销售歧视等导致的与客户信托关系破裂、合同关系破裂、客户关系破裂。这类风险在整个操作风险的类型当中占的比重较大。

（4）执行交割和流程管理。主要是指交易处理、流程管理失误及与交易对手关系破裂等。包括业务记账错误、错误的信息交流、叙述错误、未被批准的账户录入、未经客户允许的交易、交割失误、抵押品管理失误等。

（5）经营中断和系统出错。主要是指由于计算机硬件、软件、通信或电力中断等事件。包括硬件瘫痪、软件漏洞、设备故障、程序错误、计算机病毒、互联网失灵等原因造成的损失。

（6）雇员行为与工作场所安全。主要指在员工雇用、管理中，由于违反相关法律、制度，而引发的索赔、补偿损失；由于缺乏对员工的恰当评估和考核等导致的风险。

（7）实物资产破坏。主要指自然灾害或其他外部事件（恐怖主义）等造成的实物资产的破坏，包括由于暴风、洪水、地震、电压过大、恐怖活动等原因造成的物质资产损失。

操作风险种类繁多，因此管理操作风险在商业银行中显得尤为重要。

延伸阅读

银行支行副行长使用虚假资料办理信用贷款

2016 年 5 月至 6 月，西峡县某银行支行副行长李某某因欠张某侠（另案处理）个人借款，李某某使用虚假贷款资料为宋某某等人办理四笔个人信用贷款共计 120 万元，还给张某侠。案发后，张某侠将该款退还给银行。

在刑事诉讼中，对李某某的行为如何定性，产生了不同的意见。

第一种意见：李某某的行为构成骗取贷款罪。理由是，李某某明知宋某某等人不符合信用贷款条件，却伙同张某侠以欺骗手段取得银行贷款 120 万元，用于自己偿还债务，根据《刑法》第一百七十五条之一规定，李某某的行为符合骗取贷款罪的犯罪构成要件，李某某与张某侠构成骗取贷款罪的共犯，因此，其行为应构成骗取贷款罪。

第二种意见：李某某的行为构成违法发放贷款罪。理由是，李某某身为该银行工作人员，其为偿还本人债务，指使张某侠找人来自己任职的银行贷款，李某某明知张某侠找来的借款人员不符合贷款条件，违反国家规定为宋某某、张某某、任某某、辛某某等人办理个人信用贷款共计 120 万元，根据《刑法》第一百八十六条规定，符合违法发放贷款罪的犯罪构成要件，因此其行为应构成违法发放贷款罪。

在本案中，李某某为偿还个人债务，指使债权人张某侠找人到自己任职的银行骗取贷款 120 万元，案发后，张某侠将该款已偿还银行，李某某的行为构成骗取贷款罪，根据《刑法》第一百七十五条之一规定，以欺骗手段取得银行贷款或者其他金融机构贷款、票据承兑、信用证、保函等，给银行或其他金融机构造成重大损失或者有其他严重情节的，处三年以下有期徒刑或者拘役，并处或单处罚金；李某某明知张某侠所找贷款的宋某某等人不符合贷款条件，却违反规定为其发放贷款 120 万元，李某某的行为又构成违法发放贷款罪，根据《刑法》第一百八十六条规定，银行或其他金融机构工作人员违反国家规定发放贷款，数额巨大或者造成重大损失的，处五年以下有期徒刑或者拘役，并处一万元以上十万元以下罚金。李某某的一个行为同时触犯了骗取贷款罪和违法发放贷款罪，应择以重罪处罚，因此，对李某某的行为应以违法发放贷款罪定罪处罚。

综上所述，李某某作为银行工作人员，为偿还个人债务，伙同他人共同骗取银行贷款，本人又违反国家规定，为他人发放贷款。此案例说明个别银行的相关制度没有认真落实在具体工作中；同时暴露出银行违规放贷等问题依然无法根除。目前此类案件之多、数量之巨，已威胁金融安全与稳定。

资料来源：银行联合信息网.

二、操作风险的计量和管理

操作风险具有复杂性，因此计量起来存在一定难度。随着监管机构对操作风险的重视，以及带来损失的种种案例，近年来出现了一些用来度量操作风险的模型。《巴塞尔协议》提出了三种基本度量方法，即基本指标法（BIA）、标准法（SA）和高级计量法（AMA）。

1. 基本指标法

基本指标法（Basic Indicator Approach，BIA），是巴塞尔银行监管委员会提供的计算操作风险资本金的三种方法中最简单的一种。根据基本指标法，银行持有的操作风险资本金等于其前 3 年总收入的平均值乘上一个固定比例（α）。计算公式为：

$$C_{\text{BIA}} = \alpha \times \text{Gross Income}$$

其中：C_{BIA} 指基本指标法下的资本要求；Gross Income（GI）指银行前三年总收入的平均值（此处总收入的定义是，利息收入、非利息收入、交易净收入和其他收入的总和）；α 取固定值 15%，是由巴塞尔委员会设定的比率。

巴塞尔委员会指出，基本指标法适用于小型的、经营国内业务的银行。它可以直接把操作风险资本同商业银行业务指标相联系，而不考虑银行的具体业务范围。其中总收入指标具有易于获取、可以校验、连续性和可比较性及反周期性的特点，所以选取总收入是一个比较简便的做法。但这种方法并不是度量操作风险最有效的方法。基本指标法是巴塞尔委员会所确定的初级度量方法。

2. 标准法

标准法（Standardized Approach，SA）对操作风险的计量更加细化，将银行业务活动划分为八个业务种类（business line）：公司金融、交易和销售、零售银行业务、商业银行业务、资产管理、支付与结算、代理托管服务、零售经纪。在各类型业务中，依旧使用三年平均总收入来大致代表其经营规模，也是其业务类型的操作风险暴露。不同类型业务的总收入乘以对应的业务类型风险加权系数，求得该类型业务操作风险的资本准备金。所有类型业务的资本准备金加总就得到总资本准备金。公式为：

$$C_{\text{SA}} = \sum_{i=1}^{8}((\text{GI}_i \times \beta_i)$$

其中，C_{SA} 表示标准法计算的资本要求；GI_i，i=1，2，…，8 分别为八个类型业务在过去三年的各自的平均总收入；β_i 为巴塞尔委员会设定的各个类型的风险加权系数，从而反映各类型业务的总收入与操作风险资本要求之间的联系，β 值为 12~18。

与基本指标法相比，标准法细化了银行的业务部门，不同的业务部门被赋予不同的操作风险权重，但并不意味标准法具有更高的风险敏感度。标准法需要分别计算各类业务的收入，数据不容易获得，因此计算起来较为复杂。

3. 高级计量法

高级计量法（Advanced Measurement Approach，AMA）是商业银行在计算操作风险资本准备金时所使用的被监管部门认可的所有以损失数据为基础的统计量化方法的总称，是计量操作风险最敏感的一种方法。

（1）内部衡量法 （Internal Measurement Approach）。该方法类似于信用风险度量中的内部评级法。其假定预期损失和意外损失之间具有固定和稳定的关系。这种关系既可以是线性的，即资本配置要求是预期损失的简单倍数；也可能是非线性的，即资本配置要求是预期损失的复杂函数。

与基本指标法和标准法相比，内部衡量法允许银行使用内部损失数据估计预期损失量（ELA），并且作为计算资本要求的关键指标。内部衡量法为银行提供了一种用内部损失数据度量操作风险状况的选择。然而由于模型所隐含假设的本质和复杂程度的不同，不同银行所采用的模型有很大差异。最大的问题在于模型的建立没有一个统一的标准，不同银行对不同的操作风险的定义和衡量方法不一致，因此很难互相比较。

（2）损失分布法（Loss Distribution Approach）。在损失分布法下，银行针对每个业务类别或风险类型估计操作风险损失在一定期间（如一年）内的概率分布，这种概率分布的估计建立在对操作风险损失发生频率和损失额度的估计之上，与内部衡量法相比，损失分布法的特别之处在于需要使用蒙特卡罗模拟等方法或实现假设具体的概率分布形式。在一定的置信水平下，操作风险损失分布 $F(x)$的风险价值 VaR 直接度量了最大可能损失。设 x 表示操作风险损失的独立同分布的随机变量，其分布函数为：

$$F(x)=P\{X_{\mathrm{i}}\leqslant x\}\leqslant \mathrm{q}$$

其中，q 为一定的置信水平，给定 q，对于分布函数 $F(x)$，则可以确定其 VaR 值，即：

$$\mathrm{VaR(q)}=F-1$$

其中，F–1 为分布函数 F 的反函数。相应地，监管资本要求就是每个业务类别/事故类型组合 VaR 值的简单加总。

损失分布法与内部衡量法的区别主要在于以下三个方面。

①内部衡量法从估计总体损失分布的预期损失入手，假定预期损失与非预期损失之间的关系是固定的，而不考虑相同预期损失水平下损失幅度和损失频率之间的可能存在的不同组合方式，直接估计出非预期损失即操作风险的大小。损失分布法则是直接估计出非预期损失。

②在内部衡量法中，监管当局为每一业务/损失类型规定一个系数 Y，这个系数可以将预期损失转换成资本要求，它由监管当局按照行业数据确定。在损失分布法中，业务类型和事故类型的结构由银行自定，监管当局无须确定乘数因子 Y，能较好地体现银行的业务类型。

③损失分布法强调建立模型，而不像内部衡量法是运用统计原理将历史数据作为未来预期的无偏估计，更具有前瞻性。

延伸阅读

中外商业银行重大风险事件举例

1. 巴林银行事件

1994 年下半年起，新加坡巴林期货有限公司的总经理兼首席交易员里森在日本东京市场上做了一种十分复杂、期望值很高、风险也极大的衍生金融商品交易——日本日经指数期货，结果日经指数从 1995 年 1 月一路下滑，使里森所持的多头头寸遭受重创，为反败为胜，他以赌徒心态来押宝日经 225 指数上涨，继续从伦敦调入巨资买入大量期货合约，最终惨败。1995 年 2 月 26 日，英国银行业的泰斗，在世界 1 000 家大银行中按核心资本排名第 489 位，有 233 年辉煌历史的巴林银行，因进行巨额金融期货投机交易，造成 9.16 亿英镑的巨额亏损，被迫宣布破产。1995 年 3 月 5 日，荷兰国际（ING）以 1 英镑的象征价格，宣布完全收购巴林银行。

2. 日本大和银行事件

总行设在大阪的日本大和银行，驻纽约分行的交易部主任井口俊英从 1984 年开始在账外买卖美国债券，由于在资金交易的前台、后台没有很好的隔离等原因，1995 年 9 月 26 日使该银行遭受 11 亿美元的巨额损失。大和银行是一家至 1995 年有 77 年历史，总资产 1 820 亿美元，位居日本商业银行第 13 位，全球第 19 位的大银行。由于家大业大，虽未倒闭，却信誉扫地，最后不得不走向同住友银行的合并之路。

3.（中国）非银行高官涉案案例

2004 年 11 月 25 日中行储蓄所全体员工公款炒汇案：中国银行北京的一个储蓄所里从所长到储蓄员的 6 名平均年龄不到 33 岁的女职工，在 10 个月内挪用了 3 000 万元公款同客户炒汇。2005 年 1 月 15 日，中行哈尔滨河松街支行行长高山内外勾结，进行票据诈骗，涉案金额达 10 亿元人民币。2005 年 3 月 24 日，银监会披露，农业银行包头市分行汇通支行、东河支行在办理个人质押贷款和贴现业务中，内外勾结，骗取银行贷款，查明涉案资金累计 98 笔、金额 11 498.50 万元，涉案人员 43 名。

4.（中国）银行高官涉案案例

2002 年 10 月 10 日，中国光大集团有限公司原董事长、中国光大金融控股有限公司原董事长朱小华受贿案一审宣判，朱小华以受贿罪被判处有期徒刑 15 年，并处没收个人全部财产。1997 年至 1999 年，朱小华利用担任中国光大集团有限公司董事长、中国光大金融控股有限公司董事长的职务便利，收受他人股票及现金折合人民币共计 405.9 万余元。

2003 年 12 月 10 日，中国银行原行长王雪冰以“受贿罪”被北京市第二中级人民法院一审判处 12 年有期徒刑。

本章概要

本章从商业银行风险管理的本质和目标入手，简要介绍了商业银行风险管理的环节和主要策略，并且介绍了商业银行的几种风险类型。重点介绍了信用风险、市场风险和操作风险的主要内容，使学生了解商业银行面临的风险，并且找出降低风险的策略。

思考练习

1. 如何理解商业银行全面风险管理的理念?
2. 试分析市场风险和操作风险的特点。
3. 市场风险计量与管理的常用方法有哪些?
4. 如何界定信用风险? 常用的计量方法有哪些?
5. 操作风险的计量方法有哪些?

第十四章 商业银行的创新与发展趋势

本章学习目标

- 了解商业银行的创新发展；
- 掌握商业银行的发展趋势。

本章能力目标

- 了解我国商业银行面临的巨大挑战；
- 掌握我国商业银行的创新发展。

案例引入

东莞农商行创新推出柜面业务无纸化

到柜台办理业务，填写纸质单据、签名、领取回单，是大家对传统银行的固有印象。2018 年，东莞农商行柜面无纸化系统分网点逐步上线，广大市民只需要在柜台的平板电脑上，通过液晶屏和电子签名即可办理银行业务，告别了繁杂的纸质单据，实现了低碳环保又安全便捷的金融服务。

东莞农商行柜面业务无纸化系统引入了电子签名技术，客户在柜面办理业务可以在液晶屏上进行电子签名，液晶屏显示业务信息给客户确认，客户在电子凭证上签名留档，相应业务凭证档案也可以电子文档的形式保存。与此同时，该行同步引入了电子印章管理系统，既实现了电子文件电子盖章，也能在纸质凭证打印印章；在打印印章后，客户可直接登录东莞农商行官方网站，输入印章上的 16 位验证码，即可核对相关业务信息，安全性更强，验证更便捷。

此外，秉承低碳环保的理念，无纸化应用将尽可能减少纸质回单的提供，客户如需获取业务回单，只需要关注东莞农商行微信银行（微信公众号“东莞农商银行”），绑定个人银行账户，即可免费获取微信电子回单。

目前，金融机构庞大的业务量均使用纸介质，存在流程费时、档案容易被篡改、整理调阅费时费力等业务弊端，因此无纸化应用的推出对于降低银行经营管理成本、践行低碳环保的社会责任等方面有着重大的意义。东莞农商行将以“轻型银行”为方向，不断深入推进战略转型和服务创新，为客户提供更优质的金融服务。

资料来源：东莞农商行官方网站.

思考题：

1. 商业银行金融业务创新的重要意义？

2. 作为一名即将走上专业工作岗位的大学生，如何在未来的就业岗位上开展业务创新？

第一节 商业银行的创新发展

近几年来，社会经济环境逐渐变化，国内外商业银行间的竞争日渐激烈。商业银行要想持续经营，在金融市场占有一席之地，就要不断推陈出新。

一、商业银行创新的必然性

1. 信息技术的不断发展是商业银行创新的导火索

当前，以大数据、云计算、移动互联网等为代表的新一代信息技术风起云涌，并且迅速向金融领域渗透融合，催生了互联网金融等全新业态。同时，经济金融全球化深入推进，新的金融监管改革日趋严格，商业银行正面临着经营管理模式、业务运行模式、客户服务模式的变革与冲击，必须加快转变发展方式，推进从银行信息化到信息化银行的转型升级，才能走出一条可持续发展的新路径。

2. 经济环境的不断变化是商业银行创新的主因素

国民经济发展水平决定了商业银行的业务和组织机构规模，而且决定了商业银行不同的经营管理方式和运作流程。经济发展水平的不断提升也促使商业银行的创新与发展需要不断满足社会的需求。经济结构影响商业银行创新的模式和方向，集中反映了经济主体理财活动的社会化程度和储蓄与投资功能的分离程度，因此经济结构的变化影响商业银行的创新。目前，经济主体处在一个充分竞争和分散决策的市场经济中，其拥有自主性、独立性和利益差异性，货币资金的交易和融通必然要体现等价交换和自由竞争的原则，因此商业银行要按照竞争和效率原则合理地配置资产负债结构。随着生活水平的提高，国民综合素质的提升及社会文化思想所决定的理财观念直接影响商业银行创新的思想理念和经营模式。

3. 追求银行利润最大化是商业银行创新的潜动力

在经济社会中，商业银行经营的直接目标就是利润最大化，而商业银行创新的主要目的就是独享或分享创新带来的超额利润。商业银行在激烈的竞争中，除了争夺现有的市场份额和利润，还会将目光放得更长远一点，去追求新鲜事物所带来的新利润，从而实现利润最大化。因此商业银行一旦预测到未来的发展趋势或是发现了潜在的机会，就会抓住机遇不断创新，开辟新市场。

二、商业银行创新的必要性

商业银行经营环境的变化和金融创新的不断涌现，使得商业银行既具有不断创新发展的必然性，又有现实的可行性。

（一）创新是商业银行自身发展的迫切需求

随着我国金融改革的逐渐推行，外资银行、股份制银行的蓬勃发展，同业间的竞争日益剧烈。各商业银行在激烈的竞争中求生存，在不断的改革中求发展。

（二）商业银行综合化经营的优势

商业银行综合化经营是在金融全球化背景下，国际金融发展的历史趋势和迫切需求，也是商业银行应对银行经营环境变化所引致的日益激烈的竞争的需要。商业银行综合化经营相对于专业化经营的优势主要表现在三个方面。

1．成本优势

首先，综合化经营的商业银行能够将管理客户关系的固定成本分到更广泛的产品与服务之中，能够利用分支网络和其他销售渠道以较低的边际成本销售新增加的产品与服务；其次，综合化经营的商业银行可以在组织内部通过转换资源进行有针对性的反应，因此能够更容易地实现对客户需求的转换；最后，综合化经营的商业银行可以将其在某一业务领域中建立起来的声誉运用到其他服务中，形成规模化经营，从而使单位产品的成本低于由多个不同专业机构提供时的成本。

2．客户关系优势

首先，综合化经营的商业银行通过提供广泛的金融产品与会务，能够与客户建立更广泛、更长期的关系，能够更多地了解客户；其次，综合化经营的商业银行在设计融资合约时有更多的工具可以考虑，可以根据企业的融资需求设计融资方案，因此能够更好地、更有针对性地满足客户不断变化的融资需求；最后，综合化经营的商业银行也为零售客户提供全方位的产品与服务，零售客户在一家银行就可以获得要的各种金融服务，这样既节约了零售客户的搜寻成本和监管成本，也有助于提高零售客户对银行的忠诚度。

3．分散风险的优势

综合化经营的商业银行的业务是多元化的，从而收入来也是多元化的，某一部分业务的亏损可以由其他部分业务的盈利来补偿，通过内部补贴机制来稳定收入。因此，综合化经营使得商业整体风险降低，经营更加稳健，也使得金融体系更加稳定。

延伸阅读

中国银行业的信息化至今已经走过了近 30 年的发展道路，取得了长足的进步和显著的成就。但是我们也要看到，当前经营环境的变化和新技术的发展与运用对我国银行业信息化建设带来了新的机遇和挑战。

一是以云计算、智能移动终端等为代表的信息技术正在加速深入应用，信息技术发展特别是互联网在各个领域广泛渗透，极大地丰富和拓展了人的思维和行动空间，带来了巨大的便利和效率，打破了银行传统的行业界限，促使金融生态系统变得更加开放和互通，一个与传统金融模式不同的互联网金融生态正在加快形成。银行业作为产品创新的前沿和信息密集的经济活动中心，其发展与新兴技术密不可分。在此背景下，如果不紧跟全球信息科技发展的新趋势和新理念，忽视新技术的跟踪、研究与运用，银行经营发展将失去持续创新活力和竞争力。

二是金融脱媒、利率市场化等外部环境变化，对银行的支付、融资、存款业务和信息资源等方面带来了巨大的冲击。在支付业务方面，随着互联网商业模式的出现及用户对支付便捷性需求的提升，以互联网支付为代表的第三方支付应运而生并迅猛发展，移动支付进入高速增长期，第三方支付正试图逐渐摆脱对商业银行的依赖，打造形成新的支付链条，势必对商业银行的支付中介地位带来冲击。在融资业务方面，互联网企业正衍生发展出小贷、P2P 与众筹等名目繁多的网络融资模式。在存款业务方面，以“余额宝”为代表的一批产品，吸引了大量长尾客户的理财资金，分流了商业银行的存款。在信息资源方面，互联网企业掌握了商户和消费者的经营、消费等核心信息资源，并且运用大数据技术从这些信息中挖掘出大量的交易机会。商业银行信息脱媒的压力将越来越大，甚至有被“管道化”和“后台化”的危险。

资料来源：中国经济网.

第二节 商业银行的发展趋势

在信息技术飞速发展和金融自由化国际浪潮的推动下，银行业正朝着以金融品牌为主导、以全面服务为内涵、以互联网为依托、以物理网络为基础的综合化、全球化、电子化、集团化、虚拟化的全能服务机构的方向发展，同时面临着现代信息技术、客户需求多样化、金融风险控制、管理效率、人力资源等多方面的挑战。大部分国家纷纷放弃原有的经营模式，向独特创新、惠民便民的特色化方向发展。特色化、差异化的国际经营模式成为目前金融领域的发展趋势。

一、商业银行国际化经营的含义

商业银行国际化经营是指一个国家或地区的商业银行按照国际通行的惯例和规

则，通过在国外开设分支机构或建立代理关系，形成全方位的服务网络，在国际范围内从事相关的金融服务，进行银行业务的处理。商业银行国际化经营同商业银行国际业务的发展密切相关，商业银行的国际业务包括一个国家或地区商业银行在国外开展的业务活动和在本国内从事的相关国际业务两个方面。

商业银行通过跨国经营，可以实现国内、国际业务的一体化发展，从而带来规模经济效益，分散经营风险，推动金融创新，增加低成本资金来源，扩大对母国跨国公司的服务，规避监管，降低税费负担，增加收益。在经济全球化的背景下，银行业跨国经营的现象越来越普遍。

商业银行国际化经营的内涵与外延包括银行机构国际化和银行业务国际化两个方面。银行机构国际化的形成与发展必须以银行业务国际化的存在和发展为前提。同样，银行业务国际化的形成与发展也依赖于银行机构国际化的推动和促进。因此，商业银行的国际化经营原则上时重视这两个方面的深化发展。另外，对于一个高度开放的经济体来说，一些在国外没有设立分支机构的中小银行通过参与贸易融资、国际借贷和其他与外汇业务相关的国际业务活动，也可认为是商业银行化经营的一种形式，属于商业银行国际化经营的范畴。

二、商业银行国际化经营的内容

商业银行国际化经营主要有四种表现形式，即管理国际化、机构国际化、业务国际化、人才国际化。

1. 管理国际化

国际化经营对商业银行的管理提出了大量新的要求。管理国际化标志着一个新的管理时代的开始和一种新的管理模式的出现，管理国际化然会对每一个管理要素提出新的要求，也必然要求管理过程的每一个环节都有相应的创新。随着金融全球化进程的加快，商业银行只有进一步密切与外资银行在同业产品、国际业务、人员培训等方面的合作，不断借鉴国际先进经验，坚持效益、质量、规模协调发展的战略指导思想，全面提升国际化水平，才能真正在国际化发展方面取得实际成效。

2. 机构国际化

银行机构是金融业务延伸和拓展的重要基础和载体。机构国际化的形式有多种，如设立海外分行、代表处、附属银行等。海外分支机构越多，国际化经验丰富的商业银行可一步到位，即直接采取以独资的代表处和分行为主要方式，以控制多数股权的附属金融公司为补充方式的机构发展战略；而海外分支机构不多、国际化经验不足的其他商业银行，则应分步到位，即采取以控制多数股权的附属金融公司为主方式，然后逐步过渡到独资的组织方式的机构发展战略。

3．业务国际化

业务国际化指商业银行的业务由单纯面向国内转向国际，国际业务占总业务比重的一定规模，其海外资产和营业收入成为该商业银行体系总资产和总收入的重要组成部分。据 IMF 统计,美国富国银行在国际上的存款和贷款量占其总存贷量的一半以上，国际利润也超过了总利润的一半。对商业银行来说，业务国际化不仅应包括提高国际业务量和国际利润的占比，还应包括业务结构能够顺应全球客户市场的变化趋势而进行科学合理的调整。根据国际经验，随着资本市场的发展，批发业务将呈逐渐萎缩趋势，而零售业务将成为商业银行新的利润增长点。目前，一些国际性兼综合性银行的零售业务对银行的利润贡献率高达 60%~70%。

4．人才国际化

由于在不同的国家经营，商业银行面对的政治、经济和文化环境会存在差异，因此商业银行在人才方面也需要国际化。国际化程度较深的跨国银行，其人才队伍往往是由不同国家、不同背景的人共同组成的。现阶段，商业银行的人才国际化应包括两个层面：一是引进一批国外金融人才，以迅速提高国内商业银行的经营管理水平。在人才引进过程中，一些尖端人才可以被直接引入银行高层管理团队中。二是培养一大批懂外语、懂国际金融运作规则、熟悉现代金融运行规律的业务人才。在培训安排方面，商业银行需要培养更多的具有战略性和前瞻性的人才。

三、商业银行国际化经营策略

在金融全球化、信息化与市场化不断推进的时代背景下，商业银行越来越有必要加快国际化发展的步伐，以拓展生存和发展空间，具体实施策略主要有以下几种。

1．循序渐进策略

国际化经营的实现是一项长远计划，需要逐步创造条件，包括熟悉法律和国际金融业务、培养国际人才等。所以，商业银行国际化经营应走一条“股权国际化—业务国际化—机构国际化—市场区域化—市场国际化”的发展道路。

2．地域拓展策略

从现有形势来看，商业银行地域拓展应分为三步：首先，在世界级的金融中心开展业务，一方面可以了解最新的信息，另一方面可以向领先的同行学习先进的管理和经营经验；其次，在发达国家和新兴市场化国家开展业务，因为这些国家有相对健全的法制环境和政治环境，风险较小；最后，在时机成熟时可以面向一些东欧等转轨国家和第三世界国家。地域拓展大多是通过并购实现的，从花旗银行和汇丰银行的成长轨迹可以看出，并购是商业银行成长的关键推动力，是提升商业银行国际竞争力的必然选择。当然，并购从国内开始才比较稳妥，因为这样可以为海外并购积累经验和打下基础。

3．组织完善策略

商业银行应改变现有的、不合理的内部组织结构，借鉴同行的先进管理经验，从而真正成为产权明晰、权责分明、管理科学的现代化企业。在商业银行国际化经营的过程中，股权国际化是一个重要环节。商业银行可以通过增发股票、相互换股等方式，改变产权结构和取得自身规模的扩大。对于内部组织结构的改善，商业银行可以通过引入战略投资者和国际化管理模式来进行。

4．业务创新策略

商业银行应在法律允许的范围内，尽可能实现经营业务的多元化，不断创新，在变化中求发展。在业务创新的过程中，商业银行应引进大量人才、技术和产品，根据自身优势，率先发展自己熟悉和擅长的业务，同时控制运营风险。

延伸阅读

工商银行打造信息化银行建设的新篇章

信息化银行建设是工商银行“信息化”“国际化”“综合化”三大发展战略的重要组成部分，将对经营理念、业务运营、组织流程等带来重大变革，是事关全行未来发展的重要战略举措。为推动全行加快从银行信息化向信息化银行转变，工商银行专门成立了信息化银行建设工程领导小组，从战略高度提高信息化银行建设的重要性、艰巨性和紧迫性的认识程度，把信息化银行理念贯穿在日常各项经营活动的全过程中，并且从基础建设、经营和管理三个层面同步开展信息化银行建设。

一是在基础建设层面，在信息化银行建设过程中，迫切需要解决的是“数据在哪里”和“数据如何使用”的问题，也就是要通过对数据的分析挖掘，让大家知道所需要的数据在哪里，用什么方法找到这些数据。为此，工商银行分别建立了面向结构化数据的数据仓库和面向非结构化数据的信息库，搭建起包含通用查询、数据挖掘、大数据分析、灵活检索等多种工具在内的大数据分析服务体系，并且将数据的检索分析服务嵌入各专业系统，使得业务人员可直接在各自的专业系统中，根据分级授权情况查询和使用数据，满足用户差异化数据分析使用的需要。工商银行还引入了流数据处理技术，为时效要求高、分析简单的应用场景提供了很好的解决方案，并且在交易反欺诈、实时营销、余额提醒、系统监控等领域开展深入应用。同时，工商银行正着手建立包括数据分析师和专业分析师在内的分析师团队，并且打造配套的业务交叉营销和精确营销支持机制。由此可见，信息化银行建设的重点落在价值创造，依托先进的数据挖掘技术和优秀的分析师团队，工商银行正在基于自身所拥有的海量数据基础，将数据价值提升为银行的经营核心和创新来源。

二是在经营层面，随着人们社会交往、消费方式等互联网化及更多传统企业向电商或半电商企业转型，商业银行需要打造一个开放型、综合化的金融平台，将包括各个节点、企业和个人的交易信息、金融信息、物流信息等在内的所有信息储存在这个平台上，形成一个个像集成电路板一样纵横交错的信息网，再经过大数据处理和数学建模分析，从中发现市场机会。工商银行一直倡导坚持“以客户为中心”的理念，利用银行的交易支付中介地位以及直接掌握的客户资源优势，为客户提供更加丰富和完善的服务。目前，工商银行初步构建起了较为完备的互联网金融服务和运营体系，主要包括电商平台、即时通信平台和直销银行平台“三大平台”，支付产品、融资产品和投资理财产品“三大产品线”，以及高效协同、无缝对接的线上线下一体化服务体系。一大批互联网金融产品服务已陆续投放市场，并且正在形成规模效应和爆发式增长。同时，工商银行还将继续坚持普惠金融和差异化服务相结合，全方位改进服务和客户体验，拓展对公客户供应链金融服务，基于现金流分析实现客户资金预算管理和评级认定；整合各业务领域的研究成果及信息，为高端客户提供信息中介服务，主动推送及定制市场要闻、市场日评等各类专业信息；等等。

三是在管理层面，工商银行集团化发展已经进入一个新阶段，基本形成了以商业银行业务为主体的跨境、跨市场的多元化经营格局，经营管理面临着不同国家、不同行业的差异性和复杂性。要支持好银行集团化、国际化、综合化的快速发展，首先就要解决好集团一体化管理的问题，要用信息化手段实现集团各单元更深层次的战略联动与协同。工商银行建立了基于价值会计管理平台和统一口径的考核评价标准和绩效管理体系。同时，工行正处在由资产持有大行向资产管理大行转变的关键时期，已经打造了境内外统一的资产管理业务平台，后续还将按照“应用架构统一、数据信息共享、前中后台分离、多机构共享应用”的原则，打造资产管理业务的集中运营、监控和管理体系，大力支持全集团的集约化经营和精细化管理。

资料来源：中国经济网.

本章概要

本章从创新的角度，分析了银行持续发展的必然趋势。通过对商业银行业务创新的分析，进而找出商业银行发展的突破口。最后介绍了商业银行的发展趋势。

思考练习

1. 商业银行业务创新的内容有哪些？
2. 分析商业银行的发展趋势。

参考文献

[1] 贲圣林，张瑞东，等. 互联网金融理论与实务[M]. 北京：清华大学出版社，2017.

[2] 庄镜敏. 商业银行业务与经营[M]. 北京：中国人民大学出版社，2004.

[3] 李志辉. 商业银行经营与管理[M]. 北京：中国金融出版社，2015.

[4] 米什金，爱金斯. 金融市场与金融机构[M]. 王青松，等，译. 北京：北京大学出版社，2013.

[5] YAYO G, BARTH J. The Savings and Lon Crlsis: Lessons From a Regulatory Failure, the Fifth in the Milken Institute Series on Financial Innovation and Economic the Growth [M]. Amsterdam: Kluwer Academic Publishers, 2004.

[6] 加德纳，米尔斯，库珀曼. 金融机构管理资产/负债方法[M]. 刘百花，等，译. 北京：中信出版社，2005.

[7] 巴塞尔银行监管委员会. 巴塞尔银行监管委员会文献汇编[M]. 中国人民银行，译. 北京：中国金融出版社，2010.

[8] 吴念鲁，商业银行经营管理学[M]. 北京：高等教育出版社，2004.

[9] 张明，次贷危机的传导机制[J]. 国际经济评论，2008 (7-8).

[10] 高莹，张瑞德，刘洋. 商业银行资产负债管理模型的应用研究[J]. 经济研究导刊，2007 (8).

[11] 张晓艳. 商业银行管理[M]. 北京：中国金融出版社，2013.

[12] 高顺芝，丁宁. 商业银行经营管理学[M]. 大连：东北财经大学出版，2015.

[13] 史建平. 商业银行管理学[M]. 北京：中国人民大学出版社，2011 .

[14] 许学军. 商业银行绩效考评实务[M]. 上海：上海财经大学出版社，2006

[15] 韩文亮. 现代商业银行管理[M]. 北京：中国金融出版社，2007.

[16] 戴国强. 商业银行经营学[M]. 北京：高等教育出版社，2016.

[17] 庄毓敏. 商业银行业务与经营[M]. 北京：中国人民大学出版社，2014.

[18] 马腾. 银行资本管理[M]. 王洪，等，译. 北京：机械工业出版社，2004.

[19] 周雷. 互联网金融理论与应用[M]. 北京：人民邮电出版社，2016.

[20] 郭福春，陶再平. 互联网金融概论[M]. 北京：中国金融出版社，2015.

[21] 陈雄. 互联网金融实务[M]. 厦门：厦门大学出版社，2016.
[22] 李蔚田. 网络金融与电子支付[M]. 北京：北京大学出版社，2015.
[23] 孙楠. 中国互联网金融监管研究[D]. 沈阳：辽宁大学，2015.
[24] 江瀚，向君. 物联网金融：传统金融业的第三次革命[J]. 新金融，2015 (7): 39-42.
[25] 苗文龙. 互联网支付：金融风险与监管设计[J]. 当代财经，2015 (2): 55-65.
[26] 谢平，邹传伟，刘海二. 互联网金融的基础理论[J]. 金融研究，2015 (8): 1-12.
[27] 万建华. 互联网金融的七个基本特征[J]. 清华金融评论，2015 (12): 95-100.
[28] 朱蕾，李明亮，周洪荣. 金融互联网——打造证券服务新模式[J]. 中国证券，2014 (8) : 2-8.
[29] 王恩潭，等. 证券业“网上开户”存在的问题及其化解之道[J]. 中国证券，2017 (12): 70-76.
[30] 湘财证券股份有限公司，上海财经大学. 互联网金融及其对证券行业的影响[J]. 中国证券，2014(11) : 41-53.
[31] 傅凌燕，银行宝类产品与商业银行盈利等指标的实证分析[J].时代金融，2018 (1):139-141.
[32] 邱勋. “互联网信托” P2B 网络借贷模式探析[J]. 新金融，2014 (3) : 28-32.
[33] 姚崇慧. 拆解“灰色”互联网信托[J]. 中国外汇，2017 (14) : 64-66.
[34] 张娟，黄柏翔. 互联网金融风险防范机制[J]. 中国金融，2017，8 (4) : 93-94.
[35] 郭喜才. 互联网金融风险及其监管研究[J]. 江西社会科学，2015 (7) : 80-84.
[36] 黄卫东. 互联网金融创新[M]. 北京：新华出版社，2015.
[37] 刘爱华. 大数据在网络借贷风险控制上的应用[D]. 保定：河北金融学院，2015.
[38] 郭田勇. 金融监管学[M]. 北京：中国金融大学出版社，2014.
[39] 杨宇珊. 我国互联网金融监管理论研究及现状分析[J]. 2017 (11): 3-9.
[40] 吴晓求. 互联网金融：成长的逻辑[J]. 财贸经济，2015 (2): 5-15.
[41] 尹海员. 王盼盼. 我国互联网金融监管现状及体系构建[J]. 金融论坛，2015 (9).
[42] 赵岳. 新金融监管一政策设计与评估[M]. 北京：中国金融出版社，2016.
[43] 王曙光. 农村金融与组织制度[M]. 北京：中国发展出版社，2015.
[44] 彭兴韵. 金融学原理[M]. 5 版. 上海：格致出版社，2014.
[45] 吕志平. 金融学[M]. 武汉：湖北科学技术出版社，2014.
[46] 杜云. 现代金融学[M]. 北京：知识产权出版社，2014.
[47] 张云燕. 陕西农村合作金融结构信贷风险影响因素及控制研究[M]. 北京：中国金融出版社，2014.

反侵权盗版声明

举报电话：（010）88254396；（010）88258888
传　　真：（010）88254397
E-mail：　dbqq@phei.com.cn
通信地址：北京市万寿路 173 信箱
　　　　　电子工业出版社总编办公室
邮　　编：100036